제임스 패커

거룩의 재발견

Rediscovering Holiness
Copyright ⓒ 2009 by J. I. Packer
All rights reserved.

Korean translation copyright ⓒ 2016 by Togijangi Publishing House
2F, 71-1, Donggyo-ro, Mapogu, Seoul 04018, Korea

This Korean edition is published by arrangement with Baker Books,
a division of Baker Publishing Group, Grand Rapids, Michigan, 49516, U.S.A.

본 저작물의 한국어판 저작권은 Baker Books와의 독점 계약으로 한국어 판권을 '도서출판 토기장이'가 소유합니다. 저작권법에 의하여 한국 내에서 보호를 받는 저작물이므로 무단 전재와 무단 복제를 금합니다.

특별한 표기가 없는 모든 성경 구절은 개역개정성경을 인용한 것입니다.

제임스 패커

거룩의 재발견

제임스 패커 지음 · 장인식 옮김

토기장이

'거룩함'에 대해 관심을 가지고 있는
짐과 리타 휴스톤에게 이 책을 바친다.

제임스 패커 인터뷰

미국 '복음연합'The Gospel Coalition의 기자 아이븐 메사Ivan Mesa가 2016년 1월 14일에 진행한 제임스 패커 교수와의 인터뷰 내용으로 천국을 향한 여정 앞에서 그가 전하는 거룩을 향한 메시지입니다(복음연합의 허락 하에 전문을 게재함).

"89세의 제임스 패커,
비록 시력을 잃었지만 그는 여전히 그리스도를 본다"

[J. I. Packer, 89, On Losing Sight But Seeing Christ]

"지난해 성탄절 즈음, 망막의 한가운데 부위인 황반에 이상이 생기는 황반변성이 찾아와 저는 더 이상 읽거나 쓸 수 없습니다."

제임스 패커 교수. 그는 지금까지 300여 권의 책과 사전 편집, 잡지 기사, 서평, 그리고 수많은 책의 서문을 써왔다. 그의 실명 소식은 그동안 그의 글을 읽으며 영적 유익과 통찰력을 얻은 독자들의 마음을 심히 아프게 한다.

현재 89세인 패커는 이제 더 이상 전처럼 글을 쓰거나 여행하거나 정기적으로 설교할 수도 없다. 눈의 황반 부위에 이상이 생기는 황반변성은 시력을 잃게 하며 치료가 불가능하다. 지금 당분간은 망막의 가장자리 부분만 희미한 시력을 유지하고 있지만, 다시 읽을 수 있는 능력을 회복할지는 아무도 모른다.

최근에 나눈 전화 인터뷰에서 패커 교수는 두려움이나 연민에 사로잡히기는커녕 확신에 찬 말투로 이렇게 털어놓았다. "하나님은 자신이 하시는 일을 다 알고 계십니다. 실명은 본부로부터 내려온 분명한 지시입니다. 저는 실명을 하나님의 사인으로 받아들입니다."

이 고백이 영국인의 불굴의 정신에서 나온 것인지, 아니면 수십 년 동안의 성화(聖化) 훈련을 통해 나온 것인지 알 수 없지만, 그는 자신이 오랫동안 믿고 선포했던 진리를 그대로 실천하고 있었다. "하나님은 주권자이시며 언제나 선을 베푸십니다."

"하나님은 자신이 하시는 일을 알고 계십니다."「하나님을 아는 지식」과「복음전도란 무엇인가」의 저자인 노교수는 이렇게 말한다. "저는 지금까지 다양한 방법으로 하나님의 선하심을 충분히 체험하였습니다. 따라서 현 상황에 대해 조금도 의심하지 않습니다." 그는 이렇게 덧붙였다. "주님은 이 상황을 통하여 자신의 영광을 위해 뭔가 선하신 일을 하실 것입니다."

그와 나눈 대화의 나머지 내용을 여기에 옮겨 적는다. 지난 수세기 동안 복음 사역을 위해 신실하게 살며 가르친 우리의 소중한 형제 제임스 패커를 위해 기도하며, 많은 독자들이 이 글을 읽고 위로 받기를 소망한다.

Question 책을 읽거나 글을 쓰거나 설교하지 못하기 때문에 더욱 힘들지 않은가요?

전혀 그렇지 않습니다. 제가 육체적으로 건강했을 적에도 이러한 일들을 하며 걱정하거나 심지어 불안해했던 때가 있었거든요. 이제 더 이상 일을 할 수 없게 되니 하나님의 주권을 인정할 수밖에 없습니다. "주신 이도 여호와시요. 거두신 이도 여호와이십니다"(욥 1:21). 이제 나이가 거의 90이 되었으니, 주님께서 거두어 가신 것이지요. 이 세상에 머무는 동안 제 육체가 지금보다 더 건강해지지는 않겠죠. 앞으로 얼마나 더 살게 될지 알 수 없어요.

Question 실명으로 인해 그동안 심적으로 힘드셨습니까?

별로 큰 심적 고통을 받지 않았습니다. 나이가 이제 거의 90이 되었고, 근력이 계속 쇠퇴하기 때문에 언젠가 이런 때가 오리라 예상했습니다. 주님은 지금까지 저와 제 아내인 키트에게 많은 은혜를 베풀어 주셨습니다. 제 나이 또래의 노인들 중에 치매 환자가 그렇게 많은데, 우리 부부는 아직 괜찮거든요.

치매에 걸린 노인이 우리 주변에 많이 있는데, 치매에 걸리지 않았다는 것만 해도 우리 부부가 하나님의 축복을 받은 거죠. 다른 사람들은 힘든 상황 속에서 살아갈 수밖에 없는데 만약 당신이 그런 상황에 빠지지 않았다고 한다면, 그것이 바로 하나님의 은혜임을 깨닫고 감사해야 합니다.

Question 교수님은 특히 성경의 전도서를 소중히 여기셨고, 지금까지 그 말씀을 통해 많은 지혜를 얻은 것으로 알고 있습니다. 또 젊은 시절에 전도서를 읽고 신앙에 대한 냉소적 태도를 버렸다고 말씀하셨습니다. 전도서를 읽으며 깨달은 점이 무엇입니까? 전도서의 마지막 장인 12장을 노년에 읽으며 더 큰 감동을 느끼셨나요? 이를테면 40년 전과 비교하면 어떻습니까?

전도서의 저자는 우리에게 이렇게 충고합니다. "삶을 스스로 계획하고 주관할 수 있다고 상상한다면, 이는 어리석은 생각이다. 만약 그렇게 하려고 시도한다면 해를 당하게 된다. 너희는 하나님의 주권을 인정하고 그분께 지혜를 구하라."
40년 전이나 지금이나 하나님의 메시지는 동일합니다. 우리의 육체는 낡아지고 쇠합니다. 점차 나이가 들어 늙으면 신체의 각 기능이 떨어지고, 젊었을 때 지녔던 기력은 어디론가 사라집니다.
하나님은 이런 노화 과정 안에서 우리를 준비시켜 더 좋은 세상으로 인도하십니다. 전도서 12장의 메시지를 이렇게 정리할 수 있습니다. "가능한 한 일찍 하나님과의 관계를 정립(正立)하라. 젊었을 때 창조주를 기억하라(12:1). 후에 하겠다고 절대로 미루지 마라. 나중에는 네가 하고 싶어도 제대로 되지 않을 것이다."

Question 지금 교수님을 향한 하나님의 소명에 대해 어떻게 생각하십니까?

인간의 육체와 지력(知力)은 나이가 들수록 쇠퇴합니다. 따라서 하나님의 소명을 성취하기 위해 내가 할 수 있는 일이 무엇이고 또 무엇을 해야 하는가 하는 문제를 생각할 때에도, 당연히 "나의 힘으로는 그 일을 할 수 없다"라는 관점에서 접근해야 합니다. 저는 이렇게 말하고 싶습니다. 이러한 태도가 바로 그리스도인의 자세입니다. 하나님은 우리가 할 수 없는 일을 하라고 부르시지 않습니다.

Question 천국이 실제로 존재한다는 사실이 우리의 삶에 어떤 영향을 미치고, 또 미쳐야 한다고 보십니까? 교수님은 매일 30분씩 천국에 대해 묵상하신다고 들었는데 과연 그런가요?

긍정적 관점에서 보면, 제가 생각하는 영원성의 본질은 주님과 함께 거하며 순전한 기쁨을 누리는 것입니다. 이제 제가 곧 그 종착역에 도달하겠죠.

이 세상에 머무는 동안 우리는 하나님께서 주신 일을 하고, 하나님의 자녀로서 주어진 일과 씨름하며 우리의 정체성을 확인합니다. 이 과정에서 그분과의 관계가 더 가까워집니다. 주님과의 관계를 더 확실하게 깨닫는다는 뜻이죠. 이렇게 되면 우리가 영원 속에 있다는 사실을 직면하며, 언제나 주님의 손 안에 거하는 자녀로서 앞으로 어떤 결과가 드러나게 될지 고대하며 기다립니다. 매일 30분씩 하루도 거르지 않고 천국에 대해 묵상한 성도가 있는데, 그분이 바로 리처드 백스터입니다. 그분은 17세기 청교도인데 당시의 의학으로는 고칠 수 없는 여러 가지 질병에 걸려 늘 고통을 받으며 살았습니다. 하지만 그 고통 속에서도 영광스런 천국에 대한 소망을 품고 평안을 누렸습니다.

Question 하나님의 존전에서 주님과 함께 거하는 우리의 영원한 미래를 묵상할 때, 특별히 떠오르는 어떤 생각이 있습니까?

있다기보다는 없다고 말씀 드리고 싶습니다. 제게 주어지는 하나님의 계시는 늘 새롭게 다가와 하나의 힌트처럼 제 소망 안에 있는 모든 요소를 드러내줍니다. 어떤 특별한 순간에 주어지는 특정한 계시가 그런 효과를 낸다고 단정할 수는 없습니다.

여러분이 하나님과 동행하면 그분은 특별한 환희의 순간들을 허락하십니다. 그때 하나님의 자녀임을 새롭게 느끼며 심오한 평안과 기쁨을 체험합니다. 그렇습니다. 저도 지금까지 그러한 기쁨을 느꼈고, 진정한 그리스도인이라면 누구나 그런 체험을 할 것입니다. 특별한 성도만 체험할 수 있는 게 아닙니다.

Question 만약 시력을 완전히 잃어 아무것도 못 보게 된다면 이 세상에서 가장 놓치고 싶지 않은 광경이나 대상이 있을까요?

다시 한 번 말씀드리지만 아무것도 없습니다. 지금까지 보아온 것들을 더 이상 보지 못한다 해도 적응하며 살 준비가 되어 있습니다.

Question 교수님은 지난 수십 년간 하나님의 말씀을 암송하고 묵상하며 사셨습니다. 이런 영적 훈련 과정이 현재의 삶에 어떤 영향을 미치고 있는지요?

저는 요즈음 과거 어느 때보다도 하나님 그분과 그분의 계획, 목적, 그리고 사역에 대해 집중하며 묵상합니다. 이러한 것들이 제 마음과 지식 속에 더 깊게 뿌리를 내리고 있다고 확신합니다. 그렇지만 여전히 피상적인 태도도 남아 있습니다. 이 점을 부인할 수가 없네요.

질문과 관련하여 특별히 드릴 말씀은 없습니다. 성경에서 말하는 진리의 실재를 믿으며 그것을 깨닫고 체험하기 위해 꾸준히 전진하는 삶, 다시 말하면 하나님과의 교제를 체험하는 과정이 중요하다고 믿습니다.

제가 보아도 저는 대단한 사람이 못 됩니다. 제가 체험한 하나님의 은혜가 유별난 것도 아닙니다. 주님은 언제나 저를 은혜로 품어주셨고, 저는 그분께 감사할 따름입니다.

Question 최근 미국에서 일어나고 있는 개혁주의 부활 운동을 어떻게 평가하시는지요? 이 운동에 대해 격려와 충고의 말씀을 해 주시죠.

기억하세요. 하나님은 교회가 완벽하게 되기를 원하십니다. 주님은 바로 이 일을 수행하기 위해 우리에게 은혜를 부어 주십니다. 교회는 그리스도의 신부이고, 총체적인 의미에서 보면 그리스도의 형상입니다. 개인주의가 난무하는 곳에서는 하나님이 역사하시지 않습니다. '개성'(individuality)과 '개인주의'(individualism)는 분명히 다른데, 복음주의자들 중에 이 둘을 구분하지 못하는 사람들이 더러 있습니다. 성숙한 그리스도인이 되어 개성을 마음껏 발휘하십시오. 그렇지만 개인주의는 일종의 죄입니다. 제가 보기에 신세대 개혁주의를 주장하는 사람들은 자칫하면 이 유혹에 빠지기 쉽습니다.

활발하게 진행되는 개혁교회 운동은 은혜의 교리와 은혜로운 삶을 재발견하려는 시도인데, 이렇게 하려면 '개인주의'를 완전히 몰아내 발을 붙이지 못하게 해야 합니다. 이런 운동이 성숙하면 개인주의는 자연히 소멸합니다. 개혁주의 부활 운동에 참여하는 사람들은 언제나 분명하게 기억해야 합니다. 하나님의 목적은 주님의 영광을 드러내며 찬양하는 '교회' 자체에 있습니다.

만약 우리가 제도와 교파의 경계를 초월하는 데 힘을 기울인다면, 그것은 개인주의가 아니라 '교회다움'을 향해 발을 내딛는 하나의 모험이 될 것입니다.

개인주의는 절대로 안 됩니다. 교회다움을 유지해야 합니다.

Question 그렇다면 전체적으로 볼 때 고무적인 상황인가요?

그렇습니다. 하나님께 집중하는 성도는 어떤 상황에 처하든 실망하지 않습니다. 절대로 좌절하는 법이 없죠. 이는 하나님이 주관하시기 때문입니다. 그분은 자신이 하시는 일을 다 아시고, 하나님의 뜻대로 부르심을 입은 자들에게는 모든 일이 합력하여 선을 이룹니다(롬 8:28). 우리의 소망은 그리스도께 있습니다. 이 진리는 절대로 변치 않고 우리는 이 진리에 집중해야 합니다.

<mark>Question</mark> 교회를 중심으로 삼아야 한다고 말씀하셨는데, 제가 보기에 청교도들은 좋은 본보기가 된다고 생각합니다. 맞습니까?

청교도들은 철저히 교회다움을 유지하려고 노력했습니다. 그들은 매우 강렬했고, 어느 시대의 그리스도인 공동체 못지않게 다양한 개성을 유지했습니다. 하지만 동시에 언제나 교회 중심이었습니다. 그리스도의 몸인 교회를 세우는 일에 최선을 다했죠. 하나님은 이 목적을 위해 우리에게 은혜를 베풀어 주십니다. 우리는 이 점을 배워야 할 필요가 있습니다. 아마 제일 먼저 기억해야 할 것입니다.

청교도들이 중심으로 삼았던 또 하나의 중요한 요소는 하나님과의 교제입니다. 성부 하나님, 성자 예수님, 성령 하나님과의 균형 잡힌 교제 말입니다. 그들은 결코 어느 한 쪽으로 치우치지 않았습니다. 요즈음은 청교도들을 따른다고 주장하는 성도들조차 한 쪽으로 치우치는 모습을 종종 봅니다. 이를테면 성령 하나님을 배제하고 그리스도만을 강조하거나, 그리스도를 배제한 채 성령 하나님만을 강조하는 경향이 여기에 해당합니다.

청교도들은 놀라울 정도로 균형 잡힌 신앙을 가지고 있었습니다. 아주 성숙한 이들의 활동을 보면 이 점을 깨닫게 됩니다. 경건의 목표 역시 마찬가지입니다. 적절한 육체적인 훈련과 지도를 통해 선수를 육성할 때 완벽한 몸매를 갖춰 자신의 역할을 충실히 수행하는 적격자로 키울 수 있습니다.

Question 마지막으로 교회에 들려주고 싶은 말씀이 있으신지요?

다음과 같은 네 개의 단어로 요약할 수 있습니다. "언제나 그리스도를 영화롭게 하십시오."(Glorify Christ every way).

추천의 글

교회가 신뢰를 상실하여 이미지가 추락했다는 이야기는 이제 더 이상 새로운 이야기가 아니다. 무엇 때문인가? 그 하나의, 그러나 매우 중요한 원인으로 거룩의 상실을 생각할 수 있을 것이다. 그러므로 그리스도인들의 신뢰 회복은 거룩한 삶의 회복에 달려 있다 할 것이다. 거룩은 단순히 하나의 덕목이 아니다. 그것은 온전한 그리스도인의 존재의 방식이며 삶의 방식이다. 거룩한 삶을 살기 위해서는 먼저 마음으로 거룩을 품어야 하며, 이어 거룩한 삶을 살아야 한다. 그러기 위해서는 먼저 거룩이란 무엇인지, 왜 필요하고, 왜 중요한 것인지, 거룩은 진정 어디로부터 오는지를 깨달아 알 필요가 있다. 이를 위해 패커의 「거룩의 재발견」은 매우 중요한 안내서이며 지침서가 될 것이다.

이 책의 탁월함은 거룩함의 기본에 대한 서술에 있다. 패커가 말하는 거룩의 기본은 구원에 대한 감사로부터 시작한다. 그래야 거룩이 삶으로 이어진다. 여기서 시작하지 않기 때문에 거룩이 율법이 되어 버린다. 거룩은 결코 율법이 아니라 감사이며 선물이다.

현대인들은 물질, 권력, 성공, 쾌락으로도 채워지지 않는 여전한 공백, 그 욕망을 메우기 위해 영성마저 소유하려 든다. 반면 도덕성은 낡은 유물 취급한다. 누군가의 소리를 듣기엔 오늘 내 삶이 너무 고단한 까닭이다. 하나님을 잃고 이웃까지 잃은 우리의 모습. 그러니 이제 남은 것이라곤 자기 자신뿐이다. 그러면서도 우리는 행복을 갈구한다. 만족과 평안을 원하고 기쁨을 갈망한다. 하지만 우리는 그것을 얻기는커녕 정작 방향 잃은 순례자가 되어 있다. 과연 어디로 가야 할까? 무엇이 우리를 행복하게 해 줄까? 누가 이 불안에서 우리를 구원해 줄까? 차오르는 질문들 앞에 선뜻 대답이 나오질 않는다.

그런 우리를 향해 패커는 말한다. "거룩함은 본질이고 행복은 거기서 파생되는 부산물이다 … 거룩한 삶이란 본질적으로 행복의 연속이다." 결국 우리가 붙잡아야 할 건 행복이 아니라 거룩이며, 바로 거기서부터 행복이 비롯된다는 말이다. 때문에 우리는 그의 책을 읽으며 다음과 같은 사실에 눈을 뜰 것이다. 하나님을 갈망하며 이웃에게 손 뻗는 삶, 곧 '영성'과 '도덕성'의 균형을 이룬 삶이야말로 참 안식을 누리게 하며, 그러한 삶을 사는 자가 거룩한 사람이고 행복한 인생이란 사실 말이다. 그러기에 우리는 거룩을 향한 이 순례의 여정을 다하기까지, 그가 전하는 다음의 메시지를 항상 기억해야 할 것이다. "거룩하게 산다는 건 계속 아래쪽으로 자란다는 의미이다."

김도훈_장로회신학대학교 신학대학원 조직신학 교수

성경은 그리스도의 구원이 그리스도인들로 하여금 거룩한 삶을 회복하도록 하기 위한 것이라는 진리를 아주 분명하게 교훈한다. 그리스도인은 누구도 스스로 하나님의 자녀로서의 신분을 획득할 수 없으므로 오직 은혜로, 그리고 오직 믿음으로만 하나님 나라의 백성이 된다.

그러한 그리스도인은 일생의 최대 관심을 거룩함에 두게 되어 있다. 그것이 바로 삼위일체이신 성부, 성자, 성령 하나님께서 구원을 베푸시는 뜻이며 또한 목적이기 때문이다.

이 책에서 패커는 거룩함에 대한 이해와 필요성, 그리고 중요성을 신학적 균형과 성경의 적절한 인용을 통해 제시한다. 그리고 특별히 거룩함을 이루기 위한 경건의 훈련을 위하여 실천적인 사례들과 지침을 제공한다. 이것은 거룩에 대해 말하는 다른 책들과 구별을 시켜 주는 대단히 유익한 점이다. 위로 하나님을 향해 거룩함을 이루기 위해서는 오히려 자신의 부패를 보는 아래로의 성장이 있어야 한다는 저자의 비유는 회개와 거룩함의 원리를 누구라도 핑계할 수 없도록 쉽게 설명을 해 준다. 왜냐하면 하나님의 거룩함을 바라보는 것은 초월의 주권적 영광을 높이는 것뿐만 아니라, 동시에 그리스도의 속죄에 따른 은혜의 영광을 찬미하며 감사하는 것이기 때문이다.

세속주의, 소비중심주의, 쾌락주의, 그리고 물질중심주의에 포로가 되어 버린 현대 사회에서 그리스도인은 어떻게 신앙의 삶을 실천해 낼 수 있는 것일까? 이 질문 앞에서, 거룩한 삶을 통해 하나님의 자녀로 부르신 은혜에 대해 하나님께 감사를 드린다. 또한 이 세상에서 영생을 미리 맛보며 사는 성도의 지극한 복을 누리기를 바라는 모든 독자들이 이 책을 읽기를 간절한 마음으로 권한다. 이것은 그리스도인이라면 틀림없이 누구라도 가져야 하는 소망이다. 하나님의 은혜를 구하며 읽는다면, 그리스도 안에서 진정한 사랑을 나누는 따뜻한 위로의 사람으로 변화된 새로운 인격을 경험하게 될 것이다. 이 책에서 잘 드러낸 바와 같이 우리의 지성, 감성, 의지의 변화와 균형을 이룬 성장을 기대할 수 있기 때문이다. 그리고 그리스도의 복음을 몹시 사랑하고 자랑하게 될 것이며, 세상은 우리에게서 거룩함의 표지들을 발견하기 시작할 것이다. 참으로 하나님께만 영광이 있음을 고백하게 될 것이다.

이것은 우리가 패커의 모든 신학에 동의하지 않더라도 충분하게 나타날 것으로 기대할 수 있는 복된 열매이다.

김병훈_합동신학대학원대학교 조직신학 교수

이 책을 조직 신학자가 쓴 영성 신학이라 하면 지나친 표현일까? 이 책은 우리 시대의 탁월한 신학자이며 신학자들의 스승인 제임스 패커 박사가 목회자들과 일반 신자들을 위해 쓴 실질적 '영적 성품 형성 안내서'이다. 이 책은 영적 성품의 정점인 '거룩함'이라는 중후한 신학적 주제가 신앙생활의 경험 속에서 실천적 꽃으로 개화되어 가는 과정을 유려한 필치로 설명해낸 역작이다. 삼위일체 하나님의 구원 경륜에서부터 일상의 그리스도인의 삶의 영역에까지 이어지는 거룩함의 신학적, 신앙적 의미를 일필휘지로 써내려가는 저자의 해박함에 경탄을 금할 수 없다. 책을 읽은 후에 나도 거룩하게 살아야겠다는 결단과 고마움을 갖게 하는 도전적이며 권위 있는 책이다. 성경적 영성(경건)생활을 위한 필독서이다.

류호준_백석대학교 신학대학원 구약학 교수

극도의 물질적이고 감각적인 만족을 추구하는 세대를 살고 있는 헌신된 그리스도인들은 그 어느 때보다도 거룩함에 대한 목마름을 갖고 있다. 제임스 패커는 그 목마름에 대한 해갈의 길을 이 책을 통해서 매우 생생하게 제시해 주고 있다. 너무 높고 추상적이어서 감히 접근할 수 없는 거룩함의 영역을 이 책은 실천 가능한 현실적인 영역으로 바꾸어 놓는데 큰 기여를 하고 있다.

유해룡_장로회신학대학교 신학대학원 영성신학 교수

인간의 창조 목적은 무엇일까? 하나님은 우리를 왜 지으셨을까? 하나님이 우리를 지으신 까닭은 하나님 안에 있는 탁월한 속성과 성품을 우리를 통해서 옮기게 하기 위함이다. 하나님 안에 충만한 것으로 우리 안에도 충만히 거하게 하며(엡 3:19). 하나님의 탁월함(the excellence of God)이 우리를 통해서 흘러가게 하기 위함이다.

하나님의 탁월함을 유통하는 사람은 거룩함에 이르는 여행을 떠난다. 패커는 거룩함에 이르는 여정을 회복을 위한 치료 과정으로 이해한다. 패커에 따르면, 성화(sanctification)란 하나님의 병원에서 이루어지는 치료 과정이다. 성부, 성자, 성령 하나님으로 구성된 '영원한 진료팀'은 다양한 방법으로 우리 안에 하나님의 거룩함을 주입해 주시며, 우리를 하나님의 사람으로 빚어 주신다.

"거룩함은 본질이고 행복은 거기서 파생되는 부산물"인데, 이는 우리의 행복이 물보라와 같기 때문이다. 촉촉해지기를 원한다면 물보라만을 따라다닐 수 없다. 영원한 분수(fountain)이신 하나님께 속하는 사람이

될 때, 우리는 물보라와 같은 행복을 부산물로 얻게 될 것이다. 하나님의 거룩함을 힘입게 될 때, 이모저모로 팽창되어 있고 이곳저곳에서 부작용을 일으켰던 우리의 자아는 본래의 모습을 회복할 것이며, 타인과의 관계에서도 아름답고 원활한 기능을 회복할 것이다.

현대 문명이 몰아가고 있는 메마르고 공허한 삶의 환경 속에서 하나님의 거룩함을 재발견하기를 희망하는 독자들에게 패커의 "거룩함의 재발견"을 기쁜 마음으로 추천한다.

장경철_서울여자대학교 기독교학과 교수

감리교 창시자 존 웨슬리는 런던 올더스게이트에서 뜨겁게 주님을 체험했다. 그런데 다음 날 아침 그에게 이러한 마음의 소리가 들려왔다. "네가 정말로 주님을 만났다면 당장 너의 삶에 변화가 있어야 할 것 아니냐?" 웨슬리는 그 소리에 대답했다. "그것은 내가 모르겠다. 그러나 나는 오늘 주님 안에서 평안을 누리고 있다. 오늘 나는 죄를 짓지 않는다. 주님은 내일 일을 염려하지 말라고 하셨다." 그 후 웨슬리는 평생 동안 거룩의 삶, '성화'를 목표로 살았다. 하나님께서 우리에게 "거룩하라"고 명하신 것은 뜬구름 잡는 소리가 아니다. 오늘 하루하루의 삶을 주님께 초점을 맞추며 한걸음씩 걸어가는 것이다. 제임스 패커의 「거룩의 재발견」은 거룩에 이르는 길을 개인의 기질에 맞춰 구체적으로 제시한다. 이 책은 독자들이 가고자 하는 순례의 여정에 큰 도움이 될 것이다.

정성진_거룩한빛 광성교회 담임목사

오늘날의 그리스도인의 상태에 대한 제임스 패커의 관찰과 판단에 깊이 공감한다.

"그럼에도 불구하고 현대 그리스도인의 관심은 진정한 거룩함에 있지 않다. 단지 재미나 성취감을 추구하고, 현세의 성공을 위한 기술이나 자신의 구미에 맞는 메시지를 선호하며, 개인의 도덕성에 전혀 도전을 주지 못하는 대중적 주제에 관심을 보인다. 사실이 그렇다. 아주 슬프고 수치스러운 현실이다. 따라서 분명히 바뀌어야 할 필요가 있다."

'거룩함', 이 단어에 가슴이 설레는가? 그렇지 않다면 하나님의 말씀인 성경과 거리가 있다. 성경은 거룩함을 가장 중요한 명령으로 말씀한다. 예수 그리스도께서 가르치신 산상설교에서도 거룩함이 심장이다.

"그러므로 하늘에 계신 너희 아버지의 온전하심과 같이 너희도 온전하라"마 5:48.

그리스도인은 하늘 아버지가 그러하신 것 같은 그 거룩함을 사모하고 바라보고 걸어가야 한다. 사실 이 말씀을 조금도 깎지 않고 정확하게 바라보면 상당히 불편하다. 우리 현실과는 너무 거리가 멀어서이다. 그러나 하나님의 거룩함이라는 지점, 이것을 약화시키거나 조금 꺾거나 비틀면 안 된다.

베드로후서 1장 4절은 그리스도인이 나중에 될 상태를 하나님의 성품에 참여하는 것이라고 말씀한다.

"이로써 그 보배롭고 지극히 큰 약속을 우리에게 주사 이 약속으로 말미암아 너희가 정욕 때문에 세상에서 썩어질 것을 피하여 신성한 성품에 참여하는 자가 되게 하려 하셨느니라."

'거룩함의 재발견', 이 주제에 가슴이 설레는가? 그렇지 않다면 역동적이고 감동적인 그리스도인의 삶에서 거리가 상당히 멀다. 진리의 말씀이 성령으로 점화되어 현재진행형으로 작동되면서 삶을 변화시키는 것이 거룩함이다. 기독교 역사는 하나님의 사람들이 이런 거룩함을 거듭 재발견해 온 흐름이다. 주님을 깊이 사랑하는 사람들은 이 진리를 재발견할 때마다 기쁨으로 가득했다.

소중한 것을 잃어버리고 또는 잊어버리고 살다가 어느 날 갑자기 우연하게 그것을 다시 찾은 경험이 있는가? 얼마나 기뻤는가? 그 기쁨이 삶을 얼마나 아름답게 만들었던가! 그것을 다시 찾고서야 비로소 내 삶에 그것이 없어서 얼마나 초라했는지 인식하게 되는 경험은 우리 가슴을 설레게 한다.

제임스 패커는 잃어버린 세계, 비바람이 망쳐 놓은 길, 오랜 망각 속의 보배를 다시 탐구한다. 무엇보다 먼저 성경을 세심하게 살피며 이 작업을 진행한다. 건강한 신학의 도구와 역사적인 통찰이 성경과 더불어 훌륭하게 움직인다. 저자의 마음에 있는 주님의 은혜에 대한 깊은 감사가 책 전체에 흐른다. 설교하거나 글을 쓸 때에 가져야 할 마땅한 자세를 언급하는 부분에 이것이 분명하다.

"만약 설교자가 메시지를 전하기 위해 강단으로 올라갈 때, 설교자 자신부터 내용을 실천해야겠다는 결심을 하지 못할 바에는 차라리 그 순간 곤두박질쳐 목이 부러지는 편이 가장 좋다. 이 원칙은 교회에서 설교할 때뿐 아니라 글을 통해 말씀을 선포하는 경우에도 적용된다."

조금은 전문적인 신학적 서술 때문에 저자가 평범한 독자들을 염려하기도 하는데, 배려 깊은 마음이기는 하지만 별문제 될 것이 없다. 책을 손에 드는 독자들마다 가슴 설레고, 독서하는 기쁨이 있을 것이다.

지형은_말씀삶공동체 성락성결교회 담임목사

21세기는 어느 분야에든지 영성과 도덕성을 갖춘 지도자를 요청하고 있다. 제임스 패커는 이것이 거룩에 균형 있게 담겨 있다고 주장한다. 그렇다면 기독교가 현대 사회에 필요한 모든 자원을 가지고 있는데 오히려 왜 사회의 지탄의 대상이 되고 있는가? 패커는 "현대 그리스도인의 관심은 거룩함에 있지 않다. 단지 재미나 성취감을 추구하고, 현세의 성공을 위한 기술이나 자신의 구미에 맞는 메시지를 선호한다"에서 문제의 핵심을 간파한다. 우리의 불행은 기독교인들이 거룩함을 잃어버렸고, 거룩함에 더 이상 관심을 갖지 않는다는 데 있다. 그렇다면 현 사태를 해결하는 길은 바로 성경으로 돌아가 거룩함을 회복하는 것이다. 기독교인은 행복하기보다는 거룩하기를 갈망해야 한다.

"거룩함이란 믿음이 있다는 증거요 회개하였다는 표시"라는 지적은 우리의 믿음을 점검하는 바로미터이다. 칭의는 전적으로 하나님께 속한 일이지만 성화는 우리 안에서 역사하시는 하나님과 우리의 동역으로 나타난다. 성부, 성자, 성령, 성전, 성례전, 성도, 모두 거룩함과 연관이 있다. 기독교는 거룩을 빼면 아무것도 남지 않는다. 하나님과 교제하려면 거룩해야 하고, 성령님의 인도하심을 받으면 거룩한 삶을 살게 된다. 종교개혁으로부터 청교도 운동, 경건 운동, 대각성 운동, 성결 운동, 교회 갱신 운동 모두 거룩하게 하시는 성령님의 사역의 결과이다. 존 웨슬리, 리처드 백스터, 앤드류 머레이, 오스왈드 챔버스 같은 분들은 당대에 성결 운동을 주도하였다.

지금 우리에게 필요한 것은 성결성 회복 운동이다. 영성과 도덕성으로 무장한 거룩함이 이 시대에 우리가 나아가야 할 방향이다. 제임스 패커의 「거룩의 재발견」은 그 길을 안내하는 탁월한 길잡이이다. 모든 기독교인의 필독서이다.

한기채_중앙성결교회 담임목사, 전 서울신학대학교 교수

서문

1991년에 있었던 한 세미나에서 네 차례에 걸친 주제발표를 한 것을 계기로, 이 책을 집필하게 되었다. 이 세미나는 초교파 단체인 '믿음과 갱신을 위한 연합회'에서 후원한 행사였는데, 그 취지는 목회자와 그리스도인 지도자들에게 활력을 주어 하나님 나라를 세우게 하고, 그들을 통해 많은 신앙인들이 도움을 받게 하자는 것이었다. 그 후 내가 목회하던 기간에 성경을 중시하는 그리스도인들 사이에서 개인적 거룩함을 무시하려는 경향이 있었고, 이와 관련하여 누군가 경종을 울릴 필요가 있다는 생각이 들어 이 책의 내용을 구체화하게 되었다.

이러한 흐름은 분명히 우리가 기대하는 종류가 아니었다. 왜냐하면 성경에서 아주 강하게 '모든 그리스도인이 거룩하게 살도록 부르심을 받았고, 거룩한 삶은 하나님을 기쁘게 하지만 부정한 삶은 그분을 분개하게 하며, 거룩함이 없으면 아무도 주님을 볼 수 없다'고 경고하기 때문이다. 그럼에도 불구하고 현대 그리스도인의 관심은 진정한 거룩함에 있지 않다. 단지 재미나 성취감을 추구하고, 현세의 성공을 위한 기술이나 자신의 구미에 맞는 메시지를 선호하며, 개인의 도덕성에 전혀 도전을 주지 못하는 대중적 주제에 관심을 보인다. 사실이 그렇다. 아주 슬프고 수치스러운 현실이다. 따라서 분명히 바뀌어야 할 필요가 있다.

이제 사람들은 초자연적 성화보다, '초자연적' 치료나 그리스도인이 반드시 맞서 이겨야만 하는 악의 '초자연적' 능력에 대해 상당한 관심을 보이고 있다. 나는 '초자연적' 실재에 관한 신자들의 뜨거운 관심이 17세기의 청교도 월터 마샬이 언급한 '성화의 신비'로 자연스럽게 연결되기를 간절히 소망한다. 이 책이 디딤돌이 되어 그 역할을 감당한다면 나는 그것으로 만족한다. 뒤이은 '묵상 및 적용' 자료는 책의 내용을 이해하고 적용하려는 독자들에게 도움을 줄 것이다.

책을 집필할 때 도움을 준 사랑하는 딸에게 진심으로 고맙다는 말을 하고 싶다. 나오미는 많은 어려움을 참아가며 컴퓨터 작업을 도와주었다. 아내 키트에게도 감사의 뜻을 표한다. 아내는 묵묵히 뒷바라지하며 이 책의 탄생을 도와주었다.

제임스 패커

James Packer

차례

제임스 패커 인터뷰
추천의 글
서문

Chapter 1 거룩함이란 무엇이고, 왜 중요한가?   • 031

Chapter 2 구원에 대한 탐구 : 거룩함이 왜 필요한가?   • 077

Chapter 3 구원에 대한 감사 : 거룩함의 기본   • 123

Chapter 4 거룩함 : 전체적인 조망   • 161

Chapter 5 위로 성장하기 위해 아래로 자라기
            : 회개하는 생활   • 209

Chapter 6 그리스도의 성품까지 자라기
            : 건강한 그리스도인의 경험   • 267

Chapter 7 강건하게 자라기
            : 능력을 받는 그리스도인의 삶   • 337

Chapter 8 인격 만들기 : 인내 훈련   • 395

부록 • 묵상 및 적용을 위한 스터디 가이드

역자 후기

Chapter 1

거룩함이란 무엇이고, 왜 중요한가?

"오직 너희를 부르신 거룩한 이처럼 너희도 모든 행실에 거룩한 자가 되라 기록되었으되 내가 거룩하니 너희도 거룩할지어다 하셨느니라" 벧전 1:15-16

"모든 사람과 더불어 화평함과 거룩함을 따르라 이것이 없이는 아무도 주를 보지 못하리라" 히 12:14

REDISCOVERING
HOLINESS

:: 소중한 과거에 대한 추억

우리 집에 있는 대형 괘종시계, 일명 할아버지 시계는 이름에 걸맞게 베테랑급이다. 시·분·초는 물론 연·월·일과 달의 모양까지 정확하게 알려준다. 납으로 된 시계추에는 1789년이란 제조 연도가 새겨져 있는데, 이 숫자는 역사적으로 프랑스혁명이 일어났고 미국의 초대 대통령 조지 워싱턴이 대통령의 임기를 시작한 해이다. 이 시계는 감리교의 창시자이며 위대한 기독교 신학자인 존 웨슬리1703-1791가 숨을 거두기 전부터 작동해온 셈이다.

이 시계는 약간 특이한 멜로디로 음악을 연주한다. 매시간 꼬박꼬박 노래로 시간을 알려줄 뿐 아니라, 세 시간 간격으로 시계 안에 부착된 편종에서 삼분 동안 음악이 흘러나온다. (이 편종은 놋쇠로 된 원통에 둥근 장식들이 여러 개 붙어 있는데, 이것이 해머를 건드리면 각 해머가 벨을 울려 소리를 낸다.) 그런데 연주되는 음악 네 곡 가운데 두 곡은 지금까지 익히 듣고 있기에 곡명을 잘 알지만, 댄스곡처럼 들리는 다른 두 곡은 무슨 곡인지 전혀 모르겠다. 우리 가족뿐 아니라 다른 사람들에게 물어보아도 모르겠다고 한다.

안타깝게도 지금까지 수년 동안 이 멋진 멜로디들을 잊고 있었다. 이 곡에 대한 어떤 정보라도 입수한다면 얼마나 좋을까! 이와 마찬가지로 우리는 거룩함에 대해 교훈을 주는, 역사적으로 중요한 기독교적 가르침들을 대부분 잊고 있다. 하나님께 영광을 돌리고 영혼의 유익을 도모하는 데 필수적인 것을 잊고 있다니 참으로 안타깝다.

약 60년 전 학창 시절, 영국의 시인 키플링의 시 '숲길'The Way through the Woods을 배운 기억이 난다. 시는 이렇게 시작된다.

> 칠십 년 전,
> 사람들은 이 숲길을 폐쇄했다네.
> 그 후 비바람이 그 길을 다시 망쳐놓아
> 이제는 아무도 모른다네,
> 숲속에 길이 있었다는 사실을.

아마 내가 숲속에서 산책하기를 좋아하기 때문에 이 구절이 더욱 마음에 끌렸나 보다. 인간이 우둔하고 신중하지 못하며 관심을 쏟지 못해 소중한 자연 유산이 사라지는 상황을 목격할 때마다, 내 마음은 서글퍼지며 위의 시를 떠올린다. (솔직히 말하면 나는 그리스도인이자 자연을 아끼는 사람으로서 인간의 무책임성을 종종 느낀다.) 오늘날의 교회가 거룩함에 대한 성경적 가르침을 경시하는 문제를 언급하려는 이 시점에서, 이 시가 다시 떠오른다.

거룩함에 대한 기독교적 유산

한때 그리스도인들은 하나님께서 자신들을 부르신 목적이 거룩하게 살도록 하기 위함이라고 굳게 믿고, 거룩하게 하시는 그분의 능력에 대해 심오한 통찰력을 가지고 말했던 적이 있다. 특히 '복음주의적 프로테스탄트'라 불린 이들은 이 문제에 대해 다양한 주제를 던져 주었다. 이들은 '하나님의 거룩하심이 우리에게 무엇을 요구하고, 우리가 거룩해진다는 것이 무엇을 의미하며, 성령님께서 어떠한 수단과 훈련을 통해 우리를 성화시키시고, 거룩함이 어떻게 우리에게 확신과 기쁨을 주며 하나님을 기쁘시게 하는지'에 대해 성찰했다.

청교도들은 모든 관계와 삶의 초점이 궁극적으로 '하나님께서 인정하시는 거룩함'에 맞추어져야 한다고 주장하였다. 존 웨슬리는 전 세계 사람들을 향해 하나님께서 '성경에 입각한 거룩함을 이 땅에 전파하시기 위해' 감리교를 창설했다고 선포하였다. 이외에도 피비 팔머, 핸드리 모울, 앤드류 머레이, 제시 펜 루이스, F. B. 메이어, 오스왈드 챔버스, 호레이시우스 보나르, 에이미 카마이클, L. B. 맥스웰 등은

19세기 중반부터 20세기 중반에 걸쳐 기독교인들에게 큰 영향을 끼쳤던 '성결 운동'의 대표적인 인물들이다.

교회사의 분수령이었던 종교개혁 이전에 활동했던 인물로는 러시아정교회의 성자 사로프의 세라핌, 로마 가톨릭의 성인 아빌라의 성녀 테레사, 이그나티우스 로욜라, 마담 기용, 뻬르 그루를 들 수 있는데, 이들 역시 거룩함을 추구했던 사도들이다. 여기서 우리는 분명히 깨달아야 한다. 존 웨슬리가 제대로 간파했듯이 종교개혁으로 인한 교회 분열은 성화나 성령님과 관련된 문제라기보다 오히려 가톨릭의 미사나 칭의와 관련된 문제가 더 심각한 원인이었다.

과거에는 모든 교회 공동체에서 거룩함을 강조하였다. 그런데 오늘날의 상황은 어떠한가! 인간의 설교를 듣고, 인간을 위로하기 위해 집필된 책을 읽으며, 세상 사람들과 똑같이 걸핏하면 싸우고 얼간이처럼 살아가는 그리스도인들의 생활방식을 접하다 보니, 과거에 대한 기억을 까맣게 잊고 말았다. 과거에는 하나님의 말씀을 읽던 성도들이 뚜렷하게 새겨진 거룩함의 대로를 따라 살았고, 이로 인해 목회자들과 회중이 거룩함의 의미를 깨달았으며 그것에 대해 권위와 확신을 가지고 말할 수 있었는데, 현대인들은 그러한 모습을 상상조차 못한다. 시인 키플링이 지적했듯이 "그 후 비바람이 그 길을 다시 망쳐놓았다." 우리는 이제부터라도 그 길을 재건하여 다시 다닐 수 있도록 해야 한다. 정말로 풀 뽑는 일부터 시작해야 한다.

구약성경에서 우리는 이삭이 대가족을 동원하여 어떻게 우물을 다시 파게 했는지를 본다. "그 아버지 아브라함 때 팠던 우물들을 다시 팠으니 이는 아브라함이 죽은 후에 블레셋 사람이 그 우물들을 메웠음이라"창 26:18. 이렇게 식수의 근원을 확보하지 못했다면, 그의 가족과 종들과 가축은 물론 그 자신까지도 생존할 수 없었으리라. 그는 수맥을 찾기 위해 성공 여부가 불투명한 새로운 우물을 파려고 시도하지 않았다. 오히려 아브라함 때 팠던 '옛 우물'이 있는 곳으로 곧장 달려갔다. 악한 블레셋 사람들이 우물을 메운 흙과 자갈을 걷어내면 물을 얻게 되리라고 확신했기 때문이다.

우리는 이삭의 행동에서 실제적으로 적용할 수 있는 두 가지의 분명한 영적 원리를 발견한다.

첫째, 과거의 진리를 재발견해야 한다. 하나님께서 함께하시면 과거에 축복의 통로였던 진리가 오늘날에도 유용하게 된다. 반면 새로운 대안을 찾으려는 시도는 성과가 없을지도 모른다.

둘째, 과거의 진리를 재발견하려는 시도를 결코 방해해서는 안 된다. 특히 과거의 소중한 보물들이 소멸되어가는 시대에 어떠한 편견이나 악한 의도, 배타적인 태도 등을 통해 이러한 노력을 좌절시켜서는 안 된다.

나는 이 두 원칙에 따라 책의 내용을 전개할 예정이다. 따라서 독자들이 이 책에서 어떤 참신한 사상을 발견하지는 못할 것이라고 생각한다. 그러나 필자인 나는 단지 기쁜 마음으로 과거의 그리스도인들이 발견했던 지혜에 흠뻑 젖고 싶다.

잃어버린 세계

셜록 홈즈 이야기로 잘 알려진 영국의 추리소설가 아서 코넌 도일이 쓴 작품 중에 「잃어버린 세계」The Lost World라는 모험담이 있다. 챌린저 교수와 그의 친구들이 인간이 접근하기 어려운 남아메리카의 한 고원지대에 올라갔다가 거기서 공룡을 발견하고 고대 원시인들의 특이한 생활방식을 접하게 된다는 내용이다. 이 이야기는 분명히 9~90세에 이르는 남자들을 위한 작품인데, 나는 열 살 때 영국의 라디오 방송 어린이 프로그램에서 이 소설이 시리즈로 방송되는 것을 들으며 흥분에 사로잡혔던 때를 지금도 생생하게 기억한다. 이 작품은 챌린저 교수가 본국으로 돌아와 동료 과학자들에게 자신이 발견한 신기한 내용을 들려주고, 이들이 보여주는 냉담한 반응과 맞서는 장면으로 끝을 맺는다.

기독교 안에서도 이처럼 '잃어버린 세계'가 있다. 그리고 그리스도인의 진정한 거룩함이 사라졌다. 그런데 현대 그리스도인의 병든 삶을 초자연적인 상태로 끌어올려야 한다는 말을 누가 믿어줄지 의문이다. 나의 주장이 많은 사람들에게는 고대 선사시대의 삶을 설명하는 것처럼 느껴질 텐데, 과연 내 말을 믿어줄까? 이미 지나간 사상을 새롭게 조명하는 작업이 어떤 신기한 영적 공룡을 소개하는 일처럼 간주되지는 않을까 걱정이다. 하지만 상관없다. 영화배우 캐리 그랜트가 말했듯이 "꼭 해야 할 일이라면 해야 한다." 따라서 나는 더 이상 주저하지 않고 독자들의 반응에 관계없이 나의 임무를 수행하겠다. 이제 본격적으로 시작해보자.

:: 성결학교, 기도학교

이 책을 처음 출간할 때 내가 제안했던 제목들 중 하나는 '그리스도와 함께하는 성결학교'With Christ in the School of Holiness였다. 그런데 이 제목은 앤드류 머레이의 「그리스도와 함께하는 기도학교」With Christ in the School of Prayer에서 따온 것이다. 정확히 말하면 거의 도용한 셈이다. 앤드류 머레이1828-1917는 남아프리카의 존경받는 성자요 신앙서적 저술가인데, 내가 이런 식으로 그의 책명을 모방한 것은 세 가지의 진리를 강조하고 싶어서이다. 나는 이 진리가 나뿐 아니라 모든 신앙인에게 기초가 된다고 생각한다. (아마 머레이도 이러한 나의 주장에 공감하리라 믿는다. 그의 책을 살펴보면 이를 분명히 확인할 수 있다.)

첫 번째 진리
우리는 기도와 마찬가지로 거룩함(성결)에 대해서도 경험 속에서 배워야 한다. (기도 역시 거룩함의 일부분이다.) 물론 그리스도인은 새롭게 태어나는 과정을 통해 거룩해지려는 본능을 부여받는다. 하지만 배우는 과정 역시 꼭 필요하다. "그가 아들이시면서도 받으신 고난으로 순종함을 배워서"히 5:8. 성경에서 예수님께서 아버지의 뜻을 실제로 수행하시고 몸소 고난을 당하심으로써 순종과 그 대가가 무엇인지를 배우셨던 것처럼, 그리스도인도 배워야 한다. 기도하기 위해 노력하는 가운데 기도가 무엇인지를 배워야 하고, 마음을 깨끗하게 하며 의로운 삶을 살려고 애쓰는 가운데 거룩함이 무엇인지를 배워야 한다.

만약 재능 있는 젊은이가 테니스 시합을 앞두고 훈련을 받는다면 그는 훈련의 핵심이 경기 기술에 관한 이론이 아니라 실제로 서브와 타법을 연습하는 데 있음을 깨닫는다. 그래서 새로운 습관을 익히고 내면화하여 자신의 약점을 극복한다. 실제 경기에서 상대방을 꺾으려면 코트 위에서 계속 맹렬하게 연습해야 한다.

기도와 거룩함에 대해서도 이처럼 배워야 한다. 몸과 마음을 헌신하여 습관처럼 굳어지게 해야 하며 실제로 우리의 적수인 사탄과 전투를 치러야 한다. 그런데 사탄은 교묘한 전략으로 우리의 약점을 공격한다. (때로 세상 사람들이 우리의 강점이라 부르는 것을 통해 공략한다. 지나친 자신감과 거만하게 앞서는 행동이 사탄의 공격을 유발한다. 무능할 정도로 소심한 행동, 거칠게 대하고 쉽게 분노하는 태도, 내적·외적 측면의 훈련 부족, 책임 회피, 하나님께 대한 경건치 못한 태도, 그릇된 행동을 의도적으로 탐닉하는 자세 등은 사탄이 애용하는 전략이다.) 우리의 적인 사탄은 정면 공격도 잘하지만 유도 선수들이 보여주는 메치기 기술도 아주 뛰어나다. 그러하기에 항상 경계하며 대비 태세를 갖추어야 한다.

두 번째 진리

성결케 되는 법을 배우는 일은 기도와 마찬가지로 학교에서 교육받는 과정과 유사하다. 하나님께서 세우신 학교에서, 교과과정과 규칙을 따르고 엄한 훈련을 받으며 이따금 상을 타기도 하고 선생님들에게 배우며 친구들과 어울려 놀다가 싸우기도 하고 다시 화해한다. 이 모든 과정이 하나님의 절대적인 섭리 속에서 진행된다.

기도와 성결의 교육과정 가운데 가장 중요한 코스는 죄와 사탄과 싸워야 하는 영적 전투이다. 하나님께서는 훈련과정 중 이 단계를 통과하게 하심으로써 우리를 다듬고 정화하여 내면의 그릇을 넓히고 활력이 넘치게 하며 강인하고 성숙하게 하신다. 그분은 이러한 방법으로 우리의 도덕적·영적 모습을 다듬으셔서 점차 그분이 원하시는 형상이 되게 하신다.

초등학교에서 진행하는 체육 수업이나 성인용 헬스장에서 운영하는 훈련 프로그램을 떠올리면 내용을 쉽게 이해하리라 믿는다. 체육 프로그램 역시 영성 훈련과 마찬가지로 재미없는 활동을 하게 만든다. 초등학교 시절, 나는 키가 컸고 몸이 호리호리했으며 뻣뻣했다. 그래서 P.T.physical training, 당시에는 체육 과목을 통상 이렇게 불렀다를 아주 싫어했다. 실제로 체육 성적이 아주 안 좋았다. 하지만 그 수업이 나에게 굉장한 도움을 주었다고 믿는다. 체육시간에 무거운 바벨을 몇 년 동안 끈질기게 들어올리다 보니, 쉽게 만족할 만한 성과를 얻지 못하는 훈련 종목에서도 계속 견디는 법을 터득하게 되었다. (그런데 지금 회상해도 그렇지만, 그 당시 다른 아이들은 어떻게 그렇게도 쉽고 재미있게 해냈는지 모르겠다.) 하나님의 성결학교 프로그램에도 언제나 훈련과정이 있다.

여기서 명심해야 할 사항이 있다. 때로 하나님께서 그리스도인으로 하여금 삶에서 느끼는 온갖 감정들인 기쁨과 슬픔, 성취감과 좌절감, 환희와 실망, 행복과 상처 등을 겪게 하신다면, 거기에는 반드시 우리가 알지 못하는 이유가 있다. 이러한 모든 경험은 성결학교에서 우리를 위해 하나님이 마련하신 교과과정 중의 일부이고, 성결학교는 그분이 세우신 영적 훈련장이다. 그분께서는 이곳을 통해 우리가 도덕적인 면에서 예수 그리스도를 닮아가도록 다듬고 새롭게 조성하신다.

아빌라의 성녀 테레사와 관련한 일화가 있다. 한번은 그녀가 마차를 타고 여행을 하는데, 공교롭게도 마부가 내려준 곳이 진흙탕 길이었다. 그러자 화를 잘 내는 테레사는 넘어지지 않으려고 애쓰며 이렇게 소리를 버럭 질렀다. "주님, 당신께서는 친구를 언제나 이런 식으로 대하시나요? 그러니 친구가 별로 없죠!" 그녀가 매력적인 점은, 이처럼 하나님과 농담을 주고받을 정도로 친한 사이였다는 사실이다. 하지만 하나님께서는 이러한 성녀에게도 오르막길과 내리막길을 두심으로써 인격을 다듬고, 너그러운 마음을 갖게 하시며, 더욱 헌신하도록 만드셨다. 테레사에게 적용된 이 진리는 그리스도인 누구에게나 적용된다.

세 번째 진리

거룩함을 가르치기 위해 하나님께서 세우신 성결학교에서 예수 그리스도는 우리와 함께하시고 우리는 그분과 동행하며 그분께서 모든 관계를 조정하신다. 즉 주인과 종, 지도자와 추종자, 교사와 학생의 관계를 통제하신다. 이 사실을 제대로 이해하는 것이 매우 중요하다. 일상생활에서 자녀를 학교에 보내보면 어떤 아이는 다른 아이보다 훨씬 빨리 진급하는 경우가 있는데, 성결학교에서도 이런 현상이 발생한다. 어떤 신앙인은 아주 빠른 속도로 성장한다. 도대체 왜 그럴까? 사람에 따라 성화 과정에서 진행 속도가 다른 것을 어떻게 설명해야 할까? 차이가 나는 근본적인 원인은 인간의 지능지수나 읽은 책의 양, 캠프 모임이나 세미나에 참석한 횟수에 있지 않고, 당사자가 인생에서 변화를 체험할 때마다 그리스도와 가진 개인적인 교제에 있다.

예수님께서는 부활하셨고 지금도 분명히 살아계신다. 그분은 성경 말씀과 성령님을 통해 오늘도 우리를 부르시고 우리에게 자신을 구세주와 주님으로 받아들여 제자와 추종자가 되라고 명하신다. 객관적으로 말하면, '거기에 계신'there-ness, 에스겔 48:35의 여호와 삼마와 같은 의미로 하나님의 영원한 임재를 상징하는 중요한 표현 예수님께서 제자인 우리와 개별적인 관계를 갖는 것은 진정으로 '사실'의 문제이다. (그리스도인이 어떤 특별한 상황에서 그렇다고 느끼는 감정의 차원이 아니다.) 마치 과거에 그분께서 이 세상에서 육체를 입고 위로하시며 명령하신 것이 사실이듯이 말이다. 하지만 신앙인들 중에서 이 사실을 건전하고 실제적으로 깨닫지 못하는 사람들이 더러 있다. 거룩함에 이르는 속도가 사람마다 다른 이유는 바로 여기에 있다.

어떤 신앙인은 예수님을 구세주로 모시고 문제가 생길 때마다 그분께 나아가 제자로서 어떻게 문제를 해결할지를 습관적으로 묻는다. (이처럼 '주님께 나아가는' 사람은 기도, 묵상, 열린 마음을 가진다. 묵상이란, 생각과 숙고는 물론 성경 말씀에서 결론을 도출하여 예수님 앞에서 말씀을 직접 자신에게 적용하는 행동까지 포함한다. 열린 마음이란, 이러한 과정을 진행하면서 성령님의 특별한 조명을 기대하고 마음을 열어놓는 행위를 의미한다.) 이러한 그리스도인은 상황이나 사건이 자신에게 무엇을 요구하는지를 알아차린다.

- 예수님처럼 자신을 온전히 하나님께 헌신한다.
- 예수님처럼 오직 아버지 하나님만을 기쁘시게 하는 말과 행동을 한다.
- 예수님처럼 고통과 슬픔은 물론 타인이 자신을 속이거나 배신하는 행위까지 기꺼이 감수한다.
- 예수님처럼 어떠한 속셈도 품지 않고 원칙을 고수하면서 사람들을 돌보고 그들의 필요를 채워준다.
- 예수님처럼 저항 받고 고립되는 상황까지 기꺼이 감수하며 어려움을 겪어도 동요하지 않고 상황이 나아지기를 끈질기게 기다린다.
- 예수님처럼 하나님의 뜻이라면 무엇이든 기쁘게 수용하며 그분의 지혜와 은혜에 감사한다.

위와 같은 마음자세로 사는 그리스도인은, 어떤 중대한 사건이 터져도 자기 연민이나 비통한 마음을 품지 않고 평강과 기쁨을 유지하며 하나님의 인도하심을 간절히 기대한다. 반면 다른 부류의 그리스도인은 예수님을 구주로 모시고 그분께 헌신하지만, 어려운 일이 닥칠 때마다 주님께 나아가 아뢰는 습관이 몸에 배지 못하였다. 그래서 하나님의 자녀가 되면 일이 언제나 순조롭게 풀릴 것이라고 생각하며 살아간다. 그러다가 인생의 폭풍이 닥치면 하나님께 대한 실망감 속에서 늘 그분이 자신을 저버렸다고 느끼며 비틀거린다. 거룩함에 이르는 과정에서, 첫 번째 부류의 사람이 두 번째 부류의 사람보다 그리스도 정신의 핵심인 사랑과 겸손과 소망을 더 많이 체험하며, 훨씬 더 신속하고 심도 있게 성장한다는 사실은 누가 보아도 분명하다.

:: 거룩함이란 무엇인가?

먼저 거룩함의 용어부터 살펴보자. 명사 '거룩함'holiness은 '거룩한'holy이라는 형용사와 '신성하게 하다'sanctify 곧 '거룩하게 만들다'라는 동사와 관련되어 있다. 히브리어나 헬라어의 의미에서 보면 '거룩함'이란 하나님을 위해 '따로 떼어놓음, 구별, 성별, 그분께 이관함'의 뜻이다. 이러한 의미를 사람에게 적용하면 '하나님의 거룩한 백성, 성도, 성자'라는 뜻이 되는데, 이 단어들은 헌신과 동화同化의 의미를 함축한다. 여기서 헌신이란 하나님을 섬기며 사는 삶을, 동화란 하나님처럼 되기 위해 모방하고 순응하는 행위를 각각 뜻한다. 이 의미들을 그리스도인에게 적용하면 하나님께서 정하신 도덕법을 가치 기준으로 삼고, 성육신하신 예수 그리스도를 삶의 본보기로 삼아야 한다. 거룩함의 의미를 제대로 이해하려면 여기서부터 출발해야 한다.

영국 국교회의 주교 J. C. 라일은 「거룩」Holiness이란 책에서 거룩한 사람에게서 나타나는 열두 가지의 전형적인 특징을 간단명료하게 성경적인 용어를 사용해 정리하였다. (이 책은 1879년에 출간되었는데 아직도 꾸준히 판매된다.) 그는 이렇게 설명한다.

> 거룩함이란 성경에서 언급하듯이, 습관적으로 하나님과 한마음을 갖는 것을 말한다. 하나님의 판단에 동의하고 그분이 미워하시는 것을 미워하며 사랑하시는 것을 사랑하며, 이 세상의 모든 일을 성경의 기준에 비추어 판단하는 행위를 의미한다.
>
> 거룩한 사람은 자신이 알고 있는 죄를 모두 피하고 계명을 반드시 지키려고 꾸준히 노력한다. 하나님을 향해 확고한 마음자세를 가진 그는 그분의 뜻을 지키려고 부단히 노력하며, 세상을 거스르는 것보다 하나님을 거스르는 것을 더 두려워한다. 또한 사도 바울이 "내 속사람으로는 하나님의 법을 즐거워하되" 롬 7:22라고 말할 당시에 느꼈던 기분으로 이 세상을 살아간다.
>
> 거룩한 사람은 우리의 주님 예수 그리스도를 닮기 위해 고군분투한

다. 그분 안에서 믿음의 삶을 살고 매일 평강과 능력을 공급받을 뿐 아니라, 그분의 마음을 가지려고 노력하며 그분의 형상을 본받으려고 애쓴다롬 8:29. 또한 다른 사람들을 참아주고 용서하며, 자신을 희생하고 사랑 가운데 행하여 낮은 마음으로 겸손하게 살고, 사도 요한이 들려준 말씀을 마음에 새긴다. "그의 안에 산다고 하는 자는 그가 행하시는 대로 자기도 행할지니라"요일 2:6.

거룩한 사람은 온유함, 오래 참음, 관대함, 인내의 성품을 유지하며 자신의 혀를 다스리려고 노력한다. 많은 고통을 참고 감정을 억누르며 다른 사람의 허다한 허물을 눈감아줄 뿐 아니라 자신의 권리에 대해서는 주장하기를 꺼린다.

거룩한 사람은 자기를 부인하고 절제한다. 육체의 욕망을 억제하고, 자신의 육욕을 감정이나 욕정과 함께 십자가에 못 박으며, 정욕과 육체적 성향을 제어하려고 노력한다. 이렇게 함으로써 인간의 정욕이 언제라도 분출하지 못하게 한다눅 21:34 ; 고전 9:27.

거룩한 사람은 자선과 형제 우애를 추구하고, 성경의 황금률대로 다른 사람이 해주기를 원하는 대로 행하며, 상대방으로부터 듣고 싶어 하는 말을 먼저 건넨다. 매우 사소한 영역에서조차 거짓말, 비방, 험담, 속임수, 불성실, 부당한 대접 등이 발을 못 붙이게 한다.

거룩한 사람은 자비와 선행의 정신으로 타인을 대한다. 성경에 나오는 도르가란 여성이 그랬다행 9:36. 그녀는 선행을 베풀어야겠다고 결심한 후에 말하는 단계에 머물지 않고 실제로 행했다.

거룩한 사람은 마음을 청결하게 유지하려고 애쓴다. 각종 더러운 요인으로 영혼이 오염되는 상황을 매우 두려워하여 그 상황을 아예 피해버린다. 그는 자신의 마음이 부싯깃과 같아 불똥이 튀면 쉽게 불이 붙는다는 사실을 잘 알기에, 유혹 자체를 애써 피한다.

거룩한 사람은 하나님을 두려워하며 살아간다. 그렇다고 종이 주인을 두려워하듯이 살지는 않는다. 왜냐하면 종은 단지 처벌이 두려워 일하고 감시가 소홀해지면 빈둥거리기 때문이다. 오히려 어린 자녀의 모습처럼 산다. 어린 자녀는 아버지를 사랑하기 때문에 항상 아버지의 면전에서 행동하고 싶어하며 두려움과 경외심을 가지고 살아간다.

거룩한 사람은 겸손하게 살려고 노력한다. 겸손한 자세로 자신보다 다른 사람을 귀하게 여기는 마음으로 나아가기를 열망한다. 이 세상에 있는 그 누구보다 자기의 마음이 악하다고 여긴다.

거룩한 사람은 모든 인간관계를 맺고 일을 수행하는 데 성실을 추구한다. 영혼의 문제에는 관심도 없이 오직 자리를 지키기에만 연연하는 사람처럼 일하지 않고, 오히려 어떤 사람보다 더 잘하려고 노력한다. 이는 거룩한 사람이 한 차원 높은 성취동기로 많은 도움을 받을 수 있기 때문이다. 그는 맡은 일이 무엇이든지 잘하려고 노력하며, 충분히 피할 수 있는데 부도덕한 일을 했을 경우에는 부끄러움을 느낀다. 그는 좋은 남편 혹은 아내, 좋은 부모와 좋은 자녀, 좋은 주인과 좋은 하인, 좋은 이웃과 좋은 친구, 그리고 좋은 국민이 되려고 애쓴다. 또한 사생활이나 공적인 생활에서도, 회사 사무실이나 집안의 난롯가, 어디에 있든지 선한 사람이 되기를 원한다. 우리의 주님 예수님께서는 다음과 같은 날카로운 질문을 던지신다. "(너희가) 남보다 더하는 것이 무엇이냐?"마 5:47.

거룩한 사람은 영적인 면에 관심을 쏟기에, 위의 것을 찾는 데 열정을 쏟아붓고 이 세상의 것에 대해서는 집착하지 않는다. 마치 자신의 보물이 하늘에 쌓여 있는 사람처럼 살려고 노력하고, 본향을 향해 여행하는 순례자나 방문객의 마음으로 이 세상을 거쳐간다. 그리고 기도와 성경 읽기, 성도들과의 만남을 통해 하나님과 교제하며 거기서 최고의 기쁨을 찾는다. 그는 대인관계를 비롯해 어떤 사물이나 장소를 평가할 때, 그것이 하나님께 나아가는 데 얼마나 도움을 주는가에 따라 가치를 평가한다.

:: 거룩함의 여러 양상

라일이 선언한 '거룩함'의 내용은 우리에게 도전을 주는 진리이기에, 건전한 그리스도인이라면 아무도 이의를 제기하지 않으리라. 이제 그의 주장과 그를 통해 얻은 유익을 최대한 활용하여 나의 주장을 펴겠다. 내용을 1인칭 시점에서 서술하고자 하는데, 이는 한편으로 독자들이 나의 주장을 쉽게 적용하도록 돕고자 함이요, 다른 한편으로는 나 자신이 먼저 이 내용을 실천하고자 원하기 때문이다. 내가 따르는 칼빈주의 신학에 의하면, 만약 설교자가 메시지를 전하기 위해 강단으로 올라갈 때, 설교자 자신부터 내용을 실천해야겠다는 결심을 하지 못할 바에는 차라리 그 순간 곤두박질쳐 목이 부러지는 편이 가장 좋다. 이 원칙은 교회에서 설교할 때뿐 아니라 글을 통해 말씀을 선포하는 경우에도 적용된다. 그래서 나는 다른 사람에게는 물론 나 자신에게도 이 메시지를 선포할 필요를 느낀다.

이제, 요점을 네 가지로 나누어 정리하겠다.

거룩함은 나의 마음과 관련이 있다

여기서의 '마음'heart은 성경적 의미를 담고 있다. 성경에서는 인체에 피를 공급하는 심장이 아니라, 개인의 내적 삶의 핵심과 초점을 말할 때 이 단어를 사용한다. 따라서 마음이란 동기부여의 근원이고 열정이 자리를 잡는 장소일 뿐 아니라 모든 사고 작용의 원천이며 특히 양심이 위치한 곳이다. 거룩함은 마음에서부터 시작된다! 이것이 내가 강조하고 나 자신이 직시해야만 하는 내용이다. 거룩함은 인간의 내면에서 하나의 바른 목적과 함께 시작되는데, 그 목적은 올바른 성취를 통해 드러나게 되어 있다. 이것은 단지 수행의 문제에 국한되지 않고 어떤 일을 하도록 부추기는 동기의 문제까지 포함한다.

거룩한 사람에게, 어떤 일은 행하고 어떤 일은 피함으로써 하나님을 기쁘시게 하겠다는 생각이 그의 행동을 유발케 하는 목표, 열정, 욕망, 갈망, 열망, 목적, 그리고 충동이 된다. 선한 일을 행하고 악한 일을 중단한다. 이처럼 깨어 있는 사람은 기질적으로 하나님을 찬양하고 예배하며 경배하고 높이며 선을 행하는 반면, 악을 행하는 사람은 이러한 요소들을 무시하거나 냉담한 반응을 보이며 죄를 짓는다. 그러하기에 우리 마음이 능동적이며 민감하게 하나님의 요구에 반응하도록 최선을 다해야 한다.

영국의 청교도 목사이자 저술가인 리처드 백스터는 자신이 좋아하는 17세기 영국 시인 조지 허버트의 작품에 대해 찬사를 보내며 "마음의 작용과 천국의 작용이 그의 작품을 형성한다"고 말한 적이 있다. 백스터는 아마 '마음의 작용'이란 표현을 통해, 하나님과 구세주를 경외하고 겸손과 감사와 숭배하는 사랑의 정신을 계발하는 태도를 전달하고자 했으리라. 이러한 내용은 다음 허버트의 시에도 암시되어 있다. (오늘날 이 시는 널리 불리는 찬송가가 되었다.)

> 영광의 왕, 평화의 왕
> 주님을 사랑하나이다.
> 그 사랑이 결코 멈추지 않기에
> 감히 나아가 부르나이다.
> 주님께서는 저의 요구를 받아주셨고
> 간구를 들어주셨으며
> 저의 일하는 가슴에 주목하셔서,

목숨을 살려주셨나이다.

그런 까닭에 최고의 재능으로
주님을 노래하며,
마음의 중심을
바치나이다.

　마음을 하나님께 바치는 사랑이 참된 거룩함의 기초이다. 그러나 금욕 생활은 거룩함과 다르다. 습관적으로 스스로를 억제하고 모든 것을 억누르며 엄격한 절제 생활을 하는 금욕 수행의 모습이 거룩한 성도의 삶에서도 나타날 수는 있지만, 이는 근본적으로 거룩함과 같지 않다. 형식주의도 마찬가지이다. 형식주의는 외적인 면인 말과 행위로만 하나님께서 정하신 기준에 순응하는 것처럼 보이기 때문에, 이러한 외적인 경건을 제거하면 거룩한 요소가 전혀 없다. 율법주의 역시 거룩함과 관계가 없다. 율법주의는 하나님의 은혜를 받기 위해 어떤 행위를 하거나 이미 받은 선물보다 더 많은 은혜를 받기 위해 일을 수행한다. 거룩함이란 언제나 구원받은 죄인이 이미 받은 은혜에 감사하며 표현하는 자발적인 반응이다.
　예수님 당시에 활동했던 바리새인들이 위에서 언급한 함정에 빠졌다. 그런데도 당시의 유대인들은 예수님께서 그들의 잘못을 지적하고 외식을 책망하기 전까지는 그들이 거룩하다고 여겼다. 이제 우리는 이러한 사례를 교훈 삼아 거룩함이 마음에서부터 시작된다는 진리를 잊어서는 안 된다. 바리새인들처럼 책망 받고 싶은 사람이 어디에 있겠는가?

찰스 웨슬리는 다음의 시를 남겼다.

오, 이 마음에 은혜를 베푸신 하나님을 찬양하라.
죄에서 자유롭게 하셨으니,
날 위해 아낌없이 흘리신
그 보혈을 언제나 마음으로 느끼네.

자기를 부인하는 온유하고 겸손한 마음
나의 위대한 구세주께서 거하시는 보좌,
오직 그곳에서 그리스도께서 말씀하시고
예수님만이 다스리시네.
묵상할 때마다 이 마음 새로워져
거룩한 사랑으로 넘쳐나고,
완벽하고 올바르며 순수하고 온전하게 되니,
주님의 마음을 닮아가나이다.

진정한 거룩함은 바로 이러한 마음과 기도에서부터 시작된다.

거룩함은 나의 기질과 관련이 있다

여기서의 '기질'이란 어떤 특별한 반응과 행동이 나에게 자연스럽게 일어나게 하는 온갖 요소들을 말한다. 심리학자의 용어로 설명하자면, 기질은 나로 하여금 환경상황, 사물, 사람과 내가 늘 하던 대로 '거래하게' 만든다.

미국의 심리학자 고든 올포트는 이 '거래하다'란 용어가 암시하는 의미들을 총동원하여 기질에 대해 그의 책 「개성의 유형과 성장」Pattern and Growth in Personality에서 이렇게 정의한다. "기질은 어떤 개인의 성질에서 나타나는 다양한 특징을 보이는 현상을 말한다. 여기에는 정서적 자극에 대한 민감성, 자극에 대해 통상적으로 보이는 반응 속도와 강도, 주로 느끼는 기분, 감정의 강렬함과 감정이 변화할 때 나타나는 모든 특징이 포함된다. 그런데 이러한 요소들은 타고난 체질적 구조와 밀접하게 연관되기 때문에 기질은 대체로 유전된다고 볼 수 있다." 이 정의는 약간 장황한 느낌이 있지만, 그래도 의미가 분명하다. 기질은 성격을 형성하는 원료이고, 성격은 기질을 사용해 우리가 만들어내는 생산물이며, 개성은 개인에게서 나타나는 독특한 특징으로 최종 결과물이다.

기질은 다양하게 나누어진다. 긍정적·부정적 타입, 편안하거나 까다로운 타입, 내향적·외향적 타입, 능동적·수동적 타입, 주거나 받는 타입, 사교적이며 적극적으로 접근하거나 뭔가 숨기며 자기만의 생각에 빠지는 타입, 수줍어하거나 자유분방한 타입, 워밍업을 하는

데 빠르거나 늦는 타입, 뻣뻣하게 반항하거나 유연하게 순종하는 타입 등이 있다.

물론 이러한 분류도 나름대로 유용하지만, 아마 교회의 지도자들에게 가장 요긴한 자료는, 예수님 이전에 살았던 고대 그리스 의사들이 만들어놓은 가장 오래된 기질 분류일 것이다.

- 다혈질(따뜻하고, 명랑하며, 외향적이고, 관대하며, 낙천적이다)
- 점액질(차분하고, 잘 억제하며, 초연하고, 냉정하며, 감정에 사로잡히지 않는다)
- 담즙질(민첩하고, 적극적이며, 분주하고, 인내심이 적으며, 비교적 참지 못한다)
- 우울질(우울하고, 비관적이며, 내향적이고, 냉소적이며, 의기소침하기 쉽다)

고대 그리스인들은 한 사람에게서 두 기질이 동시에 나타날 수 있다고 보았다. 예를 들면, 점액질과 우울질, 다혈질과 담즙질이 혼합된 상태가 가능하다고 여겼다. 그들은 이런 식으로 인간의 모든 체질이 이 범주 안에 들어가도록 하였다. 고대 그리스인들이 믿던 체액에 관한 주장은 오늘날에는 더 이상 통하지 않지만, 어쨌든 기질 분류 자체는 지금까지도 목회자들에게 유용하다. 아직도 많은 사람들이 자신의 체질을 여기에 맞춰 생각하면서 상대방의 기질과 반응을 추측하여 이해하려고 노력한다.

중요한 사항은 나 자신부터 기질의 희생자로 전락하거나 그러한 상태에 빠져서는 안 된다는 점이다. 각 기질은 나름대로 장단점을 가지고 있다. 다혈질인 사람은 약간 경솔하고 닥치는 대로 살려는 경향이 있고, 점액질인 사람은 무정하고 초연하며 나태하고 인정 없는 태도를 보이기가 십상이다. 담즙질인 사람은 걸핏하면 싸우고 성미가 까다로우며 협동심이 약하고, 우울질인 사람은 온갖 사건을 나쁘고 부정적인 관점에서 보려는 경향이 있으며, 진정으로 모든 것이 선하고 옳다는 시각을 부인하려고 한다. 그런데 내가 속한 기질이 지닌 단점이 나에게는 이 세상에서 가장 자연스럽게 느껴진다. 그러하기에 이러한 단점과 관련된 죄는 발견하기가 아주 어렵고 처리하기는 더욱 어렵다. 어쩌면 이 세상에서 가장 힘들지도 모른다. 하지만 우리가 예수 그리스도에게서 보듯이, 거룩한 인격자들은 자신의 성품 속에 네 기질이 지니는 단점은 모두 배제한 채 장점만 종합하여 소유하고 있다. 따라서 나는 이러한 점에서 예수님처럼 되기 위해, 또 나의 기질이 나를 유혹하기 위해 던지는 독특한 함정에 빠지지 않도록 부단히 노력해야 한다.

다혈질인 사람은 거룩하게 되려면 행동하기에 앞서 먼저 깊이 생각하고, 책임감 있게 숙고하며, 무턱대고 말하기보다 지혜롭게 말하는 법을 배워야 한다. (대표적인 다혈질의 사람 베드로는 오순절 사건 이후 성령님을 통해 이러한 약점을 보완하였다.) 점액질인 사람은 거룩하게 되기 위해 타인에 대해 기꺼이 열린 마음을 가져야 하고, 다른 사람에게 동정심을 보여야 하며, 친밀하게 다가가 상대방의 아픔에 공감할 수 있어야 한다. 담즙질인 사람은 인내심과 자기 통제 훈련을 받아야 한다. 자신의 앞길을 방해한다고 생각하는 동료들에게 적대감과 분노를 표출하기보다 먼저 죄와 사탄을 대적해야 한다. (사도 바울은 회심한 후에 이 훈련을 많이 받았다.) 마지막으로 우울질인 사람은 자기 연민과 오만한 비관주의적 태도를 버리고 하나님 안에서 기뻐하고, 중세의 신비주의자 노리치의 줄리안처럼 절대적인 하나님의 은총을 믿어야 한다. 그녀는 항상 "모든 일이 잘될 거야. 잘 풀릴 거야"라는 말을 반복하였다고 한다.

나의 기질이 지닌 단점은 무엇인가? 만약 내가 부르심을 받은 대로 거룩하게 살아야 한다면, 쉽지 않은 일이지만 우선 나의 단점이 무엇인지를 깨닫고 이 단점을 극복할 수 있는 습관을 형성하게 해달라고 주님께 간구해야 한다.

거룩함은 나의 인간성과 관련이 있다

우리의 주님 예수 그리스도는 인간에게는 하나님이시고 하나님에게는 인간이시다. 그분은 하나님의 성육신하신 독생자로 완전한 하나님이시자 완전한 인간이시다. 우리는 예수님께서 하나님의 은혜를 전달해주는 중개자이며 인간에게는 거룩함의 표본이라는 사실을 잘 안다. 그러면 예수님의 삶에 비추어볼 때 인간이 진정으로 거룩해진다는 말은 무엇을 의미하는가? 그것은 창조주 하나님께서 의도하신 인간의 삶을 영위하는 것을 뜻한다. 완벽하고 이상적인 인간성으로 존재 안에서 인품을 이루는 모든 요소들이 전적으로 하나님을 경외하며 동시에 인간의 본성을 충족시키는 방식으로 완전히 통합되어 있는 상태를 말한다. (원래 하나님께서 그분 자신을 위해 인간성을 창조하셨기에, 가장 심오한 차원에서는 경건함이 인간의 본성을 자연스럽게 충족시킨다. 우리의 경험이 입증하듯이, 이 세상의 그 어떤 만족감도 하나님의 명령을 순종할 때 느끼는 만족감에 비교할 수 없다.)

논리학자들이 지적하듯이, 거룩함과 인간성은 매우 밀접하게 서로 얽혀 있다. 따라서 만약 거룩함에 부족한 점이 있다면, 그만큼 인간성에서도 부족한 점이 있게 마련이다.

타락한 모든 인간들은 예수 그리스도를 모르기 때문에 영적인 체계 속에서 아직까지도 하나님을 대적하고 자신을 신격화하며 살아간다. 성경에서는 이것을 '죄'라고 부르는데, 이들은 삶의 질적인 면에서 인간 이하의 삶을 영위한다. 그러나 인간의 마음속에 있는 죄는 자신을 속이며 전혀 그렇지 않다고 속삭인다. 언제나 그렇듯이 죄는 항상 누군가를 속인다.

우리가 살고 있는 20세기는 세속적 휴머니즘의 시대로 계속 내리막길을 걸을 것이 불을 보듯 뻔하다이 책의 초판은 1992년이다-역주. 20세기 초에는 앞으로 과학과 교육이 발전하고 부가 증가하며 자연을 무한히 이용함으로써, 이 세상이 지상천국이 되어 누구나 행복하게 살 수 있을 것이라는 병적 행복감과 그릇된 확신이 팽배해 있었다. 그러나 이러한 꿈은 수포로 돌아갔고, 전 세계 사람들은 인간이 여러 차례에 걸쳐 저지른 엄청난 악행에 치를 떨며, 인류의 미래와 현재의 삶의 가치에 대해 불안해하며 걱정을 떨치지 못한다. 인간의 오만한 휴머니즘 정신이 이 세상을 천국이 아니라 지옥으로 만들어버린 셈이다. 영국의 두 저술가 브레인과 워렌은 공저 「거룩: 진정한 부흥이 일어나지 못하는 이유」Why Revival Really Tarries-Holiness에서 "오늘날 세상 사람들이 무엇을 갈망하는가?"라는 질문에 다음과 같이 대답하는데, 이는 매우 정확한 지적이다.

> 진정으로 인간답다는 말은 무엇을 의미하는가? 이제 세상 사람들은 많은 영웅들의 모습에서 돈과 섹스와 권력만 추구할 때 어떤 파괴적인 결과가 나타나는지를 본다. 따라서 사람들은 이제 자신들이 가진 다양한 요소들을 통합하는 방법과 현대의 심리학과 사회학이 제공해주는 통찰력을 배워, 결국 온전하고 건전한 삶을 살고 싶어한다. 휴머니즘은 여기에 대한 해결책이 못 된다. 진정한 인간성은 예수 그리스도의 삶에서만 찾을 수 있다. 본질적으로 거룩함이란 권위적인 규율에 복종하거나 마음에 드는 행동을 수용한다고 해서 성취되지 않는다. 우리의 인간성을 찬미하기만 하면 된다.

두 저술가는 자신들의 요점을 더 분명하게 하기 위해 스코틀랜드의 설교자 제임스 필립의 글을 덧붙인다.

사도행전에 나오는 초대교회 교인들의 삶의 특징은 무엇보다 인간성이었다. (그러하기에 이 요소는 오늘날의 성도들의 삶에서도 절실히 요청된다.) 가장 심오한 차원에서 말하면, 성화란 진정한 인간성을 향하여 나아가는 과정이고, 구원이란 본질적으로 인간성을 회복하는 작업이라 하겠다. 따라서 몰인정한 사람뿐 아니라 약간 비인간적인 사람까지도 성화 과정 중에서 불안한 증상을 보이고, 인간 영혼에 나타나는 하나님의 은혜의 진정한 작용을 전혀 느끼지 못한다. 지금까지 살았던 위대한 신앙인들은 다른 사람이 접근하기 어려운 어떤 위압적인 분위기나 가시적인 후광을 지녔다기보다 오히려 참다운 인간성을 지닌 사람들이었다. 이들은 정말로 인간적이었고, 반짝이는 눈으로 이웃을 사랑하였다.

내가 여기서 다시 한 번 언급하고 싶고, 나 자신부터 반드시 적용해야만 하는 원리는, 브레인과 워렌과 필립이 말한 내용이 다 옳다는 점이다. 진정으로 거룩해지려면 그리스도를 제대로 닮아야 하고, 그리스도를 제대로 닮으려면 바른 인간성을 소유해야 한다. 이것이 내가 말하고자 하는 유일한 인간성이다. 완벽한 인간인 예수 그리스도께서는 이러한 인간성을 지니셨다. 하나님과 다른 사람을 섬기며 사랑하셨고, 하나님의 손 아래서 겸손하고 온유하셨으며, 통합된 인격을 보여주시고 성실하게 행동하셨다. 신실하고도 지혜롭게 늘 기도하면서도 담대하게 인간의 죄에 대해 애통해 하고, 하나님의 선하심을 기뻐하며 일편단심으로 아침부터 밤중까지 지속적으로 아버지 하나님을 기쁘게 하셨다.

그리스도인들은 예수님 같은 인간이 되어야 한다. 우리는 성령님의 도우심을 받아 예수님의 성품을 닮아가도록 부르심을 받았다. 그러하기에 유치한 변덕을 부리거나 경솔하게 자신만 추구하는 태도와 가식적인 경건 그리고 분별없는 고집 등을 떨쳐버려야 한다. 이러한 요소가 그리스도인의 삶을 빈번하게 망쳐놓게 해서는 안 된다. 필립의 말처럼 "거룩함이란 제대로 알고 보면 멋지고 하나님의 사랑만큼 온유하고 아름답다." 바로 이 아름다움이 진정으로 성숙한 인간성이 보여주는 아름다움이다. 필자인 나부터 이러한 사실을 기억하고 마음에 새기며 바른 시각을 가지고 살아야 할 필요가 있다.

거룩함은 내가 맺는 관계와 관련이 있다

인간 사회로부터 자신을 완전히 고립시켜 영원히 홀로 지낸다면 거룩함을 실천하기가 훨씬 용이하고, 적어도 그렇게 할 필요가 있지 않을까 하는 생각이 가끔 든다. 거룩한 삶을 영위하려면 하나님과 홀로 대면하는 시간을 규칙적으로 가져야 한다. 하지만 가족과 교회와 사회 공동체로부터 자신을 분리시켜야 하나님께 나아갈 자유를 얻게 된다는 사고는 아무래도 진리라고 보기 어렵다. 4세기에 이러한 사상이 싹텄다. 당시의 그리스도인 수도사들은 개척 정신을 가지고 습관적으로 자신들을 고립시키며 육체적 고행과 영적 훈련을 실천하였다. 당시에는 거룩함을 이런 식으로 해석하였기 때문이었다. 안토니는 20년 동안 이집트 사막에서 수도하였고, 시므온은 자신이 세운 기둥 꼭대기에서 무려 30년을 살았다. 이들 외에도 이러한 예는 얼마든지 있다.

중세시대에는 거룩함을 '고차원적인 삶'으로 이해하고, 신앙생활을 훨씬 진지하고도 엄격하게 하려는 신앙인이 선택하는 삶으로 보았다. 그래서 사회로부터 이탈하려는 현상을 당연시하였고, 거룩해지려면 수도사나 수녀, 은둔자가 되어 결혼이나 재물을 포기할 필요가 있다고 믿었다. 이러한 배경에서 보면 종교개혁가들의 사상은 당시로서는 혁명적이었다. 왜냐하면 그들은 인간에게 주어진 모든 관계를 성실하게 수행하고, 자신의 소질과 시간을 활용하여 타인을 섬기며, 사랑과 겸손과 순결과 하나님에 대한 열정을 유지시키는 것을 거룩한 삶으로 여겼기 때문이다. 이렇게 보면 거룩해지기 위해 공동체로부터 자신을 고립시키겠다는 사고는 완전히 버려야 한다. 오히려 죄를 용서받은 자로서 하나님의 은혜에 감사하며 자신을 헌신하는 생활이 성결의 삶인 줄로 깨달아, 예배자와 일꾼과 증인으로서 가정과 교회와 더 큰 공동체 내에서 타인과의 관계를 통해 반드시 거룩함을 성취하겠다는 생각을 품어야 한다. 우리가 잘 알듯이 종교개혁가들은 늘 성경을 가까이 하며 살았다.

하지만 종교개혁가들에게도 약간 지나친 면이 있었다. 이들은 당시의 지배적인 종교적 분위기에 반발하여 모든 수도원을 폐쇄하려 하였고, 그 결과 세상사로부터 자신을 분리시켜 홀로 하나님만 찾고 섬기는 일이 하나의 소명으로서 가능하다는 사실마저 부인하였다. 다만 온전히 거룩한 생활을 영위하려면 공동체로부터 반드시 이탈해야 한다거나, 사회생활을 하면서 거룩한 생활을 제대로 영위할 수 없다는 생각을 문제점으로 지적하여 파기한 것은 지극히 잘한 일이다. 성경에서 말하는 거룩함이란 분명히 '세상 속에서' 이루어져야 한다. 그리스도인은 이 세상 속에서, 세상에 순응하지 않으면서 하나님의 종으로서 주님을 위해 다른 사람을 섬겨야 한다. 그러하기에 물질을 탐하거나 사치하며 지나친 욕심을 부리는 일, 어떤 종류가 되었든 자신만의 제국을 건설하려는 욕심을 버려야 한다. 내가 여기서 다시 한 번 언급하고 싶고 또 나 자신부터 실천해야만 하는 주장은, 다른 사람과 어떤 관계를 맺느냐가 하나님께서 보시는 거룩함의 본질이라는 점이다. 이 관점은 남녀관계에서도 매우 중요하다.

지금부터 100여 년 전에 살았던 여성에 관한 이야기가 있는데, 그 여성은 거룩함이란 주제로 훌륭한 책도 썼고 여러 차례 강의도 했던 유명한 인물이다. (스캔들을 피하기 위해 그녀의 이름이나 인용문의 출처는 밝히지 않겠다.) 그런데 그녀의 사위가 이런 충격적인 말을 남겼다. "많은 사람들은 장모님을 현인이나 성녀로 간주합니다. 하지만 저는 시간이 지나면서 그분을 제가 알고 있는 사람들 중에서 매우 악독한 인물 중의 하나로 여기게 되었습니다." 도대체 어쩌다 이 지경이 되었을까? 그는 그 이유에 대해 다음과 같이 말했다. "장모님은 남편인 장인 어르신을 얕잡아 보았고 아주 경멸하는 태도로 대했습니다. 남편에게 말을 걸 때나 남편에 대해 말을 할 때 언제나 멸시하는 태도였어요. 장인 어르신이 약간 어수룩하고 나이가 많은 것은 사실이었죠. 그러나 그런 이유로 멸시해서는 안 된다고 봅니다. 은총 받을 만한 자격이 있는 사람은 이 세상에 아무도 없으니까요."

이 사위는 기독교인이 아니었다. 하지만 이 짤막한 말은 매우 기독교적인 내용을 담고 있다. 왜냐하면 남편과 아내, 부모와 자녀, 직장 동료와 동료 사이에서 사랑이 사라지고 분노와 경멸이 들어선다면, 아무리 책을 통해서, 강대상이나 연단에서 거룩함에 관한 주장을 편다 해도, 우리가 거룩하지 못하다는 사실이 명백하게 입증되기 때문이다. 우리는 관계 속에서 살고 있다는 진리를 명심해야 한다.

제임스 필립은 브레인과 워렌이 인용한 책에서, 그리스도인 중에 상대방에게 공감하기를 싫어하고 항상 자신만 조명을 받으려고 노력하며 다른 사람을 지배하려는 욕망을 가진 사람들이 더러 있다고 지적한다. (상대방에게 공감하기를 꺼리는 증상은 일종의 마초증후군인데, 자신이 하나님의 특혜를 받는 존재라는 망상에 빠져 제멋대로 행동하는 타입을 말하고, 다른 사람을 지배하려는 욕망을 가진 사람은 요한삼서 9절에 나오는 디오드레베와 같은 정신적 질병을 지닌 사람이다.) 필립은 하나님의 관점에서 결국 이러한 증상이 마음을 완악하게 하여 모든 관계를 망친다고 조언한다.

그리스도인들 중에 상대방을 향해 정중하게 "고맙습니다"라고 말하는 법을 배우지 못해 가장 친한 친구에게까지 큰 고통을 주는 사람들이 많다. 이들은 자신의 부주의와 감사하지 않는 태도가 상대방에게 피해를 준다는 사실을 모른 채 상대방이 보여주는 사랑과 우정을 당연시한다. 자신을 제대로 평가하지 못하는 태도가 가장 심각한 문제를 불러일으킨다. 물론 대부분의 경우에 열등감은 인간을 무자비하게 충동질하여 자아를 실제보다 더 높이 평가하게 함으로써 대단한 인물로 간주하게 한다. 열등감에서 파생되는 문제는 우리가 생각하는 것보다 더 밀접하게 이기심과 연관되어 있다. 우리는 문제의 근원이 어디에 있는지를 깨달아야 한다. 왜냐하면 복음만이 이 문제에 대한 유일한 해결책이 되기 때문이다. 이 세상의 어떤 힘도 자아가 인간의 마음에 미치는 횡포를 막지 못한다.

가장 근원적인 문제는 아직 '죽는 법을 배우지 못한 자아'이다. 하지만 필립의 말처럼 "우리가 진정으로 그리스도께 헌신하기만 하면 팽창되었던 우리의 자아는 본래의 크기로 축소되어 하나님이나 다른 사람과의 관계에서 정상적인 기능을 한다." 이 얼마나 지혜로운 말인가! 대인관계에서 문제가 많은 그리스도인을 상당히 거룩한 사람으로 간주하는 사례가 절대로 있어서는 안 된다.

지금까지의 내용을 정리해보면, 그리스도인에게 요구되는 거룩함이란 매우 다양한 요소를 포함하는 듯하다. 그것은 외적인 면과 내적인 면을 동시에 가지고 있다. 따라서 행위와 동기, 품행과 성격, 하나님의 은총과 인간의 노력, 복종과 창조성, 순종과 진취적인 기상, 하나님께 대한 성별聖別과 인간에 대한 헌신, 자기 단련과 희생, 의와 사랑처럼 양면성을 지닌다. 거룩함이란 성령님의 인도함을 받으면서도 법을 지켜야 하고, 삶의 노정 가운데서 나타나야 하며, 성령님의 도우심을 힘입어 성령의 열매를 맺어야 한다. (태도와 기질 면에서 그리스도를 닮아가야 한다.) 거룩해지려면 예수님의 행동 양식을 그대로 모방하려고 노력해야 한다. 오직 그분만 의지하며, 자신을 세속적인 자기도취에서 구해주시도록, 자신에게 영적 필요성과 가능성을 식별할 수 있는 능력을 주시도록 간구해야 한다.

거룩함을 추구하려면 인내심을 가지고 지속적으로 정직하게 살려고 노력하고, 사적인 면이나 대인관계에서 죄를 대적하며 하나님의 편에 서야 한다. 이 세상에서 하나님을 섬기듯이 성령님 안에서 그분을 예배하며 오직 일편단심과 전심으로 자유롭고 기쁜 마음으로 그분을 기쁘시게 하는 일에 집중해야 한다. 거룩한 삶이란 구별된 삶, 즉 하나님을 위해 성별되고 그분의 능력에 의해 내적으로 새롭게 된 삶의 향기이다.

이렇게 보면 거룩함이란 사랑에 의해 작동되는 믿음의 증거이다. 그것은 우리 안에 세워지는 하나님의 은혜로운 결과라는 점에서 전적으로 초자연적이다. 또한 죄와 무지에 빠져 타락하여 세상 문화에 탐닉하던 우리가 그리스도 안에서 새로운 피조물이 되어 방향을 재정립하고 에너지를 공급받음으로써 진정한 인간성을 회복하는 과정에 있다는 점에서 지극히 자연적이다. 오스왈드 챔버스는 하나님께서 주시는 '거룩함'이란 선물을 '우리가 받은 찬란한 유산'이라 칭한다. 참으로 탁월한 표현이다. '찬란한'brilliant이라는 단어는 '눈부신, 빛나는, 소중한, 영광스러운'이란 뜻을 지니는데, 매우 적절한 단어이다.

:: 오늘날에도 거룩함이 중요한가?

정말로 거룩함이 중요한 것일까? 그리스도를 따른다고 공언하는 신자에게, 실제로 거룩한 삶을 사느냐 하는 문제가 궁극적으로 의미가 있을까?

오늘날의 기독교계, 특히 복음주의적 교계를 보면 거룩함이 중요하지 않다는 결론에 쉽게 도달한다. 나는 언젠가 글을 통해 "개인적으로 거룩하게 사는 것은 구시대의 유물인가?"라는 질문에 답을 해야 했던 적이 있다. 그때 나는 오늘날 대부분의 신자들이 거룩함을 이미 한물간 것으로 생각하는 경향이 있다는 느낌을 떨칠 수 없었다. 이러한 결론을 내리게 된 증거는 다음과 같다.

설교와 가르침

요즈음 그리스도인들이 주로 설교하고 가르치는 내용은 어떤 것인가? 텔레비전이나 DVD를 통해 어떤 내용이 전달되는가? '거룩함'보다 '성공'이나 '긍정적 사고'일 것이다. 건강과 재산 관리, 근심에서 벗어나는 법, 만족한 성생활, 행복한 가정 등의 주제가 단골 메뉴이다. 언젠가 한 기독교 잡지에서 신간 실용서적 여덟 권을 한 면에 소개한 것을 본 적이 있다. 그렇다면 당신은 거룩함에 대한 신간서적들이 출간되었다는 소식을 들어본 적이 있는가? 과연 있을까?

리더십

그리스도인들은 종교계의 목회자, 교사, 저술가, 교회를 비롯한 여러 기독교 사업을 지원하는 후원자, 그리고 자신이 속한 조직에서 중요한 역할을 담당하는 지도자들을 평가할 때 주로 무엇을 보는가? 그들의 재능과 솜씨와 재력이 아닌가. 북아메리카 교회의 성도들, 특히 지도자들 가운데 최근에 성적 스캔들이나 자금 횡령으로 인한 범죄 사실이 드러났는데도, 이들 중 상당수가 자신들이 그리스도의 몸의 지체로서 책임감을 느낀다는 사실을 인정하지 않았다고 한다. 매우 충격적인 일이다. 더욱 가관인 것은, 이들의 죄가 드러나 대중에 의해 비난 받았음에도 불구하고, 이내 아무 일 없었다는 듯이 다시 목회를 시작하고 사람들에게 전과 같은 동일한 후원을 요구한다는 점이다. 이들에게 '그리스도인은 회개하면 죄를 용서받고 하나님께서 회복시켜 주신다'는 권면이 통할 리 없다. 이들이 교회 지도자로서의 위치로 신속하게 복귀하는 상황을 보면, 그리스도인들은 그들의 고결함보다 재능을 더 중요하게 평가하는 듯 보인다. 이는 오직 영적으로 거룩한 성도만이 영적인 면에서 귀하다는 진리가 신앙인의 마음에서 큰 비중을 차지하지 못하기 때문이다.

약 150년 전에 살았던 로버트 머레이 맥체인은 스코틀랜드의 지역 교구 목사이자 부흥사로서, "현재 우리 국민들에게 가장 절실하게 요구되는 것은 거룩한 삶이다"라고 선포하였다. 현대의 목회자들이나 성도들은 이러한 맥체인의 평가에 동의하지 않는 듯하다. 당신이 속한 교회는 어떠했는가? 새로운 목회자를 초빙하기 위해 청빙위원회를 구성하고 교회에서 요구하는 자격 조건 목록을 작성하여 서류를 접수한 후에 평가하지 않았는가? 그렇다면 후보자가 거룩한 사람인가를 평가하는 항목에 얼마나 큰 비중을 두었는가? 과연 얼마나 기대할 수 있을까?

전도

불신자에게 전도할 때 대체로 복음의 내용을 어떻게 요약하는가? 거룩하게 살도록 부르심을 받은 거듭난 신자를 교육할 때 어떤 내용을 중심으로 가르치는가? 대체로 믿음에 대해서는 매우 강조하면서도 회개에 대해서는 큰 비중을 두지 않는다. 예수님께 나아오고 그분의 약속을 믿으며 하나님께서 우리를 위해 하신 일들을 믿고 천국을 소망해야 한다는 내용은 대단히 많이 강조하면서도, 정작 우리의 양심이 하나님의 도덕법을 따라야 하고 죄를 회개한 후에는 죄를 멀리해야 하며 과거에 누군가에게 손해를 입혔으면 배상해야 하고 하나님의 마음을 아프게 한 적이 있으면 그분 앞에서 슬퍼해야 하며 거룩한 삶을 살기 위해서는 작전 계획game plan을 짜야 한다는 말은 거의 하지 않는다.

포스트모더니즘 시대의 서구 기독교 문화를 보면, 절대적이며 확실한 도덕적 기준이 있는가에 대해 의심을 품게 된다. 대부분의 경우에 개인의 덕행이나 부도덕은 당사자만의 문제인 것처럼 보이고, 다른 사람은 아무도 여기에 관심이 없다. 서구의 기독교인들은 특히 성sex과 돈 문제에만 관심을 보이는 듯하다. (H. 헨슬리 헨슨은 이 점을 지적하며 성경에 나오는 유대인의 화폐 단위인 '세겔'shekel이란 용어를 사용하였는데, 이는 매우 적절하다.)

심지어 어떤 사람은 회개를 강조하거나 신앙생활이 회개와 직결되어 있다는 논리에 이의를 제기하며, 이 주장은 우리를 반기독교적인 율법주의에 빠지게 만든다고 반박한다. 이러한 사람은 회개는 단지 신앙인에게 선택사항으로 '하면 유익한 것'일 뿐 필수사항은 아니며 우리가 복음을 받아들여 믿음을 소유한다고 반드시 회개할 필요는 없다고 기를 쓰며 주장한다.

아마 당신은 믿음에 대해 강론하는 설교를 수없이 들었으리라. 그렇다면 회개에 대한 설교는 얼마나 자주 들었는가? '회개'에 관한 시리즈 설교를 들어 보았는지 아니면 적어도 한 번이라도 그러한 메시지를 들어 보았는지 묻고 싶다. 아마 당신의 가정에 성공하는 기독교인의 삶에 관한 책은 여러 권 있으리라 생각한다. 그러면 그 책에서 회개에 비중을 두어 그리스도인이 평생 동안 회개하며 살아야 한다고 언급한 내용은 없다고 해도 단 한 번이라도 회개에 대해 언급한 부분이 있는지 살펴보라!

당신이 다른 사람에게 전도할 때 회개가 중요하며 영적 생활에서 반드시 필요하고, 거룩한 삶을 통해 회개한 모습을 보여주어야 한다고 설명해본 적이 있는가? 거룩함의 중요성을 경시하거나 무시하면 우리는 완전히 잘못된 길로 들어선다.

실제로 거룩한 삶은 하나님의 명령이다. 하나님께서 명하시고 그리스도께서 요구하신다. 성경 어디를 보아도 이를 확인할 수 있다. 율법서, 복음서, 예언서, 시가서, 서신서, 역사서 등 성경의 모든 책에서 이 진리를 언급한다.

> "하나님의 뜻은 이것이니 너희의 거룩함이라" 살전 4:3.
>
> "가서 다시는 죄를 범하지 말라 하시니라" 요 8:11.
>
> "모든 성경은 하나님의 감동으로 된 것으로 교훈과 책망과 바르게 함과 의로 교육하기에 유익하니 이는 하나님의 사람으로 온전하게 하며 모든 선한 일을 행할 능력을 갖추게 하려 함이라" 딤후 3:16-17.
>
> "이 율법책을 네 입에서 떠나지 말게 하며 주야로 그것을 묵상하여 그 안에 기록된 대로 다 지켜 행하라" 수 1:8.

"그러므로 누구든지 이 계명 중의 지극히 작은 것 하나라도 버리고 또 그같이 사람을 가르치는 자는 천국에서 지극히 작다 일컬음을 받을 것이요 누구든지 이를 행하며 가르치는 자는 천국에서 크다 일컬음을 받으리라"마 5:19.

"기록되었으되 내가 거룩하니 너희도 거룩할지어다 하셨느니라"벧전 1:16.

실제로, 거룩한 삶은 하나님께서 우리를 구속하신 최종 목표이다. 그리스도께서 우리를 의롭게 하기 위해 죽으셨듯이 우리도 성화되고 거룩하게 살기 위해 의롭게 되었다.

"모든 사람에게 구원을 주시는 하나님의 은혜가 나타나 우리를 양육하시되 경건하지 않은 것과 이 세상 정욕을 다 버리고 신중함과 의로움과 경건함으로 이 세상에 살고 복스러운 소망과 우리의 크신 하나님 구주 예수 그리스도의 영광이 나타나심을 기다리게 하셨으니 그가 우리를 대신하여 자신을 주심은 모든 불법에서 우리를 속량하시고 우리를 깨끗하게 하사 선한 일을 열심히 하는 자기 백성이 되게 하려 하심이라"딛 2:11-14.

"남편들아 아내 사랑하기를 그리스도께서 교회를 사랑하시고 그 교회를 위하여 자신을 주심같이 하라 이는 곧 물로 씻어 말씀으로 깨끗하게 하사 거룩하게 하시고 자기 앞에 영광스러운 교회로 세우사 티나 주름 잡힌 것이나 이런 것들이 없이 거룩하고 흠이 없게 하려 하심이라"엡 5:25-27.

거룩함은 새로운 피조물이 반드시 추구해야 할 목표이다. 우리가 거듭난 것은 계속 성장하여 마침내 그리스도를 닮아가도록 하기 위함이다.

"우리는 그가 만드신 바라 그리스도 예수 안에서 선한 일을 위하여 지으심을 받은 자니 이 일은 하나님이 전에 예비하사 우리로 그 가운데서 행하게 하려 하심이니라"엡 2:10.

"진리가 예수 안에 있는 것같이 너희가 참으로 그에게서 듣고 또한 그 안에서 가르침을 받았을진대 너희는 유혹의 욕심을 따라 썩어져 가는 구습을 따르는 옛 사람을 벗어버리고 오직 너희의 심령이 새롭게 되어 하나님을 따라 의와 진리의 거룩함으로 지으심을 받은 새 사람을 입으라"엡 4:21-24.

거룩함이란 믿음이 있다는 증거요 회개하였다는 표시이며, 하나님의 궁극적인 목적을 수용하였다는 증표이다. 따라서 우리의 최종 구원에서 거룩함은 절대적으로 필요하다.

"무엇이든지 속된 것이나 가증한 일 또는 거짓말하는 자는 결코 그리로 들어가지 못하되"계 21:27.

"모든 사람과 더불어 화평함과 거룩함을 따르라 이것이 없이는 아무도 주를 보지 못하리라"히 12:14.

거룩함은 실제로 인간을 참된 의미에서 건강하게 한다. 그러하기에 거룩하지 못한 사람은 인격 차원에서 흉하고 추하며 개인적으로 기능장애 증상을 보이고 영혼이 왜곡된 형태가 된다. 성경에서 예수님은 매우 다양한 종류의 육체적 질병과 온전치 못한 부분을 치료해 주셨는데 이는 영적·정신적 면에서 그만큼 심각한 내적 질병이 많음을 입증한다.

거룩함은 우리 삶에서 작용하는 사탄의 계략을 효과적으로 좌절시킨다. 그래서 의롭게 살도록 부르심을 받았는데도 불구하고 거룩함에 대해 무관심하거나 순전하고 의롭게 살려고 노력하지 않으면 그때마다 영락없이 사탄의 손아귀에 떨어진다.

"근신하라 깨어라 너희 대적 마귀가 우는 사자같이 두루 다니며 삼킬 자를 찾나니 너희는 믿음을 굳건하게 하여 그를 대적하라"벧전 5:8-9.

"마귀에게 틈을 주지 말라"엡 4:27.

의란 거룩하고 성실하며 바른 것을 의미하는데, 그리스도인이 마귀를 대적하기 위해 착용해야 하는 전신갑주 중 호심경護心鏡의 역할을 한다엡 6:14. 거룩함 역시 우리의 증언에 진실성을 더해준다. 만약 복음을 전하는 자가 예수 그리스도를 믿으면 인생이 바뀐다고 선포하면서도 정작 자신의 삶이 다른 사람의 그것과 구별되지 않는다면, 어떻게 불신자들에게 영향을 미치겠는가? 거룩한 삶은 우리의 증거에 힘을 실어주는 반면 세속적인 삶은 우리의 증거를 신뢰하지 못하게 한다. "너희는 세상의 빛이라 산 위에 있는 동네가 숨겨지지 못할 것이요 … 이같이 너희 빛이 사람 앞에 비치게 하여 그들로 너희 착한 행실을 보고 하늘에 계신 너희 아버지께 영광을 돌리게 하라"마 5:14,16. 전도의 풍성한 열매를 맺으려면 스스로 거룩한 삶을 실천해야 한다.

거룩함은 본질이고 행복은 거기서 파생되는 부산물이다. 행복만 추구하는 사람은 그것을 얻지 못하는 반면, 그리스도의 은혜로 말미암아 거룩하게 살려고 노력하는 사람은 굳이 요청하지 않았는데도 영적 행복을 얻는다. "내가 사랑하는 주의 계명들을 스스로 즐거워하며 … 주의 증거들로 내가 영원히 나의 기업을 삼았사오니 이는 내 마음의 즐거움이 됨이니이다"시 119:47,111.

:: 체계적이고 이미 검증된 내용

이제 2장에서 설명하게 될 거룩함의 내용은 조직신학의 관점인데 이러한 관점이 독자에게 얼마나 도움이 될지는 잘 모르겠다. 조직신학이란 안셀름이 내린 정의에 따르면 '이해를 추구하는 신앙'으로, 중추적인 실재로서의 창조주 하나님과 관련하여 만사를 충분히 생각하고 종합하여 사고하려는 신앙이다. 거룩함에 대한 탐구는 인간의 영혼 속에 나타난 하나님의 생명을 지도로 제작하는 과정인데 오늘날에는 대체로 '기독교적 영성'이라 부른다. 이 책은 '체계적 영성'에 대한 하나의 시도이다. 체계적 영성이란 조직신학의 일부분으로 하나님과의 친교적 관점에서 만사를 충분히 생각하고 종합적으로 판단하는 것을 말한다.

서두에서 언급했듯이 거룩함이란 주제에 대해서는 현재보다 과거에 더 훌륭한 가르침들이 있었다. 따라서 내가 앞으로 제시하려는 생각들은 이미 오랜 세월에 걸쳐 검증된 내용이다. 나는 오늘날의 그리스도인들에게 적용될 수 있는 적절한 성경적 교훈을 찾기 위해 개신교, 로마 가톨릭, 동방정교회를 막론하고 과거의 가르침과 교훈을 끌어들이려 하는데, 이에 대해 구태여 변명하고 싶지 않다. 오히려 이렇게 하는 일이 바람직하다고 권장하고 싶다. 이는 우리처럼 지극히 작은 인간이 믿음의 거장들의 어깨 위에 올라서게 될 때, 지상에서 보는 것보다 훨씬 더 많은 내용을 볼 수 있기 때문이다.

Chapter 2

구원에 대한 탐구
: 거룩함이 왜 필요한가?

"주께서 사랑하시는 형제들아 우리가 항상 너희에 관하여
마땅히 하나님께 감사할 것은 하나님이 처음부터 너희를 택하사
성령의 거룩하게 하심과 진리를 믿음으로 구원을 받게 하심이니
이를 위하여 우리의 복음으로 너희를 부르사
우리 주 예수 그리스도의 영광을 얻게 하려 하심이니라"살후 2:13-14

"예수 그리스도의 사도 베드로는 본도 갈라디아 갑바도기아 아시아와
비두니아에 흩어진 나그네 곧 하나님 아버지의 미리 아심을 따라
성령이 거룩하게 하심으로 순종함과 예수 그리스도의
피 뿌림을 얻기 위하여 택하심을 받은 자들에게 편지하노니
은혜와 평강이 너희에게 더욱 많을지어다"벧전 1:1-2

REDISCOVERING
우리는 어떻게 거룩한 삶을 살 수 있는가
HOLINESS

:: 질병과 착각

어떻게 된 영문인지 알 수 없지만, 눈을 떠보니 내가 낯선 침대에 누워 있었다. 머리가 높이 들려 있었기 때문에 침대 너머로 어둠이 깔리는 밖의 모습이 시야에 들어왔다. 그 순간 '지금 이 밤에 뉴욕의 그랜드 센트럴 역에 와 있구나' 하는 생각이 들었다. (나는 이 일이 있기 얼마 전에 거대한 그랜드 센트럴 역사驛舍의 야경을 찍은 사진을 본 적이 있었다.) 그리고 침대의 왼편에 앉아 있는 어머니를 보았다. 그녀는 집안을 청소할 때처럼 꽃무늬가 있는 헐렁한 작업복을 입고 먼지를 털 때 쓰는 모자를 쓰고 있었다. 어머니는 내게 아무 말 없이 미소를 지어 보이며 조그맣고 하얀 찻주전자를 기울여 시원한 음료를 한 컵 따라주었다. 후에 들은 이야기지만, 그 후 나는 곧장 잠에 빠져들었다.

그런데 깨어난 후에 안 사실이지만, 나는 그랜드 센트럴 역 부근에 간 적이 없었다. 당시 나는 두개골 함몰골절로 인해 수술을 받고 영국의 고향집 근처에 있는 병원에 입원한 상태였는데, 뇌 손상이 우려되는 상황이었다. 결국 내가 조금 전에 본 장면은 모두 착각이었다. 실제로 내가 누워 있는 병동이 사진 속에 있는 그랜드 센트럴 역처럼 보일리가 없었기 때문이었다. 주간이든 야간이든 언제 찍은 사진이라도 말이다. 그리고 침대 옆에서 간호해주던 사람도 어머니가 아니라 유니폼을 입은 간호사였다. 그녀는 주름 장식이 있는 머리쓰개에 푸른 가운을 입고 흰 앞치마를 두르고 있었다. 나는 그 당시 있는 모습 그대로를 보았다고 믿었지만 실은 그게 아니었다. (지금도 눈을 감으면 내가 상상했던 장면이 고스란히 떠오를 정도이다.) 분명히 충격 받은 뇌가 나를 속였음에 틀림없다. 현실은 내가 생각했던 것과는 판이하게 달랐다.

1933년, 내가 일곱 살 때 이런 일이 있었다. 내가 왜 뜬금없이 과거의 이야기를 꺼내겠는가? 이 이야기에서 두 가지의 진리를 발견하기 때문이다. 나는 오늘날의 그리스도인들과 대화를 나눌 때마다 항상 이 점을 강조한다.

첫 번째 진리

그리스도인은 누구나 하나님의 병원에 입원한 환자들이다. 도덕적·영적 측면에서 누구나 손상을 입어 아픈 상태이고, 질병에 걸려 장애가 있거나 상처가 있어 쓰라리며, 절름발이처럼 한쪽으로 치우쳐 있다. 그것도 우리가 생각하는 것보다 훨씬 더 심한 상태이다. 다행히 하나님의 보살핌으로 이제 서서히 회복되고 있지만 아직 건강한 상태는 아니다. 그런데 현대의 그리스도인들은 완전히 회복되는 미래의 상황보다 지금 누리는 축복에 안주하려는 경향이 있다. 서로를 부추기며 간증하도록 유도한다. 그들이 과거에 하나님과의 관계에서 눈과 귀가 멀고 심지어 죽은 상태였다가, 이제 그리스도 덕분에 살아나 획기적으로 변화되어 영적 건강을 회복하게 되었다며 간증해주기를 원한다. 하나님께 감사하라. 거기에 진정한 진리가 있다. 하지만 영적 건강이란 거룩해지고 온전해진 상태를 의미한다. 만약 우리가 거룩하고 온전한 상태에 도달하지 못한 형편이라면, 그만큼 영적으로 건강한 상태에서 멀리 떨어져 있다고 보면 된다.

우리는 종종 영적으로 건강하다고 간증하는데, 실제로 그 건강은 지극히 상대적이며 부분적임을 깨달아야 한다. 건강 상태가 예전보다 덜 아프고 덜 심각할 뿐이다. 만약 예수님이 세우신 영적 건강의 절대적인 잣대로 평가 받는다면, 우리는 과거보다 많이 나아진 상황도 아니고 단지 아직도 치료 받는 환자에 불과하다. "교회는 하나님의 병원이다"라는 옛 속담은 지금도 유효하다.

우리의 영적인 삶은 회복되었다고 해도 기껏해야 쉽게 깨지거나 부서지는 정도이다. 따라서 신앙생활을 하다가 불안과 긴장과 사악한 행위 등에 직면하여 낙심될 때, 영적으로 건강한 사람은 이 세상에 아무도 없다는 사실을 기억하면 도움이 된다. 어떤 그리스도인도 현대인들이 그렇게 갖고 싶어하는, 완벽한 육체적 건강에 어울릴 만한 온전한 영적 건강을 소유하지 못했다. 그리스도인이면 누구나 완벽한 영적 건강을 누리고 싶어하는 것은 당연하고 바람직한 현상이다. 하지만 자신의 영적 건강이 완벽에 가깝다고 믿는다면, 이는 철저히 자신을 속이는 일이다.

자신이 환자라는 사실을 깨닫기가 그리 쉽지만은 않다. 나의 경우만 봐도 그렇다. 1933년 병원에 있을 때, 의사의 지시로 며칠 동안 붕대로 싸여 있어야 했다. 나의 뇌가 얼마나 손상을 입었는지 알 수 없었기 때문이었다. 그때 나 자신이 환자라는 사실을 받아들이기가 매우 힘들었다. 왜냐하면 전혀 아픈 증상이 없었기 때문이었다. 그래서 몰래 병실에서 빠져나와 걸어다니기도 하고 침대에서 뛰며 탄력을 시험해 보다가 담당 간호사로부터 호된 책망을 받기도 했다. 간호사는 유창한 웨일즈 말투로 그렇게 하다가 죽게 될지도 모른다며 야단쳤다. 결국 병원측의 지시에 따라 나는 꼼짝없이 누워 있어야만 했다. 그러나 그때까지도 내 마음속에서는 이렇게 할 필요가 없다는 생각이 들었다. (지금 생각하면 일곱 살 아이도 성인 못지않게 고집이 셀 수 있고, 또 실제로 내가 그랬다.)

현대의 그리스도인도 자신이 강하고 건강하며 거룩하다고 상상한다. 실제로는 약하고 병들었으며 죄에 빠져 있는 상태이고, 하늘에 계신 아버지는 물론 동료 그리스도인들조차 이런 형편을 빤히 알고 있는데도 말이다. 그러나 우리의 자만심과 자기만족적인 태도는 이러한 현실을 못 보게 한다. 그래서 스스로 서 있다고 상상할 뿐, 실제로 지금 넘어지고 있거나 이제 곧 넘어질 것이 분명하다고 지적받으면, 그 말을 받아들이려 하지 않는다.

시설이 좋은 병원에서는 환자들이 꾸준한 보살핌과 함께 규칙적인 치료를 받는다. 그리고 치료를 통해 어떤 보살핌을 받아야 할지가 분명하게 결정된다. 하나님의 병원에서 이루어지는 치료 과정을 '성화'라 부른다. 성부 하나님과 성자 예수님, 성령님께서는 우리를 치료하시며 회복시키셔서 궁극적으로 그분을 닮게 하신다. (나는 우리를 치료하시는 이 세 분을 '영원한 진료팀'이라고 부른다.) 치료 과정에는 약물치료와 식이요법, 그리고 테스트와 신체 운동이 포함된다. (영적인 면에서 약물치료와 식이요법은 다양한 방법으로 우리 마음에 제공되는 성경적 교훈과 훈계이고, 테스트와 신체 운동은 하나님의 섭리에 의해 계획되어 우리가 적극적으로 반응해야 하는 내적 또는 외적 압력들이다.) 우리가 이 세상에 사는 동안 이 치료는 지속되며, 각자에게 주어지는 치료 단계는 하나님께서 결정하신다.

종합병원에 입원한 환자들처럼 그리스도인도 빨리 퇴원하고 싶어 참지 못한다. 레인 아담스가 하나님께서 주관하시는 치료 과정에 대해 「조금 나아지는 데 왜 이렇게 오랜 시간이 걸리는가?」How Come It's Taking Me So Long to Get Better라는 소책자를 썼는데, 이 멋진 책의 제목처럼 우리는 종종 하나님을 향해 마음속으로 이렇게 소리친다. 그런데 실제로 하나님께서는 치료 방법을 확실하게 아시고, 때로는 우리를 성숙시키고 필요한 사역을 감당할 수 있도록 준비시키기 위해, 일부러 속도를 늦추신다. 그러하기에 우리는 겸손히 그분의 뜻을 받아들여야 한다. 우리는 서두르지만 그분은 서두르지 않으신다.

두 번째 진리

우리는 걸핏하면 해로운 착각에 빠진다. 내가 병원에 입원해 있던 첫날 밤, 병실은 내가 생각했던 곳과 달랐고 옆에 있던 환자도 내가 상상했던 환자가 아니었다. 사실 나는 완전히 착각에 빠져 있었다. 둘째 날, 기분이 좀 나아지자 아프다는 생각이 전혀 들지 않았다. 이것 역시 착각이었다. 신자들도 신앙생활을 하며 흔히 착각에 빠진다.

신학적 관점에서는 하나님의 성품과 특성, 목적과 방식을 전적으로 오해하여 착각에 빠진 흐름들이 있다. 대표적인 예로 자유주의 신학을 들 수 있다.

의심과 불신이라는 착각에 빠지는 경우도 있다. 어떤 끔찍한 사건이 벌어지면, 우리는 즉시 하나님께서 우리를 잊으셨거나 버리셨다고 단정 짓는다. 지나친 자기 확신이라는 착각에 빠지는 경우도 있다. 우리는 전에 우리로 하여금 죄를 짓게 하던 특정한 약점이나 과실을 깨끗하게 극복했다고 생각할 때가 있다. 그래서 긴장을 풀고 행복과 안전과 승리의 날을 고대한다. 바로 그때 평상시보다 두 배나 강한 외부의 압력이 육체적 고통을 동반하며 찾아오면, 마음을 새롭게 가다듬지만 결국 추락한다.

착각에 빠져 관계가 끝나는 경우도 있다. 우리는 어떤 행동을 하는 상대방의 동기와 목적에 대해 오해한다. 그래서 긴장과 적대감을 불러일으킨 상대방의 행동을 비난하고, 그러한 문제점을 야기한 자신의 잘못에 대해서는 눈을 감아버린다.

어떤 대상이나 현상을 제대로 식별하지 못해 착각에 빠지는 경우도 있다. 예를 들면, 성경에서 말하는 복음을 '예수님 중심의 율법주의, 도덕률 폐기론, 사회주의, 인종주의'와 동일시하는 흐름을 들 수 있다. 세속적인 심리학적 상담을 성경적 목회 전략과 동일시하거나, 성화 과정에서 요구되는 내적 복종을 성령님의 능력 안에서 단련된 도덕적 노력을 요구하는 성경의 가르침과 동일시하는 현상도 이와 같은 착각이다. 이러한 착각들이 재난을 초래한다.

그리스도인의 삶에서도 착각이 비일비재하다. 대체로 만사가 성공적으로 쉽게 풀리고 돈을 많이 벌면서도 건강을 유지하며 기적이 일어나 흥미진진한 삶이 전개될 것이라는 착각, 간통이나 탈세는 적발되지만 않으면 괜찮다는 착각, 내가 하고 싶은 대로만 하면 그게 바로 하나님의 뜻이라는 착각 등이 있다.

거짓의 아비이고 사람을 속이는 일의 대가인 사탄은 지금도 끊임없이 하나님의 자녀를 공격하여 잘못된 길로 들어서게 하고 심리적 혼란에 빠뜨린다. 그러하기에 겸손한 자기 의심, 우리가 한때 신중함이라고 불렀던 상식적인 차원의 빈틈없는 자기 점검, 그리고 지금까지 당연하게 여겼던 생각이나 행동을 말씀에 비추어 검증하려는 태도를 매우 중요한 덕목으로 간주해야 한다.

나는 끝까지 말씀에 비추어보면서 이 책을 집필하려고 한다. 그렇게 할 때 비로소 안전한 길에서 이탈하지 않기 때문이다. 다른 일에서도 마찬가지지만, 거룩함에 관해서도 자칫하면 착각에 빠지기 쉽다.

:: 우리를 위한 하나님의 처방

믿을 만한 의사라면, 환자를 진찰한 후에 진단 결과와 병의 경과를 설명하며 치료 방법까지 소개해주고, (아마 당신도 이러한 의사라면 신뢰할 수 있으리라.) 처방된 약물이 어떤 작용을 하는지를 알려준다. 환자는 이러한 충분한 설명을 듣고 자신의 상태를 정확하게 파악한다.

모든 의사가 다 이런 식으로 행동하지는 않지만 훌륭한 의사는 이렇게 행동하고, 영혼을 치료하는 위대한 의사이신 예수 그리스도 역시 이렇게 행동하신다. 그분의 치료 방식은 한마디로 시종일관 이야기를 나누는 스타일이다. 성경은 그분이 말씀하시는 내용이며 동시에 커뮤니케이션의 통로가 된다. 읽고 듣는 말씀, 가르치고 선포하는 말씀, 적용하고 해석하는 말씀을 통해 커뮤니케이션이 이루어진다. 마치 예수님께서 우리에게 정경正經인 말씀을 직접 건네주시고 그 말씀이 권위가 있으며 그 안에 필요한 내용이 다 있다고 말씀하시는 듯하다.

따라서 우리는 성경을 통해 실천할 바를 배워 그분의 제자가 되어야 하고, 그분께서 우리를 '죄'라는 치명적인 질병으로부터 구원하기 위해 과거에 어떻게 하셨고, 지금은 어떤 일을 하시며, 미래에는 어떻게 하실 것인지를 배워야 한다. 당신이 가지고 있는 성경을 예수 그리스도께서 당신에게 주신 선물 혹은 주님께서 당신에게 써주신 편지로 간주하라. 성경 맨 앞장에 적힌 당신의 이름을 예수님께서 친히 적어주셨다고 생각하라. 성경을 읽을 때마다 그분을 생각하라. 페이지를 넘기고 장이 넘어갈 때마다 읽은 내용에 대해 주님께서 묻고 계신다고 여기며 대답해보라. 그분께서 주시는 은혜의 필요성과 성격, 방법과 영향에 대해 무엇을 느꼈는지, 또 주님께서 우리에게 요구하시는 진정한 제자도에 대해 무엇을 느꼈는지 깊이 묵상하라. 이렇게 성경을 읽을 때 유익을 얻는다. 기록된 말씀을 읽으며 살아 있는 말씀인 예수님과의 관계가 변화되는 그 시점에, 비로소 성경이 빛과 생명의 통로가 된다. 하나님께서는 성경이 이런 식으로 사용되기를 원하신다.

:: 성경적 얼개

2장에서는 하나님의 은혜가 개인의 삶에서 어떻게 작용하는가를 성경적 관점에서 개략적으로 살펴보고자 한다. 이렇게 함으로써 하나님께서 우리에게 거룩하게 살기를 요구하시는 배경을 파악할 수 있다. 하나님께서 그리스도와 성령님을 통해, 우리를 위해, 또 우리 안에서, 지금 무슨 일을 하시는지를 깨닫는다면 우리는 그분께서 요구하시는 일을 더 잘 이해할 수 있다. 우리가 그분을 위해 또 그분과 함께 해야 할 일을 알 수 있다.

먼저, 칭의justification와 성화sanctification의 차이점을 알아야 한다. 십자가에 못 박혀 인간의 죄를 대속하고 그 결과 죄를 용서함으로써 의롭다고 칭하는 일은 전적으로 하나님께 속한 영역이다. 죄인임을 고백하고 구원을 얻기 위해 그리스도만을 의지할 때, 우리는 하나님과 새로운 관계를 맺는다. 이에 우리의 공로는 아무것도 없고 오직 그분의 은혜만 바랄 뿐임을 시인한다. 이는 분명한 진리이다. 그때 우리는 하나님의 은혜 속으로 들어간다. 우리가 죄의 대가를 치러서가 아니라 그분께서 피를 흘려 사면해주시는 선물을 받아들임으로써 가능하다. 반면 성화는 우리 안에서 이루어지는 하나님의 사역이며 거기서부터 우리의 거룩함이 시작되는데, 하나님께서는 이 일에서 우리가 적극적으로 그분과 동역하기를 원하신다. 따라서 마땅히 이 일을 감당하기 위해 우리의 전체적인 삶에 대해 그분께서 가지신 목적과 전략이 무엇인지를 종합적으로 파악할 필요가 있다.

이제 우리의 창조주이며 구원자이신 하나님께서 우리를 어떻게 다루시는지를 성경에 근거하여 설명하겠다. 이 설명은 하나님과 우리 자신에 관해 우리 모두 반드시 던져야만 하는 질문에 대해 대답하는 형식으로 전개하겠다. 나는 이러한 설명이 마치 도보 여행자용 지도와 같은 역할을 해주리라고 믿는다. 신앙인에게 현재의 위치를 알려주고 가야 할 길을 선택할 때 도움을 주는 지침서가 되기를 고대한다. 이 지도는 소축척지도小縮尺地圖이다. 원하는 지역의 전체적인 지형을 선명하게 보고자 할 때는 소축척지도가 아주 유용하다.

내용을 확실하게 전달하고 싶은 마음에서 문장을 서술하다 보니 당신이 2장을 읽어내기가 약간 버겁지 않을까 염려가 된다. 만약 그렇다면 양해해주기 바라고, 끝까지 참고 읽어주기를 소망한다. 이 내용은 내가 앞으로 설명할 모든 주제의 근간이 된다.

:: 구원에 대한 정의

첫 번째 질문 : 구원이란 무엇인가?

이 질문은 대답하기가 그리 어렵지 않다. 신약성경 어디를 펴보아도 각도는 약간 다를지 몰라도 구원에 대해 설명하거나 논의하며 자랑스럽게 선보이는 대목들을 쉽게 찾을 수 있다. '구원'은 신약성경 27권의 책을 꿰뚫는 핵심 주제이다. 만약 27권 각 책의 내용을 비교하거나 연관시켜 보면 구원에 대한 이해가 한결같이 분명하고 실제로 동일하다는 결론에 도달한다. 구원이란 용어가 전달하는 개념도 어디서나 명백하다. 그것은 언제나 '위험이나 곤궁에서 구조되는 것'을 의미한다. 따라서 구원 받았다는 말은 안전하다는 말과 동일하다. 구약성경에서는 하나님께서 이스라엘 백성을 애굽에서출 15:2, 요나를 물고기의 뱃속에서욘 2:9, 시편 기자를 사망에서시 116:6 건지셨다고 노래한다.

신약성경에서 말하는 구원은 죄와 그 영향력으로부터의 구조를 의미하는데, 이 구원은 자신을 삼위일체 하나님으로 소개하는 그분의 사역이다. 성부 하나님과 성자 예수님, 성령님은 각 위격 면에서 분명한 차이가 있지만 존재와 목적 면에서는 확실한 통일성을 보여준다. 신약성경은 분명하게 구세주 하나님이 야훼여호와라고 선언하는데, 야훼는 구약성경에서 언급하는 언약의 주님이다. 신약성경에서는 그 여호와가 삼위, 즉 단수가 아닌 복수임을 분명히 한다. 우리를 죄에서 구원하신 하나님은 한 팀이다. 따라서 하나님의 세 위격이 지닌 각 영광은 한 팀의 구성원으로서 지니는 영광이다. 신약성경을 집필한 저자들은 자신들이 구원받은 독특한 경험담을 늘어놓는데, 성부와 성자, 성령께서 어떻게 합력하여 선을 이루셨는지를 서술한다. 이들은 구원이 지닌 다양한 측면을 힘주어 강조하며 독자들이 이를 잘 이해하여 구원의 세계로 자신 있게 나아가도록 촉구한다. 만약 이 사실을 깨닫지 못하면 우리는 신약성경을 전혀 이해하지 못한다. 신약성경에서 구원의 의미는 과거, 현재, 미래로 사용된다.

- 죄의 형벌로부터의 구원(과거, 죄의 형벌인 사망에서 구원 받음)
- 죄의 권세로부터의 구원(현재, 죄가 더 이상 우리를 지배하지 못함)

- 궁극적으로 죄의 존재로부터의 구원(미래, 미래의 언젠가 죄 자체가 사라져 해로운 기억으로만 남게 됨)

구원이란 진행 과정으로 아직 완성되지 않았다. 하지만 그리스도인은 이미 구원 받았다.

- 하나님의 진노로부터(법적 형벌로부터)롬 5:9 ; 살전 1:10
- 영원한 사망으로부터롬 6:21,23
- 죄의 지배로부터롬 6:14,18
- 두려움으로부터롬 8:15
- 경건치 못하고 부도덕한 악한 습관으로부터딛 2:11-3:6

언젠가 이 세상 건너편에서, 그리스도인이 도덕적 성품은 물론 육체까지 예수님을 온전히 닮게 될 그날이 오리라빌 3:20 ; 요일 3:2. 그때가 되면 죄가 더 이상 설 자리가 없어진다.

이 대목에서 그리스도인이 유념할 사항은, 우리가 아직 그 행복한 상태에 도달하지 못했다는 점이다. 우리는 하나님의 은혜 가운데서 기쁜 마음으로 그분을 섬기고 예배하며 은혜에 감사한다. 동시에 우리 안에 거주하며 우리를 끌어내리려는 죄의 유혹과 싸워야 한다롬 5:1 ; 8:5-14 ; 12:1 ; 갈 5:16. 물론 내주하시는 성령님께서 우리에게 싸울 힘을 주신다. 우리는 이 싸움에서 승리할 수 있도록 도와주시는 하나님께 감사한다. 그러나 바울처럼 이 내적 전투를 더 이상 할 필요가 없게 될 그날을 소망한다롬 7:24 ; 8:23.

우리는 완전히 거룩한 상태가 되기를 열망하며 추구한다. 하지만 현 시점에서 그렇게 되기란 불가능하다. 하나님께서는 우리를 죄로부터 구하셔서 구원으로 인도하셨다. 그렇다고 구원이 완전히 성취되지는 않았다. 지금 현재 구원의 일부를 맛보고 있지만 완성되는 시점은 미래이다. 지금 이 책을 쓰는 내가 이 지점에 와 있고, 독자인 당신도 당연히 이 지점에 서 있으리라 확신한다. 그렇지 않은가?

신약성경에서 구원에 대해 언급하는 부분을 살펴보면, 하나님이며 동시에 인간이신 구세주 예수 그리스도가 언제나 중심인물로 등장한다요 1:14 ; 골 1:13-20 ; 2:9.

구원은 예수 그리스도를 '통해' 이루어진다. 용서, 칭의, 화해, 사면, 영접, 접근, 동거, 하나님과의 교제 등의 용어들은 그리스도의 죽으심과 직결되고 성경에도 그렇게 언급되어 있다롬 5:1,10 ; 엡 4:32 ; 골 1:13 ; 요일 1:3. 그분은 우리 죄를 위한 희생제물이 되셔서 모든 신자들이 결코 죄의 형벌을 받지 않고, 성부 하나님과 성자 예수님과 더불어 이제 시작한 교제를 영원히 빼앗기지 않게 하셨다요 5:24 ; 롬 8:32-39.

구원은 예수님 '안에서' 가능하다. 우리는 우리의 대장이며 과거에 우리의 죄를 담당하셨고 이제 우리를 위하여 중재하시는 그분과 완전히 하나가 된다. 동시에 성령님을 통해 믿음으로 그분과 하나가 된다. 이는 성령님을 통해 그분과 활기 넘치면서도 매우 힘찬 연합의 관계를 맺는다는 뜻이다. 이렇게 됨으로써 예수님께서 진정으로 우리에게 생명을 주시는 분이 되고, 우리를 고무시켜 거룩하게 살도록 촉진시키는 일이 가능해진다롬 5:12-19 ; 엡 2:1-10 ; 4:20-24 ; 골 1:27 ; 3:4. 따라서 우리의 타고난 '자연적인' 삶이 '초자연적인' 삶으로 변한다. 이는 성령님께서 그리스도로 하여금 그것을 우리에게 부여하게 하시고, 친히 하나님을 찾고자 하는 열망과 목적과 태도와 행동 패턴을 우리 안에서 재창조하시기 때문이다. 우리는 그리스도께서 이 세상에 계실 때 그분의 완벽한 인성 속에 지니셨던 품성을 받는다. 그리스도인이라면 누구나 자신이 회심하기 이전과 이후의 마음자세가 여러 면에서 다르다는 사실을 깨닫게 되리라.

:: 삼위일체 하나님의 협력 사역인 구원

신약성경에 나타난 구원은 삼위 하나님의 협력 사역이다. 성부와 성자와 성령 하나님이 한 팀이 되어 일하신다는 뜻이다. 실제로 신약성경에서는 삼위일체 하나님이 구원 사역에서 어떻게 협력하시는가를 상세히 설명하고 각 위격이 지닌 특징을 제시한다. 그러하기에 구원의 교리를 설명할 때 삼위일체의 진리가 자연스럽게 드러난다.

성부 하나님은 모든 일을 계획하셨고롬 8:28-30 ; 엡 3:9-11, 구원 계획이 진행될 수 있도록 처음에는 독생자를, 다음에는 성령님을 이 세상에 보내셨다요 3:17 ; 6:38-40 ; 14:26 ; 16:7-15 ; 롬 8:26. 성자 예수님은 언제나 아버지의 뜻을 수행하며 기쁨을 느끼고요 4:34 ; 5:19 ; 6:38 ; 8:29, 우리를 위해 인간의 몸을 입고 십자가에서 죽으셨고 부활하셨으며, 우리를 위해 다스리시고 언젠가 재림하셔서 친히 예비하신 복된 처소로 우리를 인도해 주신다요 10:14-18 ; 14:2,18-23. 또한 다시 오실 때까지 하늘 보좌에서 우리를 위해 간구하시며 돕고 계신다히 4:14-16 ; 7:25.

성령님은 오순절에 제자들에게 나타나셔서 구세주 안에서 또 구세주와 함께하는 천국의 삶이 어떤 것인지를 처음으로 맛보게 하신 이후로 지금까지 계속 활동하신다롬 8:23 ; 엡 1:13. 그분은 표면에 나서지 않는 하나님의 실행자로 과거에 천지창조의 일을 수행하셨고창 1:2, 이제 새로운 창조 작업을 수행하신다요 3:3-8. 더욱이 신자들을 변화시켜 점진적으로 그리스도의 모습을 닮게 하신다고후 3:18.

이렇게 보면 구원은 삼위 하나님이 함께하시는 삼중적인 활동이 된다. 삼위 하나님께서 함께 일하시며 서로 사랑하고 존경하듯요 3:35 ; 5:20 ; 14:31 ; 16:14 ; 17:1,4, 삼위일체 하나님에 의해 구원 받은 성도들 역시 하나님을 사랑하고 경외해야 한다. 이것이 그들에게 주어진 영원한 소명이다. 그렇다면 지금부터 시작하라! 구원 받은 성도들은 전심으로 하나님을 예배하고, '영원히' 그렇게 하기를 소망해야 한다. 이것이 구원을 얻은 사람에게서 나타나는 한 특징이다. 이러한 내용이 찬송가 '나 같은 죄인 살리신' 4절에 잘 나타나 있다. 여기서 시인은 천국에서 영원히 하나님을 찬양하겠다고 다짐한다.

> 거기서 우리 영원히 주님의 은혜로
> 해처럼 밝게 살면서 '주 찬양하리라' ^{저자 강조}

:: 우리를 구원하신 목적

두 번째 질문 : 왜 우리에게 구원이 필요했는가?

이 질문에 대한 답은 우리가 죄인이었기 때문이다. 우리 모두 길을 잃고 버림 받았다!

우리는 '죄인'이었다. 본래 죄인으로 태어났기 때문에 실제로 죄인이었다. 죄는 보편적이고 어느 문화에나 존재하는 실재이다. 그러하기에 인간이라면 누구나 시간과 장소에 관계없이 그 영향으로부터 피할 수 없다. 그러면 죄란 무엇인가?「웨스트민스터 소요리문답」 14번 항목에서는 "죄란 하나님의 법을 부족하게 준행하거나 불복하는 것이다"라고 정의한다.

죄는 일종의 에너지이고 강박관념이며, 하나님의 법에 대한 알레르기성 반응이고, 문화 현상 속에서 어리석게 하나님을 대적하는 증후군이다. 따라서 우리로 하여금 자신을 높이도록 부추기고, 조물주 하나님께 복종하고 헌신해야 할 시기에 마음을 완악하게 만든다. 자만심과 배은망덕과 자기만족이 가장 흔한 죄의 형태인데, 이는 때때로 반사회적인 행동을 유발한다. 그래서 가장 세련되고 존경 받는 사람들조차 죄에 감염되면 근본적으로 하나님을 사랑하지 못한다. 거듭나지 못한 인간들이 보여주는 종교적 관행은, 어떤 형태가 되었든 때로는 양심적이고 성실한 행동처럼 보이기도 한다. 그러나 자세히 들여다보면, 그 목적 자체가 언제나 자신을 부인하고 하나님을 영화롭게 하기보다, 자신만 추구하고 그분을 이용하려 한다.

구약성경의 언어인 히브리어나 신약성경의 언어인 헬라어에는 '죄'를 의미하는 다양한 용어들이 있는데, 이들을 살펴보면 하나님께 복종하지 않는 여러 행태들을 생생하게 그려볼 수 있다.

- 합법적인 통치자나 주인에게 반역하는 행위
- 하나님께서 정한 경계선을 넘어서는 행위
- 하나님께서 우리에게 지정해준 과녁을 못 맞히는 행위
- 하나님께서 제정한 법을 어기는 행위
- 하나님께서 보시기에 자신을 불결하게(더럽게) 하거나 오염시킴으로써 그분의 동료가 되기에 적합하지 못하게 하는 행위
- 하나님의 지혜로운 말씀에 어리석게도 귀를 막아버리는 행위
- 하나님의 형벌을 자초하는 행위

성경은 마치 거울과 같아서 우리의 실상을 보게 한다. 성경에서는 우리 자신이나 우리의 소원이나 성공을 삶의 중심에 놓는 행위를 하나님과 겨루는 것으로 간주한다. 또한 하나님께 복종하기를 거부하고

명백하게 드러난 그분의 뜻에 반항하는 행위를 그분과 싸우는 것으로, 그분께서 우리에게 요구하시는 사항이 마음에 들지 않아 그분을 증오하는 것으로 간주한다.

> "육신의 생각은 사망이요 영의 생각은 생명과 평안이니라 육신의 생각은 하나님과 원수가 되나니 이는 하나님의 법에 굴복하지 아니할 뿐 아니라 할 수도 없음이라 육신에 있는 자들은 하나님을 기쁘시게 할 수 없느니라"롬 8:6-8.

:: 길 잃은 죄인들

우리는 길 잃은 죄인으로서 대열에서 낙오되어 방황하는 양과 같다. 그래서 포근한 보금자리에 가지도 못하고 진정한 주인과 연락도 닿지 않는다. 이제 끝없는 비참함만이 우리를 기다리고 있다. 더욱이 내세울 것 하나 없이 살아계신 하나님의 면전에서 추방당하고 배제된 신세이다. 마치 우리가 전에 그분을 내팽개쳤듯이 말이다. 우리가 이렇게 된 것은 쾌락과 이익과 높은 지위와 물질만 열정적으로 추구한 까닭이고, 독실한 신앙인이라는 위장막 뒤에 숨어 안이하게 지내려 했기 때문이다. 이유야 어쨌든 길을 잃은 것은 사실이고, 하나님의 정의가 우리의 길을 막아 그분의 생명을 공급받지 못하게 하였다. 이는 우리가 그분을 우리의 삶에서 추방한 것과 같은 원리이다.

그런데 우리는 하나님의 손에 의해 또 그분을 위해 창조되었기에, 하나님의 사랑이 아니고는 이 세상의 어떤 것도 가장 심오한 차원에서 우리를 만족시키지 못한다. 이러한 측면에서 우리는 "세상에서 소망 없고 하나님도 없는"엡 2:12 자들이었다. 인간의 전반적인 상황이 이렇다. 그러나 우리는 아직도 타락한 본성이 마음속에 흐르는 자들은 당연히 버림 받고 속수무책인 상황에 처한다는 진리를 알고 있다. 그러하기에 구원 받은 신자들은 "나 같은 죄인 살리신 주 은혜 놀라워"라는 찬송을 부르며 기뻐한다.

죄는 인간이 출생할 때부터 실제적인 영향력을 미치며 인간을 사망으로 끌고 가려고 한다. 인간은 하나님의 빛이 그 마음을 비출 때 비로소 자신이 하나님을 사랑하지 못했고 그분의 말씀에 순종하지 못했음을 깨닫는다. 이 빛으로 자신의 진정한 동기가 얼마나 이기적이었고, 지켜야 할 바를 언제나 소홀히 했으며, 금해야 할 일에 얼마나 열중했는지를 알게 된다. 하지만 이 빛에 노출되면 마음이 심히 괴롭다. 따라서 가급적 빛을 피하려 한다. 빛이 더러운 내적 실상을 보여줄 때 누구나 처음에는 인정하지 않으려 한다. 마치 말기암 진단을 받은 환자가 그 소식을 처음 들었을 때 보이는 반응과 아주 흡사하다.

사도 바울은 로마서 1장 18-32절에서 모든 사람들이 "하나님을 알았다"고 말한다. 그들은 어느 정도 하나님의 존재나 그분이 원하시는 사항에 대해 알고 있었고 또 지금도 알고 있다. 그분의 창조 사역에 나타난 보편적인 정보가 인간의 마음과 양심을 깨우치기 때문이다. 따라서 온 인류는 자신의 우상 숭배와 부도덕한 행위에 대해 "핑계하지 못하게" 된다. 비기독교 세계나 현재 기독교 세계에서 벌어지는 불경건한 행동들을 보면, 실제로 사악한 모습이나 창조주를 대적하는 사례가 많다. 분명 이러한 행위는 빛을 거스르는 죄이다. 비록 대다수의 사람들이 내면의 목소리를 잘 듣지 못하기 때문에 "이것이 죄인가?"라는 질문을 받으면 겉으로는 모르는 척하지만 실은 다 안다.

복음을 수용하고 말씀의 가르침을 받는 신자들의 경우는 어떠한가? 이들은 평상시에도 자신이 죄인이라는 사실을 깨닫고 지은 죄를 더욱 절실하게 느낀다. 왜냐하면 성경 말씀에서 나오는 거룩한 빛이 이들의 마음을 더 환하게 조명하기 때문이다. 이러한 이유 때문에, 회심한 성도는 이전보다 더 심한 죄책감을 느낀다. 영적으로 한 단계 성장할수록 그만큼 자신의 부족함을 더 느끼고 겸손해지며 철저히 회개하게 된다. 요즈음 이런 내용에 대해 설교하는 목회자들이 많지는 않지만 자신이 죄인임을 깊이 자각하는 자세야말로 진정한 그리스도인의 기준이다.

:: 구원을 위한 하나님의 계획

세 번째 질문 : 우리를 구원하시려는 하나님의 전략은 무엇인가?

하나님께서 죄인을 구원하시기 위해 어떤 과정을 거쳐 지금까지 일하셨으며 앞으로 어떤 단계를 밟을 것인가? 특히 각 그리스도인의 삶에서 구원의 목적을 어떻게 진행시켜 우리 안에서 "착한 일을 시작하신 이가"빌 1:6 그 일을 마무리하실 것인가? 자세히 보면 질문 내용은 두 가지인데, 성경에 근거한 하나의 대답으로써 이 질문에 모두 답할 수 있으리라.

구원의 역사

먼저, 하나님께서 어떤 과정을 거쳐 나를 구원의 반열에 서게 하셔서 지금처럼 기쁘게 살게 하셨는가 하는 문제를 생각해보자. 성경에서는 1세기 초, 팔레스타인 북부지역인 갈릴리 지역에서 "때가 차매"갈 4:4 성육신 사건이 일어났다고 기록한다. 하나님의 아들이 성자 하나님의 신분을 그대로 유지한 채 동정녀 탄생을 통해 나사렛 예수가 되셨다눅 1:29-35 ; 요 1:14 ; 갈 4:4. 예수님은 신인God-man으로서 아버지 하나님과 우리 사이를 조정하는 중재자로딤전 2:5, 아버지 하나님에 대해 알게 해주는 소개인, 경건한 삶에 대해 가르치며 본을 보이시는 모델, 하나님의 자비와 위로를 통해 곤궁에 처한 사람들을 돕는 조력자로 사셨다. 그리고 마침내 우리의 죄를 위한 대속물로 자신을 드리셨다마 26:28 ; 막 10:45 ; 딤전 2:6.

예수님은 이 땅에 사는 동안 하나님 나라를 선포하셨고, 기적적인 은혜의 사역을 통해 많은 병자들을 고치며 자신의 말씀이 진리임을 입증하셨으며, 3년 공생애 기간이 끝날 즈음에 로마 정부를 전복시키는 파괴자란 누명을 쓰고 십자가에서 처형당하셨다. (물론 그분은 정치범이 아니었다.) 그분은 자신의 아버지에 의해 우리가 죄 때문에 마땅히 받아야 할 형벌을 십자가에서 고스란히 받으셨다. 이처럼 대속 제물이 되어 고통을 당하심으로써 우리를 악에서 구속하셨고, 아버지 하나님과 화목케 하셨으며, 우리를 향한 하나님의 공정한 적개심 곧 진노를 영원히 소멸시키셨다롬 3:21-26 ; 5:6-11.

역사적으로 유명한 「영국 국교회 기도서」Anglican Prayer Book에서는 예수님의 대속적인 죽음을 이렇게 노래한다.

"완전하고 완벽하며 충분한 희생 제물, 거룩한 봉헌물, 인류의 죄를 구속하고도 남는 속죄 제물."

이 고상한 표현은 그리스도께서 우리를 대신하여 고통을 당하셨기 때문에 우리의 죄가 용서받을 수 있다는 숭고한 진리를 보여준다. 그렇다! 우리는 그분의 '보혈로 인해' 구원 받았다. 종교개혁가 칼빈의 표현에 의하면, 우리가 이해할 수는 없지만 하나님께서는 우리를 미워하시는 순간에도 우리를 사랑하셨다. 주님은 우리의 죄를 사하기 위해 독생자를 죽게 내어주실 정도로 우리를 사랑하셨고, 지금도 그 깊이로 사랑하신다요 3:16 ; 롬 5:8 ; 요일 4:8-10.

예수님이 죽으셨다고 해서 이야기는 끝나지 않았다. 예수님은 장사한 지 사흘 만에 성부 하나님의 능력으로 죽은 자 가운데서 살아나셨다. 그분은 신비하게 변화된 몸으로 무덤을 떠나셨고, 바로 그 몸으로 제자들에게 가셔서 40일을 함께 보내셨다. 그리고 제자들이 보는 가운데 구름 속으로 승천하셔서 성부 하나님께로 올라가셨다요 20:17 ; 행 1:1-11 ; 엡 4:10. C. S. 루이스는 예수 그리스도가 "하늘 공간에 있는 접힌 부분"을 통해 승천하셨다고 자신의 글에서 표현한다.

그날 이후 지금까지 예수님은 아버지 하나님의 이름으로, 또 성부 하나님을 대신하여 창조된 질서에 통치권을 행사하신다. (예수님을 '그리스도'라고 부르는 이유가 여기에 있다. 이 칭호는 그분이 하나님의 기름부음 받은 구세주요 왕임을 알려준다.)

예수님은 자신의 통치권을 행사하는 첫 사례로, 오순절 오전 9시 정각에 제자들에게 성령을 부어주시며 자신의 권한을 보여주셨고, 구원 사역을 촉진시키셨다. 오순절은 예수님이 하늘 보좌로 승천하신 후 약 10일째 되는 날이다행 2:1-21,33.

오순절 사건 이후 성령님은 이 세상에서 매우 적극적으로 활동하셨다. 예수님의 구원 사역을 알리는 인간의 증거를 촉진시키고 복 되게 하심으로써 그분에 대해 증거하셨고, 사람들을 거듭나게 하심으로써 예수님께 나아오도록 이끄셨다요 3:3-8 ; 고후 5:17 ; 딛 3:4-7. 성령님께서 인간의 마음 중심을 새롭게 하시기 때문에, 인간은 적극적으로 예수님께 나아와 의지하고 복종하며 그분을 살아계신 구세주로, 거룩한 왕이자 하늘에 계신 친구로 사랑하게 된다. 이러한 성령님의 적극적인 사역으로 당신과 나, 그리고 지금까지 살았던 모든 그리스도인들이 예수님을 믿는 성도가 되었다.

그러면 성령님이 인간의 마음속에 작용할 때 어떤 일이 벌어지는가? 예수 그리스도를 믿게 하는 메시지가 사람들의 머리에 입력되면, 그들은 '예수 그리스도가 가공 인물이 아니라 실제 인물이었고, 지금도 살아계셔서 죄에서 돌이켜 그분께 나아오는 자들을 구원하시며, 그분을 개인적으로 의지하는 것 외에는 구원 받을 길이 없다는 사실'을 분명히 확신한다. 그 결과 실제로 아주 적극적이며 신중하게 자신을 헌신한다. 이는 그들이 그렇게 할 필요성을 느꼈기 때문이기도 하고 스스로 변화된 모습을 보며 자원하기 때문이기도 하다.

헌신의 순간이 회심하기 전의 모습과는 판이하게 다르게 분명히 의식할 수 있을 정도로 또렷하게 다가오는 사람이 있는가 하면, 어렸을 때부터 상당한 기간 동안 삶에 내재되어 왔던 것들이 서서히 초점을 맞추듯이 다가오는 사람도 있다. (나는 전자에 속한다.) 회심의 순간이 어떻게 찾아오든 일어나는 일에는 별 차이가 없다. 마음이 변화되면 이전과 다른 삶을 살기로 다짐한다. 성령님은 우리 안에서 예수님께서 실제로 살아계시며, 이제 우리가 참회하는 죄인으로서 거듭나 예수님을 전심으로 따른다는 사실을 증거하신다.

새로운 생명

신약성경은 우리의 삶이 예수님 안에서 새로워지면 개인의 존재가 실제로 완전히 변한다고 가르친다. 신자들이 그리스도와 연합하였기 때문에 이제는 그분 '안에' 있고, 주님과 함께 '죽고'(과거의 삶을 청산하고), 함께 '살리심 받았다'(새로운 삶이 시작되었다)고 선언한다롬 6:3-11 ; 엡 2:4-10 ; 골 2:11-14. 신자들은 그리스도 안에서 새로운 지위를 누린다.

- 의롭게 됨(죄를 용서받고 영접 받음)
- 양자가 됨(하나님의 자녀이자 상속인이 됨)
- 정결하게 됨(거룩하신 창조주와 교제하기에 적합하게 됨)

그리스도인이 누리는 세 지위의 변화는 그리스도께서 십자가에서 고통 받으셨기에 가능했다롬 3:21-26 ; 5:1 ; 8:15-19 ; 갈 4:4-7 ; 요 15:3 ; 요일 1:3-7. 이 사실은 매우 중요하다. '의롭게 된다'는 말은, 하나님의 법적 선언에 의해 내가 이제 그분 앞에서 영원히 '한 번도 죄를 짓지 않았던' 사람처럼 서게 된다는 뜻이다. '양자가 된다'는 말은, 이제 내가 창조주이며 심판자이신 그분을 사랑하는 가족으로서 친밀하게 '아버지'로 부르게 된다는 뜻이다. 동시에 그분의 영광을 함께 누릴 신분임을 알게 된다는 의미이다. 나는 "하나님의 상속자요 그리스도와 함께한 상속자"롬 8:17가 된다. '정결하게 된다'는 말은, 과거에 있었던 그 어떤 것도 지금 내가 누리는 하나님과의 교제를 방해하거나 제한하지 못한다는 뜻이다.

지위의 변화가 전부는 아니다. 신자들은 그리스도 안에서 성품의 변화를 겪는다. 이제 성령님과 그리스도께서 내주하셔서 신자들로 하여금 "그리스도와 같은 형상으로 변화하여 영광에서 영광에"고후 3:18 이르도록 변화시키신다. 그리스도와 성령님은 신자들에게 능력을 주어 사악한 습관을 끊어버리게 하고, 그들의 마음속에서 새로운 행동 패턴이 싹트게 하여, 마침내 성령의 열매를 맺게 하신다롬 8:9-13 ; 고후 3:18 ; 갈 5:22-26. 이 사실 역시 매우 중요하다.

성부 하나님과 성자 예수님께서 성령님을 통해 우리를 위해 행하신 사역으로 우리는 과거와 판이하게 다른 사람으로 변화되었다. 이제 우리가 해야 할 과업은 현재의 변화된 상태를 유지하는 일이다. 하나님께서 조성하신 삶을 이어가야 한다. 우리에게 주어진 새로운 삶, 비전, 동기, 헌신, 방향 감각을 행동으로 표현해야 한다. 사도 바울은 이와 관련하여 "너희가 부르심을 받은 일에 합당하게 행하여"엡 4:1라고 권면한다. 이 점 역시 중요하다.

구원 받은 사람은 늘 마음속으로 자신의 '회심'이 처음부터 끝까지 하나님의 사역에 의해 이루어졌다고 느낀다. 그런데 자세히 살펴보면, 회심 과정에 들어가기 위해 자신을 살피고 애쓰는 단계가 회심의 마지막 단계인 죄의 자각이나 헌신, 확신의 단계 못지않게 마치 오케스트라처럼 하나님에 의해 멋지게 조율되어 있다는 느낌을 받는다. 5세기에 살았던 로마의 주교이자 교부였던 아우구스티누스는 인간의 영혼에 생기를 돋우기 위해 하나님께서 먼저 부어주시는 사랑을 '선행 은총'이라 불렀는데 이후로 서양의 그리스도인들은 이 용어를 즐겨 사용한다. 여기서의 '은총'은 일종의 활기를 띠게 하는 힘인데 영적으로 못 보는 자들을 보게 하고, 귀가 먼 자들을 듣게 하며, 말을 못하는 자들을 말하게 한다. ('선행'이란 '먼저 온다'는 뜻으로, 누군가에게 생기를 넣어 영적으로 살리기 위해 다가오는 행위이다.)

하나님의 목적

이렇게 보면, 하나님께서 인간을 구원하기 위해 절망과 흑암 가운데 있는 인간 세계로 마치 침입한 듯한 인상을 주는데, 그러면 당연히 "예수님께서 왜 하필이면 나를?"이란 질문이 나오게 된다. 신약성경은 여러 차례 이 질문을 다루며 대답하는데, 독자들로 하여금 각 죄인들을 향한 하나님의 주권적인 사랑과 영원한 목적을 생각하게 한다. 그런데 우리를 향한 하나님의 목적은 궁극적으로 그분의 주권적이며 자유로운 결정에 따른 것이다. 하나님의 목적은 각 사람을 믿음과 구원의 세계로 이끄는 선행 은총에서도 분명히 나타나는데, 성도들에게 최후의 영광을 보장한다. 신약성경의 저자들은 하나님께서 우리를 택하셔서 구원하신 직접적인 이유를 밝히지 않는다. 단지 우리를 구원하신 그분께 감사하라고 권면할 뿐이다.

사도 바울은 은혜로우신 하나님의 목적을 찬양하며, 에베소에 있는 이방인 성도들에게 영광의 찬가를 부르자고 촉구한다.

> "찬송하리로다 하나님 곧 우리 주 예수 그리스도의 아버지께서 그리스도 안에서 하늘에 속한 모든 신령한 복을 우리에게 주시되 곧 창세

전에 그리스도 안에서 우리를 택하사 우리로 사랑 안에서 그 앞에 거룩하고 흠이 없게 하시려고 그 기쁘신 뜻대로 우리를 예정하사 예수 그리스도로 말미암아 자기의 아들들이 되게 하셨으니 이는 그가 사랑하시는 자 안에서 우리에게 거저 주시는바 그의 은혜의 영광을 찬송하게 하려는 것이라 우리는 그리스도 안에서 그의 은혜의 풍성함을 따라 그의 피로 말미암아 속량 곧 죄사함을 받았느니라 이는 그가 모든 지혜와 총명을 우리에게 넘치게 하사 … 그 안에서 너희도 진리의 말씀 곧 너희의 구원의 복음을 듣고 그 안에서 또한 믿어 약속의 성령으로 인치심을 받았으니 이는 우리 기업의 보증이 되사 그 얻으신 것을 속량하시고 그의 영광을 찬송하게 하려 하심이라"엡 1:3-8,13-14.

바울은 고통에 직면해 있고 스스로 약하다고 생각하는 그리스도인들을 위로하기 위해 하나님의 영원한 목적을 언급한다.

"우리가 알거니와 하나님을 사랑하는 자 곧 그의 뜻대로 부르심을 입은 자들에게는 모든 것이 합력하여 선을 이루느니라 하나님이 미리 아신 자들을 또한 그 아들의 형상을 본받게 하기 위하여 미리 정하셨으니 이는 그로 많은 형제 중에서 맏아들이 되게 하려 하심이니라 또 미리 정하신 그들을 또한 부르시고 부르신 그들을 또한 의롭다 하시고 의롭다 하신 그들을 또한 영화롭게 하셨느니라"롬 8:28-30.

예수님께서도 정확하게 이 목적을 늘 염두에 두고 사셨다.

"아버지께서 내게 주시는 자는 다 내게로 올 것이요 내게 오는 자는 내가 결코 내쫓지 아니하리라 내가 하늘에서 내려온 것은 내 뜻을 행하려 함이 아니요 나를 보내신 이의 뜻을 행하려 함이니라 나를 보내신 이의 뜻은 내게 주신 자 중에 내가 하나도 잃어버리지 아니하고 마지막 날에 다시 살리는 이것이니라 내 아버지의 뜻은 아들을 보고 믿는 자마다 영생을 얻는 이것이니 마지막 날에 내가 이를 다시 살리리라 하시니라 … 나를 보내신 아버지께서 이끌지 아니하시면 아무도 내게 올 수 없으니 오는 그를 내가 마지막 날에 다시 살리리라 선지자의 글에 그들이 다 하나님의 가르치심을 받으리라 기록되었은즉 아버지께 듣고 배운 사람마다 내게로 오느니라"요 6:37-40,44-45.

하나님께서 주권적인 은총을 통해 각 죄인들을 구원하신다는 내용은 때때로 논쟁의 주제처럼 보이기도 한다. 이는 아직까지도 믿지 않는 사람들에게는 하나님이 이러한 계획을 가지고 계신다는 진리가 일종의 협박처럼 들리기 때문이다. 만약 그들이 하나님께로 돌아섰는데 그분으로부터 선택 받지 못했기 때문에 어떠한 은총도 받지 못한다면, 도대체 어떻게 된다는 말인가? 하지만 이러한 걱정은 할 필요가 없다. 자비로운 계획을 수행하시는 하나님의 주권적인 은총을 받지 못하면 절대로 그분께 나아갈 수 없기 때문이다. 예수님께서도

"아버지께서 이끌지 아니하시면 아무도 내게 올 수 없으니"라고 말씀하셨다.

실제로는 모든 사람이 하나님 나라에 참여하도록 초청 받았다. 그래서 성령님의 능력을 힘입어 회개하고 믿으면 가능하다는 확신을 가지고 나아가면 된다. 이미 활동하고 계시는 성령님, 즉 선행 은총이 어떤 형태로든 우리로 하여금 이 초청에 대해 긍정적인 반응을 보이도록 조치를 취하시리라. 그러하기에 모든 신자들은 선행 은총이 아니고는 자신이 예수님을 믿을 수 없고, 자신을 구원하시려는 하나님의 계획이 있었기에 선행 은총이 자신의 삶을 두드렸다고 확실히 믿는다. 따라서 신약성경에서는 하나님의 계획에 대해 논쟁하거나 의심하지 말고 오히려 감사하라고 권고한다. 이제 믿게 된 그들에게 더 겸손한 마음으로 하나님을 소망하고 경외하며, 은총 가운데서 확고한 마음으로 기쁘게 생활하라고 조언한다. 영국 국교회의 39개 신조에 나오는 17번 항목은 이 내용을 명확하게 표현한다.

경건한 사람들은 하나님의 예정과 그리스도 안에서의 선택에 대해 믿음을 가지고 진지하게 생각하며, 참으로 기쁘고 달콤하며 형언할 수 없는 큰 위로를 받는다. 그리고 이러한 사람들은 그리스도의 영이 자신의 육욕적 활동과 이 세상의 지체들을 제어하며 그들의 마음을 고상하게 하여 위의 것들을 찾게 하는 능력을 또한 맛본다. 이는 예정과 선택에 대한 깊은 고찰이 그리스도를 통하여 누리게 될 영원한 구원에 대한 그들의 신앙을 확립하며, 하나님을 향한 그들의 사랑이 더 뜨거워지도록 불을 붙여주기 때문이다.

:: 하나님의 구원 계획

이제 하나님의 구원 전략에 관해 고찰해보자. 하나님께서 자신이 이미 시작하신, 나를 건져주시는 구원 사역을 마무리하기 위해 앞으로 어떻게 하실 것인가. 먼저 적절한 관점을 확보하기 위해 널리 알려진 토마스 비니의 시를 살펴보자.

> 영원한 빛! 영원한 빛!
> 모든 것을 감찰하시는 주님의 시선 안에 머물 때
> 그 영혼이 얼마나 순수할까!
> 위축되지 않고 오히려 잔잔한 환희를 느끼며
> 함께 생활하고 그분만 바라볼 수 있으리!
>
> 주님의 보좌를 둘러싼 영혼들
> 아마 타오르는 천국의 기쁨을 향유하고 있으리.
> 하지만 그 기쁨은 분명히 그들만의 것,
> 그들은 이처럼 타락한 세상을

결코 결코 알지 못하리.

형언할 수 없는 분이 나타나기 전에는
본래 어두운 영역에 살아 마음이 흐릿하던 나,
이 벌거벗은 영혼에
창조되지 않은 빛을 비춘다면
오, 나 어찌 감당할까?

그 장엄한 거처에
우리가 오를 수 있는 길이 하나 있으니
바로 봉헌과 산 제물이라네.
하나님과 함께하시는 대변인
성령님의 활기찬 능력이 있다네.
이러이러한 요소들이 우리를 준비시킨다네.
위에 계신 거룩하신 분을 대할 수 있도록,
이제 무지와 어둠의 자녀였던 자들이
영원한 사랑으로 말미암아
영원한 빛 가운데 거하게 되리.

구원을 위한 하나님의 미래 계획

하나님의 구원 계획 중 미래 부분에 대해 생각하려면, 토마스 비니의 시가 시작하는 관점인 '삼위일체 하나님이 빛'이라는 진리에서 출발해야 한다. 거룩하신 그분은 순수하고 완벽하며 선을 사랑하시고 악을 증오하신다. 또한 우리 안에 있는 모든 것들을 끊임없이 수색하듯이 찾고 계신다. 그러하기에 성경에서는 이렇게 경고한다.

"지으신 것이 하나도 그 앞에 나타나지 않음이 없고 우리의 결산을 받으실 이의 눈 앞에 만물이 벌거벗은 것같이 드러나느니라"히 4:13. (성경에서는 '빛'이라는 단어를 언급할 때마다, 만약 빛이 없었다면 어둠 속에 묻혀 드러나지 않았을 것들이 드러나게 된다는 관점을 전해준다. 이 점에 대해서는 요한복음 3장 19-21절, 에베소서 5장 11-14절 참조.)

이렇게 보면 우리 안의 부정한 요소들은 반드시 드러나게 마련이다. '빛'이신 삼위일체 하나님은 '사랑', 거룩한 사랑이시다요일 1:5 ; 4:8,16. 이는 실제로 거룩하고 가치 있는 존재만이 하나님을 만족시킬 수 있다는 뜻이다. 남편과 아내가 좋은 결혼 관계를 유지하도록 서로를 결합시켜 주는 사랑이 상대방의 장점을 인정해주는 진정한 사랑이듯이, 성부와 성자와 성령을 하나로 묶어주는 사랑이 진정한 사랑이다. 이 사랑 안에서 각 위격은 다른 위격의 거룩함과 거룩한 천사들에게서 나타나는 거룩함을 동시에 만끽한다. 그런데 우리가 거룩하게 될 때까지는, 이 사랑하나님이 그리스도의 자녀인 우리에게서 충분한 기쁨을 누리지 못한다. 우리 또한 그분을 사랑하면서도 완전히 그분을 사랑하거나 그분으로 충분한 기쁨을 향유하지 못한다. 우리가 여전히 도덕적인 약점과 사악함의 사슬에 얽매여 있기 때문이다. 이제 여기서 루터가 내린 '의롭게 된 죄인'이란 유명한 명제처럼, 우리가 죄인인 동시에 의인이라는 진리를 아는 것은 굉장히 놀라운 특권이다. 하지만 장차 우리 앞에 나타날 일, 즉 더 이상 죄인이 아닌 상태에서 하나님 앞에 서서 그분과 교제하는 것은 이보다 더 놀랍다. 하나님께서는 현재 자신의 구원 계획을 그대로 추진하셔서 우리가 이 목표에 도달하도록 이끄신다.

하나님의 거룩한 일정표에 의하면, 이제 내 여생의 과제는 성화이다. 나는 영적으로 죽었다가 그리스도 안에서 다시 태어나 예수님의 도덕적 형상을 닮을 수 있게 되었다. 바울은 '내게' 이렇게 명한다. (여기서 '내게'라는 표현을 쓰는 이유는 필자인 나뿐 아니라 성경을 읽는 모든 독자들이 에베소서를 받는 독자들과 동일한 입장에 있기 때문이다.) "가르침을 받았을진대 너희는 유혹의 욕심을 따라 썩어져가는 구습을 따르는 옛 사람을 벗어버리고 오직 너희의 심령이 새롭게 되어 하나님을 따라 의와 진리의 거룩함으로 지으심을 받은 새 사람을 입으라"엡 4:22-24 ; 골 3:9-10. 바울은 자신이 쓴 각 편지에서 이처럼 세부적인 도덕적 지침을 하달하는데, 이는 이 명령을 실제적으로, 또 문자 그대로 정확하게 지켜야 하기 때문이다.

성경은 우리가 그리스도 안에서 '선한 일들'을 위하여 지으심을 받왔다고엡 2:10, 재창조되었다고 말하는데 계속 그리스도를 닮아가려는 노력이야말로 바울이 말하는 '선한 일들'의 본질이자 요점이다. 그리스도를 닮는다는 말은 구체적으로 그분의 의와 거룩함, 사랑과 겸손, 자기 부인과 한결같은 마음, 지혜와 세심함, 담대함과 자기 통제, 신실함과 고통을 견뎌내는 능력을 닮아가는 행위를 의미한다. 하나님께서 사랑하는 자들을 위해 그들의 삶 속에서 여러 일을 행하시는데 이 역시 선한 일이다롬 8:28. 어쨌든 나를 주관하시는 분, 실제로 내가 기쁘게 또 참회하는 마음으로 삶을 의탁한 그분께서, 현재 나를 성화시키시는 과정 중에 있다. 인생의 롤러코스터를 타며 "나에게 왜 이런 일이 일어나는가?"라는 질문을 자주 던지는데, 이에 대한 대답 중의 하나는 바로 나의 하늘 아버지께서 계획하신 도덕적 훈련이요 연단이라는 것이다. 하나님께서는 이 과정을 통해 내가 그리스도의 덕을 더 많이 닮아가도록 도와주신다히 12:5-11.

오래전 어떤 지혜로운 분이 나에게 '그리스도인의 삶은 마치 다리가 셋 달린 의자와 같아서 세 개의 다리가 바른 위치에 올 때만 설 수 있다'고 말해주었다. (여기서의 '그리스도인의 삶'은 우리가 지금 살펴보듯이 계속 그리스도를 닮아가는 삶을 뜻한다.) 그러면서 그 세 개의 다리가 D교리, doctrine와 E경험, experience와 P실천, practice라고 알려주었다.

• 교리 : 우리가 하나님으로부터 계속 공급받는 지혜와 진리를 말한다.

이 진리는 성경 연구와 성경에 근거한 말씀 묵상(이는 성경 연구와 다르다), 성경 말씀의 작용을 통해 깨닫는다.

- 경험 : 하나님과 함께하는 다양한 측면의 교제를 말한다. 거룩한 진리와 지혜는 삶 속에서 여러 경험을 하게 한다. 믿음, 참회, 죄에 대한 새로운 생각, 구원에 대한 놀라운 기쁨, 그리스도의 요구대로 살지 못한 생활에 대한 후회, 다른 사람의 필요와 궁핍을 위해 기도할 때 느끼는 슬픔, 다른 사람이 받은 축복을 함께 나누며 얻는 즐거움 등을 예로 들 수 있다. 이외에도 강한 확신의 순간, 천국에 대한 뜨거운 갈망, 괴로운 경험과 고통을 통해 배우는 하나님에 대한 새로운 발견, 자신이 결국 회심하지 못한 위선자가 아닐까 하는 생각에 대한 두려움, 다른 성도들과 진실하게 교제함으로써 얻는 하나님의 실재에 대한 깊은 깨달음, 함께 찬양할 때 느끼는 그리스도에 대한 생생한 친밀감, 특히 성찬식에 참여할 때 느끼는 그리스도와의 친근감 등을 들 수 있다.
- 실천 : 진리의 말씀에 복종하며 지혜가 제시하는 좁은 길을 따라가는 삶을 말한다. 대인관계, 일상적인 자기 관리, 가정생활, 교회생활, 지역사회나 직장에서의 역할 등을 통해 말씀을 실천하는 것을 의미한다.

이 교훈은 매우 타당하다. 그리스도인은 교리와 경험과 실천 중 어느 한 영역에서 부족하면 반드시 어떤 식으로든 어려움을 겪는다. 하나님의 말씀과 지혜에 대해 무지하거나, 양심에 따라 지혜의 가르침을 실제적으로 표출하지 못하거나, 성경적 가르침에 근거하여 부단히 하나님을 찾는 일을 등한히 할 때, 그리스도인의 삶은 분명히 비탄에 빠진다. 쉽게 말해 의자가 넘어진다. 이 세 영역이 균형 있게 자라지 못하면, 영적으로 건강하게 성장하기를 원하시는 하나님의 계획은 지장을 받는다.

교회의 갱신

하나님께서는 언제나 교회의 갱신 운동을 일으킴으로써 적어도 각 개인의 삶에서 D와 E와 P(셋 중 어느 하나나 둘)가 회복되기를 원하신다. 이 점은 분명하다. 교회 갱신 운동은 그것이 가시화될 때까지는 제대로 이해되거나 내실 있는 평가를 받지 못한다. 예를 들면, 종교개혁은 가끔 전문적인 신학적 갈등으로 간주되어 평신도들과 약간 동떨어지고 내용도 희석되어 기껏해야 민족주의적 열정을 표출한 움직임으로 여겨지곤 했다. 하지만 종교개혁의 지도자들은 이 운동을 통해 순수한 종교가 뿌리에서부터 살아나는 광경을 목격하였고 많은 사람들도 이러한 흐름을 체험하였다. 개신교 청교도주의 운동과 가톨릭 교회의 종교개혁인 반종교개혁을 아울렀던 17세기 초의 경건 운동, 18세기 중반에 있었던 뉴잉글랜드의 대각성 운동과 영국의 감리교 운동, 1850-1950년 사이에 개신교 전체에 영향을 미쳤고 감리교의 여러 주제들이 다양하게 변형되어 나타났던 '성결 운동'을 들 수 있다. 그리고 20세기 말부터 진행되는 갱신 운동도 우리 시대에 나타나는 성령님의 지속적인 사역이라 하겠다.

그러면 지난 30년 동안 있었던 세계적인 은사 운동을 어떻게 평가할 것인가? 나는 하나님께서 죽음을 초래하는 사상의 흐름을 거스르거나 교정하시기 위해 이러한 개혁 운동을 일으키셨다고 확신한다. 잘못된 신학 사상으로 인류에 지난 100년 동안 많은 피해를 입힌 이들은 삼위일체 진리를 반대하였고 예수 그리스도의 신성을 축소시켰으며 실용적인 목적을 위해 성령님을 완전히 도외시하였다.

이론적 오류와 거기서 파생되는 영적 죽음의 문제에 대처하기 위해 하나님께서는 누구도 억제하지 못하도록 불처럼 활활 타오르는 성령의 생명 운동을 일으키셨다. 결국 개혁 운동으로 삼위일체 교리가 진리로 입증되었고(D), 영적인 삶의 초점으로서 성령님을 통해 맺어지는 그리스도와의 거룩한 친교 연합에 대해 새로운 탐구가 이루어졌으며(E), 성령님 안에서 이루어지는 초자연적인 삶이라는 기독교적 사상이 인정 받았다(P). 그래서 그리스도인의 찬양과 나눔과 섬김이 다시금 존경의 대상이 되었다.

영적 성장의 표지

그리스도인의 미래와 관련하여 아직도 베일에 감추어진 내용이 많다. 영적 성장도 육체적 성장과 마찬가지로 대체로 완만하게 진행되거나 거의 느끼지 못하는 경우가 허다하다. 실제로 일어나고 있는지 보지도 못하고 느끼지도 못한다. 주관적인 측면에서 가끔씩 자신의 예전 모습과 약간 달라졌다고 느끼는 정도이다. 장기적으로 어떠한 특별한 통찰력, 경험, 하나님의 징벌, 충격, 지속되는 일상적인 일, 진행되는 관계 등이 어떤 영향을 미치는지에 대해서는 예측하기 불가능하다.

그리스도인 중에는 겉보기에 다른 사람보다 훨씬 빠르고 극적으로 변하는 사람이 있다. 하지만 그것과 비례하여 깊은 차원에서 그에게 어느 정도의 변화가 있었는지에 대해서는, 오직 하나님만 아신다. 그분만이 인간의 마음 깊숙한 곳을 감찰하시기 때문이다. 우리가 의식하는 부분은 이러한 변화 중 극히 일부분에 지나지 않는다. 인간을 변화시키는 성령님의 능력은 우리가 접근하기 어려운 깊은 내면세계까지 침투해 들어간다. 그러하기에 우리는 하나님께서 우리 안에서, 우리와 함께, 우리를 위해, 어떤 일을 하시는지에 대해 계속 오해하고 잘못 판단하게 마련이다. 마치 그분께서 우리를 통해 다른 사람에게 어떤 영향을 미치는지에 대해 우리가 끊임없이 그릇된 평가를 내리듯이 말이다.

우리 안에서 이루어지는 하나님의 사역을 깨닫지 못하게 하는 다른 요인들도 있다. 인간에게 육체와 영혼은 우리가 생각하는 것보다 훨씬 더 긴밀하게 연결되어 있다. 그래서 이 두 요소가 서로에게 미치는 영향이 성령님이 일으키시는 성화 작용을 느끼지 못하게 할 때가 있다. 힘겨운 육체적 고통이 마음에 영향을 끼쳐 하나님의 사역을 깨닫지 못하게 한다. 우울증이나 정신분열증, 다운증후군이나 노인성 치매, 알츠하이머병에 이르기까지 육체적 상황은 다양하다.

그 후에는 죽음이 찾아와 인격과 영혼이 육체로부터 분리된다. 죽음은 매우 다양한 시기에 여러 방법으로 각 개인에게 다가온다. 어떤 그리스도인은 일찍 하늘의 부름을 받고 어떤 이들은 늦게 부름을 받는 경우를 보면서, 우리는 죽음에는 이유도 없고 일정한 규칙도 없다고 토로한다. 하나님께서는 이미 우리가 세상을 떠나는 시점과 방법을 정해놓으셨다. 죽음의 순간 이후에는 그분께서 우리 안의 죄를 소멸하시고 기질적으로 그리스도를 닮도록 해주신다. 그러다가 적당한 때가 되면 우리의 변화되고 새롭게 재건된 자아가 거기에 어울리는 부활한 육체를 부여받아, 완전히 새로워진 인간이 되어 자유롭게 표현하게 하신다. 확실히 이렇게 된다. 그러나 우리가 보아서가 아니라 믿기 때문에 확신한다. 이렇게 되는 것이 무엇을 의미하는지 현재로서는 상상하기가 어렵다. 하나님께서 보여주실 그때를 기다리며 만족할 수밖에 없다.

따라서 하나님께서 우리의 구원을 완성하시기 위해 미래에 하실 일과 관련하여 나는 다음 두 가지 사항을 확언하고자 한다.

첫 번째는, 우리가 앞으로 진행될 일의 공식을 알고 있다는 점이다. 이 점에 대해서는 뒤에 이어지는 신학자 존 스토트의 글The Epistles of John에서도 자세히 언급되고 있다. "사랑하는 자들아 우리가 지금은 하나님의 자녀라 장래에 어떻게 될지는 아직 나타나지 아니하였으나 그가 나타나시면 우리가 그와 같을 줄을 아는 것은 그의 참모습 그대로 볼 것이기 때문이니"요일 3:2. 그는 이 구절을 주석하며 다음과 같이 해설한다.

인간의 타락에 의해 훼손된 하나님의 형상이 이미 우리에게 다시 찍혀 있다. 그런데 우리가 회심할 때 취하게 되는 새 사람은 "하나님을 따라 의와 진리의 거룩함으로 지으심을 받은" 존재이다엡 4:24 ; 골 3:10. 성령님께서는 회심한 이후부터 계속 우리가 "그의 아들의 형상을 본받게"롬 8:29 하는 하나님의 예정된 계획을 완성시키기 위해, 우리가 "그와 같은 형상으로 '변화하여' 영광에서 영광에 이르게" 하실 것이다고후 3:18 ; 요일 2:6.

'변화하여'라는 표현은 "우리가 다 수건을 벗은 얼굴로 주의 영광을" 보기 때문에 가능하다. 그러므로 이렇게 이해하면 된다. 우리뿐 아니라 예수님까지도 모두 수건을 벗은 얼굴로 서로를 바라보게 될 때, 우리는 육체까지 마침내 완벽하게 예수님을 닮는다빌 3:29 ; 고전 9:49. "보면 닮게 된다." 이것이 법칙이다. 사도 요한은 최종적인 천국에 이른 우리의 상태에 대해 이렇게 이해한다. 바울 역시 자신의 편지에서 우리가 천국에서 "주님과 함께" 거한다는 진리를 강조한다고후 5:8 ; 빌 1:23 ; 골 3:4 ; 살전 4:17 ; 눅 23:43 ; 요 14:3 ; 17:24. 우리로서는 마지막 날에 영원히 그리스도와 함께 거하고 그분과 같이 된다는 사실을 아는 것만으로도 족하다. 그 이상의 진리는 주님이 보여주실 때까지 감사하며 기다려야 한다.

두 번째는, 우리가 앞으로 진행될 일의 공식을 알고 있다 해도, 자세한 시나리오는 모른다는 점이다. 하나님이 계시하신 뜻에 비추어 앞으로 우리에게 어떤 일이 일어날지를 신학적인 용어로 설명할 수는 있다. 하지만 미래에 일어날 신비한 사건들을 상세하게 서술하기란 불가능하다. 어렸을 때 배운 노래 가사 중에 "어떤 일이든지 일어날 수 있고 아마 그렇게 될 거예요"라는 내용이 있다. 그렇다! 그리스도인의 삶에서 이 말은 진리이다. 내일 어떤 일이 일어날지를 모르기 때문에 항상 대비해야 한다. 그러나 모든 일이 합력하여 우리의 영적인 선을 이루고, 이 세상의 어떤 것도 우리를 그리스도의 사랑에서 끊을 수 없다는 진리는 변함이 없다롬 8:28,35-39. 우리가 살면서 환난, 곤고, 박해, 기근, 적신, 위험, 칼 등을 만날 수 있다는 사실 역시 진리이다롬 8:35. 이렇게 보면 그리스도인은 어디에 있든지, 무슨 일을 당할지 모르기 때문에 준비해야 한다. 보이스카우트 단원들의 좌우명이며 훌륭한 등산가들이 금언으로 삼는 "항상 준비하라!"는 표어를 기억할 필요가 있다.

준비한다는 말은 한마디로 하나님 중심의 삶, 실제로 거룩한 삶을 영위하라는 뜻이다. 사도 요한은 우리에게 권면한다.

> "그가 나타나시면 우리가 그와 같을 줄을 아는 것은 그의 참모습 그대로 볼 것이기 때문이니 주를 향하여 이 소망을 가진 자마다 그의 깨끗하심과 같이 자기를 깨끗하게 하느니라"요일 3:2-3.

그는 계속 선언한다.

"그 안에 거하는 자마다 범죄하지 아니하나니 … 죄를 짓는 자는 마귀에게 속하나니 마귀는 처음부터 범죄함이라 하나님의 아들이 나타나신 것은 마귀의 일을 멸하려 하심이라"요일 3:6,8.

그러하기에 여러 가지 어려움과 억압에 가장 잘 대처하는 사람은 대체로 끊임없이 거룩하게 살려고 노력하며, 그리스도를 닮아 아버지 하나님의 영광의 세계에 들어가려고 애쓴다. 이들은 자신을 영적 죽음에서 생명으로 구해주신 삼위일체 하나님의 사랑에 감사하며 언제든지 주님을 만나 삶을 결산할 준비를 하고 살아간다. 만약 그분께서 언제라도 오라고 부르신다면, 그분께 더 가까이 나아오도록 소환하신다면 말이다. 진정으로 평안하게 살다가 생을 마감하려면 반드시 거룩하게 살아야 한다.

Chapter 3

구원에 대한 감사
: 거룩함의 기본

"여호와여 나는 진실로 주의 종이요 … 주께서 나의 결박을 푸셨나이다
내가 주께 감사제를 드리고 여호와의 이름을 부르리이다
내가 여호와께 서원한 것을 그의 모든 백성이 보는 앞에서
내가 지키리로다" 시 116:16-18

I

REDISCOVERING
우리는 어떻게 거룩한 삶을 살 수 있는가
HOLINESS

　지금까지 '평범한' 사람의 입장에서, 각 개인을 구원하시는 하나님의 계획을 성경에 근거하여 과거와 현재와 미래의 측면으로 나누어 충분히 살펴보았다. 그렇다면 평범한 사람이란 누구를 의미하는가? '평범한'이란 단어는 영국 여왕 엘리자베스 시대의 청교도였던 아더 덴트가 1601년에 저술한 「평범한 사람이 천국에 이르는 좁은 길」The Plain Man's Pathway to Heaven이란 책 제목에서 따온 것이다. 당시에 굉장한 인기를 끌었던 이 책은 그리스도인이 알아야 할 기본에 대해 잘 설명하고 있다. 덴트가 이 책에서 지칭하고 내가 언급하려는 평범한 사람이란, 솔직하고 정직한 사람을 뜻한다. 평범한 사람 존 웨슬리는 이렇게 고백했다. "저는 하루 만에 지음 받은 피조물입니다. 하지만 곧 영원히 살게 됩니다. 저는 오직 한 가지, 천국에 가는 길을 알고 싶습니다!" 분명히 이러한 생각은 모든 사람이 품고 싶어하는 가장 지혜롭고

3. 구원에 대한 감사 : 거룩함의 기본　125

고상한 열망이리라! 만약 상황이 이렇다면, 내게도 평범한 사람이 되려고 노력하는 것보다 더 좋은 훈련 코스는 없으리라. 그래서 나 자신을 위해서라도 이 점에 대해 몇 마디를 덧붙이고자 한다. 이 장에서는 하나님의 구원 계획을 이해한 이후 어떤 '반응들'을 보여야 하는지에 대해 고찰하겠다.

여기서 '반응들'이라고 복수로 표현한 것은 적어도 네 요소가 포함되기 때문이다. 그리스도인의 거룩함은 네 요소를 다 포함해야 하는데, 어느 한 가지만 부족해도 근본적으로 잘못된 길에 빠진다.

:: 하나님의 위대하심에 대한 경외

첫째 반응 : 그리스도인은 하나님의 구원 계획을 통해 창조주의 위대하심에 대해 경외감을 느껴야 한다

지난 30년 동안, 나는 주변의 상황을 지켜보며 종종 공공연하게 탄식하였다. 이는 20세기가 용납할 수 없을 만큼 심하게 인본주의에 빠져들며 하나님에 대해서는 수치스러울 만큼 적은 관심만 보이기 때문이다. 우리가 사는 시대는 분명히 역사적으로 내리막길을 걷고 있다. 적어도 서양의 역사가 그러한데, 마치 하나님을 피해 달아나는 사람 같다. 시대 흐름의 본류를 형성하는 사상가들이 교회 밖에서는 물론 내부에서까지 자신 있게 그릇된 주장들을 펼치고 있다. 이들은 하

나님을 이신론理神論적으로 해석하여, 그분이 냉담하고 멀리 떨어져 있으며 세상사에 관여하지 않기 때문에 세상이 저절로 돌아가도록 방치하고 있다고 주장하거나, 일원론적 관점에서 정적인 하나님을 강조하며, 그분이 하는 일은 고작 모든 존재와 과정을 상호 의존적인 하나의 통일체 안에서 통합시키는 역할밖에 없다고 외친다. 또한 실패한 연인 예수 그리스도를 통해 불쌍한 하나님의 무능력이 입증되었다고 선언하거나, 하나님은 일종의 정체불명의 힘이기에 모든 종교에 똑같은 힘을 공급하여 결국 어느 한쪽으로 치우치지 않게 했다고 힘주어 말한다.

물론 그동안 평신도 신학자들과 전문 신학자들이 있었다. 대표적인 평신도 신학자로는 길버트 체스터튼, 찰스 윌리엄스, 도로시 세이어즈, 클라이브 루이스, 피터 그리프트를, 전문 신학자로는 레너드 호지슨, 올리버 퀵, 칼 바르트, 코넬리우스 반 틸, 게릿 버쿠버, 도널드 블러쉬를 각각 꼽을 수 있다. 이들은 삼위일체나 성육신 교리와 관련하여 진리들을 선포하였고, 하나님의 주권 아래서 이루어지는 개인의 부활과 우주의 갱신에 대해서도 소망을 제시하였는데, 모두 인정할 만하다. 하지만 이들은 매우 소수였다. 진리를 수호한 신학자들은 마치 해변에 서서 밀려오는 파도를 향해 더 이상 밀려오지 말라고 공허하게 외쳤던, 약 1,000년 전에 살았던 데인족 출신의 영국 왕 카뉴트와 같아 보였다. 그러나 이들은 신학의 규모를 축소시키려는 세속적인 파도가 끊임없이 달려들어 주변에 영향을 미치는 상황에서도 진리를 외쳤다. "제발, 하나님! 이제 흐름이 바뀌게 되겠죠. 아마 벌써 바뀌기 시작했는지도 모르죠." 하지만 안타깝게도 하나님을 축소시키는 흐름이 너무 오랫동안 사회를 지배하였다. 그 결과는 어떻게 되었는가? 하나님의 주권과 전지성, 도덕법의 위엄과 심판에 대한 두려움, 지상의 삶에 나타나는 인과응보적 결과, 우리가 체험하게 될 영원한 세계, 삼위일체 하나님이 지닌 고유한 통일성, 예수 그리스도의 신성과 재림 등의 진리에 대한 신념이 오늘날에는 많이 부식되어 거의 눈에 띄지 않는다. 대부분의 현대인에게 하나님은 단지 작은 얼룩에 불과하다.

그러나 나는 하나님의 구원 계획을 통해 나를 창조하신 그분이 어떻게 나의 구세주가 되시는지를 깨달을 뿐 아니라, 교회가 그동안 거의 잊고 있었던 그분의 초월적 위엄을 가장 영광스러운 형태로 직접 목격한다. 나는 그분의 구원 계획을 통해 지혜와 능력이 무한하신 위대하신 하나님, 타락한 인간의 처지가 어떨지를 영원 전부터 아셨던 하나님, 우주를 창조하기 전부터 나를 포함한 수많은 인간들을 어떻게 영광의 세계로 끌어들이실지를 자세하게 설계하신 하나님을 만난다. 또한 인류의 역사를 운영하기 위한 거대한 프로그램, 구세주의 초림 준비를 위한 수천 년 동안의 섭리 프로그램, 그리고 주님께서 재림하시기 전에 이루어질 여러 사건에 대한 수천 년 동안의 프로그램을 깨닫는다. 물론 여기에는 전 세계를 향한 복음 전도, 목회 사역, 문화의 복음화, 하나님 나라의 출현, 사탄과의 영적 전쟁, 교회를 세우는 일 등이 포함된다.

　나는 이 구원 계획을 통해 성부 하나님을 만난다. 인간을 구속하기 위해 예수님을 보내셨고, 나와 같은 죽은 영혼들을 살리기 위해 성령님을 보내신 하나님을 본다. '죽은 영혼들'은 길을 잃고 죄를 범하여 비참한 상태에 빠졌고, 종교적·도덕적 죄에 빠져 죽은 상태에서 타락한 본성의 욕망과 계략에 끌려다니며, 때로는 하나님의 빛이 양심을 비추는 것을 막기 위해 종교적 형식주의란 연막을 쳤던 나와 같은 죄인들이다.

　구원 계획에는 예수님께서 십자가상에서 겪으셨던 세 시간 동안의 고뇌와, 나와 같은 죄인을 대신해 친히 하나님께 버림 받았던 고통의 순간이 포함된다. 그리고 영원히 변화된 예수님의 육체적 부활과 구원 받는 모든 사람에게서 나타나는 영원한 영적 중생이 첨가된다. 하나님의 능력이 현저하게 나타난 이 두 사건이 이 세계를 현재의 모습으로 만들었다. 이러한 현상은 이 세계 안에 '어떤 창조된 힘'이 있어서 그것이 역사를 진행시킨다는 사상으로는 도저히 설명할 길이 없다. (바로 여기서부터 변증론이 시작되어야 한다.) 하나님의 구원 계획은 미래까지 확장되며 모든 사람들에게 새롭고 썩지 않는 육체를 약속한다. 나처럼 구원 받은 성도에게는 거대하고도 완벽한 사회인 새 하늘과 새 땅 그리고 예수님을 직접 대면하며 부활의 몸을 영원히 즐길 수 있는 특권을 부여한다.

　하나님의 구원 계획은 놀랍다. 그분은 나에게 먼저 이처럼 위대하고 경외심을 불러일으키는 실재들을 숙고하고, 그 계획을 실현시키기 위해 지금 이러한 일들을 실제로 일으키시는 하나님의 위대함에 진정으로 감탄하며 거룩한 삶으로 나아오도록 초청하신다. 나는 이런 식으로 하나님의 위대하신 영광자기 현시을 생각하며 그분께 영광을 돌리는 법찬양을 배운다. 그 순간 나는 인간의 이해력을 압도하고 능가하며 나를 현혹시켜 어쩔 줄 모르게 하는, 천지창조와 구속의 역사 속에서 계시된 그분의 지혜와 능력을 찬양한다. 구원 계획에 나타난 삼위일체 하나님은 정말 위대하시다. 전능하시고 전지하시며 편재하시고 변치 않으시는 초월자이시다. 영원히 진실하고 신실하며 지혜롭고 정의로우시며 엄격하고 선하시다. 그러하기에 마땅히 찬양과 경배를 받으셔야 한다.

이러한 찬양은 우리가 하나님께 영광을 돌리기 위해 거룩하게 살아야 하는 근거가 되고, 우리의 거룩함은 항상 여기서 시작된다. 예수님께 십자가가 없었다면 승리의 화관도 없었으리라. 마찬가지로 우리에게 찬양이 없다면 거룩한 삶도 불가능하다.

:: 성경에서는 찬양을 강조한다

성경은 찬양하는 구절로 가득 차 있다. 구원 받은 사람이라면 마땅히 하나님을 찬양해야 한다고 주장하며 실제로 찬양하는 장면을 보여준다. 구약성경에 나오는 몇 가지 예를 살펴보자.

"내가 여호와를 찬송하리니 그는 높고 영화로우심이요 … 내가 그를 찬송할 것이요 … 여호와여 신 중에 주와 같은 자가 누구니이까 주와 같이 거룩함으로 영광스러우며 찬송할 만한 위엄이 있으며 기이한 일을 행하는 자가 누구니이까 … 여호와께서 영원무궁하도록 다스리시도다"출 15:1-2,11,18.

"지존하신 여호와는 두려우시고 온 땅에 큰 왕이 되심이로다"시 47:2.

"여호와는 위대하시니 우리 하나님의 성 거룩한 산에서 극진히 찬양 받으시리로다"시 48:1.

"여호와께서 다스리시니 … 여호와께서 그룹 사이에 좌정하시니 … 시온에 계시는 여호와는 위대하시고 모든 민족보다 높으시도다 주의 크고 두려운 이름을 찬송할지니 그는 거룩하심이로다 능력 있는 왕은 정의를 사랑하느니라 … 너희는 여호와 우리 하나님을 높여 그의 발등상 앞에서 경배할지어다 그는 거룩하시도다"시 99:1-5.

"할렐루야 여호와의 이름을 찬송하라 … 여호와를 찬송하라 여호와는 선하시며 … 내가 알거니와 여호와께서는 위대하시며 … 여호와께서 그가 기뻐하시는 모든 일을 천지와 바다와 모든 깊은 데서 다 행하셨도다 … 여호와여 주의 이름이 영원하시니이다 … 이스라엘 족속아 여호와를 송축하라"시 135:1,3,5-6,13,19.

"내가 전심으로 주께 감사하며 … 내가 주의 성전을 향하여 예배하며

주의 인자하심과 성실하심으로 말미암아 주의 이름에 감사하오리니
이는 주께서 주의 말씀을 주의 모든 이름보다 높게 하셨음이라 … 여
호와여 세상의 모든 왕들이 주께 감사할 것은 그들이 주의 입의 말씀
을 들음이오며"시 138:1-2,4.

"할렐루야 우리 하나님을 찬양하는 일이 선함이여 찬송하는 일이 아
름답고 마땅하도다 … 우리 주는 위대하시며 능력이 많으시며 그
의 지혜가 무궁하시도다 여호와를 찬송할지어다 … 할렐루야"시 147:1,5,12,20.

"여호와를 찬송할 것은 극히 아름다운 일을 하셨음이니 … 시온의 주
민아 소리 높여 부르라 이스라엘의 거룩하신 이가 너희 중에서 크심
이니라 할 것이니라"사 12:5-6.

"여호와여 주와 같은 이 없나이다 주는 크시니 주의 이름이 그 권능으
로 말미암아 크시니이다 이방 사람들의 왕이시여 주를 경외하지 아니
할 자가 누구리이까 이는 주께 당연한 일이라"렘 10:6-7.

이외에도 무수히 많다. 예를 들어 시편 145-150편은 여기에 다 인용해도 좋으리라. 신약성경에서도 주기적으로 찬양이 등장한다. 대표적인 예를 들면 다음과 같다.

"마리아가 이르되 내 영혼이 주를 찬양하며 내 마음이 하나님 내 구주
를 기뻐하였음은 … 능하신 이가 큰일을 내게 행하셨으니 그 이름이

거룩하시며"눅 1:46-47,49.

"깊도다 하나님의 지혜와 지식의 풍성함이여 그의 판단은 헤아리지 못할 것이며 그의 길은 찾지 못할 것이로다 … 이는 만물이 주에게서 나오고 주로 말미암고 주에게로 돌아감이라 그에게 영광이 세세에 있을지어다 아멘"롬 11:33,36.

"영원하신 왕 곧 썩지 아니하고 보이지 아니하고 홀로 하나이신 하나님께 존귀와 영광이 영원무궁하도록 있을지어다 아멘"딤전 1:17.

"곧 우리 구주 홀로 하나이신 하나님께 우리 주 예수 그리스도로 말미암아 영광과 위엄과 권력과 권세가 영원 전부터 이제와 영원토록 있을지어다 아멘"유 25.

"죽임을 당하신 어린양은 능력과 부와 지혜와 힘과 존귀와 영광과 찬송을 받으시기에 합당하도다 하더라 … 보좌에 앉으신 이와 어린양에게 찬송과 존귀와 영광과 권능을 세세토록 돌릴지어다 하니"계 5:12-13.

"주 하나님 곧 전능하신 이시여 하시는 일이 크고 놀라우시도다 만국의 왕이시여 주의 길이 의롭고 참되시도다 주여 누가 주의 이름을 두려워하지 아니하며 영화롭게 하지 아니하오리이까 오직 주만 거룩하시니이다 주의 의로우신 일이 나타났으매 만국이 와서 주께 경배하리이다 하더라"계 15:3-4.

하나님을 찬양하는 일은 그리스도인이 마땅히 느껴야 하는 건전한 본능적 충동이다. 「거룩한 길로 나아가라」를 저술한 스코틀랜드의 복음 전도자 호라티우스 보나르는 이렇게 하나님을 찬양한다.

오, 주 하나님! 제 삶의 온 영역을
찬양으로 채워주소서,
그리하여 주님의 존재와 방법을
저의 존재 전체로 선포하게 하소서.

입술로만 찬양하지 않고
마음으로만 찬양하지 않도록,
간구하오니, 삶의 각 영역이
찬양으로 엮이게 하소서.

가장 하찮은 일에도 찬양하고
들어가도 나가도 찬양하며,
아무리 초라하고 보잘것없어도
맡은 일 행동 하나에서 찬양하게 하소서.

삶의 각 부분을 찬양으로 채워주소서,
오, 주님! 제가 연약하고 초라해도
저의 존재로 하여금 주님과 주님의 사랑을
널리 전하게 해주소서.

주님, 심지어 제가, 제가 드리는 찬양을 통해
이렇게까지 영광을 받으시니,
지금부터 이 세상에서
영원히 새 노래를 부르겠나이다.

시의 내용 그대로가 다 사실이다. 구별된 삶을 통해 하나님께 영광을 돌리고 그분을 기쁘시게 하는 인생의 목적을 성취하려면 찬양에서부터 시작해야 한다. 진정으로 거룩한 삶이란 '하나님께 대한 경외와 숭배'라는 토양에 뿌리를 내리고 있다. 만약 다른 토양에서 자라는 것이 있다면 그것은 진정한 거룩함이 아니다. 거룩함을 유지하는 데 찬양이 부족하다고 열심이나 열정, 자기 부정, 훈련, 정통적 관행, 다른 노력 등으로 대체해서는 안 된다.

:: 하나님의 자비에 대한 감사

둘째 반응 : 그리스도인은 하나님의 구원 계획을 통해 그분의 자비에 감사하는 법을 배워야 한다

이 세상의 여러 종교 중 기독교만큼 감사의 필요성을 역설하며 추종자들에게 끈질길 정도로 하나님께 감사하라고 요청하는 종교가 있을까? 아마 없으리라. 시편 기자들은 끊임없이 감사하며 시 35:18 ; 75:1 ;

119:62, 다른 사람들에게 그렇게 하도록 요청한다시 95:2 ; 100:4 ; 105:1 ; 106:1,47 ; 107:1,21 ; 118:1,29 ; 136:1-3,26 ; 147:7. 바울도 계속 찬양하며롬 1:8 ; 6:17 ; 7:25 ; 고전 1:4,14 ; 14:18 ; 15:57 ; 고후 2:14 ; 8:16 ; 9:15 ; 엡 1:16 ; 빌 1:3 ; 골 1:3 ; 살전 1:2 ; 2:13 ; 3:9 ; 살후 2:13 ; 딤전 1:12 ; 딤후 1:3 ; 몬 4, 그리스도인들에게 그렇게 하도록 지시한다엡 5:20 ; 빌 4:6 ; 골 2:7 ; 4:2 ; 살전 5:18.

성경에서는 왜 이렇게 하나님께 감사하며 영광을 돌리라고 강조하는가? 그 이유는 하나님께서 부어주시는 각종 선물과 복이 다른 어떤 신앙을 통해 얻을 수 있는 것보다 훨씬 더 풍성하고 값지며 거룩한 인자하심을 내포하기 때문이다시 69:30 ; 고후 4:15. 성경에서는 이러한 선물과 복이 일상생활에서 겪는 좋은 경험이나 초자연적 구원의 역사인 놀라운 자비의 형태로 주어진다고 말한다.

감사하는 행위가 공허한 형식에 그쳐서는 안 된다. 오히려 그분께서 받으실 만하고 받은 은혜에 감사하는 진정한 마음의 표현이어야 한다. 「영국 국교회 기도서」에서는 일반적으로 감사해야 할 조건을 다음과 같이 열거한다. "하나님의 창조 사역, 보호, 이 세상에서 우리가 받는 모든 복, 특히 구속 사역을 통해 나타난 우리 주님 예수 그리스도의 측량할 수 없는 사랑, 은혜의 여러 수단들, 영광에 대한 소망." 여기서 '측량할 수 없는 사랑'이란 하나님의 구원 계획에 나타난 목록을 뜻한다.

기독교에서 말하는 (아가페) 사랑은 사랑 받는 대상을 위대한 존재로 만든다. 예수 그리스도를 통해 나타난 하나님의 계시를 보면 이를 확인할 수 있다. 그 사랑이 우리를 구원한다. 지옥에 가야 할 죄인들을 사랑한 것이 자비이다. 하나님은 영적 빈곤에 처한 죄인들을 높이 들어올려 용서해주고 회복시켜 고상하게 만드셔서, 양자로 삼아 하나님의 가족이 되게 하셨다. 그런데 이렇게 하기 위해 우리가 아니라 하나님께서 친히 값비싼 대가를 치르셨다. 성경은 이를 분명히 증거한다.

> "하나님이 세상을 이처럼 사랑하사 독생자를 주셨으니 이는 그를 믿는 자마다 멸망하지 않고 영생을 얻게 하려 하심이라"요 3:16.
>
> "우리가 아직 죄인 되었을 때 그리스도께서 우리를 위하여 죽으심으로 하나님께서 우리에 대한 자기의 사랑을 확증하셨느니라"롬 5:8.
>
> "자기 아들을 아끼지 아니하시고 우리 모든 사람을 위하여 내주신 이가 어찌 그 아들과 함께 모든 것을 우리에게 주시지 아니하겠느냐"롬 8:32.
>
> "이는 하나님은 사랑이심이라 하나님의 사랑이 우리에게 이렇게 나타난 바 되었으니 하나님이 자기의 독생자를 세상에 보내심은 그로 말미암아 우리를 살리려 하심이라 사랑은 여기 있으니 우리가 하나님을 사랑한 것이 아니요 하나님이 우리를 사랑하사 우리 죄를 속하기 위하여 화목 제물로 그 아들을 보내셨음이라"요일 4:8-10.

누군가를 어느 정도 사랑하는지를 평가하려면, 그 사람에게 주는 것을 보면 안다. 하나님은 예수 그리스도를 십자가에 내어주시기까지 우리를 사랑하셨고, 영적으로 죽은 자들이 다시 살아나도록 하기 위해 독생자를 죽게 하셨다.

:: 우리의 동기

세속적인 사람들은 이러한 기독교적 동기를 결코 이해하지 못한다. 불신자들에게 "왜, 그리스도인들이 그런 식으로 행동한다고 생각하느냐"라고 질문하면 그들은 "기독교는 언제나 자기중심적인 목적만 추구하기 때문"이라고 대답한다. 그들은 그리스도인들을 만약 신앙생활을 안 할 경우에 거기에 따르는 결과가 두려워 추종하는 사람들(화재보험으로서의 종교), 자신의 목적을 성취하기 위해 도움이나 후원을 받고자 하는 사람들(목발로서의 종교), 일정한 사회적 품위를 유지하고 싶어하는 사람들(고결함의 상징으로서의 종교) 중의 하나로 간주한다. 물론 교회의 구성원들 가운데 이러한 동기를 지닌 사람들이 분명히 있다. 하지만 말馬을 집으로 데려온다고 해서 사람이 될 수 없듯이, 이기적인 동기가 교회에 들어온다고 기독교적인 동기로 바뀌지도 않고, 그러한 동기를 가지고 수행하는 종교적 관습에 대해 '거룩함'이란 용어를 붙일 수도 없다. 나는 하나님의 구원 계획을 통해, 무엇을 얻으려는 태도가 아니라 감사하는 태도야말로 진정한 그리스도인의 삶을 추진하는 원동력이 된다는 원리를 배운다. 이는 진리이고 또 마땅히 그렇게 되어야 한다.

하나님의 구원 계획은 어떤 일이 잘되기를 바라거나, 특별한 그분의 은총을 받아내려거나, 정당한 그분의 진노를 피하려 하거나, 아니면 그분으로부터 어떤 이득을 얻어낼 목적으로 행동해서는 결코 안 된다고 가르친다. 그리고 이러한 행동 중 하나라도 절대 따라하려고 노력할 필요가 없다고 훈계한다. 하나님께서는 영원 전부터 나를 친히 사랑하셔서 십자가를 통해 지옥에서 구해주셨고, 친히 나의 마음을 새롭게 해주시며 믿음을 갖도록 인도하셨다. 더욱이 몸소 주권적 권한을 행사하여 내가 그리스도를 닮아가는 일을 완성할 수 있도록 헌신적으로 도와주실 뿐 아니라 흠 없이 영광스러운 모습으로 그분 앞에 영원히 설 수 있도록 지켜주신다. 이러한 절대적인 사랑이 나를 인도하여 영광의 세계로 들어서게 하는 임무를 수행한다면 내가 어떤 반응을 보여야 할까? 감사하는 마음이 넘쳐 그것을 언어와 행동으로 표현하고, 사랑의 열정이 삶에서 저절로 흘러넘쳐야 마땅하다고 생각한다. 이러한 반응이 나타날 때까지 하나님의 구원 계획이 보여주는 놀라운 자비를 마음에 품고 곰곰이 생각한다면 내가 얼마나 지혜로운 사람이 될까!

언젠가 십대 아이들에게 가르쳤던 시 한 편이 떠오른다. 이 시는 주님의 자비에 대한 반응이 어느 정도여야 하는지를 가르쳐준다.

나의 영혼이 구원 받도록 일하지는 않을 거예요.

그 일은 주님이 하셨으니까요.

차라리 그냥 노예처럼 일하고 싶어요.

하나님의 독생자의 사랑을 생각하면서요.

바울은 로마서 12장에서 우리의 반응이 이 정도는 되어야 한다는 점을 분명히 한다. 그는 이미 역사적인 그리스도의 대속 사건과 관련된롬 3:21-26 하나님의 의, 영원한 선택롬 8:29-39, 개인적 부르심, 언약 공동체 안에서 유대인과 이방인이 차지하는 위치롬 9:1-11:36에 대해 공언한 바 있다. (여기서 '하나님의 의'란 죄인을 영원히 옳다고 인정해주시는 하나님의 선언롬 1:17 ; 3:21 ; 10:3을 의미하며, '개인적 부르심'이란 믿음을 불러일으키는 소명롬 1:6 ; 8:28-30 ; 9:24을 뜻한다.) 그리고 이제 독자들에게 반응을 촉구한다. "그러므로 형제들아 내가 하나님의 모든 '자비하심'으로 너희를 권하노니 너희 '몸'자아 전체을 하나님이 기뻐하시는 거룩한 산 제물로 드리라 이는 너희가 드릴 영적 예배니라"롬 12:1.

사도 바울은 그리스도인들이 하나님의 사랑과 은혜와 자비를 제대로 이해했다면, 당연히 감동을 받아 구별된 삶을 살아야 한다고 주장한다. 자비로운 주권적인 구원 사역으로 하나님은 몸소 끔찍한 대가를 치르면서도 자격 없는 비참한 죄인들을 용서하고 받아주며 높여주신다. 하나님의 '사랑'과 '은혜'와 '자비'란 용어는 어감상 약간의 차이가 있다. 이들 모두 하나님께서 복을 주시기 위해 다가간다는 면에서는 동일하지만 대상이 달라진다.

'사랑'이란 하나님께서 보시기에 그분에 대해 아무 권리가 없는 대상, '은혜'란 그분의 배척 받을 만한 대상, '자비'란 그분께서 보실 때 매우 비참한 대상에게 복을 베푸는 행위를 의미한다. 그러하기에 '사랑'은 하나님께서 스스로 결정하시는 자유, '은혜'는 스스로 불러일으키시는 호의, '자비'는 그분의 동정적인 친절한 행동을 각각 암시한다. 바울은 지금까지 로마서 9장 15-18절과 11장 30-32절을 통해 죄인에 대한 하나님의 주권적 자비에 대해 숙고한 후, 실제적으로 독자들에게 촉구한다.

"당신이 삶에서 하나님의 자비를 깨달았다면 마땅히 감사하는 행동으로 이를 표현해야 한다. 그분께 철저히 헌신하라. 여기서 철저함이란 거룩한 삶을 의미한다. 거룩함이란 하나님께서 당신을 위해 자신의 모든 것을 이미 주셨고 지금도 주시며 앞으로 주실 것처럼, 당신도 그분을 위해 전부를 바치라는 뜻이다. 이 철저한 헌신이 그분에 대한 당신의 감사와 애정을 표현하여, 결국 그분을 기쁘시게 할 것이다. 완전한 헌신이야말로 당신이 그분께 드리는, 성령님이 가르쳐 주시고 가능케 하시는 진정한 예배의 본질이다."

하나님의 초월적 위대하심을 기리는 찬양이 거룩함의 송영(頌榮)적 근거라면, 그분의 은혜에 대해 인간이 할 수 있는 온갖 방법을 총동원하여 일평생 감사를 표현하는 행위야말로 거룩함의 신앙적 근거이다. 다른 관점이나 기준에서 아무리 고상하게 보인다 해도, 철저한 헌신에서 우러나오지 않는 어떤 것도 거룩함에 어울리지 않기 때문에 이러한 요소들이 삶의 질서에 영향을 미치게 해서는 안 된다.

따라서 청교도들이 말했듯이 "거룩함의 핵심은 마음이 거룩해지는 것이다"라는 금언은 진리이다. 하나님의 은혜에 대해 지속적으로 감사하는 마음을 갖는 것이 그분을 기쁘시게 하는 거룩한 제사이다. 하나님은 매일 감사를 표현할 방도를 찾는 데 인생의 목표를 두는 그리스도인을 흐뭇해하신다. 감사하는 성도는 하나님을 향해, 하나님을 통해, 하나님을 위해 삶을 영위하며 시편 기자처럼 끊임없이 "내게 주신 모든 은혜를 내가 여호와께 무엇으로 보답할까?"시 116:12라고 묻는다. 스코틀랜드의 성자 맥체인이 바로 이러한 인물에 해당한다. 그는 다음의 시를 남겼다.

> 내가 선하여 택함 받은 것이 아니고
> 진노로부터 피하라고 깨워주셨네.
> 구세주의 품에 숨겨주시고
> 성령님께서 성화시켜 주셨네.
> 주님! 이제 가르쳐 주소서,
> 저의 사랑을 통해
> 제가 얼마나 빚진 자인가를 보여줄 수 있도록.

나는 이러한 그리스도인이 되기를 원한다.

:: 하나님의 영광을 열망함

셋째 반응 : 그리스도인은 하나님의 구원 계획을 통해 구세주의 영광을 열망하는 법을 배워야 한다

우리는 흔히 구원 계획에 나타난 하나님의 목표에 대해, 우리를 구원하여 높임으로써 결국 하나님을 높여 스스로 찬양 받는 것이라고 이야기한다. 물론 맞는 말이다. 그러나 신약성경에서는 한 걸음 더 나아가 성부 하나님께서 의도하신 최고의 목표는, 성육신하여 우리의 주님이 되신 예수 그리스도를 높이기 위함이라고 서술한다. 하나님의 제2위격인 성자 하나님은 창조와 섭리와 은혜 사역에서 과거는 물론 지금까지 아버지의 일을 수행하신다. 그분은 중재자로서 하나님의 인자하심과 자비가 그분으로부터 인류에게 항상 흐르게 하신다. 신약성경은 예수님의 삶과 죽음과 부활과 보좌에 오르신 사건을 세계 역사의 중심으로 간주한다. 이는 마치 그분의 보좌 자체가 천국의 중심이 되는 것계 4-5장과 같다. 하나님께서 독생자를 사랑하셔서 삼위일체의 영원한 교제 속에서 그분을 영화롭게 하심으로써 자신의 사랑을 표현하였듯이, 이제는 예수님을 중심축으로 한 구원 사역을 완성하심으로써 "모든 사람으로 아버지를 공경하는 것같이 아들을 공경하게"요 5:23

하려고 의도하신다.

하나님께서는 인간의 죄를 대속하기 위해 값비싼 대가를 치르며 완벽하게 순종한 성자의 노고를 인정하여 그분을 지극히 높이셨다.

"이러므로 하나님이 그를 지극히 높여 모든 이름 위에 뛰어난 이름을 주사 하늘에 있는 자들과 땅에 있는 자들과 땅 아래에 있는 자들로 모든 무릎을 예수의 이름에 꿇게 하시고 모든 입으로 예수 그리스도를 주라 시인하여 하나님 아버지께 영광을 돌리게 하셨느니라"빌 2:9-11.

신약성경에 나오는 골로새 교회의 교인들은 예수님 주변에 있는 천사들을 숭배해야 한다는 그릇된 가르침을 듣고 있었는데, 바울은 성부 하나님의 계획에 대해 상세히 설명하며 하나님께서 "자신이 사랑하는 아들"골 1:13을 모든 면에서 최고의 지위로 올리셨다고 단언한다.

"만물이 그에게서 창조되되 하늘과 땅에서 보이는 것들과 보이지 않는 것들과 혹은 왕권들이나 주권들이나 통치자들이나 권세들이나 만물이 다 그로 말미암고 그를 위하여 창조되었고 또한 그가 만물보다 먼저 계시고 만물이 그 안에 함께 섰느니라 그는 몸인 교회의 머리시라 그가 근본이시요 죽은 자들 가운데서 먼저 나신 이시니 이는 친히 만물의 으뜸이 되려 하심이요 아버지께서는 모든 충만으로 예수 안에 거하게 하시고 그의 십자가의 피로 화평을 이루사 만물 곧 땅에 있는 것들이나 하늘에 있는 것들이 그로 말미암아 자기와 화목하게 되기를 기뻐하심이라"골 1:16-20.

"우리가 그를 전파하여 각 사람을 권하고 모든 지혜로 각 사람을 가르침은 각 사람을 그리스도 안에서 완전한 자로 세우려 함이니 … 그 안에는 지혜와 지식의 모든 보화가 감추어져 있느니라"골 1:28 ; 2:3.

"그 안에는 신성의 모든 충만이 육체로 거하시고 너희도 그 안에서 충만하여졌으니 그는 모든 통치자와 권세의 머리시라"골 2:9-10.

"이는 너희가 죽었고 너희 생명이 그리스도와 함께 하나님 안에 감추어졌음이라 우리 생명이신 그리스도께서 나타나실 그때 너희도 그와 함께 영광 중에 나타나리라"골 3:3-4.

"옛 사람과 그 행위를 벗어버리고 새 사람을 입었으니 이는 자기를 창조하신 이의 형상을 따라 지식에까지 새롭게 하심을 입은 자니라 거기에는 헬라인이나 유대인이나 할례파나 무할례파나 야만인이나 스구디아인이나 종이나 자유인이 차별이 있을 수 없나니 오직 그리스도는 만유시요 만유 안에 계시니라"골 3:9-11.

"그리스도의 평강이 너희 마음을 주장하게 하라 … 그리스도의 말씀이 너희 속에 풍성히 거하여 … 또 무엇을 하든지 말에나 일에나 다 주 예수의 이름으로 하고 그를 힘입어 하나님 아버지께 감사하라"골 3:15-17.

위에서 인용한 구절들이 골로새서의 뼈대를 형성하는데, 예수 그리스도가 구원 계획의 중심이고 최고의 존재라는 진리를 입증한다. 신약성경의 모든 책들이 분량에 관계없이 이 진리를 선포한다. 나는 여기서 요한계시록을 예로 들어 설명하겠다.

요한계시록은 먼저 환상 속에 나타난 그리스도의 영광스러운 모습과 일곱 교회를 향한 개인적인 편지를 기록한 후에1-3장, 예수 그리스도를 죽임 당한 어린양의 형태로 나타난 유다 지파의 사자, 구원자와 역사의 주인으로서 보좌에 앉으신 분으로 서술하며5장 계속 찬양한다. 후반부에서는 만물을 정복하며 다스리는 하나님의 말씀으로서의 "만왕의 왕 만주의 주"19:16로 어린양을 묘사한다. 이 책은 그리스도께서 친히 만물의 주인으로서 다음과 같이 선언하시는 장면으로 막을 내린다. 마치 첫 부분 1-3장에서 말씀하시던 모습과 유사하다.

> "보라 내가 속히 오리니 내가 줄 상이 내게 있어 각 사람에게 그가 행한 대로 갚아주리라 나는 알파와 오메가요 처음과 마지막이요 시작과 마침이라 … 나 예수는 교회들을 위하여 내 사자를 보내어 이것들을 너희에게 증언하게 하였노라 나는 다윗의 뿌리요 자손이니 곧 광명한 새벽별이라 하시더라"계 22:12-13,16.

나의 구원은 처음부터 끝까지 예수 그리스도를 통해서, 그분 안인격적 친교에서 이루어진다. 성부 하나님께서는 이러한 방식으로 계획하셔서 영원한 아들 성자 그리스도를 영화롭게 하시고 만물이 그분을 찬양하게 만드셨다. 이제 선택하시고 구속하시며 중생케 하시고 의롭게 하시는 하나님의 자비가 그리스도 안에서 나의 소유가 되었다엡 1:4,7 ; 2:4-10 ; 갈 2:17.

나는 그리스도와 함께 죽었고, 하나님께서는 내가 포기한 과거의 생활방식이 내 안에서 완전히 소멸되도록 해주셨다. 이제 성령님을 통해서 그리스도의 부활의 생명을 공유할 수 있도록 허락받았다. 그래서 나의 겉모습은 과거와 변함 없지만 내적인 모습은 완전히 달라진 새 사람이 되었다롬 6:2-11 ; 7:4-6 ; 갈 2:20 ; 엡 4:20-24 ; 골 2:11-13,20 ; 3:1-4 ; 9-11. 그러므로 이제 삶의 전 영역에서 그리스도를 신뢰하고 그분께 복종하며 그분을 사랑하고 그분을 높이며 그분을 예배하고 그분으로부터 능력을 공급받으며고후 12:9 ; 빌 4:13 ; 골 1:11 ; 딤전 1:12 ; 딤후 4:17 그분 안에서 기뻐하고빌 3:1 ; 4:4 그분께 감사하며 그분 안에 '그대로' 머물고요 15:4-7 나를 본향으로 데려가기 위해 다시 오실 그날을 소망하며 고대하는요 14:1-3 ; 빌 1:23 ; 고후 5:6-8 일이 내가 해야 할 과업이다. 그리스도께서는 자신의 제자를 '친구'라고 부르셨다요 15:15. 세계를 다스리시는 하나님께서 나의 친구라는 엄청난 특권에 대해 나는 감사해야 한다. 할 수 있는 방법을 총동원하여 그분을 영화롭게 하고 공경해야 한다.

그렇다고 성자 하나님께만 초점을 맞춰 성부 하나님이나 성령 하나님을 잊거나 무시해서는 안 된다. 만약 그렇게 된다면 소위 '예수 숭배자'로 전락할지 모른다. (예수 숭배자란 성경에서 제시하는 방법과 다르게 예수를 숭배하는 사람들을 지칭한다.) 마찬가지로 성부 하나님이나 성령님께 너무 심취한 나머지 예수 그리스도의 독특한 영광이 영적 시야의 한복판에서 사라지게 해서도 안 된다. 성부 하나님이나 성령님도 이것을 원치 않으신다요 5:23 ; 16:14. 이 두 가지 실수가 과거에 많이 저질러졌고 지금도 일부 사람들에 의해 자행되고 있다. 나는 이러한 함정에 빠지지 않으려고 노력해야 한다. 그렇지 않으면 나의 하나님을 슬프게 만들 뿐 아니라 나의 영혼까지 굶어죽게 한다.

:: 구원과 거룩함

그리스도를 높이는 일이 우리의 지속적인 관심사가 되어야 한다. 예배와 경배와 증거를 통해 삼위일체 하나님을 높이고 그리스도를 초점에 두어야 한다. 여기서 실패한다면 거룩함을 추구하는 좁은 길에서 이탈한다. 우리의 주님 예수님을 영화롭게 하는 일이 거룩함을 가능케 하고, 헌신하게 만드는 기반이 되며, 이것을 토대로 신중하고 열정적이며 매일 새로워지는 헌신의 삶을 영위하게 된다. 그리스도를 추구하고 중심에 두며 섬기고 경외하는 마음이 없으면 거룩함이란 불가능하다. 하나님은 우리가 이러한 마음자세로 끝까지 유지하기를 원하신다.

그러면 어떻게 가능할까? 실천하기는 어렵지만 말로 설명하기는 정말 쉽다! 제일 먼저 십자가를 자주 생각하라고 권하고 싶다. 찰스 웨슬리는 십자가에 대해 이렇게 노래한다.

> 모른 체하고 지나치는 그대들이여, 그분을 보라,
> 피를 흘리는 생명의 주, 평화의 왕을!
> 죄인들아, 와보라, 너희의 조물주가 죽어간다.
> 그리고 말하라, 얼마나 슬펐을까를!
> 와서 피의 능력을 함께 느끼자.
> 나의 주님, 나의 사랑이, 십자가에 못 박혔다.
>
> 이제 우리 십자가 밑에 앉아
> 치료하는 보혈의 흐름에 기쁘게 적셔보자,
> 그분께는 만물이 찌꺼기 같으니
> 온 마음을 그분께 드리자.
> 또한 말과 생각도 접어두자.
> 나의 주님, 나의 사랑이, 십자가에 못 박혔다.

십자가 묵상 다음으로 영혼을 지속적으로 사복음서에 적셔보라고 권유하고 싶다. 거기에는 예수님의 장엄하고 아름다운 모습이 투사되어 우리를 흥분시킨다. (지금보다 더 자주 복음서를 대한다면 많은 유익을 얻게 되리라.)

또한 하나님께서 친히 비치해주신 찬송가, 즉 시편과 함께 다른 좋은 찬송시들을 애용하라고 충고하고 싶다. 찬송가는 적어도 절반 정도가 예수님의 사랑을 명쾌하게 노래하거나 찬양하는 내용을 담고 있다. 기도할 때 이러한 시들을 인용하며 직물을 짜듯이 엮어나가면 마음이 원하는 방향으로 움직인다. 위대한 시인들이 쓴 시를 사랑하라. 특히 웨슬리 형제존 웨슬리와 찰스 웨슬리, 아이작 왓츠, 존 뉴턴'나 같은 죄인 살리신' 찬송가의 작사자의 시는 큰 유익을 준다. 훌륭한 찬송시를 통해 그리스도의 영광을 열망하는 마음이 생기는데, 이것이 거룩함에 이르도록 도와주는 최고의 수단 중의 하나이다.

:: 하나님의 자녀로서 자연스럽게 살라

넷째 반응 : 그리스도인은 하나님의 구원 계획을 통해 자연스럽게 살아가는 법을 배워야 한다

도대체 자연스럽게 살아간다는 말은 무슨 뜻일까? 언젠가 대학 동창 모임을 갖던 중, 함께 즐길 만한 관심사가 있으면 같이 배우자는 의견이 나와 모두 동의하였다. 한 친구가 우리에게 워십댄스를 가르쳐주겠다고 제안하였다. 그 친구는 우리를 바닥에 앉히더니 음악이 나오면 어떤 식으로든 가장 자연스럽게 몸을 흔들어 보라고 주문하였다. 곧 음악이 시작되자 몸을 꿈틀거리고 뒤트는 동작들이 여기저기

서 연출되었다. 마치 마법사의 피리소리에 맞춰 뱀들이 꿈틀거리며 바구니에서 기어나오는 듯했다. 나만 빼고 모두 제정신이 아니었다.

그런데 어찌 된 일인지 나는 음악을 들어도 아무런 충동이 느껴지지 않았다. 그래서 그냥 어떤 움직임 없이 앉아 있었다. 마치 사무엘 코울리지의 시 '늙은 뱃사람의 노래'에 등장하는 결혼식 하객이 늙은 뱃사람에게 붙잡혀 최면에 걸린 듯, 바닷새 신천옹 이야기를 묵묵히 들었던 것처럼 그렇게 가만히 있었다.

나는 초등학교 시절 학교에서 음악에 맞춰 행진을 하거나 의자 주변을 돌아다니는 게임을 아주 싫어했다. 가만히 앉아 차분하게 음악을 감상하면 될 것을 왜 그러는지 도무지 이해가 안 되었다. 성인이 되어서도 음악에 맞춰 춤을 추는 광경을 볼 때마다 언제나 음악을 모독한다는 생각이 들었다. 아무튼 나는 진열장의 마네킹처럼 친구들의 모습을 우울하게 바라보고만 있었다. 친구들이 허리를 흔들고 박수를 치다가 일어나 껑충껑충 뛰며 야단법석을 떠는 동안에도 그냥 자리에 앉아 있었다. 그렇다고 워십댄스를 가르쳐 주겠다고 나선 친구를 경멸하듯 바라보거나 그를 따라하는 친구들의 행동을 비웃었겠는가? 전혀 그렇지 않았다. 나의 아내는 춤추기를 좋아하는데, 이런 나의 모습을 볼 때마다 너무 부자연스럽다고 나무라곤 한다. 하지만 나는 충동에 따라 아주 자연스럽게 행동한 것인데 어떻게 하란 말인가?

'자연스럽다는 것'은 상대방이 요구하는 대로 행동하는 것도 아니고, 다른 사람의 행동을 따라하는 것도 아니다. 자신의 내적 본성이 자극하는 대로 반응을 보이는 것, 이것이 자연스러운 행동이다. 그렇다면 하나님의 자녀들에게는 어떤 행동이 자연스러울까?

그리스도인의 본성

사람들은 흔히 그리스도인에게 두 본성이 있는데, 하나는 낡은 본성이고 다른 하나는 새로운 본성이라고 말한다. 따라서 낡은 본성의 요구는 계속 무시하고 새로운 본성의 요구만 따라야 한다고 말한다. 때때로 이러한 상황을 두 마리의 개를 키우는 것에 비유하며 한 마리는 굶기고 다른 한 마리에게만 먹이를 주어야 한다고 주장한다. 많은 신앙인들이 이렇게 알고 있다. 그런데 사실은 틀린 말이다. 이 말은 우리가 죄를 짓지 않고 거룩하게 살도록 부르심을 받았다는 진리를 상기시켜 주지 않는다. 오히려 성경이나 우리의 삶에 비추어 보았을 때 '본성'에 대한 개념이 잘못되었다롬 2:14; 엡 2:3.

본성이란 인간 본래의 모습이고, 원래부터 있는 고유한 모습은 삶에서 다양한 행동을 통해 드러난다. 따라서 두 본성을 가정한다는 것 자체가 현실적으로 가능하지도 않고 또 우리를 당황케 한다. 실제로 그리스도인인 내 속에서 일어나는 일과 비교해 보아도 말이 안 된다. (만약 우리 안에 두 본성이 있다면, 두 욕망이 서로 다르기 때문에 이 중 내가 어떤 하나를 선택하기 전까지는 그것이 나를 제어하지 못한다는 말이 된다.)

우리는 원래 죄인으로 태어나 처음부터 죄의 지배를 받으며 살아

왔다. 비록 의식하지 못하는 경우가 많지만 자기의 유익만 추구하고 제멋대로 살며 자신을 신격화하려는 동기와 욕망으로 가득 차 있다. 하지만 거듭나게 하는 성령님의 능력으로 새롭게 창조되어 예수님과 연합하면 우리의 본성이 변한다. 마음 가장 깊숙한 곳에 자리를 잡고 우리를 통제하여 어떤 행동을 하게 하던 지배적인 욕구와 열정이 예수님의 욕구를 모방하여 닮는다. 이 모방이 비록 희미하기는 하지만 분명히 존재한다. 이 욕망은 하나님에 대해 다양한 측면과 여러 층을 지니고 있는데, 지금까지 그분에 대해 알았던 것보다 더 많은 것들을 알고 싶어한다. 그 마음은 하늘에 계신 아버지를 알고 신뢰하며 사랑하고 순종하며 섬기고 존경하며 영화롭게 하고 기뻐하며 그분 안에서 즐기고 싶어하는 욕망이다.

예수님 안에 있던 욕구의 초점은 아버지 하나님이었다. 반면 그리스도인 안에 있는 욕구의 초점은 성부 하나님과 성자 예수님이다. (물론 여기서 예수님이 더 부각된다.) 그러나 욕망의 본성은 동일하다. 그러하기에 그리스도인에게 자연스러운 삶은 이 욕망이 스스로 알아서 결정하고 통제하도록 놓아두면 된다. 이렇게 되면 주님을 사랑하고 알아가며 찾으려는 갈망을 충족시키게 되고, 이 힘이 삶을 추진하는 원동력이 된다.

18세기 영국 복음주의 운동의 기수였던 어거스터스 톱래디는 다음과 같이 노래하였다.

나의 욕망의 최고의 목표는
날 위해 십자가를 지닌 예수님이라네.
행복해지기 위해 원하는 전부는
그분 안에서 발견되는 것뿐이라네.
주님을 알고 찬미하니
이 땅에서 누리는 최고의 복이라.
주님을 뵙고 사랑하는 것
위에서 누릴 최고의 복 되리.

나를 향한 주님의 사랑을 느끼니
온통 기쁨으로 충만하고,
감히 주님과 항상 동행하니
불순물이 없는 더없는 행복이라네.
행복의 총체여!
오직, 주님만 소유하게 하소서.
그래서 완벽한 평화를 확인하게 하소서,
아래도 천국이요 위에도 천국임을.

 위의 시에서도 나타나듯이, 거룩한 제자도의 삶을 실천하며 그리스도와 동행하는 삶이 그리스도인의 마음이 진실로 갈망하는 모습이다. 우리 안에 깃들어 있는 죄의 충동을 따르는 성향이나 행동은 결코 우리 마음이 원하는 바가 아니다. 왜냐하면 죄를 짓는 것은 그리스도인에게 전적으로 부자연스러운 행동이기 때문이다. (죄가 그리스도인의 마음을 더 이상 지배하지는 못한다 해도, 언제나 그리스도인의 마음과 생각 속으로 침투한다는 점은 부인하지 못한다.)

그렇다면 왜 우리는 늘 죄를 짓는가? 습관적으로 짓는 죄뿐 아니라 남에게 피해를 주면서까지 말이다. 몇 가지 확실한 이유를 들자면 첫째로, 우리가 하나님이 원하시는 기준이 무엇인지를 제대로 깨닫지 못하여 죄의 실체를 파악하지 못하기 때문이다. 둘째로, 끈질긴 유혹의 손길에 넘어가기 때문이다. 죄를 지어서도 안 되고 그렇게 할 필요가 없다는 사실을 알면서도 유혹에 빠져서는 안 된다. 셋째로, 유혹에 넘어가도록 우리 스스로를 방치하기 때문이다. 이런저런 과도한 욕구에 빠지는 것이 우리가 진정으로 원하는 것인 양 착각하지 말아야 한다. 먹을 것, 마실 것, 쾌락, 안락, 이익, 승진 등을 무절제하게 탐하는 행위는 절대 그리스도인의 본성이 원하는 것이 아니다.

그리스도인들은 내면의 음성을 제대로 듣지 못하는 듯하다. 그들은 자신에 대해 잘 알지 못한다. 만약 안다면, 이제 본성이 변했기 때문에 그들의 마음이 죄를 싫어한다는 사실을 인정해야 한다. 그런데도 세속적인 암흑 속에서 살아가기를 고집하며, 이러한 행동 패턴이 삶에 즐거움을 줄 것이라는 착각에 빠진다. 그들은 현혹의 대가인 사탄의 꼬임에 빠져 세상적 즐거움을 포기하면 굉장히 괴롭고 삶이 빈약하게 될 것이라고 착각하며 끊어야 할 줄 알면서도 실천에 옮기지 못한다. 오히려 그리스도인으로서 표준 이하의 삶을 영위하면서도 그런 식으로 살면 더 행복해진다고 상상한다. 그러면서도 생활의 모든 영역이 따분하고 공허하게 되었다고 투덜거리며 그 이유를 알고 싶다고 말한다.

실상 그들은 아주 부자연스럽게 행동하며 새롭게 된 그들의 본성을 억누르고 있다. 그들은 자신의 본성이 좋아한다고 상상하는 일을 하지만 실제로는 변화된 본성이 지극히 싫어하는 일을 하는 셈이다. 만약 그들의 본성이 말할 수 있다면, 그러한 행동이 하나님 앞에서 수치스럽고 죄가 될 뿐 아니라, 더 근본적으로는 그런 행동 자체가 변화된 심성에 혐오감을 불러일으킨다고 외칠 것이다. (거듭난 심령은 하나님께서 싫어하신다고 알고 있는 일은 절대 하지 않는다.) 따라서 이러한 그리스도인들은 부자연스럽게 행동하고 내적 본성이 거부감을 느끼는 활동에 심취한다. 그러한 행동은 언제나 슬픔과 긴장과 불만을 야기한다.

반역

아주 고전적인 기독교 용어인 '반역'은 구약성경 예레미야서에서 반복하여 등장한다렘 2:19 ; 3:22 ; 5:6 ; 14:7 ; 15:6. 하나님께서는 선지자를 통해 말씀하신다. "네 악이 너를 징계하겠고 네 반역이 너를 책망할 것이라 그런즉 네 하나님 여호와를 버림과 네 속에 나를 경외함이 없는 것이 악이요 고통인 줄 알라 주 만군의 여호와의 말씀이니라"렘 2:19.

약 300년 전에 살았던 인물로, 청교도이며 성경주석가인 매튜 헨리는 이 구절을 다음과 같이 해설한다.

여기서 몇 가지를 짚고 넘어가자.

⑴ 죄의 본성 : 죄란 여호와 우리 하나님을 저버리는 것으로, 영혼이 하나님으로부터 소외되며 그분을 혐오하는 것이다. 죄에 집착하면 하나님과 멀어진다.

⑵ 죄의 원인 : 죄는 우리 안에 하나님을 두려워하는 마음이 없기 때문에 생긴다. 사람들은 그분을 두려워하지도 않고 그분이 불쾌하게 생각하는 것에 대해서도 전혀 무서워하지 않기 때문에 그분에 대한 의무를 내팽개친다.

⑶ 죄의 사악성 : 죄는 악하고 쓰라리다. 또한 사악하며 온갖 악의 뿌리와 원인이 된다. 그것은 하나님의 본성과 가장 상반될 뿐 아니라 인간의 본성 중에서 가장 부패한 부분이다.

⑷ 죄의 치명적 결과 : 죄는 그 자체가 악하고 쓰라리듯이, 우리를 비참하게 만드는 데 강력한 영향을 미친다. 죄가 당신에게 확실히 고통을 안겨주고 반드시 형벌을 동반하기 때문에 당신은 죄로 인해 징계를 받았다고 말하게 되리라. 더욱이 그 형벌의 정당함이 너무나 명백하기 때문에 어떠한 변명도 할 수 없으리라.

⑸ 적용 : 그러므로 이것을 보고 알라. 그리고 죄를 회개하라. 그리하면 징계로 인한 파멸을 면할 것이다.

하나님께 반역하는 부자연스러운 행동은 언제나 피해야 한다. 만약 그렇게 하지 못하면 하늘 아버지께서 분노하여 우리를 징계해서라도 잘못을 바로잡으려고 시도하신다. 반역의 정도가 지나쳐 어느 단계에 도달하면 쓰라리고 비참한 결말을 피할 수 없게 된다히 12:5-10. 다른 영역에서도 그렇지만 특히 그리스도인의 삶에서 죄는 당사자를 혼미케 하여 황폐하게 하고 자멸케 하는 속성을 지닌다. 이 사실을 깨닫고 할 수 있는 한 최선을 다해 전심으로 서둘러 명령을 지키고, 하나님께서 부르신 소명의 길을 따라 질주해야 한다. 이것이 거룩이 나아갈 방향의 근거가 된다. 이렇게 사는 삶이 신앙인에게 가장 자연스럽다. 따라서 이러한 태도로 살아가는 신자는 다른 사람들이 누릴 수 없는 참된 행복과 마음의 평화를 지금 이 세상에서 만끽한다.

즐거운 성결의 삶

신자들이 추구하는 거룩한 삶과 관련하여 한 가지 역설적인 진리는 거룩한 삶이란 본질적으로 행복의 연속이라는 점이다. 이 점이 비신자들을 얼떨떨하게 만든다. 예수님은 성경에서 제자도와 관련하여 설명하실 때, 제자들은 세상에서 때로 빼앗기고 박탈당한다는 인상을 주셨다. 그분은 제자들이 자기를 부인하고 십자가를 지며 재산과 안전을 포기하고 가난하게 살며 핍박을 받아야 한다고 말씀하셨다. 이것만 보면 신앙생활이 비참하고 지루할 것 같은데 실은 정반대이다. 거룩한 삶이란 우울하게 자기를 희생하는 생활이 아니다. 이는 성경에 나오는 바리새인의 외식적인 태도가 거룩하지 않은 것과 마찬가지이다.

　진정으로 거룩한 삶은 마음에서 가장 자연스럽게 우러나오고, 마음이 원하는 바를 그대로 따라가며 기도하는 가운데 이루어지기 때문에 아주 즐겁게 나타난다. 하나님을 찬양하고 사랑하고 섬기며 그분의 말씀을 실천하는 일을 생각해보면 된다. 세속적인 사람들에게 자연스러움이 하나님을 무시하는 방종의 형태로 나타난다면, 그리스도인에게 자연스러움은 성경적 거룩함의 형태로 나타난다. 이것이 하나님의 구원 계획을 통해 내가 배워야 하는 또 하나의 진리이다. 그러하기에 이를 머리에 담고 마음으로 실천해 나가야 한다.

　지금까지 하나님의 구원 계획을 통해 우리가 배워야 하는 여러 교훈을 살펴보았다. 요약하면 첫째, 하나님의 위대하심에 대해 경외감을 느껴야 하고 둘째, 우리를 구원하신 그분의 은혜에 감사해야 하며 셋째, 찬송가에서도 언급하듯이 예수님을 "나의 구세주, 나의 친구"로 삼아 그분을 높이려는 열망을 가져야 하고 넷째, 거듭난 심령에서 우러나오는 자연스러운 욕구에 따라 전심으로 하나님을 추구하며 거룩하게 살아야 한다. 이것이 거룩한 삶을 떠받치고 있는 네 토대이다. '그리스도와 함께하는 성결학교'에서 배워야 하는 기본적인 교육 내용이 바로 이것이다. 이러한 내용은 우리의 기억 속에서 쉽게 잊혀진다. 하지만 아주 기본이 되기 때문에 계속 반복해야 한다. 이것을 기초로 논의를 진행시키지 않으면 안 된다. 하나님이 원하시는 만큼 거룩하게 살기 위해서는 아직도 배워야 할 내용이 많다. 그러므로 이 토대 위에서 시작해보자! 당신이 여기까지 잘 따라왔는지 모르겠다. 아무쪼록 그렇게 되었기를 바라고 이제 다음 단계로 이동하자.

Chapter 4

거룩함
: 전체적인 조망

"여호와는 나의 분깃이시니 나는 주의 말씀을 지키리라 하였나이다
내가 전심으로 주께 간구하였사오니 주의 말씀대로 내게 은혜를 베푸소서
내가 내 행위를 생각하고 주의 증거들을 향하여 내 발길을 돌이켰사오며
주의 계명들을 지키기에 신속히 하고 지체하지 아니하였나이다" 시 119:57-60

"나는 마음이 온유하고 겸손하니 나의 멍에를 메고 내게 배우라
그리하면 너희 마음이 쉼을 얻으리니 이는 내 멍에는 쉽고
내 짐은 가벼움이라 하시니라" 마 11:29-30

"평강의 하나님이 친히 너희를 온전히 거룩하게 하시고
또 너희의 온 영과 혼과 몸이 우리 주 예수 그리스도께서 강림하실 때
흠 없게 보전되기를 원하노라 너희를 부르시는 이는 미쁘시니
그가 또한 이루시리라" 살전 5:23-24

REDISCOVERING
우리는 어떻게 거룩한 삶을 살 수 있는가
HOLINESS

:: 파노라마를 펼치며

산길의 정점을 향해 오르는 산행은 인생에서 누릴 수 있는 멋진 경험 중의 하나이다. 위를 향해 터벅터벅 걷다보면, 마치 꼬불꼬불한 산길이 우리를 쥐어짜듯 눈앞에 달려들고 어느새 산허리가 곁에 바싹 다가선다. 마침내 정점에 도달하면 기막힌 장관이 눈앞에 펼쳐진다. (만약 두어 걸음만 더 나가면 불상사가 벌어질 상황이다.) 이제 당신은 걸음을 멈추고 앞을 응시한다. 아마 헐떡거릴지도 모른다. 분명히 흥분하며 바라보리라.

영국 웨일스 북부 지역에 이런 장소 두세 곳이 있는데, 가보면 절대 실망하지 않는다. 그런데 다른 나라 어디를 가더라도 이러한 산길은 많이 있기에, 당신도 이와 유사한 경험을 했으리라 믿는다. 벅찬

숨을 가다듬고 가만히 서서 경치에 흠뻑 빠져 고개를 돌리고 눈동자를 굴려가며 보이는 광경이 전부인지를 확인하고 싶어하리라. 이 순간에 느끼는 기쁨은 다음 장소로 이동할 때 새로운 힘을 공급한다.

나와 함께 힘들게 여기까지 동행한 당신에게 들려주고 싶은 좋은 소식은 드디어 우리가 산길의 정점에 도달했다는 사실이다. 이제 '거룩함'이라는 경치가 우리의 시야에 펼쳐진다.

이 책의 남은 부분에서 내가 해야 할 임무는, 이 파노라마의 특정한 부분들을 당신이 더 선명하게 볼 수 있도록 초점을 맞추어 적어도 윤곽을 잡을 수 있도록 도와주는 일이다. 그런데 분명히 어떤 부분은 지금 우리가 서 있는 지점에서 상당히 멀리 떨어져 있다. 쌍안경과 같은 보조 도구가 있어야 자세한 관찰이 가능하다. 하지만 걱정할 필요는 없다. 나의 아내는 열성적인 조류 관찰자인데 멀리 있는 새를 자세히 보려 할 때마다 언제나 쌍안경을 이용한다. 그리고 기쁜 마음으로 그것을 내게 건네주며 조류를 자세히 관찰할 수 있는 기회를 준다. 지금부터 거룩함에 대해 설명하면서 내가 이 역할을 담당하고 싶다. 당신은 내가 건네주는 쌍안경을 받아들고 내가 보라고 알려주는 특정한 부분들을 살펴보며 마음으로 받아들이면 된다.

기본 진리들

우선 우리가 이 유리한 지점까지 힘들게 올라오는 동안 내가 힌트를 주었거나 분명하게 지적해준 기본 진리들을 다시 한 번 훑어본다면 도움이 되리라 생각한다.

　무엇보다 거룩함은 그리스도인 누구에게나 요청된다. 그것은 선택사항이 아니라 필수사항이다. 하나님은 자신의 자녀들이 그분이 정한 기준에 맞게 살아 이 세상에서 칭찬 받음으로써, 결국 세상 사람들이 그 일로 인해 하나님께 영광을 돌리게 하기를 원하신다. 그러하기에 "내가 거룩하니 너희도 거룩할지어다"벧전 1:16라고 확실하게 말씀하신다. 이렇게 보면 개인적인 거룩함은 예외 없이 신자 누구에게나 해당되는 문제이다. 스티븐의 말처럼 "하나님은 내가 예수님처럼 변화되기를 진정으로 원하신다. 그래서 다른 사람들이 내가 그리스도인임을 즉시 또 의심할 여지없이 깨닫게 되기를 원하신다." 우리 각자는 주인이신 예수님과 함께 성결학교로 향할 때마다 거룩함을 실천하는 법을 배우려고 다짐해야 한다.

　거룩함은 본질적으로 하나님과의 관계이다. 이 관계는 은혜롭게도 하나님께서 친히 우리에게 부여해주셨고 칭의에 의해 확립되었다. ('칭의'란 그분께서 딱 한 번 결정적으로 우리의 죄를 용서하시고 영접해주신 행위를 일컫는다.) 그 결과 하나님께서는 우리에게 요구하신다. 아니 오히려 우리 마음을 바꾸어 (그리스도의 구원 사역을 통해 새롭게 된) 그분의 자녀로서 구별된 삶을 살게 하신다. 이러한 관점에서 거룩함 곧 성화는 언제나 전적으로 그리고 오직 하나님의 자비로운 선물이다. 이것이 그리스도와 연합한 새로운 삶의 한 측면이다.

　위치상으로 신자들은 처음부터 거룩하다. 이는 하나님께서 그분을 위해 그들을 구별된 존재들로 세워주셨기 때문이다. 따라서 신자들은 매일매일 영적, 도덕적으로 거룩하게 살아야 할 의무가 있다. 하나님께서 우리를 구속하셔서 그 당연한 권리로 요청하신다는 점을 분명히 이해한다면, 스스로 세속적인 흐름이나 정욕이나 사탄으로부터 의도적으로 분리시켜 그분만을 위해 살아야 한다. 이러한 태도가 우리가 보일 수 있는 적절한 반응, 아니 오히려 유일한 반응이라고 확신한다. 그분은 우리에게 장차 나타날 영광의 예고편과 보증으로 성령을 주신다.

> "너희 몸은 너희가 하나님께로부터 받은바 너희 가운데 계신 성령의 전인 줄을 알지 못하느냐 너희는 너희 자신의 것이 아니라 값으로 산 것이 되었으니 그런즉 너희 몸으로 하나님께 영광을 돌리라"고전 6:19-20.
>
> "하나님의 성령을 근심하게 하지 말라 그 안에서 너희가 구원의 날까지 인치심을 받았느니라"엡 4:30.

거룩한 삶이란 정확하게 말하면 인간의 업적이 아니다. 인간이 아무리 엄청난 노력을 했더라도 그것은 오로지 성령님의 역사로, 하나님은 인간의 충동을 불러일으키고 인간의 노력에 활력을 부여하셔서 도구로 사용하신다. 성화된 사람은 자연적인 삶을 초자연적인 삶으로 변화시키고, 그리스도 안에서 새로운 피조물로 살아가게 된다. 하나님이 우리 안에서 역사하시며 변화시키시는 그 상태를 행동으로 그대로 옮기며 지탱해 나간다. 우리는 스스로를 성화시키지 못한다. 오히려 예수님이 없으면 아무것도 아니라는 진리요 15:6를 분명히 의식하고 기도하며, 우리가 해야 할 작은 일 하나까지도 그분이 도와주셔야 가능하다고 믿는 태도가 거룩한 삶의 필수조건이다. 거룩하게 살려면 자기를 의지하지 않고 부정하는 태도가 필요하다. 유혹과 투쟁이 압박해올 때 자신을 신뢰한다면 어떤 식으로든 도덕적으로 파멸할 것이 뻔하다.

거룩함은 그리스도인 안에서 드러나는 서로 다른 두 측면을 포함하는데, 두 측면은 아주 긴밀하게 연결되어 있다. 오늘날에는 이를 각각 영성과 도덕성이라 부른다. 영성에는 신자들이 하나님과 교제할 때 사용되는 모든 요소와 수단이 포함된다. 묵상, 기도, 예배, 자기 훈련, 은혜를 받기 위해 각종 수단을 사용하는 일, 믿음과 소망과 사랑을 실천하는 일, 마음의 순결과 평화와 인내를 유지하는 일, 모든 관계를 통해 하나님을 찾고 섬기는 일, 그분께 감사하며 영광을 돌리는 일 등이 여기에 속한다. 도덕성에는 하나님이 정한 다양한 기준의 윤곽을 잡는 일, 계시된 그분의 뜻을 확정하는 일, 하나님의 형상을 타고난 인간으로서 우리 안에서 드러나야 할 독특한 특성들을 계발하고 보여주는 일 등이 포함된다.

도덕성이 결여되면 영성은 무너진다. 그렇게 되면 도덕적으로 무감각해지고, 신의 은총만 강조하며, 도덕률 폐기론자가 되고, 하나님의 법을 지키는 것보다 그분의 임재에 더 많은 관심을 쏟는다. 이와 마찬가지로, 영성이 결여되면 도덕성마저 무너진다. 이렇게 되면 기계적이고 형식주의적이며 거만하고 세속적인 상태로 전락한다. 성경에 나오는 바리새인들이 이러한 타입이었는데, 이들은 스스로 의롭다고 착각하면서 위선적인 행동을 하였고, 겸손한 마음이 성화의 필수조건이라는 사실을 까맣게 잊고 있었다. 거룩함은 '영성'과 '도덕성'이란 두 기둥에 놓인 아치와 같아서, 두 기둥 중 어느 하나가 가라앉으면 나머지 하나도 반드시 무너지게 되어 있다.

거룩함이란 그리스도가 소유하던 덕을 모방하는 삶이다. 구체적으로 하나님과 인간을 사랑하고 하나님의 선을 의지하며 그분의 뜻을 받아들이고 그분의 섭리에 복종하며 열성적으로 그분의 명성과 영광을 구하는 자세가 예수님께서 지니셨던 덕이다. 이와 관련하여 스티븐 닐은 「그리스도인의 거룩함」Christian Holiness에서 이렇게 적고 있다.

"근본적으로, 우리는 예수님과 동일한 환경에 처해 있다. 우리도 힘든 길보다 편한 길을 택하려는 유혹을 받고 매우 물질적인 세계에서 하루하루 살아남기 위해 버텨내야 하며, 때로는 가족들로 인해 하나님의 요구를 따를 때 제약을 받고 오해와 적대감이란 쓰린 감정을 맛보며, 우정과 동료애란 소박한 즐거움을 느낀다. 이러한 환경에서 어떻게 처신해야 할까? 모든 상황에 다 적용되는 규칙은 없다. 하지만 실제로 먼저 본을 보여주신 삶이 있다. 그리스도인의 거룩함에서 절대적으로 필요한 요소 중의 하나는 꾸준히 참을성 있게 예수님을 묵상하는 태도이다. 예수님은 이 세상에 계시는 동안 소박하며 넉넉하게 사셨다."

거룩하게 살아가려면 억압이나 고통을 받을 때 조심스럽게 기도하는 마음으로 예수님이 보여주신 본을 따라야 한다. 잘 알려진 흑인 영가 가사 중에 "예수 닮기 원합니다 진심으로"라는 내용이 있는데, 진정으로 거룩하게 살려면 늘 이런 자세로 살아야 한다.

개인의 온전함

개인의 거룩함은 곧 개인의 온전함을 의미한다. 일편단심으로 예수님을 닮아가면서도 분열되고 무질서해진 인간성이 회복되도록 끊임없이 노력해야 하고 우리의 삶을 통제하는 법을 배워 하나님과 다른 사람을 섬겨야 하며, 가장 세속적이고 따분한 임무가 주어진다 해도 그 속에서 가치를 찾아 심오한 기쁨을 느끼며 하나님의 영광과 타인의 유익을 위해 씨름해야 하고, (실패할 때 비록 초조해진다 해도) 그 실패까지도 우리가 능히 처리할 수 있다는 사실을 깨닫고 마음의 평안을 느껴야 한다. 이는 우리가 이미 하나님의 용서를 받았고 그분이 원하시는 방법으로 살고 있기 때문이다. 누군가 과감하게 표현했듯이, 그리스도인은 실제로 실패할 가능성을 안고 살아간다 해도 마음의 평안을 누려야 한다.

우리에게는 소망이 있다. 우리가 예수님 안에서 지금까지 보아온 것보다 더 놀라운 하나님의 영광을 이 세상과 저 세상에서 기필코 보게 된다는 생각을 하면 정말로 기대가 된다. 이것 역시 신자들이 누리게 될 거룩한 온전함의 일부이다. 소설 「지킬 박사와 하이드」를 쓴 영국 작가 로버트 스티븐슨은 이런 말을 남겼다.

"들뜬 마음으로 여행할 때가 목적지에 도착할 때보다 훨씬 더 좋다. 왜냐하면 언제나 목적지에 다가갈수록 흥분이 소진되어 마지막에는 실망하기 때문이다."

하지만 그리스도인의 여정은 목적지에 접근할수록 더 큰 희망에 부풀어 오른다. 왜냐하면 끊임없이 놀라운 세계가 펼쳐지며 절정이 고조되기 때문이다. 지금까지의 여정이 좋았고 멋있었다 해도 기대하라. 앞으로 더 큰 좋은 일이 다가오리라. 비록 삶의 여정이 고달플 때도 있겠지만 이 소망을 마음에 품으면 새로운 용기를 얻어 회복되며 마냥 '영광스러운' 삶을 산다. 이러한 과정을 거쳐 거룩함은 각 개인에게 진정한 건강을 제공하며 성도의 삶을 완성시킨다.

나는 1984년에 출간된 「성령을 아는 지식」Keep in Step with the Spirit에서 거룩함에 대해 다음과 같은 일곱 원칙을 제시하였다.

- 거룩함의 속성은 성화를 통한 근본적이며 완전한 변화이다.
- 거룩함의 배경은 예수 그리스도를 통한 칭의이다.
- 거룩함의 기초는 그리스도와 함께 십자가에 못 박히고 부활한 사건이다.
- 거룩함을 수행하시는 분은 성령님이시다.

- 거룩함을 체험하는 일은 일종의 투쟁이다.
- 거룩함의 규칙은 하나님께서 계시하신 법이다.
- 거룩함의 본질은 사랑의 정신이다.

지금까지 살펴본 내용을 점검하는 이 순간에 나의 마음에 이러한 진리들이 어른거린다. 이제 이 내용을 기초로 계속 진행하자.

:: 거룩한 삶을 살아가기

성화거룩함의 파노라마를 바라보다 보니 실질적이며 절박한 질문 하나가 마음에 떠오른다. "그렇다면 우리가 무엇을 해야 하는가?" 우리는 그리스도 안에서 믿음으로 의롭다 칭함을 받고 하나님의 왕족에 입양되어 그리스도와 연합하여 거듭나서 이제 성령님께서 내주하신다는 사실을 알고 있다. 더욱이 하나님께서 우리 안에서 성화 작업을 수행하시고 영광(우리 안에서 나타나는 하나님의 자기 현시)에서 영광에 이르도록 그리스도를 닮도록 변화시키시며, 우리에게 능력을 주어 사랑하며 순종하는 일을 감당하게 하신다는 사실을 알고 있다. 우리는 하나님께서 우리의 삶 속에서 수행하시는 일을 돕도록 부르심을 받았다는 사실 역시 기억한다. 우리가 하나님의 사역을 돕는 이 일은 다른 측면에서 보면 하나님께서 하시는 사역의 일부가 된다.

우리의 협력이 어떤 형태로 나타나야 할까? 어떻게 해야 두렵고 떨리는 마음_{하나님 앞에서 느끼는 경외와 숭배}으로 구원을 이룰 수 있을까? 구원을 어떻게 나타내고 보여주며 촉진시켜야 할까? 빌립보서 2장 13절의 말씀을 어떻게 적용해야 할까?

"너희 안에서 행하시는 이는 하나님이시니 자기의 기쁘신 뜻을 위하여 너희에게 소원을 두고 행하게 하시나니."

하나님께서 지시하신 "너희도 거룩하라"는 말씀은 순종하라는 요구이다. 그분의 기준에 순응하며 그분을 섬기는 일에 전념하라는 뜻이다. 그렇다면 이 말의 실제적인 의미는 무엇이고, 도대체 어떻게 하라는 말인가?

양극단

성경 말씀이나 경험에 비추어볼 때 우리는 이 지점에서 상반되며 재난을 초래하는 양극단에 빠지지 않도록 주의하며 나아가야 한다. 그 하나는 성경에 나오는 바리새인들이 보여주는 율법주의적 위선이고, 다른 하나는 도덕률 폐기론자들이 보여주는 어리석은 행동이다. 바리새인의 태도를 지닌 사람은 겉으로는 하나님을 섬기는 척하면서 속으로는 자신의 욕망을 추구하고 도덕률 폐기론자는 입술로는 사랑과 자유를 부르짖으면서 하나님께서 주신 도덕법이 하나님을 경외하는 삶의 표준이 된다는 진리를 망각한다. 이 두 측면은 우리를 파멸시킨다.

성경이나 경험에 비추어볼 때 그리스도인은 어느 시대에나 스스로 생각하는 것보다 훨씬 더 약하고 망가지기 쉽고 어리석고 분별 없으며 유혹에 취약하다. 따라서 아무도 사탄의 공격 대상에서 제외되지 못한다. 악한 약탈자인 사탄은 무슨 수를 써서라도 그리스도인을 끌어내리기 위해 이 세상과 정욕을 쉴 새 없이 조종한다. 그렇다면 이 상황에서 거룩한 삶을 어떻게 이해하고 설명하며 실천해야 하는가? 하나님께서 차원 높은 특권을 베풀며 우리를 부르신 목적은, 우리로 하여금 그분의 능력을 힘입어 그 뜻을 수행함으로써 결국 그분께 영광을 돌리게 하기 위함이다. 우리의 인생길에 이처럼 함정과 덫과 그릇된 길로 유인하는 발자국들이 가득한데 어떻게 거룩한 삶을 실천할 수 있을까?

이 질문을 해결하기 위해 먼저 다이어트 차트를 생각해보자. 이 차트에는 단백질, 지방, 탄수화물, 비타민, 칼로리, 콜레스테롤, 신진대사 등에 대한 최근의 정보들이 나열되어 있다. 그런데 주목할 점은 이러한 차트가 너무 많다는 데 있다. 인간의 본성을 고려할 때 다이어트 방법들마다 상당한 지지자들을 동반하여 사람들은 자신들의 방법이 살을 빼려는 이들에게 가장 유익하다고 주장한다. 그들은 자신들이 제안하는 방법이 누구에게나 효과가 있고 다른 방법으로는 그런 효과를 낼 수 없다고 선전하며 오직 판매를 촉진시킬 목적으로 다른 다이어트 차트들을 완전히 묵살한다.

인간의 본성이 원래 그렇다. 독점하려고 하고 대안을 싫어하며 인간에게 유익을 주는 데 결정적이라는 점을 강조하고, 동일한 효과를 내면서도 추천할 만한 다른 방안에 대해서는 냉담하거나 의심의 눈초리를 보낸다. 자신이 주장하는 다이어트 방법을 적극적으로 옹호하는 사람은 그것을 입증하려고 한다. 마찬가지로 거룩한 삶을 살아가는 문제에서도 다양한 관례가 있고 거기에 따른 옹호자들이 있다. 이제 그 내용을 살펴보자.

두 종류의 여행

지난 2000년 대부분의 기간 동안 그리스도인으로서 자신의 임무를 알고 있는 신자들은 삼위일체 하나님께 영광을 돌리기 위해 그분의 능력을 힘입어 거룩한 삶을 영위하려고 노력해왔다. 그들은 그리스도인의 삶의 길이 하나가 아니라 둘이라는 점을 깨달았다. 즉 철학자들이 말하는 '외적(객관적) 세계'를 통해 요람에서 무덤까지 진행되는 '외면적 여행'과 하나님과 예수님을 알아가는 '내면적 여행'이 있다. 그들은 내면적 여행에도 관심을 가져야 한다는 사실을 인식하였고, 이 여행이 영원히 사랑하고 숭배하며 예배하고 즐거움을 누리는 일의 기초가 된다고 보았다. 그들은 이웃을 사랑하는 외적인 삶과 하나님을 사랑하는 내적인 삶의 근원이 같다고 여겼고, 이 중 하나가 실패하면 다른 하나도 반드시 약해진다고 믿었다.

지난 수세기에 걸쳐 이처럼 거듭난 신자들은 내면적 여행을 하였다. 하지만 그 방법에서는 (근본적으로는 서로 연관되었으나) 상당히 달랐다. (역사적으로 '거듭난 신자들'은 늘 있어왔지만, 시대에 따라서는 이 용어를 쓰지 않았던 때가 있었고, 그들이 믿었던 세부 내용에서 약간의 결점이 있었던 때도 있었다.) 이는 인간 각자가 서로 다르기 때문이다.

결혼한 부부 중 똑같은 부부가 하나도 없듯이 하나님과 교제하는 거듭난 생명체 중에도 똑같은 신자가 하나도 없다. 따라서 모든 그리스도인은 하나님과 교제하는 방법을 결정하는 데 궁극적으로 자신만의 방법을 선택하지 않으면 안 된다. 이때 친구나 목회자나 다른 사람의 도움을 받기도 한다. 17세기 이후에는 이러한 조력자를 '영적 지도자'라 불렀고, 요즈음에는 '영혼의 친구'라고 부른다. 개인에게 나타나는 다양한 방법이 전통이나 관례에서도 나타나 비교적 격리된 가운데 발전을 거듭해왔다. 가톨릭에서 개신교가 나오고 동방교회에서 서방교회가 나오며, 칼빈파에서 루터파가 나오고 개혁교회에서 웨슬리파가 나오며, 윤리 중심에서 신비 중심 경향이 싹트고 개인 중심에서 사회 변혁에 중심을 두는 경향이 싹트며, 주류에서 은사를 강조하는 경향이 싹트는 식으로 전개되었다.

거룩함에 이르는 다양한 통로들은 본질적으로 서로 보완하며 풍부하게 하는 역할을 한다. 그런데 이 통로들이 저마다 완벽하고 부족함이 없는 흐름으로 소개되고 있다. 심지어 빈정거리는 태도로 지금 설교자가 팔고 다니는 이 '제품'이 아니고는 다른 어떤 처방도 제 기능을 다하지 못한다는 식의 말을 덧붙이기도 한다. 그 결과, 영적 생활을 가르치는 교사들 중에서 자신의 청중에게 들려주면 도움이 될 만한 내용이 있는데도 그 내용이 다른 전통에 닻을 내리고 있다는 이유 때문에 이를 빼먹는 사람들이 많다. 이는 정말 불행한 현상으로 그 전통에 속해 있는 사람들의 마음을 편협하게 만들 뿐 아니라 다른 전통에 속해 있는 사람들의 감정까지 상하게 한다.

나는 어느 전통에도 속하지 않은 사람으로서 이제 거룩한 삶에서 드러나는 여섯 개의 서로 다른 분명한 특징들을 제시하고자 한다. 여기서의 '거룩한 삶'이란 그리스도를 닮아 겸손하고 사랑하며 인내하는 생활인데 이 안에서 사고와 욕망, 마음과 손, 동기와 행동이 서로 연결되고 통합된다. 이러한 특징들은 서로 다른 근원에서 온 것으로, 그 자체만으로 부족함이 없는 것으로 간주되어 왔다. 하지만 나는 이러한 특징들이 모두 동일한 영역에 속해 있다는 관점에서 내용을 전개하겠다. 왜냐하면 각 특징들이 제시하는 내용이 완전한(총체적) 진리의 일부이기 때문이다.

:: 거룩함이란 욕망의 방향을 바로잡는 것

욕망이란 의식적으로 '내가 원하는' 상태이다. 이 관점에서 거룩함이란 제일 먼저 인간의 욕망을 창조된 피조물로부터 분리시켜 그리스도를 통해 창조주께로 나아가게 하여 결국 연합하게 하는 것이다. 이때 하나님 중심의 기도를 통해 또 그 기도 속에서 만족감을 표현한다. (욕망에 관한 이러한 가르침의 발단은 3세기의 오리겐, 5세기의 아우구스티누스, 6세기의 그레고리 대제까지 거슬러 올라간다.)

정의와 성실과 이웃 사랑을 실천하는 외적 삶이 중요하다면 청결한 마음으로 기도하는 내적 삶은 더욱 중요하다. 하나님은 자녀들에게 마음의 중심을 달라고 요청하신다. 지금 이 세상에서 하나님과 교제하며 그분을 알아가고 사랑하며 그분과 즐기는 가운데 충만한 삶을 영위하면, 천국의 삶을 미리 맛보는 것이다. 이런 점에서 기도는 성결한 삶에서 가장 중요하다. 만약 그리스도인에게 기도가 내적 존재의 호흡이고 심장의 고동이며 에너지의 원천이 된다고 한다면, 그러한 신자는 이미 거룩한 삶을 영위하고 있는 것이다.

하나님 중심의 기도 생활을 실제로 꾸준히 지속하는 일은 일종의 투쟁이다. 그리스도인은 스스로 사탄과 그의 무리로 인해 계속 전투를 치르고 있다. 사탄은 하나님의 허락 아래 우리를 유혹하여 죄를 짓게 하고 말씀을 따르지 못하게 함으로써 내적 삶에서 나타나는 거룩함을 방해하고 파괴시킨다. 정직한 기도는 그러한 마음에서만 나오는데, 죄를 대적하며 스스로 함정에 빠지지 않도록 주기적으로 자신을 성찰할 때 비로소 정직한 마음을 가질 수 있다. 그러하기에 사탄은 우리가 정직한 마음을 갖지 못하도록 집중적으로 공략한다. 하나님은 우리가 부분적으로 사탄에 의해 공격을 받거나 사탄의 영향을 받도록 허용하시는 경우가 있는데, 이는 적어도 하나님의 능력을 힘입어 전투를 치르게 함으로써 우리가 강해지고 성숙해져서 그분을 더욱 의지하도록 만들기 위한 목적이다. 이것이 영적 전투의 진정한 의미이다엡 6:10-20.

하나님을 갈망하기

하나님을 사랑하는 상호 관계 속에서 구세주 하나님을 열망하며 묵상하는 일은 우리의 일생에서 가장 위대하고 고상하다. 이 생각을 발전시키려다 보니 다음 두 가지의 주장을 할 수밖에 없다. 첫째로, 그리스도인은 종종 이러한 관계에서 오는 즐거움을 빼앗길 때가 있다. 자신이 소홀히 한 탓이거나 심취한 탓이다. 둘째로, 하나님께서는 가끔 우리가 그분의 임재와 사랑을 못 느끼게 하신다. 다른 방도가 없다고 판단하고 이렇게 하심으로써 우리에게 인내와 청결한 마음을 가르치시기 위함이다. 이 진리를 증명할 수 있는 다양한 자료들 중 몇 가지만 살펴보자.

우리의 마음을 사로잡는 요소들로부터 자신을 멀리 떼어놓는 일이 매우 중요한데, 이 작업을 흔히 고독이란 '광야' 속으로 물러난다고 표현한다. 광야란 욕망이 정화되는 장소이다. 서방교회에서는 이것을 인간 영혼의 '원추' 또는 '꼭대기'에 씌워져 있어 마음을 어지럽히는 모든 요소들을 '벗겨내는'(단념하거나 뒤로 내려놓는) 것으로 설명하였고, 동방교회에서는 아파테이아apatheia, 즉 무정욕無情慾의 상태에 도달하는 것으로 설명하였다. ('무정욕'이란 단지 마음의 냉정함을 유지하는 상태라기보다 오히려 마음을 지배하여 열정이 하나님을 추구하도록 방향을 바로잡는 행위를 뜻한다.) 자석과 같이 강한 힘으로 끌어당기는 세속적인 요소들로부터 자신의 욕망을 분리시켜 그리스도 안에서 확고하게 하나님을 열망하고 묵상하며 기도하는 삶을 살아 후손에게 본을 보여준 성도들이 있다. 성자 아우구스티누스, 버나드, 토마스 아 켐피스, 로마 가톨릭의 이그나티우스 로욜라, 프란시스 드 살레, 청교도 리처드 십스, 리처드 백스터, 토마스 굿윈, 그리고 존 오웬을 예로 들 수 있다. 이외에도 많은 인물들이 있다.

'영적 결혼'영혼이 하나님과 하나 되는 것-역주을 가르치는 교사들은 묵상과 간청을 말로 표현하는 방식과 묵상하며 하나님께 자신을 드리는 방식 사이에 어떤 관련이 있는지를 지금까지 탐구해왔다. 그 결과 이들은 남성과 여성에게 사랑의 언어와 교제가 유사하다는 점을 발견하였고 이를 하나님과의 관계에 적용하였다. 시토 수도회와 프란체스코 수도회의 수도사들을 비롯한 여러 신앙인들은 남성과 여성에게 하나님을 묵상하며 사랑하는 행위와, 그들에게서 나타나는 동정적인 행동 사이에 연결 고리가 있음을 강조하였다. 반면 조나단 에드워즈는 「신앙감정론」에서 신앙생활에서 느끼는 강한 신적 느낌이 진정으로 '영적인' 것인지 아닌지를 테스트하는 기준을 제시하였다. (여기서 '영적'이란 마음속에서 역사하는 성령님의 작용에서 기인하는 것을 의미한다.) 지금까지 열거한 가르침들은 어떤 식으로든 우리 삶의 최상의 가치요 영광인 여호와로 인하여 기뻐하며 사는 방법을 분명히 제시한다.

충족되지 않은 욕망

하나님께서는 자녀들의 내적 삶을 강화시키기 위해 영적 갈증을 느끼게 하고 어떤 때는 일시적으로 하나님에 대해 충족되지 않은 욕망을 갖도록 하신다. 지금까지 이러한 명제를 입증하는 여러 사람들의 주장이 있어왔다. 아빌라의 성녀 테레사와 십자가의 요한은 기도하는 신자들에게서 나타나는 여러 단계와 국면을 보여준다. 물론 여기에는 하나님과 연합했음을 깨달았을 때 느끼는 환희와, 그전에 반드시 겪어야 하는 '영혼의 어두운 밤'에 대한 언급이 있다. 청교도들도 '영적 황폐'에 관해 가르쳤는데, 이 내용은 앞에서 제시한 스페인 신비주의자들의 견해와 본질적으로 유사하다. 존 웨슬리는 내적 삶을 두 단계로 나누어 설명하였는데, 회심한 후에 주어지는 은혜인 '완전한 사랑'을 찾고 필사적으로 간구한 결과 그리스도인의 마음이 모든 죄로부터 깨끗해지고 하나님과 이웃에 대해 불타는 사랑을 받는다고 주장한다.

웨슬리가 언급한 이 '제2의 축복'이란 주제의 변형물인 '완전한 성화, 깨끗한 마음, 성령세례, 성령충만, 죄의 근절'에 관한 개념들이 인기를 누리는 개신교와 최근에는 세계적으로 확산된 은사 운동에 큰 영향을 미치고 있다. 그렇다고 이러한 개념들이 다음의 반복 패턴을 모두 인정하고 있다고 확신할 필요는 없다. 그 패턴이란 이렇다. "하나님께서 신자의 마음에 갈증을 불러일으키셔서 결국 마음이 계속 활동하게 하시며, 그분 자신을 향해 더 깊은 차원의 겸손과 소망을 갖게 하시고 후에 거기에 대한 보답으로 그분의 사랑을 더 뜨겁게 느끼게 하며 확신을 주신다." 그런데 마지막 단계에서 느끼는 사랑은 이전에 느꼈던 사랑을 훨씬 능가한다.

예수님께서 십자가에서 굴욕과 수치를 당하신 후에 높이 들리심을 받아 보좌에 오르시는 기쁨을 누리셨던 것처럼, 신자도 낮아지는 과정 즉 무기력과 좌절을 여러 차례 겪은 후에 내적으로 새로워지고 승리감과 영광을 맛본다. 하늘 아버지는 이처럼 지혜롭게 그리스도인의 기질과 환경과 필요를 조정하셔서 자녀들을 하나로 묶으시고 가까이 이끄셔서 그들과 교제를 나누신다. 사도 바울과 시편 기자가 이 주제와 관련하여 언급한 표현들을 살펴보라.

> "그러나 무엇이든지 내게 유익하던 것을 내가 그리스도를 위하여 다 해로 여길뿐더러 또한 모든 것을 해로 여김은 내 주 그리스도 예수를 아는 지식이 가장 고상하기 때문이라 내가 그를 위하여 모든 것을 잃어버리고 배설물로 여김은 그리스도를 얻고 그 안에서 발견되려 함이니 … 내가 그리스도와 그 부활의 권능과 그 고난에 참여함을 알고자 하여"빌 3:7-10.
>
> "땅에서는 주 밖에 내가 사모할 이 없나이다 … 하나님은 내 마음의 반석이시요 영원한 분깃이시라"시 73:25-26.

이러한 고백은 진정으로 거룩한 마음을 지닌 신앙인에게서 나오는 전형적인 반응이다. 욕망의 방향을 바로잡아 성부 하나님과 성자 예수님과 함께하는 교제에 초점을 맞추게 하고, 재조정된 욕망을 더 강화시키는 것이 거룩함의 참다운 본질이다. 지난 수세기 동안 전해 내려온 그리스도인의 성결에 관한 모든 성숙한 형태와 관행들은 바로 이 단계에서 시작한다. 진정으로 거룩한 신앙인들은 이 단계가 그리스도인의 삶에서 이루어지는 다른 모든 단계의 진정한 토대가 된다고 여기고, 하나님에 대해 열정을 품은 자만이 진정으로 거룩한 사람이라고 단언한다. 현대를 살아가는 우리 역시 이 단계에서 시작해야 한다.

:: 거룩함이란 미덕을 계발하는 것

거룩함이란 하나님을 열망할 뿐 아니라 의를 사랑하고 실천하는 것이다. 이런 태도가 선악을 분별하는 양심의 지속적인 훈련과 하나님을 기쁘시게 하기 위해서는 무슨 일이든 하겠다는 뜨거운 목적의식에서 우러나와야 한다. 이러한 '거룩함에 대한 가르침'과 관련하여 특히 중세 스콜라철학과 종교개혁 이후의 영국 국교회에서는 거룩함을 주로 윤리적인 용어로 설명하였다. 여기서는 좋은 성품을 보여주는 훌륭한 습관을 미덕으로 이해하였고, 칭찬할 만한 행동 패턴이라 불리는 미덕의 실천에 초점을 두었다.

토마스 아퀴나스는 거룩함에 대해 정의하며 아리스토텔레스의 '주요한' 미덕의 틀 안에서 신학적 미덕을 분명히 보여주는 것으로 해석하였다. (여기서 '신학적 미덕'이란 성령님께서 오직 그리스도인에게 초자연적으로 베푸시는 미덕을 의미한다.) 신학적 미덕은 믿음과 소망과 사랑인데, 이 중 사랑이 제일이다고전 13:13. 주요한 미덕이란 신중지혜와 상식, 절제자기 통제, 정의공정. 정직. 성실. 믿음직함, 용기를 말한다. 여기서 '용기'란 존 웨인이 주연한 영화 "진정한 용기"True Grit에서 보여주는 꿋꿋함을 의미하는데, C. S. 루이스는 이를 '배짱' 또는 '끈기'라 칭한다. 이 네 가지의 미덕은 거룩한 신자들이 믿음과 소망과 사랑을 실천할 때 어떤 정신과 몸가짐으로 해야 하는지를 규정한다. 인간의 본성과 하나님의 은혜는 매우 긴밀하게 연결되어 있는데 하나님의 은혜가 인간의 본성을 확장시키며 완성시킨다.

침착한 성품에서 우러나오는 도덕적인 고결함과 양심적인 행동이 없으면 거룩함이 불가능하다는 주장은 당연한 진리이며 의심의 여지가 없다. 이러한 맥락에서 건실한 내적 삶은 하나님을 기쁘시게 하는데, 교제나 연합과 같은 경험이나 사탄과 벌이는 영적 전투보다 언제나 질서정연한 확고함을 중시한다. 이러한 전통을 따르는 교사들은 늘 총력을 기울여 자신의 양심을 민감하게 하고, 잘 가르쳐 옳고 그름을 제대로 분별하며 실제적으로 동정심을 베풀어 타인의 필요를 채워 주려고 노력하고, 강렬한 감정이 거룩함을 평가하는 수단이라는 주장을 적당히 조절하여 받아들인다.

거룩함에서 차지하는 감정의 역할을 최소화하는 사람과 최대화하는 사람 또 신앙생활에서 하나님이 주시는 특별한 경험을 중시하는 사람과 경시하는 사람 사이에 걸핏하면 긴장이 일어나게 마련이다. 그러나 큰 그림에서 볼 때 예수님을 사랑하며 하나님을 갈망하는 것과 의를 사랑하며 선을 베푸는 것, 이 둘은 대등하며 거룩한 삶에서 모두 필수적이다.

:: 거룩함이란 성령님의 충동을 따르는 것

이제 충동, 영향, 내적 압력, 그리고 개인적 자극이란 영역으로 진입해보자. 이 영역은 발을 들여놓기가 쉽지 않을뿐더러 지금까지 무시무시한 실수들이 저질러진 곳이다. 그러나 여기에도 진리가 숨어 있다. 정말로 찾아낼 만한 중요한 진리인데 한마디로 '동기가 초자연적으로 승화된 삶'의 진리이다.

종교개혁 시기와 그 다음 세기에는 이 진리를 진지하고 심오하게 다루었다. 왜냐하면 종교개혁 신학의 기초가 되는 성경 말씀(성경적 교훈)과 성령과의 연결 고리를 염두에 두고 있기 때문이었다. 그래서 성령의 충동이라고 여겨지는 어떤 감정이 성경과 일치하지 않을 경우에 그 감정을 따르는 것이 위험하다는 사실을 충분히 인지하고 있었다. 종교개혁가 칼빈을 비롯한 여러 학자들이 강조한 내용도 이와 같다. 칼빈은 그의 책 「기독교 강요」에서 말씀을 기록하게 한 성령님께서 자기의 교훈에 위배되는 충동을 신자의 마음에 줄 수 없다는 점과, 몇몇 열성적인 개인이나 그룹을 충동질하여 기독교 정신에 위배되는 행동을 하게 하는 것은 성령님이 아니라 악한 영이라는 점을 강조하였다.

그러나 위엄이 있는 종교개혁가들과 다음 세기에 출현한 청교도들 중, 하나님께서 그리스도 안에서 성령님을 통해 죄인들을 믿음의 세계로 부르실 때 그들의 마음이 변화된다는 점에 주목한 사람들이 있었다. 그러하기에 마음을 변화시키는 성령님께서 그들 안에 내주하셔서 끊임없이 에너지를 공급하시고 힘을 주시며 기도하게 하시고 예수님께서 부여하신 본질적인 관계를 맺게 하신다고 생각하였다. 이러한 성령님의 내주는 신자들로 하여금 예수님의 임재를 느끼게 할 뿐 아니라 그리스도께서 소유하셨던 마음과 동기가 그들 안에서 자라게 한다. 이 말은 오직 하나님의 구원의 사랑과 도덕적인 뜻을 드러내는 성경의 계시에 대해 진심으로 헌신하는 반응만이 우리가 제시할 수 있는 적절한 반응이라는 뜻이다. 감사하고 숭배하며 상상력이 넘치고 창조적인 반응만이 적합한 반응이다. 이러한 반응은 분명히 신자로 하여금 자신이 처한 삶의 환경에서 하나님을 기쁘시게 하고 영화롭게 하기 위해 노력하게 만든다. 그리스도인은 예외 없이 이렇게 되기를 소망한다. 따라서 하나님을 사랑하고 섬기며 기쁘시게 하려는 초자연적 충동을 느낀다면 그것은 거룩한 삶이 실제로 이루어지고 있다는 증거이다.

:: 루터의 가르침

현대의 많은 사람들이 바퀴의 중심축과 같은 그의 사상에서 아이디어를 얻듯이 루터의 성숙한 사상 또한 하나의 중심에서 파생하였다. 그는 늘 이 중심을 '그리스도를 아는 지식'이라 표현했는데, 한때는 '십자가의 신학' 혹은 '놀라운 교환'이라고 부르기도 했다. 오늘날 우리는 대체로 '믿음에 의한 칭의'라고 부른다. 하지만 어떤 용어를 사용하든 모두 같은 의미이다.

예수 그리스도가 우리의 죄를 지고 십자가에서 죽으셨고 하나님께서 우리에게 믿음을 선물로 주셔서 예수님과 그분이 하신 일을 믿게 하셨으며, 더 큰 선물을 주어 죄를 용서하시고 양자로 삼아주셨다. 따라서 이제 예수님을 믿는 죄인들은 거룩한 재판관 되신 하나님과의 관계에서 올바른 위치에 서게 된다. 실제로 완벽한 의에 비추어 매순간 부족한 면이 있다 해도 문제가 안 된다. 이러한 그리스도인의 신분과 관련하여 루터는 '의롭게 된 죄인'이란 유명한 명제를 남겼다. 이는 우리가 아직 죄인이지만 하나님에 의해 의인으로 인정 받았다는 뜻이다. 이 점과 관련된 루터의 가르침은 매우 성경적이고 뛰어나다.

루터는 이 기초 위에서 한 걸음 더 나아가 우리 마음에서 믿음이 싹트게 하시는 내주하시는 성령님께서 이제는 그리스도인이 자발적으로 하나님과 이웃을 헌신적으로 섬기는 삶을 살도록 마음을 움직이신다고 확언한다. 즉, 성부 하나님과 성자 예수님을 사랑하고 감사하는 마음을 가지게 된다. (루터는 유죄 판결 받은 죄인이 그리스도의 십자가를 통해 양자가 되었다는 확신을 갖게 되는데, 이 확신의 구체적인 결정체가 '믿음'이라고 보았다.) 그의 관점에서 보았을 때 성령님에 의해 충동을 받아 가정과 교회와 사회에서 '선한 일'을 수행하는 것은 거룩한 삶의 본질이었다. 그는 선한 일을 수행하는 데 믿음이 지칠 줄 모르고 영원히 관여한다고 단언하였다. 이러한 사상의 흐름 속에서 루터는 성령님께서 그리스도인의 마음에서 예수 그리스도를 통한 은혜로 말미암아 양자가 되었음을 증거하시고, 하나님의 영광을 위해 이웃을 사랑함으로써 그분의 사랑에 반응하도록 끊임없이 촉구하여 신앙인이 역동적으로 살게 하신다고 주장하였다.

루터는 하나님의 법이 그분이 정하신 기준을 명시하기에 법을 지키지 않는 삶은 그분을 기쁘시게 하지 못한다는 점을 분명히 했다. 그러나 절대로 율법주의에 빠지고 싶지 않았고 성령님을 통해 그리스도인이 느끼는 충동이 복음적이라는 사실을 열정적으로 제시하고자 노력했다. 그러다 보니 자연히 "그렇다면, 성령님은 하나님께서 우리에게 원하시는 바가 무엇인지를 알려주시기 위해 우리가 하나님의 법에 의지할 필요가 없게 하셨는가?" 하는 질문이 제기될 여지를 남겨놓았다. 하지만 그는 실제로 이 문제가 제기되자 즉석에서 반박하였다. 그는 도덕법이 필요하지 않다고 주장하는 도덕률 폐기론자가 아니었다. 오히려 자신의 이해에 근거하여 성경적 기준에 적합한 도덕성을 언제나 굳게 주장하였다. 루터는 칼빈과 마찬가지로 거룩한 삶의 기초가 되는 성령님의 내적 충동은 오직 성경 말씀과 합치할 때만 유효하다고 주장하였다. 루터는 말씀과 관련 없는 충동을 성령이 주는 것으로 오해하여 좇는 행위나 심지어 성경의 기준과 요구를 공공연하게 반대하는 행위를 사악한 것으로 규정하였고, 하나님의 계획을 풍자하거나 왜곡시키려는 사탄의 책략으로 간주하였다.

루터는 구원 받은 사람으로서 거룩한 신앙인에게서 나타나는 지배적인 충동이 하나님께 감사하는 마음이어야 한다는 점을 강조하면서 매우 중요하면서도 의미심장한 말을 하였다. 후에 사람들 사이에서 논쟁을 촉발시킨 어구를 사용하여 표현하면 이렇다. 그는 그리스도인이 '살기 위해'for life 즉 천국에 가기 위해 일을 한다는 의식과, '살았기 때문에'from life 즉 이미 받은 은혜에 감사하여 보답하기 위해 일을 한다는 의식은 차원이 다르다고 지적하였다. 거룩한 사람은 하나님의 선물을 받기 위해서나 미래에 어떠한 호의를 얻기 위해 선을 행하지 않는다. 단지 그리스도를 닮기 위해 그렇게 행할 뿐이다. 이렇게 해서 종교개혁 수세기 전부터 봄바람에 들불 번지듯 기독교계에 만연해 있던, 스스로 의롭다고 여기던 율법주의와 의에 관한 거짓된 해석은 영원히 소멸되었다. 이제 그것은 더 이상 내적 충동의 바람직한 근거로서 설 자리를 잃었다.

하나님의 은혜에 감사하는 마음이 아니라 다른 동기에서 시작된 거룩해지려는 온갖 시도는 핵심부터 썩어 있다. 진정한 거룩함의 뿌리는 언제나 성령님께서 재촉하시는 충동이고, 이는 하나님과 예수 그리스도에 대해 감사하는 마음에서 시작되어, 하나님과 이웃을 위해 옳은 일을 행함으로써 사랑을 보여주는 단계로 마무리된다. 루터가 간파한 이 진리는 그 당시에도 진리였고 지금도 역시 그렇다.

:: 거룩함이란 타락케 하는 죄의 유혹을 극복하는 것

이러한 시각에 관하여는 영국에 살던 청교도들이 철저하게 탐구하였다. (물론 이들 중 일부는 사역을 하던 기간에 뉴잉글랜드에 재배치되었다.) 청교도들은 그룹별로 프로테스탄트적인 관점을 형성하였는데 그들만의 독특한 (신학적이고 목회적인) 관심과 독특한 (단순하면서도 분석적인) 스타일, 독특한 정취를 소유하였다.

이들은 칼빈의 교리를 기초로 죄인을 성화시키시는 하나님의 사역을 분석하였는데 부정적인 면에서 '죄를 죽이고' 긍정적인 면에서 '은혜를 살리는' 특성을 연구하였다. 여기서 '죄를 죽인다'는 표현은 방종과 반항적인 습관에서 드러나는 죄를 점진적으로 없앤다는 뜻이고, '은혜를 살린다'는 표현은 우리 안에 그리스도를 닮은 습관들(은혜들)을 심어주고 강화시킨다는 뜻이다. 특히 삶에서 느끼는 여러 압력에 대항하여 우리가 보여주어야 하는 습관적인 반응 즉 아홉 부분의 패턴을 통해 힘을 북돋운다. 이 패턴이란 사랑, 희락, 화평, 오래 참음, 자비, 양선, 충성, 온유, 절제로, 바울은 갈라디아서 5장 22절에서 이를 성령의 열매라 칭한다마 12:33.

　청교도들은 칼빈의 교리에 의거해, 하나님께서 신자를 성화시킬 목적으로 의롭게 하신다는 점을 강조하였다. 따라서 그리스도인의 삶의 각 영역이 반드시 "하나님께서 보실 때 거룩해야" 한다고 주장하였다. 삶의 각 영역에는 하나님과의 관계, 그분이 창조하신 피조물과의 관계, 가족이나 교회나 사회에서 맺는 타인과의 모든 관계, 자기 자신과의 관계, 그리고 전체적인 면에서의 자기 훈련과 관리가 포함된다. 이들은 칼빈의 교리에 따라 입술로 신앙을 고백한 그리스도인이라 하더라도 '죄를 죽이고 은혜를 살리는' 변화가 일어나지 않으면 위선자로 간주하였다. 또한 모세에 의해 시작되어 여러 선지자들과 그리스도와 신약성경의 저자들을 통해 면면히 내려온 도덕법이 시대를 초월하여 하나님의 모든 자녀들에게 주어진 가족법이라고 생각하였다. 하지만 여기에 미묘한 차이가 있다. 칼빈이 그리스도인의 거룩함을 믿음과 인내 면에서 진보하는 것으로 해석한 반면 청교도들은 독특하게 죄로부터 점진적으로 구원 받는 것으로 해석하였다.

:: 죄에 대한 청교도들의 견해

　청교도들은 하나의 집단을 형성하여 거룩함, 의, 죄에 대한 증오심과 엄한 처벌 등을 심각하게 인식하였고 이로 인해 성경에 나타난 하나님의 위대하심, 자비, 전지성, 편재성이 더욱 부각되었다. 그들이 이처럼 예리한 눈으로 죄가 지닌 강한 침투성과 혐오감과 치명적인 결과를 식별할 수 있었던 직접적인 원인은 거룩하신 하나님에 대한 깊은 깨달음에 있었다. 청교도들은 죄가 하나의 내적인 힘으로서 교활하며 마음을 비뚤어지게 하고 회심하지 못한 사람을 압제하며 성도를 괴롭힌다고 판단하여 매우 민감하게 반응하였는데, 이는 보통 수준이 아니었다. 죄를 인식하는 문제에 관한 한 그들은 지금도 기독교계에서 거장으로 남아 있다. 그들은 '죄'를 인간의 마음속에서 작용하는 사악한 에너지로 보았는데, 죄가 인간을 기만하거나 정신을 산란하게 하거나 약하게 만들어 의롭게 살려는 목적을 포기하게 하고 결국 자신의 노예로 삼아 하나님을 거역하게 하며 인간의 욕심만 채우게 한다고 확신하였다. 청교도들은 죄를 '양의 탈을 쓴 늑대'에 비유하였고, 그 늑대가 계속 자신이 선하고 매력적이며 인간의 삶에 꼭 필요한 존재라고 속여 양심을 썩게 하고 결국 죄책감을 못 느끼게 하여 자신을 적이 아니라 친구로 느끼게 만든다고 이해하였다.

C. S. 루이스는 「천국과 지옥의 이혼」The Great Divorce에서 어깨에 도마뱀을 걸치고 있는 한 남자를 묘사하는데 뱀은 법을 지키지 않는 관능적 욕망을 상징한다. 뱀은 남자의 귀에다 자신이 인간의 행복에 얼마나 절대적으로 필요한가를 속삭인다. 천사가 나타나 "뱀을 죽일까요?"라고 묻자, 그 남자는 대뜸 그럴 필요가 없다고 답한다. (성 아우구스티누스가 젊은 시절에 하나님께 "저를 육체적으로 순결하게 해주세

요. 하지만 지금은 안 돼요!"라고 간구했던 기도 내용을 상기시킨다.)

아마 그 청교도들이 지금도 살아 있다면 루이스가 묘사한 도마뱀을 보며 그리스도인의 삶에서 교묘하게 활동하는 죄를 완벽하게 표현했다고 말하면서 찬사를 보냈으리라. 청교도들은 죄가 신자의 마음에서 왕좌는 빼앗겼지만 완전히 몰락하지는 않았다고 확신하였다. 죄는 이제 자신의 목숨을 유지하기에 급급한 것 같지만 아직도 빼앗긴 영역을 확보하기 위해 노력한다. 죄는 인간 기질의 약점에 깊이 뿌리 내리고 있는 나쁜 습관을 통해서 또 인간 스스로 강하다고 생각하는 부분에서 급습하거나 전면전을 펼침으로써 자신의 세력을 과시한다.

죄는 결코 저절로 약해지지 않는다. 인간이 늙어 노인이 되어 건강 상태가 수시로 변하고 외부 환경이 변화무쌍하게 바뀐다 해도, 인간의 마음에서 활동하는 죄는 끊임없이 다양한 모습으로 변장하며 그 세력을 과시한다. 하지만 죄가 어디에서 어떤 형태로 출몰한다 하더라도 그리스도인은 단지 저항하는 수준이 아니라 죄를 공격하여 죽이도록 명령 받았다. 영으로써 몸의 행실을 죽여야 한다롬 8:13 ; 골 3:5.

우리를 유혹하는 관능적 욕망을 죽여야 한다는 청교도들의 가르침은 실제적이고 철저하였다. 그 가르침에는 자신을 낮추고 스스로를 점검하며 늘 영적 영역에서 죄를 경계하는 훈련이 포함되어 있었다. 이렇게 함으로써 언제라도 힘으로 밀고 들어오는 죄의 공격에 대비할 수 있었다. 그들은 죄를 촉발케 할 만한 환경을 피했고, 아무도 모르게 다가오는 죄의 희생물이 되지 않도록 경계를 게을리하지 않았다. 특히 예수 그리스도께 기도하여 원수를 죽이는 십자가의 능력을 힘입어 우리 안에서 끓어오르는 악한 욕구들을 죽이려고 시도하였다.

위대한 청교도 교사인 존 오웬은 「신자들 안에 있는 죄를 죽이는 문제에 관하여」Of the Mortification of Sin in Believers라는 책에서 이렇게 선언한다. "죄를 '죽이려거든' 그리스도께 대한 당신의 믿음을 활용하라. 그리스도의 보혈은 죄로 인해 병든 영혼을 치료하는 최고의 절대적인 특효약이다. 보혈 속에서 살아가라. 그러면 당신은 평생 승리자로 살아가다가 생을 마감하리라. 그렇다! 하나님의 선하신 섭리에 힘입어 당신의 관능적 욕망이 죽어 발 앞에 나뒹구는 모습을 보게 되리라."

청교도들은 항상 언론 매체에서 안 좋은 평을 들어야 했다. 각 그리스도인들이 일평생 습관적인(늘 따라다니는) 죄와 전투를 벌여야 한다는 이들의 강한 주장으로 인해, 때로는 마니교(인간의 본성 속에 선이 있다는 것을 거부함)와 같다는 혹평을 들어야 했고, 병적이고(인간의 행동에서 자연스럽게 나타나는 즐거움을 거부함), 도덕적으로 진실성이 없다(다른 것을 거부하고 지나치게 자신만을 채찍질함)는 평판을 듣기도 했다. 하지만 이러한 평가는 사실과 다르다.

청교도 성자들은 언제나 죄와 싸우는 문제에만 매달리지는 않았다. 거룩함과 관련한 가르침 속에서 숭고하게 형성된 여러 주제들을 보면 이를 확인할 수 있다. 하나님을 사랑하고 구원의 확신을 즐기며 영적인 면에 관심을 갖고 정직하며 나라를 사랑하고 하나님의 뜻을 묵묵히 받아들이며 끊임없이 기도하고 미래의 영광을 소망하며 힘을 공급받는 이들의 태도를 발견할 수 있다. 그러나 이들이 죄를 찾아내고 죄에 대항하며 파멸케 하는 죄의 세력을 극복하기 위해 북을 두드리는 것과 같은 열정으로 노력한 점은 사실이다. 이런 증거가 도처에 널려 있다.

청교도적 거룩함이 본질적으로 평화와 기쁨을 누리며 예배하고 교제하며 성장을 체험하는 즐거운 경험이었음에도 불구하고, 과거에 살았던 많은 사람들은 죄를 유난히 강조하던 이들의 독특한 특징에 사로잡혀 다른 장점들을 놓치고 말았다. 죄와 끈질기게 싸우고 내적으로나 외적으로 자신을 성찰하며 고통을 감수하는 엄격한 생활은 청교도적 삶의 일면에 불과하다. 하지만 그 후 불과 한 시대가 지나자 그리스도인들 사이에서 자신에 대한 무지, 세속적인 경향, 도덕적 해이, 노골적인 범죄가 만연해졌다. 인간의 죄성과 죄의 문제를 심각하게 생각했던 청교도들의 엄격한 태도에서 오늘날 우리가 배워야 할 점이 많은 것은 자명하다.

:: 거룩함이란 '제2의 축복'을 받기 위해 믿음을 행사하는 것

거룩함에는 항상 기도를 통해 믿음을 행사함으로써 어떤 특정한 유익을 얻는 일이 포함된다. 넓은 의미에서 그리스도인들이 제시하는 거룩함에 관한 모든 설명은 펠라기우스주의Pelagianism를 제외하면 믿음

을 행사하는 일과 관련된다. (펠라기우스주의는 거룩함을 인간 스스로 해나가는 자기 훈련으로 해석하며 이단 사상으로 간주되기에 여기서는 다루지 않기로 한다.) 그리스도인의 성화에 대해 설명하는 온갖 시도들은 거룩함을 하나님의 사역으로 본다. 그리고 거룩한 삶이 오로지 성령님을 통해 주어지는 하나님의 은혜와 능력과 도우심으로 성취된다고 믿고, 기도하는 신자만이 이러한 도움을 받는다고 주장한다. 그러나 믿음을 행사한다는 표현은 때때로 적절치 못한 경우가 있다. 이는 자칫하면 그릇된 가톨릭 형식주의에 빠져 "무조건 교회만 믿어라"는 식이 되어 버리거나 잘못된 개신교적 주관주의에 빠져 "용감하게 미래와 맞서라"는 식이 되기 때문이다. 살아계신 그리스도와 성경 말씀의 진리가 우리의 믿음과 의지와 신뢰의 초점이 될 때 바른 믿음이 된다. 특히 믿음이 하나님의 약속에 근거할 때 제대로 된 형태를 갖춘다. 지난 500년 동안의 역사를 통해 종교개혁 신학이 우리에게 경고하는 메시지가 바로 이것이다.

성경에서 지적하듯이 우리에게 주신 "보배롭고 지극히 큰 약속"벧후 1:4을 믿고 그것을 이루어주실 하나님을 찾고 의뢰하는 신앙이 믿음을 행사하는 기본이다. (믿음의 조상인 아브라함에 대해 성경이 말하는 내용을 참조해보라롬 4:18-21 ; 갈 3:6-9,16-18,22,29 ; 히 6:13-15 ; 11:1,11,13,17-19,33.) 믿음의 초점을 하나님의 약속에 두고 그분의 신실하심을 높이며, 그분을 영화롭게 하고 영혼이 그분을 간절히 바라며 의지하는 태도가 시편에 잘 나타나 있다. 이 자세 자체가 거룩함의 일면이고 이것으로 오직 하나님만 소망하며 의지하게 된다. 믿음이 충만한 상태로 기도드리며 하나님께 초점을 맞추고 그분을 찾아나가는 부단한 노력이 없다면 이는 진정한 거룩함이 아니다.

:: 제2의 축복

모든 복음주의적 개신교에서는 믿음과 약속이 서로 연관되어 있다는 점을 인정하고 있다. 하지만 웨슬리파에서 한 가지 눈에 띄는 진전을 보인 면은 바로 '성경적 성결' 교리이다. 이 명칭은 후에 다른 이름으로 변형되기도 한다. 이 교리의 특징은 첫 번째 경험 즉 거듭남을 통해 그리스도인이 된 신자가 두 번째 경험(하나님께서 일으키시는 경험적 사건)을 통해 보다 성숙된 신앙생활로 진입한다는 것이다. 두 번째 경험을 하게 되면 하나님의 사랑을 더 생생하게 느끼고 하나님과 인간에 대한 사랑이 더욱 강해지며 죄가 더 이상 신자의 행동을 통제하지 못한다. 이는 성령님의 능력으로 유혹, 실망, 냉담, 의기소침을 여지없이 극복하기 때문이다. 따라서 웨슬리파에서는 이 두 번째 경험을 한 신자만 완전하고 진정으로 거룩한 삶을 살게 된다고 주장한다.

이 가르침은 원래 '완전한 성화'('그리스도인의 완성' 또는 '완전한 사랑')란 웨슬리의 교리에 근거를 두고 있다. 이 교리에 의하면, 두 번째 경험은 이미 거듭난 성도의 마음에서 죄를 뿌리째 뽑는다. 그래서 사악한 욕망과 혼합된 동기들이 과거의 기억 속으로 사라지고, 사랑의 감정 외에 어떤 정욕이나 목적이나 세력도 신자의 삶에서 작용하지 못한다. 웨슬리는 이러한 상태가 우리가 천국에서 누릴 복의 일부이고 이것을 추구하는 자가 이 세상에서 천국을 경험한다고 설명한다. 19세기 중반부터 20세기 중반의 소위 성결 운동 기간에 케스윅 Keswick파와 '고상한 삶' 운동을 가르치던 교사들은 '죄의 근절'이란 웨슬리의 사상을 약간 변형시켜 '죄에 대한 맞대응'으로 축소시켰고, '제2의 축복'(그들은 흔히 이것을 '성령충만'이라 불렀다)을 비록 우리의 동기가 지속적으로 부족하다고 해도 '하나님의 능력을 힘입어 완벽한 행동의 세계 속으로 들어가는 것'으로 규정했다.

그리스도인의 삶을 두 단계로 나누는 사람들은 공통적으로 신자들이 기도하는 가운데 하나님께 초점을 맞추고 기대하는 마음으로 번거로움을 참으며 약속에 의지하여 믿음을 행사할 때, 성화의 상태로 들어갈 수 있고 그 상태를 유지할 수 있다고 주장하였다. 이들은 또한 그렇게 한 후에, 하나님께서 성경에서 특별히 약속하신 대로 이루어 주실 것을 믿으며 기다려야 한다고 생각하였다. 이들의 입장에 의하면 신자들은 '하나님께서 제2의 축복을 주실 줄로 믿으며' 그분을 높이고, 그분께서 그것을 주실 때까지 간청하며 그분을 절실하게 붙들어야 한다. 간청하는 동안 하나님께서 약속하신 바를 이루어주지 않으리라고 생각하여 기도를 중단해서도 안 된다. 또한 이들에 따르면,

하나님께서 일단 우리 마음을 감동시킨 후에 우리가 자신의 불결함을 증오하며 계속 기도하도록 일부러 응답을 늦추시는 경우도 있다. 더욱이 이러한 기도가 없으면 아무도 두 번째 상태인 진정으로 거룩한 단계에 들어가지 못한다고 힘주어 말했다. 이들의 주장에 의하면 오직 찾는 자들만이 얻는다.

'성경적 거룩함'을 두 단계로 나누어 이해하는 이들의 입장은 잘못되었다. 성경 어디에도 신자들 모두 제2의 축복을 받아야 한다거나 이것을 받지 못하면 진정으로 거룩한 삶을 살지 못한다고 암시하는 구절을 찾아볼 수 없다. 그렇다면 '죄의 근절'은 너무 많은 것을 하나님께 전가하고(신자들의 마음에서 악한 생각이 완전히 사라져야 하므로), '죄에 대한 맞대응'은 그분께 너무 적은 것을 전가한다(신자들의 마음에서 악한 생각이 전혀 감소하지 않으므로). 하지만 성경에서 가르치는 내용은 다음과 같다.

그리스도인의 총체적인 삶은 성화 과정을 거치는 동안 점진적으로 새로워지고 회복된다. 하나님께 초점을 맞추고 마음 중심에서 그분과의 재통합을 이루며, 인격과 습관과 반응 패턴이 새롭게 형성되고 하나님께서 원하시는 미덕에 민감해진다. 또한 그분께 영광을 돌리기 위해 인생의 목적을 재정비하고, 이웃의 필요와 불행에 대해 더욱 관심을 갖는다. 그리스도인의 삶에서 어느 한순간에 성화 과정이 완성되는 사람은 이 세상 어디에도 없다. 오직 이 과정 속에서 앞으로 진행할 뿐이다고후 3:18.

회심한 후에 하나님의 자비로 중대한 경험을 하는 신자들이 있는데 이는 부인할 수 없는 사실이다. 따라서 이들은 그 경험으로 확신을 갖고 마음의 자유를 누리며 새로운 영적 기쁨과 에너지를 얻고 삶의 새로운 활력과 복음을 전하는 능력을 맛본다. 그러나 이러한 사례는 하늘에 계신 자비로운 아버지께서 자신의 일부 자녀에게 임의로 특별하게 허락하는 경우처럼 보인다. 이러한 중대한 경험은 누구나 다 해야 하는 것도 아니고 하나님께서 처방해주신 공인된 경험 패턴도 아니다. 따라서 모든 신앙인이 이 훌라후프와 같은 둥근 테 속으로 뛰어들려고 해서는 안 된다. 그러하기에 '제2의 축복'을 체험하지 못했다고 해서 그것을 체험한 사람에 비해 자신이 열등하다고 생각할 필요가 없다. 역사를 살펴보면 하나님께 쓰임 받은 훌륭한 종들 가운데 이런 식의 중대한 체험을 한 신앙인도 있고, 이들 못지않게 훌륭하면서도 그러한 체험을 하지 못한 신앙인도 많다.

따라서 웨슬리파와 케스윅파의 대표들이 거룩함을 제2의 축복으로 규정하거나 제2의 축복을 받은 후에만 거룩한 삶을 영위할 수 있다고 고집한다면, 나는 그 견해에 반대한다. 그리고 은사 운동을 강조하는 오순절 교회 신자가 회심한 후에 성령세례(일부에서는 이렇게 부른다)를 받지 못하면 거룩한 삶을 살 수 없다고 단언한다면, 나는 그 견해에도 반대한다. 그러나 만약 이들이 다음과 같이 말한다면 나는 동의한다. 특별하면서도 초점이 잡히고, 끈질기면서도 올바른 이유를 가지고 약속의 말씀에 입각하여 드리는 기도를 통해 거룩한 삶이 시작되듯이, 우리는 거룩한 삶을 영위하는 동안에도 그와 동일한 자세로 우리에게 꼭 필요한 은혜와 도우심을 베풀어 달라고 간구해야 한다! 성경에서는 이러한 기도를 모델로 제시하여 본받으라고 권면하며 거룩한 삶에 꼭 필요하다고 언급한다. 하나님께 초점을 맞추고 끊임없이 기도하지 않으면 진정으로 거룩한 삶은 불가능하다. 이러한 기도를 통해 믿음을 행사함으로써 간구하는 것을 받기도 하고 특별한 필요에 대처하기도 한다.

:: 거룩함이란 영적 훈련을 실천하는 것

이 표현은 매우 현대적인 관점을 보여주는 듯하지만 사실 여기서의 핵심은 기독교 역사 초창기 때부터 지적되어 왔다. 이 시점에서 이 표현의 역사적인 강조점을 새롭게 발견하는 일은 절실히 필요하다. 20세기 후반 서구 사회에는 교회 안팎으로 쾌락주의 풍조와 닥치는 대로 인생을 살아가려는 분위기가 팽배해 있다. 성경에서 지속적으로 경고하듯이 물질적 풍요의 악영향으로 각 개인의 삶에 온갖 경솔한 방종이 자행되고 있다. 이와 같은 나쁜 영향은 어디서나 쉽게 눈에 띈다. 경솔함이 우리 사회의 하나의 특징으로 자리 잡았고, 문화적인 측면에서 물질적 풍요에 젖은 젊은 세대의 그리스도인들이 도덕적인 장애인이 되어 자신들이 자라온 세상의 물질주의와 소비 중심주의와 쾌락주의의 희생자들이 되었다.

리처드 포스터가 「영적 훈련과 성장」이란 책을 통해 최초로 이러한 현대인들의 마음자세에 경종을 울렸는데, 많은 사람들에게 신선한 충격을 준 것은 당연하다. 그가 주장한 핵심은 새로울 게 없었지만 시기적절한 말로써 독자들의 급소를 찔렀다. 이 책은 그리스도인이 영적 건강을 도모하려면 의도적이며 규칙적으로 행할 바를 마땅히 배워야 한다고 선언한다. (이전 세대의 성도들이 그랬던 것처럼 하나님의 은혜를 통해 자신을 통제하는 법을 배워야 한다.) 이후 이러한 주제를 다루는 책들이 잇달아 출간되었다.

다양한 저술가들이 이런 주제를 어떻게 다루는지를 살펴보면 아주 흥미롭다. 포스터는 앞에서 언급한 저서에서 12가지 주제를 다음과 같이 세 그룹으로 나누어 탐색한다.

- 내적 훈련: 묵상, 기도, 금식, 학습
- 외적 훈련: 단순성, 홀로 있기, 복종, 섬김
- 단체 훈련: 고백(책임), 예배, 안내, 축전祝典

포스터가 쓴 다른 책 「돈 섹스 권력」은 이 특별히 골치 아픈 세 영역에서 어떻게 훈련 받아야 하는지를 잘 보여준다.

비교적 최근에 나온 영적 훈련에 관한 해설서들은 포스터보다 유리한 위치에 서 있는 듯하다. 도날드 휘트니는 「그리스도인의 생활을 위한 영적 훈련』Spiritual Discipline for the Christian Life에서 포스터가 다루었던 주제들 중 절반이 넘는 주제를 다루면서 청지기 정신과 일지 쓰기라는 두 주제를 그 목록에 첨가한다. 엘리자베스 엘리엇은 「훈련 그리고 기쁜 복종」에서 훈련의 영역을 육체, 마음, 지위, 시간, 소유, 일, 감정으로 나누어 다룬다. 달라스 윌라드는 「영성 훈련」을 통해 현대인들도 예수님처럼 행한다면 그분과 같이 된다는 논리를 펴면서, 고독과 침묵, 기도, 소박하고 희생적인 생활, 말씀 묵상, 섬김의 삶을 지속시켜 나간다면 예수님을 닮아갈 수 있다고 주장한다. 한때 포스터의 친구였던 R. 켄트 휴즈는 「남성의 경건 훈련」에서 남성을 위한 16가지의 훈련 목록을 제시하며 점검한다. 그 목록에는 순결, 결혼, 아버지상, 우정, 마음, 헌신, 기도, 예배, 성실, 혀, 일, 교회, 리더십, 나눔, 증거, 사역이 포함된다.

켄트 휴즈는 남성에게 필요한 훈련 내용을 점검해보니 해야 할 일이 무려 100개가 넘는다고 지적한 후, 남성으로서 갖추어야 할 품성에 대해 다음과 같이 지혜롭게 설명한다.

그러면 우리가 어떻게 반응해야 하는가? 남성들이 점차적으로 "아무 일도 안 한다"는 식의 '수동적인 태도'를 보이고 있는데, 이렇게 해서는 절대로 안 된다.

반면 이에 못지않게 영혼을 파멸케 하는 반응은 오만한 '형식주의' (율법주의)적 태도이다. 분명히 이러한 태도는 수동적 태도보다 통계상으로는 덜 위험한 것처럼 보이지만 그렇지 않다. 율법주의에서는 영성을 마치 십계명처럼 나무에 새겨진 율법인 양 취급하여 소중히 간직하라고 말하며, "네가 만약 여기에 적힌 6가지, 16가지, 66가지나 되는 항목들을 다 실천하면 독실한 신자가 될 거야!"라고 속삭인다. 하지만 하나님께서는 율법주의와 같은 '환원주의'다양한 현상을 하나의 기본적인 원리나 요인으로 설명하려는 경향. 즉 여기에서는 몇 개의 율법만 지키면 구원받는다고 생각하는 것을 의미함–역주로부터 우리를 구해주신다. 기독교 신앙이나 경건함은 목록에 적어놓는다고 저절로 이루어지지 않는다. '예수님 안에' 거한다는 것은 그분과 관계를 맺는다는 뜻이고, 이는 다른 관계와 마찬가지로 지속적인 훈련이 필요하다. 형식주의적 환원주의는 용납할 수 없다.

하나님은 독선적인 '판단주의'로부터 우리를 구해주신다. 율법주의적 태도로 어떤 일을 하는 것과 영적 훈련의 관점에서 어떤 일을 하는 것은 그 동기면에서 천양지차이다. 율법주의에 얽매인 사람은 하나님으로부터 무언가를 얻어내기 위해 일하는 반면, 영적 훈련을 위해 일하는 사람은 하나님을 사랑하고 기쁘시게 하기 위해 일한다. 율법주의는 사람 중심이고, 영적 훈련은 하나님 중심이다.

:: 진정한 경건 훈련

여러 훈련 내용을 탐구하다 보니 새로운 진리에 직면한다. 하나님과 교제하도록 부르심을 받은 신자는, 매일 진행되는 일상적인 업무를 계획과 순서에 따라 신중하게 처리해야 한다. 비록 그 과정에서 건강 상태나 직장의 여건, 주변 환경에 따라 압력과 제지를 받고, 때로는 우리의 약점이나 맹점, 수많은 사탄의 함정이 기다리고 있더라도 신중해야 한다. 이렇게 할 때 비로소 우리는 해야 할 일을 점검하며 처리하는 여유를 가질 수 있고, 앞을 내다보며 미리 계획을 세워 하나님 앞에서 우리의 반응이 어떠해야 할지를 생각한다.

오늘날 앞을 내다보며 살아가는 태도가 그리스도께서 지니셨던 지혜라는 사실을 알아차리는 그리스도인이 거의 없고, 있다 해도 극히 드물다. 경험에 비추어볼 때 언제라도 어려움이 닥칠 수 있다는 사실을 깨닫고 이미 마음의 준비를 한 사람은 실제로 문제가 닥쳤을 때 훨씬 더 쉽게 문제를 해결하고 처신을 잘한다. 이 세상에서 살아가는 청년들이 야망을 품고 거기서 에너지를 얻어 구체적인 목표를 세우고 그것을 성취하기 위해 애쓰듯이, 하나님의 자녀들 역시 그분의 위대한 사랑에 자극 받아 일상생활에서 훈련 목표를 세워 비전을 현실로 이루기 위해 계획을 세우고 기도하며 열심히 노력해야 한다. 한 가지 대안을 제시한다면, 계기비행시야나 날씨의 상태가 나빠 계기에만 의존하는 비행—역주을 하는 조종사처럼 지금까지 한 번도 경험하지 못한 비상사태가 연속적으로 다가온다고 생각하며 살아가라. 언제나 즉각적이고 긴급하며 예상치 못한 일이 우리를 짓누르고 놀라게 할 것이라고 생각하며 대비하라는 뜻이다.

스스로 훈련하지 않고 경솔하게 살아가면 새로운 일이 터질 때마다 얼마나 심각하게 받아들이느냐에 따라 미친 듯이 날뛰거나 될 대로 되라는 식이 된다. 이렇게 살아가는 자세는 그리스도를 닮는 삶도 아니고 자신을 만족시키지도 못하고 하나님을 영화롭게 하지도 못한다. 신중하고 거룩하게 살아가는 태도가 성화된 삶의 기본 요소이다. 진정한 훈련은 여기서부터 시작된다.

:: 파노라마를 접으며

산길의 정점에 올라 '거룩함'의 전체적인 경치를 살펴보았는데, 이 시점에서 마무리해야겠다. 모든 내용을 다 살펴보지는 못했지만 주요한 항목들은 대충 훑어보았다. 거룩함이란 풍경을 조망하고 지형을 관찰하며 영적인 안목을 훈련시켰다. 이제 전체적인 조망에서 벗어나 초점을 몇 군데로 고정시켜 지금까지 살펴본 내용에 대한 우리의 개념을 보다 명확히 해보자.

이제 어떤 윤곽을 지닌 사람이 눈앞에 떠오르는가? 아마 다음과 같은 사람이리라.

- 아무리 하나님을 사랑해도 만족하지 못하는 사람
- 하나님을 지속적으로 숭배하는 사람

- 하나님을 위해 언제나 고상하고, 사랑스러우며, 올바르게 살려는 사람
- 내주하시는 성령님을 공경하는 사람
- 내주하는 죄와 끊임없이 전투를 벌이는 사람
- 하나님의 약속을 믿고 꼭 이루어주시리라 확신하며 사는 사람
- 신중하고 성숙하게 자기 훈련을 실천하는 사람

열정과 동정심, 기도와 신중함, 온유함과 관용이 다 이 그림 안에 들어 있다. 예수님과 사도 바울, 그리고 시편에 나오는 다윗과 그의 친구들의 모습이 아주 선명하게 떠오를 것이다. 이러한 내용이 우리가 '성결학교'에서 예수님과 함께 배우는 거룩함에 관한 개요이다.

그러면 인간의 얼굴이 확연히 드러나도록 조금 더 들어가보자. 역사에 나오는 청교도들에게 '보편적인 성결'은 그들의 주된 관심사였다. (그들은 거룩함을 이렇게 불렀다.) 지금부터 약 350년 전, 글로 표현하는 성격 묘사가 문학적 예술로 더 인정 받던 시절, 존 게리는 「비국교도인 한 늙은 영국 청교도의 성품」The Character of an Old English Puritane or Nonconformist에서 어떤 연로한 신앙인을 이렇게 묘사한다.

그 늙은 영국 청교도는 무엇보다 하나님을 경외하는 사람이었고, 누구에게나 정당하게 대했다. 그는 먼저 하나님을 예배하는 일에 관심을 쏟았고 자신의 유익에는 신경 쓰지 않았다. 더욱이 하나님 앞에서

그분의 말씀을 예배의 규칙으로 삼았다. 그리고 하나님의 명령을 반드시 지켰다. 그 청교도는 기도를 많이 했는데 하루의 시작과 끝을 기도로 장식했다. 또한 자신의 골방이나 가정이나 공공장소에서 기도하며 자신을 훈련하였다. 혼자 있든 다른 사람과 함께 있든 하나님의 명령, 즉 성경 읽기를 사랑하였다.

그는 주일마다 하나님의 명령을 중히 여겼고, 거룩한 생활을 할 때 말씀이 꼭 필요하다고 생각하였다. 주일을 지킬 때도 매우 양심적이었고, 주일을 '영혼을 위해 시장을 보러 가는 날'로 간주하였다. (이를테면 새롭게 시작될 한 주를 위해 필요한 영적 물건을 사러 가는 날로 여겼다.) 그리고 성찬식을 영혼에 꼭 필요한 양식으로 보아 정성을 다해 준비하여 참여하였고, 그때를 예수님과 가장 가깝게 교제할 수 있는 좋은 기회로 여겨 준비에 만전을 기했다.

그 청교도는 종교를 어떤 임무에 대한 서약으로 간주하여 누구든지 최고의 그리스도인이 되려면 먼저 최고의 남편, 최고의 아내, 최고의 부모, 최고의 자녀, 최고의 주인, 최고의 하인, 최고의 치안판사, 최고의 신하가 되어야 한다고 주장하였다. 그래야 하나님의 교리가 욕을 먹지 않고 존경을 받는다는 논리였다. 그는 자신의 가정을 교회로 만들기 위해 애썼다. 그 결과 하나님을 경외하지 않는 사람은 하인으로 두지 않았고 집에 머무르지도 못하게 했다. 그리고 자신의 집에서 출생하는 사람은 거듭날 수 있도록 열심히 도왔다. 그는 자신의 죄나 타인의 비참한 형편에 대해 늘 온유한 마음으로 대했고, 자비를 베푸는 일이 임의적이 아니라 필수적이라고 생각하였다. 더욱이 하나님의 인도함을 받기 위해 지혜를 달라고 간구하면서도, 타인에게 관대하고 또 타인을 기쁘게 하기 위해 어떻게 할 것인가를 확고한 의지를 가지고 연구하였다.

그는 옷을 입을 때도 값비싸거나 허영심을 부추기는 의상을 피했고, 매사에 진지하게 보이려고 노력했다. (불성실한 경박함과 반대되는 의미의 '진지한 태도'로 일상생활에 임했다.) 그리고 인간의 삶을 전투로 보았고 그 전투에서 그리스도는 그의 대장이자 무기였고 기도요 눈물이었다. 또한 십자가를 깃발로, "고난을 당하는 자가 승리한다"는 표현을 모토로 삼았다.

청교도 시대에 살았던, 영국에서 가장 건전한 그리스도인들은 '거룩함'을 이런 식으로 이해하였다. 이 내용에서 약간 조정만 하면 현대인에게 적합한 모델을 발견하리라 확신한다.

이제 지금까지 멀리서만 관찰했던 내용을 더 가까이 가서 보기 위해 앞으로 나아가자. 다음 장부터는 더 자세한 내용이 전개될 것이다.

Chapter 5

위로 성장하기 위해 아래로 자라기
: 회개하는 생활

"내가 지금 기뻐함은 너희로 근심하게 한 까닭이 아니요 도리어 너희가 근심함으로 회개함에 이른 까닭이라 너희가 하나님의 뜻대로 근심하게 된 것은 우리에게서 아무 해도 받지 않게 하려 함이라 하나님의 뜻대로 하는 근심은 후회할 것이 없는 구원에 이르게 하는 회개를 이루는 것이요 … 보라 하나님의 뜻대로 하게 된 이 근심이 너희로 얼마나 간절하게 하며 얼마나 변증하게 하며 얼마나 분하게 하며 얼마나 두렵게 하며 얼마나 사모하게 하며 얼마나 열심 있게 하며 얼마나 벌하게 하였는가 너희가 그 일에 대하여 일체 너희 자신의 깨끗함을 나타내었느니라" 고후 7:9-11

"무릇 내가 사랑하는 자를 책망하여 징계하노니 그러므로 네가 열심을 내라 회개하라" 계 3:19

:: 위로 성장하는 것과 아래로 자라는 것

우리 아들이 십대였을 때, 그는 종종 부엌 문설주에 등을 대고 서서 하얀 나무 위에 연필로 자신의 키를 표시하곤 하였다. 매달 키를 잴 때마다 그의 몸은 계속 쑥쑥 자랐고 이로 인해 그는 매우 기뻐하였다. 부모인 우리 역시 기뻤다. 어쨌든 아이가 자라는 모습은 보는 이들의 마음을 흐뭇하게 한다. 만약 부모인 우리가 아이의 성장하는 모습에 관심을 갖지 않았다면, 분명 우리에게 문제가 있었을 것이다. 하지만 5장에서는 위로 성장하는 문제를 말하려는 게 아니라 '아래로' 자라는 문제를 이야기하려고 한다. 그리스도인이라면 누구나 배워야 할 진리를 탐구하고 싶다.

우리의 문화에서 '아래로' 자란다는 말은 누가 들어도 이상하다.

우리는 육체가 '위를' 향해 성장했다는 사실을 깨달으면 축하하고, 어린아이처럼 유치하게 잘 토라지는 사람이 있으면 감정적인 면에서 '위쪽으로' 성장하라고 충고한다. 영적인 면에서도 습관적으로 '위쪽으로' 성장했다고 말하고, 우리가 사용하는 성경 역시 마찬가지이다. 「새국제성경」New International Version은 「흠정역성경」King James Version의 전통을 따르는데, 이 성경NIV을 비롯한 모든 개정판들은 한결같이 에베소서 4장 15절과 베드로전서 2장 2절을 번역하며 '위를 향해 성장하다'grow up라는 표현을 사용한다. 분명히 헬라어 동사에는 '위를 향해'라는 의미가 없는데도 말이다.

그렇다! 이러한 분위기 속에서 아래쪽으로 자란다고 말하면 정말 우습게 들린다. 충분히 이해가 간다. 그러나 우리는 '아래로' 자람으로써 즉 비천하게 낮아짐으로써 예수님의 수준에 이르기까지 '위로' 성장한다는 진리를 깨달아야 한다. 그리스도인은 더 작아짐으로써 더 크게 성장한다.

세례 요한은 예수님에 대해 증거할 때 그분과 자신을 비교하며 "그는 흥하여야 하겠고 나는 쇠하여야 하리라"요 3:30고 선언하였다. 우리 그리스도인도 생활 속에서 이렇게 말할 수 있어야 한다. 교만은 계속 부풀어 오르는 풍선처럼 우리를 터지게 하지만, 하나님의 은혜는 교만한 마음에 구멍을 내어 팽창하여 뜨겁게 달아오른 공기가 우리로부터 밖으로 빠져나가게 한다. 그렇게 되면 굉장히 유익한 결과가 찾아오는데 우리가 오그라들어 자신이 보잘것없는 존재라는 사실을 깨달는다. 과거보다 자신이 더 매력 없고 무능하며, 어리석고 악하며 약하고, 불성실하며, 열성이 없고 못 믿을 존재임을 간파한다. 하나님과 세상 사람들을 향해 자신이 대단한 사람이라고 과장하며 외치던 행동을 더 이상 하지 않는다. 자신이 보잘것없고 그다지 중요하지 않은 존재라는 사실에 만족한다.

 마음만 먹으면 무슨 일이든 할 수 있다는 환상에서 벗어나면 우리는 하나님과의 관계에서 더 믿고 순종하며, 의지하고 인내하며, 자원하는 마음을 갖는다. 일을 멋지게 처리함으로써 타인으로부터 존경을 받아야 한다는 망상을 버린다. 자신을 냉정하게 있는 그대로 보게 됨으로써 세상 사람들의 기준에 비추어볼 때 우리가 대단한 성공을 거둔 사람처럼 보이지 않고, 실제로도 그렇지 않다는 점을 깨닫는다. 이렇게 되면 별로 인정하고 싶지 않은 자신의 약점을 인정하고 그로 인해 하나님께 극복할 수 있는 능력을 달라고 간구한다. 하나님께서 우리를 그분의 자녀로 부르셨다면 적어도 우리는 이러한 반응을 보여야 한다.

 스코틀랜드의 학자 제임스 데니는 자신이 대단한 설교자라는 인상과 예수 그리스도께서 위대한 구세주라는 인상을 청중에게 동시에 준다는 것이 불가능하다고 지적하였다. 이와 마찬가지로, 내가 대단한 그리스도인이라는 인상과 예수 그리스도께서 위대한 주인이라는 인상을 사람들에게 동시에 준다는 것은 어불성설이다. 그러하기에 신자들은 점차로 몸을 작게 하는 훈련을 함으로써, 예수님 안에서 또 예수님을 통해 그분이 위대하게 드러나도록 해야 한다. 아래로 자란다는 말은 이런 뜻이다.

:: 아래로 자라기

거룩하게 산다는 것은 계속 아래쪽으로 자란다는 의미이다. 베드로 사도가 "우리 주 곧 구주 예수 그리스도의 은혜와 그를 아는 지식에서 자라가라"벧후 3:18고 권면하고, 바울이 예수님에게까지 자라가라고 권유하면서엡 4:15, 데살로니가 교인들의 믿음이 더욱 자라 기쁘다고 말한 것도살후 1:3 이러한 맥락이다. 우리가 점점 더 작아짐으로써 하나님의 은혜가 부각되어 나타난다. 이러한 현상이 진행되고 있다는 증거는, 일상생활에서 마음속으로 스스로 아무것도 아니고 그리스도 안에서 느끼는 하나님만이 전부라는 사실을 자각하며 고백하는 말을 들어보면 확인이 가능하다. 이러한 상황은 세속적인 자아가 지속적으로 줄어드는 과정이라 부를 수 있다.

그리스도인은 습관적으로 회개하는 삶을 살도록 하나님의 부르심을 받았다. 따라서 회개는 건전한 성결의 삶을 유지하는 데 필수적인 훈련이다. 1517년 마르틴 루터가 비텐베르크성城 교회당 정문에 95개 조에 달하는 반박문을 못 박았는데 그 첫 번째 조항은 이렇다. "우리의 주님이시며 만유의 주인이신 예수 그리스도께서 '회개하라'마 4:17고 선포하셨는데, 이 표현은 신자의 삶 전체가 회개하는 삶이어야 한다는 것을 뜻한다." 1696년에 세상을 떠난 청교도 필립 헨리는 자신이 천국 문에 도달하는 순간까지 계속 회개하며 살고 싶다고 단언하였는데, 이 말을 보면 그가 얼마나 회개를 중시했는지를 알 수 있다.

내가 사는 캐나다의 브리티시 컬럼비아 주는 강우량이 많은 편인데, 도로에 있는 배수로가 막히면 물이 범람하여 도로를 이용하기가 불가능하다. 회개는 거룩함이란 간선도로에 설치된 배수장치로서 하나님으로부터 부르심을 받은 사람은 이 도로를 지나갈 수밖에 없다. 회개란 우리 삶에서 생성된 오물과 쓰레기와 고여 있는 흙탕물을 처리해주는 유일한 수단이다. 따라서 이 장치는 절대적으로 필요하다. 만약 진정한 회개가 멈추면 진정한 영적 진보와 성장도 멈춘다.

습관적인 회개가 필요하다고 해서 마치 식사 예법이나 운전처럼 기계적이거나 무의식적으로 이루어져서는 안 된다. 회개하는 행동 하나하나는 분리되어야 하고 분명한 도덕적인 노력이 따라야 하며, 때로는 상당한 희생을 동반하기도 한다. 회개는 결코 유쾌한 일이 아니다. 언제나 어느 모로 보나 괴로운 일이고 죽을 때까지 지속되게 마련이다. 회개가 습관적으로 이루어져야 한다는 말은, 마치 우리가 생활에서 필요한 어떤 행동을 습관화하기 위해 의식적으로 그 행동을 고착시키고 유지하듯이 하라는 뜻이 절대로 아니다. 일부 교회에서는 예배 시간에 이용할 수 있도록 순서지에 참회의 기도문을 수록하는데, 이는 매우 지혜로운 처사이다. 이와 같은 기도문은 언제나 시기에 맞춰 적절한 내용으로 바꾸어 사용할 수 있다. 개인의 경건생활을 위해서도 매일 사용할 수 있는 기도문은 꼭 필요하다.

그런데 오늘날 규칙적으로 회개하는 훈련이 필요하다고 말하는 사람이 거의 없다. 영성 훈련에 관한 책을 집필하는 저자들도 이런 내용을 눈에 띄게 다루려 하지 않는다. 미국에서 출간된 「웨스트민스터 기독교 영성 사전」Westminster Dictionary of Christian Spirituality에는 아예 회개라는 항목이 없다. 하지만 회개는 '그리스도와 함께하는 성결학교'에서 배워야 하는 필수과목이다. 이 훈련은 영적 건강을 위해 없어서는 안 된다.

:: 회개란 무엇인가?

다분히 개인적이며 관계적인 용어인 회개는 자신이 이전에 한 행위로 거슬러 올라가 자신의 삶이나 다른 대상과의 관계에 해를 끼친 나쁜 행동과의 인연을 끊어버리는 것이다. 성경에 사용된 회개는 신학적인 용어로, 하나님이 싫어하거나 금하는 활동을 기꺼이 하여 그분께 반항했던 행동을 포기하는 행위를 가리킨다. 회개를 의미하는 히브리어 단어는 돌이키거나 돌아오는 행위를 뜻하고, 헬라어는 마음을 바꾸어 결국 노선까지 변경하는 상황을 암시한다. 회개란 생각하는 습관, 태도, 견해, 정책, 방향, 행동을 완전히 바꿔 그릇된 삶의 패턴에서 빠져나와 바른 삶의 패턴으로 방향을 전환하는 행위를 일컫는다. 그것은 진정한 의미에서 일종의 영적 혁명이고, 우리가 탐구해야 할 인간의 실재이다.

회개는 실제로 방식이 바뀌는 것을 의미하는데 이 단어가 함축하는 모든 의미들을 고려할 때, 오직 그리스도인, 즉 죄의 통치권에서 해방되어 하나님과 관계를 맺고 있는 신자에게만 회개가 가능하다. 이러한 의미에서 회개는 믿음의 산물이며 하나님이 주시는 선물이다행 11:18.

회개는 자신이 그릇된 일을 행함으로써 하나님을 실망시켰고, 그분께 순종하지 못했음을 실제적으로 깨닫는 것이다. 이 문장은 말하기는 쉬워도 실천하기는 어렵다. 영국 시인 T. S. 엘리엇은 "인간은 아주 많은 실재를 감당하지 못한다"라는 진리를 선포하였다. 마음에서 희미하게 떠오르는 죄책감은 세상의 다른 어떤 것보다 강력한 영향을 미쳐 인간으로 하여금 마치 아무 일도 없었던 것처럼 행세하게 하거나, 도덕적으로 결함 있는 자신의 행동을 합리화하게 만든다. 그러하기에 다윗 왕도 밧세바와 간음죄를 저지르고 이를 은폐하기 위해 그녀의 남편을 살해한 후에 분명히 마음속으로 이 정도는 왕의 특권이기 때문에 영적인 삶과는 무관하다고 생각했으리라. 그 결과 그는 범죄 사실을 까맣게 잊고 있다가 나단 선지가가 와서 "당신이 그 사람이라"삼하 12:7 하고 책망하자 마침내 하나님께 득죄하였다는 사실을 깨달았다. 이러한 깨달음이 과거에도 그랬고 지금도 회개가 자랄 수 있는 모판이 된다. 진정한 회개가 일어나려면 먼저 성경약 1:22,26 ; 요일 1:8에서 말하는 '자기기만'과 현대의 카운슬러들이 말하는 '부인(부정)'의 단계에서 빠져나와 성경에서 언급하듯이 '죄책감'을 느끼는 상태로 들어가야 한다요 16:8.

회개는 우리가 사랑하고 섬겨야 할 하나님을 모독한 일에 대해 뉘우치며 참회하는 것이다. 통회하는 마음을 지닌 사람은 언제나 이러한 태도를 보인다시 51:17 ; 사 57:15. 중세시대에는 불완전한 회개attrition와 진정한 회개contrition를 명확히 구분함으로써 신앙생활에 유익을 주었다. (불완전한 회개는 자신이 한 일에 대해 스스로 두려움을 느껴 죄를 뉘우치는 것이고, 진정한 회개는 하나님에 대한 사랑에 의해 죄를 뉘우치는 것이다. 후자는 진정한 참회의 단계로 들어가지만 전자는 그렇지 못하다.) 신자는 단지 불완전한 회개에 머무르지 않고 진정한 회개의 단계로 나아간다시 51:1-4,15-17. 하나님의 자비와 사랑을 모독한 사람이 느끼는 참회와 죄책감은 '돌아온 탕자'의 이야기에 생생하게 묘사되어 있다눅 15:17-20.

회개는 숭배하는 마음으로 하나님께 나아가 죄를 용서해주시고 양심을 깨끗하게 해주시며 다시는 이러한 실책에 빠지지 않게 도와주시도록 간청하는 것이다. 대표적인 예가 다윗이 참회하며 드리는 간구에 잘 나타나 있다시 51:7-12. 신자는 회개할 때 언제나, 반드시 하나님께서 회복시키는 은총을 부어주시리라 믿으며 간구해야 한다. 예수님도 친히 하나님의 자녀들에게 "우리 죄도 사하여 주시옵고 우리를 시험에 들게 하지 마시옵소서"눅 11:4라고 기도하도록 가르치셨다.

회개는 문제가 된 죄를 단호히 끊어버리고, 어떻게 하면 다시는 그러한 죄에 빠지지 않고 바른 길로 나아갈 것인가를 신중하게 생각하는 것이다. 세례 요한은 이스라엘의 엘리트 종교 관리들에게 "그러므로 회개에 합당한 열매를 맺고"마 3:8라고 가르쳤고 이 말을 통해 이들이 방향을 전환하도록 요구하였다.

회개는 자신의 과실로 인해 물질적 피해를 입은 사람에게 손해배상을 하는 것이다. 이러한 식의 배상은 구약시대에는 의무적이었다. 신약시대의 변절자이며 세리장이었던 삭개오는 예수님의 제자가 된 후 자신이 남의 것을 속여 빼앗은 행위에 대해 네 배로 갚겠다고 약속하였다. 모세의 율법에 의하면 남의 양 한 마리를 도둑질하거나 처분하였으면 네 배로 갚아야 했다출 22:1,2-14 ; 레 6:4 ; 민 5:7.

회개의 과정을 다음과 같이 더 간단하게 정리할 수 있다.

- 회개는 자신이 저지른 일이 사악하고 어리석으며 혐의가 있다고 인정하는 것이다.
- 회개는 범죄행위를 포기할 마음을 품고, 하나님의 용서를 갈망하며, 지금부터 그분을 기쁘시게 하는 삶을 살려고 노력하는 것이다.
- 회개는 실제로 죄의 용서와 심령의 변화를 위해 하나님께 기도하기로 결정하는 것이다.
- 회개는 자신의 결정과 상응하게 하나님과 관계를 맺는 것이다.

- 회개는 간증과 고백 또는 변화된 행동, 아니면 이 두 방법을 다 동원하여 자신이 죄를 버렸음을 타인에게 보여주는 것이다.

회개는 위의 조건을 충족시켜야 한다. 회심하는 순간뿐 아니라 예수님의 제자로서 우리는 되풀이하여 회개해야 한다.

:: 회개와 종교개혁

기독교 역사에서 종교개혁 시기는 회개하는 삶이 어떤 것인지를 잘 이해하고 있던 때였다. 루터는 그리스도께서 대속제물이 되셔서 우리를 위한 임무를 완성하셨기 때문에 우리가 믿음을 통해 의롭게 된다는 '칭의' 교리를 재발견하였는데, 그는 이로 인해 군중 사이에 널리 퍼져 있던 그릇된 사상과 맞서야 했다. 그릇된 사상이란 우리가 이미 의롭게 되었기 때문에 회개가 필요치 않고 비밀 고백 절차나 신부들이 강요하는 고해성사도 불필요하다는 주장이었다. 루터가 이 주장을 공식적으로 승인한 적이 없었음에도 불구하고, 이러한 오해는 많은 사람들이 의견 일치를 본 것인 양 하나의 관행처럼 퍼져나갔다. 이에 대한 루터의 도전은 시기적절했고 매우 필요했다. 루터는 회개가 일평생 지속되어야 한다는 점과 회개도 믿음과 마찬가지로 마음의 작용이 있어야 한다는 점을 강하게 주장하였다.

이러한 통찰력을 가지고 살아간 또 한 사람은 존 브래드포드였다. 그는 1555년 45세의 나이에 런던에서 화형 당했는데, 메리 여왕이 영국에서 신교도들을 제거한다는 정책 때문이었다. 그는 온전한 의미에서 그리스도인이 된 지 불과 6년밖에 안 된 상태였다. 하지만 그는 이 기간에 영국의 개혁가들 사이에서 설교자와 뛰어난 성인으로서 대단한 명성을 얻었고, 특별히 회개는 그의 삶의 일부였다.

토마스 샘프슨은 브래드포드가 믿음을 갖도록 인도한 친구인데, 1574년 브래드포드의 설교집 「회개의 설교」Sermon of Repentance 제2판이 출간될 때 서문을 써주었다. 샘프슨은 서문에서 "그리스도인 독자들에게, 나 토마스 샘프슨은 그처럼 신속하고도 완벽하게 하나님께 회심하는 더할 수 없는 행복한 사건이 일어나기를 기원한다"라고 썼다. 이 내용은 실제로 있었던 사건을 암시하는데, 브래드포드가 성화된 삶을 살고 있다는 비밀스러운 내용을 함축한다. 그는 이어 이렇게 적는다.

"거장 브래드포드는 이런 패턴을 지닌 사람이었다. 그는 사람들에게 회개하라고 가르쳤다. 나는 그를 매우 잘 아는데 이 지면을 빌어 그를 존경할 필요성을 강하게 느낀다. 나는 브래드포드와 같은 사람을 이 세상에서 보지 못했다."

샘프슨은 계속 그 이유를 밝히는데, 내용이 좀 길더라도 충분히 인용할 만한 가치가 있다.

하나님께서는 그렇게 신속하게 그를 준비시키시고 성숙케 하셔서 순교자의 반열에 서게 하심으로써 기쁨을 누리셨다. 이제 그는 그리스도로부터 생명의 면류관을 받았으리라. 그는 예수님에 대한 믿음과 지속적인 말씀 묵상과 회개의 실천을 통해 많은 유익을 얻었고, 평생 동안 분명히 드러난 하나님의 은혜로 보살핌을 받았다.

우리의 친구 브래드포드는 매일매일 훈련하며 회개를 실천하였다. 그는 자신이 부지중에 범한 죄 중에서 가장 엄청나고 중대한 죄의 목록을 작성하였고, 기도하러 골방에 들어가서는 그 목록을 보며 기도하였다. 이렇게 함으로써 끊임없이 죄를 기억하며 통회하는 마음의 제사를 드렸고, 그리스도 안에서 믿음을 통해 구원의 확신을 가졌으며, 악한 세상에서 자신을 불러내신 하나님께 감사하였고, 은혜를 베풀어 인도해달라고 간청하였다. 그는 하나님께서 기뻐하시고 받으실 만한 거룩한 삶을 살기를 원했다.

그는 이처럼 쉬지 않고 사적인 기도 생활을 통해 양심을 훈련하였다. 기도하는 중에 내적으로 죄에 대한 강한 억제력을 느끼지 못하거나, 믿음에 의해 상처가 치유되는 느낌을 받지 못하거나, 그리스도의 구원하는 능력을 체험하지 못하거나, 마음이 변화되어 죄를 혐오하며 하나님의 뜻을 기꺼이 따르려는 충동을 느끼지 못하는 경우에는, 결코 만족한 상태에 도달하였다고 생각하지 않았다.

브래드포드의 기도하는 태도를 살펴봄으로써 우리의 기도 수준을 높이자. 그는 입술만이 아니라 마음으로 기도하였다. 키프로스 섬 사람들은 이렇게 말한다. "하나님은 목소리를 듣지 않고 마음을 들으신다." 마음이 동반되지 않는 목소리만의 기도는 하나님께서 원치 않으신다. 왜냐하면 그것은 단지 입술의 노동에 불과하기 때문이다.

그가 실천한 또 다른 훈련은 일지 쓰기이다. 그는 늘 일지를 기록하며 매일 보고 들은 내용 중에서 특이한 사항을 적었다. 따라서 그의 일지를 보면, 그가 얼마나 통회하는 마음을 지니고 있었는지를 깨닫는다. 브래드포드는 다른 사람의 좋은 점을 발견하면 그냥 지나치지 않고 자신에게 그 점이 부족하다는 사실을 느끼며 하나님의 은혜와 자비를 갈망하는 짧은 기도문을 덧붙였다. 다른 사람이 곤경에 처해 있다는 소식을 듣거나 그러한 모습을 목격했을 때는, 마치 자신의 잘못에 의해 그러한 일이 발생한 것처럼 언제나 "주님, 제게 자비를 베풀어 주십시오"라고 기도하였다.

샘프슨의 말에 따르면, 브래드포드는 6년 동안 그리스도인의 삶을 살며 회개에 초점을 두었다. 늘 회개에 대해 가르쳤고 실제로 그것을 실천하였다. 브래드포드는 세상을 떠나며 이런 말을 남겼다고 한다. "불꽃이 나의 귓전에서 널름거리며 '영국이여, 회개하라' 하고 외친다."

브래드포드는 사역을 통해서도 언제나 회개할 필요가 있음을 역설하였다.

회중 설교는 물론 사적인 모임이나 회사에 있을 때도 그는 회개를 역설하였다. 또한 회사에 나타나 다른 사람에게서 눈에 띄는 죄나 나쁜 행실을 발견하면 여지없이 책망하였다. 특히 욕을 하거나 상스러운 말을 하는 사람은 용서하지 않았다. 그런데 이렇게 하면서도 점잖게 그리스도인의 품위를 지켰기 때문에 반박하는 사람의 입을 쉽게 다물게 하였다. 그러면서도 힘이 있고 다정하게 대했기에 상대방이 자신의 과실을 인정하고 그것이 얼마나 나쁜지를 깨달았을 뿐 아니라, 선한 길로 이끌어준 은혜에 감사했다.

개혁가 브래드포드가 화형 당한 후 19년이 지난 때 이 글이 쓰였음에도 불구하고 브래드포드에 대한 샘프슨의 관찰은 여러 면에서 사람의 마음을 끈다. 첫째로, 그의 글은 최초의 역사적 사료가 되는 개인의 영적 일지가 어떠했는지를 보여준다. 브래드포드는 일지 기록 분야에서 선구자였다. 청교도들은 후에 일지 기록을 보다 전문화하여 일지를 일종의 사적 고백실로 만들어 하나님과 자신에 대한 솔직한 고백을 기록하였다. 둘째로, 브래드포드를 평가하는 샘프슨의 멋진 표현이 우리의 관심을 끈다. 하나님의 자비와 성화된 삶에 대해 브래드포드가 느꼈던 생생한 감정을 잘 전해준다.

죄에 대해 민감했던 브래드포드

브래드포드가 하나님의 거룩하심과 그분의 죄에 대한 증오심을 확실히 파악하고 있었던 점은 분명하다. 오늘날의 현대인 중에는 거룩함과 죄에 대해 이처럼 예민한 태도를 싫어하고(사실은 이렇게 예민한 사람이 거의 없지만, 16세기 영적 지도자들 중에는 이런 사람이 대다수였다), 심지어 정신장애로 여겨 이러한 신앙인을 신경증 환자로 취급하는 사람들이 있다. 분명히 당시 유럽에서는 하나님의 진노에 대한 두려움이 사람들에게 매우 큰 영향력을 미쳤다. 하지만 하나님의 거룩함과 인간의 더러움에 대해 브래드포드가 지니고 있던 견해를 괴상한 것으로 여긴다면, 이는 편견이다. 그는 단지 성경에서 거듭하여 강조하는 하나님의 명령을 전달하고 있을 뿐이다. 하나님께서 온갖 형태의 죄를 증오하시며 죄를 짓고도 회개치 않는 자들에게 '진노하신다'는 진리를 들려준다.

브래드포드의 설명을 조금 더 들어보자. 그는 '죄에 대해 진노하시는 하나님께 드리는 기도'에서 이렇게 간구한다.

> 오, 전능하시고 영원하신 우리 주 하나님, 우리의 구세주 예수 그리스도의 사랑하는 아버지가 되시는 하나님! 주님께서는 "천지와 바다와 그중의 만물을" 지으셨고, 만물을 홀로 통치하시고 다스리시며, 유지하시고 보호하십니다. 오, 거룩하고 의로우시며 지혜로우신 하나님! 오, 강하고 무섭고 능력이 많으시며 인류의 심판주이시고 두려우신 주 하나님! 주님의 눈은 흠이 없고 모든 사람이 가는 길을 감찰하시기에 경건치 못한 자는 피할 곳이 없습니다. 주님은 인간의 마음을 살피십니

다. 그리고 죄를 증오하시고 사악한 행동을 혐오하셔서 죄로 인해 탄식하시며 인류를 벌하셨습니다. 아담과 그의 후손에게 죽음이란 형벌을 선언하셨고 그들을 낙원에서 쫓아내셨으며, 땅을 저주하셨고 세상을 물로 심판하셨으며 소돔과 고모라를 불로 태우셨습니다.

하지만 죄에 대해 분노하신 이 모든 사례 중에서 가장 주목할 만한 일은 예수 그리스도께서 십자가에서 피를 흘리며 죽으신 사건입니다. 죄에 대한 주님의 분노가 너무 컸기에 하늘과 땅에 있는 그 어느 것도 주님의 분노를 진정시킬 수 없었습니다. 오직 주님께서 가장 사랑하시며 예나 지금이나 그분으로 기쁨을 누리시는 독생자의 피흘림만이 이를 가능케 했습니다. 우리의 죄에 대한 진노가 그렇게 강렬했기에 죄가 하나도 없으신 예수님은 "나의 하나님 나의 하나님 어찌하여 나를 버리시나이까?"라고 울부짖을 수밖에 없었습니다. 죄악 덩어리인 우리를 향한 주님의 분노가 얼마나 크고 참을 수 없었을까요!

도덕적으로 인간을 파괴시키는 죄의 엄청난 영향력에 대해 하나님께서 거기에 상응하는 형벌을 내리셨는데도 브래드포드는 이처럼 강력하신 창조주 하나님을 보며 경외감을 느낀다. 그런데 그의 글에 나타난 하나님에 대한 두려운 감정은 현대인이 하나님에 대해 갖고 있는 감정 즉 보다 부드럽고 차분한 느낌과는 분명히 어울리지 않는다. 그러나 그가 살았던 당시 영국의 신교도들에게는 결코 특이한 현상이 아니었다.

이러한 태도는 토마스 크랜머의 글에서도 발견된다. 그는 자신이 만들고 있던 '성찬조례'1548에 사용하기 위해 2-3년 전부터 죄를 고백하는 기도문을 작성하였는데, 이 기도는 오늘날까지 거의 온전한 형태로 영국 국교회 기도서에 수록되어 전해온다. 그는 브래드포드가 지녔던 통렬함을 느끼며 이렇게 고백한다.

> 전능하신 하나님, 우리 주 예수 그리스도의 아버지, 만물의 창조주, 인류의 심판자이신 하나님! 우리가 생각과 말과 행동으로 지은 여러 가지 죄와 허물을 인정하며 몹시 슬퍼합니다. 때로는 매우 괴로워하면서도 죄를 범했고, 이로 인해 주님의 위대하심을 모독하며 주님의 분노와 노여움을 격발케 하였습니다. 이제 진정으로 회개하며 잘못을 뉘우칩니다. 과거에 저지른 죄를 생각하면 슬퍼지고 견딜 수 없을 만큼 마음이 무겁습니다. 은혜로우신 아버지 하나님, 자비를 베풀어 주십시오. 주님의 독생자 예수 그리스도를 생각해서라도 자비를 베풀어 주시고 모든 과거를 용서해 주십시오. 이제부터는 새로운 마음으로 주님을 섬기고 기쁘시게 하며, 주님의 이름을 영화롭게 할 수 있도록 허락해 주십시오. 우리 주님 예수 그리스도의 이름으로 기도합니다. 아멘.

거룩함에 대한 오토의 이해

루돌프 오토는 자신의 획기적인 저서 「거룩함의 의미」The Idea of the Holy에서 경건한 사람들이 하나님의 거룩함에 대해 두려움과 매력을 동시에 느낀다고 주장하였다. (여기서의 '두려움'이란 하나님의 손 안에 있는 사람이 번영뿐 아니라 재난을 받을 수 있고, 하나님은 우리에게 복종하는 분도 또 온순한 분도 아니라는 생각에서 오는 경외심과 두려움을 말한다. 반면 '매력'이란 하나님의 아름다움과 선하심, 자비와 사랑에서 느끼는 끌리는 감정, 심지어 황홀하게 되는 감정을 의미한다.) 하지만 이런 말을 하지 않을 수 없다. 대부분의 현대 서구의 종교, 특히 접신론接神論, 뉴에이지 사상, 자유주의 개신교, 몇몇 현대의 가톨릭 분파는 지나치게 문화 지향적이고 내재하는 신만을 강조하며, 감상적이고 온갖 형태의 초자연적 경험을 너무 쉽게 받아들인다. 이러한 경향은 하나님을 마치 멋진 남성(페미니스트 신학에서 말하는 멋진 여성)의 이미지로 전락시키고, 오토가 지적한 하나님의 초월성의 두 측면을 전혀 갖지 못한 신이 되게 한다. 이에 대해 판결을 내려야 한다면 오토의 사상이 옳은 반면 대부분의 서구의 종교는 근본적인 면에서 반종교적이다.

오토의 견해는 성경 말씀과 일치한다. 성경에 나오는 모세, 엘리야, 이사야, 에스겔이 하나님을 어떻게 만났고출 3장 ; 왕상 19장 ; 사 6장 ; 겔 1장, 바울이 다메섹으로 가던 도중에 예수님을 어떻게 만났는지 생각해보라행 9장 ; 22:6-21 ; 26:12-23. 하나님의 초월적인 주권과 영광이 그들이 사역하는 동안 어떻게 나타났는지 주목해보라.

오토의 분석은 여러 부흥 운동과 갱신 운동에 나타난 하나님의 모습과도 일치한다. 부흥 운동에 나타난 하나님의 모습은 더 이상 멀리 떨어져 계시는 분이 아니라 우리에게 더 가까이 다가오시는 분으로 느껴진다. 이러한 운동들은 언제나 두려움(인류의 운명을 주관하는 전능하신 분)과 매력(자비와 사랑이 무한하신 분)을 동시에 지닌 하나님의 이미지에 의존해왔고, 그러한 하나님에 의해 활력을 공급받았다. 종교개혁 자체도 사실은 이러한 부흥 운동이었다. 오토의 분석은 위대한 종교개혁가 루터와 칼빈, 브래드포드와 크랜머, 후의 많은 청교도들, 또 18세기부터 현대에 이르기까지 복음주의적 부흥 운동을 일으키며 개신교에 크게 공헌한 수많은 신자들의 사상과 정확하게 일치한다.

경건한 그리스도인들은 언제나 하나님의 신성이 지닌 이중적인 면을 이해하고 있었다. 그 하나는, 하나님의 순수함과 사랑(하나님의 구원 계획에 잘 드러나 있다)에서 나오는 초월적 영광인데 이 영광이 그들을 매료시킨다. 다른 하나는, 하나님의 주권에서 나오는 초월적 영광인데 이것이 그들을 두렵게 만든다. 신자들이 하나님에 대해 느끼는 두려움과 자비, 이 두 감정이 그들로 하여금 거룩한 삶에서 지속적인 회개가 '필수적'이라는 진리를 깨닫게 하는 토양이 된다. 이러한 깨달음은 다른 조건에서는 기대하기가 어렵다. 이 깨달음이 결여된 상태에서 아무리 거룩한 삶을 산다고 해도, 실제로 자세히 관찰하면 자기만족과 죄에 대한 근시안적인 견해를 가지고 있음을 발견한다. 그렇다면 자칭 그리스도인이라 하면서도 이 사실을 깨닫지 못하고, 지속적으로 회개할 필요성을 느끼지 못하는 사람이 있다면 말해보라.

그러면 나는 그에게 성경에서 말하는 거룩하신 하나님을 제대로 이해하지 못해 성장이 멈춘 위축된 영혼을 보여주겠다. 이러한 사람에게 진정한 그리스도인의 성결은 현재로서는 요원하다.

브래드포드의 다른 토대

지금까지 살펴본 브래드포드에 관한 이야기는 절반 정도에 불과하다. 샘프슨이 말하듯이, 그가 남긴 편지, 설교, 묵상 자료, 기도문을 보면 그가 회개를 평생의 과업으로 생각했음을 알려주는 단서가 발견된다. 브래드포드가 그러한 생각을 가질 수 있었던 것은 오토가 강조했듯이 하나님의 거룩함을 늘 의식하고 있었기 때문이었고, 자신이 받은 은혜와 또 십자가를 통해 자신을 구속하시고 그리스도 안에서 구원을 얻도록 믿음의 세계로 불러주신 은혜의 하나님을 사랑했기 때문이었다. 거룩함의 이러한 측면에 대해서는 브래드포드가 가장 좋은 본보기라 하겠다.

하나님을 진정으로 사랑한 성인들에게서 흔히 볼 수 있듯이, 일상생활에서 이들이 하나님께 몰두하는 장면은 일반적인 사회 기준에서 보면 상당히 이상하게 보인다. 그런데 이들의 행동은 자연스러운 것으로 해석해야 한다. 하나님을 사랑하는 거룩한 사람들은 마치 사랑하는 남녀가 눈과 마음을 상대방으로부터 떼지 못하듯이, 군중 속에 섞여 있을 때도 이상하게 보이기 마련이다. 이들은 그분과의 관계를 매우 중시하며 그것만 추구하기 때문에, 오랫동안 다른 사람이나 주변에 있는 사물들을 의식하지 못할 때가 있다. 그분과의 사랑에 심취해 있기 때문이다. 브래드포드의 마음은 언제나 하나님을 향해 열려 있었고, 하나님에 대한 사랑을 행동으로 잘 표현하였다. 샘프슨은 브래드포드가 다른 사람들과 함께 있을 때 어떻게 묵상했는지를 다음과 같이 묘사한다.

> 브래드포드를 잘 알고 있는 사람들은 그가 다른 사람과 함께 있을 때 종종 갑작스럽게 깊은 묵상에 빠지는 모습을 볼 수 있었다. 그는 상당한 시간 동안 자리에 앉은 상태에서 무언가에 감동된 듯 시선을 고정시킨 채 침묵하곤 했다. 그러다가 때때로 눈물을 줄줄 흘리곤 했고, 어떤 경우에는 묵상하며 앉아 있다가 환한 미소를 지으며 일어나기도 했다. 나는 여러 차례 그와 점심이나 저녁 식사를 한 적이 있었는데, 그가 깊은 묵상에 잠겼다가 의식을 회복한 후에는 자신에게 떠오른 생각을 들려주었다. 나는 그 순간 그의 눈에서 눈물이 뚝뚝 떨어지는 장면을 가끔 목격하였다. 그는 기쁘기도 하고 슬프기도 한 것 같았다.

브래드포드에게 기도는 언제나 제1순위였다. 그는 기도에 대해 이렇게 말한다. "우리는 예수님의 이름으로 드리는 진실한 기도를 통해 필요한 모든 것을 얻을 뿐 아니라, 우리가 받은 하나님의 은혜를 빼앗기지 않고 유지한다." 기도는 늘 그를 겸손하게 했고 하나님을 찾게 했으며 대단한 노력을 투입하게 만드는 회개 훈련이었다. 브래드포드는 다음과 같이 충고한다.

> 기도할 때는 죄를 지을 생각을 버려라. 무슨 죄가 되었든지 지으려는 생각을 품으면 그러한 기도는 하나님께 상달되지 못한다. 칼이나 총알, 화살, 창과 같은 무기로 인해 부상을 입은 사람이 상처를 입힌 무기를 몸에서 뽑아낼 생각은 안 하고 무조건 하나님께 치료해달라고 요청하기만 한다면, 그 기도는 아무 소용이 없다. 죄를 지을 생각을 마음에 품고 기도하는 것도 이와 같다. 칼이 인간의 몸에 상처를 입히듯이 죄는 영혼에 상처를 준다. 따라서 기도하러 들어갈 때는 온갖 탐심, 더러운 생각, 욕설, 기만, 악독, 음주, 폭식, 게으름, 교만, 시기, 쓸데없는 잡담, 나태, 태만 등과 작별하라. 마음에 고집이 남아 있어 그렇게 하기를 싫어하거든, 즉각 예수님의 이름으로 하나님께 기도하여 악한 고집을 꺾어달라고 요청하라.

:: 왜, 끊임없이 회개해야 하는가?

우리는 브래드포드를 비롯하여 그와 동시대에 살았던 다른 그리스도인들이 왜 그리스도인의 삶이 다른 무엇보다도 (루터가 말한 대로) 끊임없는 회개의 연속이어야 한다고 생각했는지 그 이유를 분명히 알게 되었다. 여기에 다음과 같은 내용을 보강한다면 더 쉽게 이해할 수 있으리라 믿는다.

하나님은 창조주이시다. 그래서 만물을 그분의 기쁘신 뜻대로 창조하셨고 세상의 모든 만물은 존재하기 위해 매순간 그분께 의지해야 한다. 따라서 그분은 자신이 창조한 이성을 지닌 피조물들이 어떻게 행동해야 할지를 명령할 권한을 가지고 계신다. 하나님은 자신이 정한 도덕법의 테두리 안에서 권한을 행사하셨고, 그에 따라 그분의 거룩한 모습처럼 우리도 거룩하게 되기를 요구하신다.

비록 인간적인 차원이지만 하나님은 우리가 인격, 행동, 욕망, 결정, 기쁨의 측면에서 그분처럼 살아가기를 원하신다. 그러하기에 우리는 온 힘을 다해 감사하는 마음으로 예배하며 충성스럽게 섬기는 삶을 살아야 한다. 하나님과 동료 인간을 향해 충성과 정직과 성실과 사랑을 보여주어야 하고, 말씀을 통해 드러난 그분의 뜻에 지혜롭게 복종함으로써 그분을 영화롭게 해야 한다. 이것을 새로운 계약의 관점에서 설명하면, 어떤 환경에서든 정직하고 경건하며, 패기 넘치고 신중하게, 또 열정적으로 예수님처럼 살아야 할 의무가 있음을 깨달아야 한다. 뜨거운 마음과 냉철한 머리로 재치 있게 모든 일을 처리해야 한다. 전적인 헌신과 신뢰의 태도를 보여주며 100% 의롭게 살려고 노력해야 하고 부족함을 보여서는 안 된다.

하나님의 성품에 나타난 순수함과 정직, 가치판단의 기준은 이미 정해져 있고 변치 않는다. 그분은 자신의 법을 업신여기는 개인이나 공동체에 대해서는 적대감을 보일 수밖에 없고, 곧 그들에 대해 응분의 조치를 취함으로써 이성을 지닌 모든 피조물에게 자신의 변치 않는 도덕성을 보여주며 영광을 받으신다.

하나님은 우주의 절대적인 통치자로서 위엄이 있으시기에 죄는 중대한 문제로 취급된다. (여기서의 죄에는 불법, 도덕적 기준에 미치지 못하는 것, 온 마음과 영혼을 다해 의를 실천하지 못하는 것이 다 포함된다.) 의도적으로 하나님의 위엄을 축소시킨 세속적인 서구 문화에서는 이 점을 믿기 어렵겠지만 엄연한 사실이다. 본래 어떤 죄보다 더 악하고 엄청난 죄가 있게 마련이다. 하지만 위대하신 하나님 앞에서 하찮은 죄란 있을 수 없다.

하나님께서 우리를 창조하신 목적은 우리로 하여금 거룩하게 살도록 하기 위함이다. 거듭나게 하신 목적도 마찬가지이다. 따라서 어떻게 해야 그분을 기쁘시게 하는지에 대해 관심도 없이 도덕적으로 부주의하게 산다면, 이는 그 자체가 굉장히 악하다. 이런 식으로 하나님을 무시하며 불쾌하게 하였다면, 다른 어떤 창조적인 행동이나 영웅적 행위, 세련된 행위로도 그분이 느낀 불쾌함을 누그러뜨리지 못한다.

그분은 인간의 온갖 행위뿐 아니라 마음까지 감찰하신다. 이러한 이유 때문에 죄를 범한다는 것은 우리의 행동은 물론 동기와 목적 면에서 뭔가 부족함이 있음을 드러낸다. T. S. 엘리엇은 "최고의 반역은 올바른 행동을 함으로써 잘못된 동기와 목적을 성취하는 것이다"라고 말하였다. 하나님은 인간의 행동을 철저하게 평가하시듯이 숨은 동기까지 찾아내서서 평가하신다. 어떤 의미에서 그분은 인간이 저지른 행동보다 마음 곧 생각, 반응, 욕망, 결정을 내리는 중심에 더 비중을 두신다. 이 말은 분명히 진리이다. 이는 마음에 의해 인간의 됨됨이가 결정되기 때문이다.

하나님은 자신이 창조한 피조물을 선하고 자비롭게 대하신다. 그러하기에 이 세상을 사랑하셔서 독생자를 보내어 십자가에서 죽게 하심으로써 우리를 구원하셨다. 그러므로 그 은혜에 감격하고 적극적으로 감사하는 태도야말로 우리에게 요구되는 반응이고, 실제로 하나님께서 우리에게 영원토록 요구하시는 사항 중 하나이다. 하나님의 입장에서 보면, 그분께 감사하지 않고 그분을 사랑하지 않는 태도는 마치 우리가 다른 사람에게 불성실하고 불의하게 대하는 것처럼 비난받을 만한 행동이 된다. 제일 크고 첫째 되는 계명을 어긴다면 이는 마땅히 제일 크고 첫째 되는 죄를 범하는 셈이다 마 22:34-40.

하나님은 우리가 죄를 회개하면 용서해주시고 모든 것을 회복시켜 주시겠다고 약속하신다. 그리스도인은 일상생활에서 매일 수시로 죄를 범한다. 비록 행동으로 드러나지 않은 동기, 목적, 생각, 욕망, 요구, 상상 속에서 하나님의 명령을 지키는 데 소홀히 하였든 아니면 적극적으로 법을 어겼든 간에 말이다. (당신도 이 사실을 알고 있지 않은가?) 그러하기에 규칙적인 회개가 필수적이다. 회개는 반드시 철저해야 하고, 죄가 우리 마음에서 나오듯 회개도 마음에서 우러나와야 한다. 회개할 때는 죄를 고백하고 버려야 하며 마음속으로 (크랜머가 기초한 기도서에서 언급하듯이) "하나님께서는 진심으로 회개하고 거룩한 복음을 믿는 자의 온갖 죄를 사면하신다"는 확신을 가져야 한다. 회개는 거듭난 신자의 마음이 하나님과 연합하고, 꾸준히 그분을 사랑하며, 그분을 기쁘시게 하기 위해 노력하고 열망한다는 사실을 직접적으로 표현하는 것이다. 이러한 열망으로 죄를 포기하고 뉘우치며 하나님께로 돌아선다.

마음에 품은 죄는 장애물이 된다

거듭난 성도는 마음에 품은 죄가 하나님과 교제할 때 장애물이 된다는 사실을 안다. 성도가 마음에 죄를 품으면 하나님께서 교제의 확신을 거두어가실 뿐 아니라 외적·내적 징벌을 통해 불쾌감을 드러내신다. 따라서 이들은 본능적으로 시편 기자의 고백과 같이 늘 기도한다. "하나님이여 나를 살피사 내 마음을 아시며 나를 시험하사 내 뜻을 아옵소서 내게 무슨 악한 행위가 있나 보시고 나를 영원한 길로 인도하소서"시 139:23-24. 다음에 인용하는 찬송가 가사에도 이러한 심정이 절실하게 배어 있다.

> 오, 하나님, 저를 살펴 행위를 시험해주소서.
> 만물을 감찰하시는 주님의 눈에 보듯이
> 저의 삶이 그대로 드러나,
> 가는 길을 분명히 보게 해주소서.

저의 모든 느낌과 온갖 생각을 감찰하여

드러내시는 유일하신 주님,

마음속 깊이 숨겨진 부분들을

완전히 드러내 보여주소서.

격정이 지배하는 마음속

그 어두운 밀실마다 빛을 던지셔서

저의 양심을 일깨워

죄를 지긋지긋하게 미워하도록 해주소서.

은밀한 근원인 생각들과

그것을 통제하는 동기들을 살펴주시고,

오염된 것들이 영혼을 지배하며

권력을 휘두르는 집무실들을 감찰해주소서.

거듭난 신자 중에 제정신을 지닌 사람이라면 아무도 죄를 품지 않는다! 거대한 물고기가 요나를 육지에 토해냄으로써 자신의 신체 조직 밖으로 배출하였듯이, 거듭난 성도는 죄를 깨닫고 회개함으로써 자신의 영적 조직 밖으로 죄를 몰아내기 위해 노력한다. 때때로 이러한 회개는 공개적으로 인상적인 행동을 통해 표출되기도 한다. 성경에서 그 예를 찾아볼 수 있다.

- 삭개오는 소유의 절반을 가난한 자들에게 주고 속여 빼앗은 일이 있으면 네 갑절이나 갚겠다고 약속하였다눅 19:8.
- 에베소에 있던 회심한 마술사들은 자신들이 사용하던 책들을 모두 불살랐다행 19:19.
- 고린도 교회 성도들은 자신들이 전에 소홀히 했던 교회의 규율을 강화함으로써 서로에 대한 신임을 회복하였다고후 7:9-11.
- 부흥 운동 기간에 많은 사람들이 자복하는 사건이 반복하여 일어났다 마 3:6 ; 행 19:18.

신자는 언제나 예수 그리스도의 제자로서 하나님 앞에서 자신을 점검하는 훈련을 해야 하고, 성령님께 의지하여 바로잡아야 할 대상이 무엇인지 알려주시도록 도움을 청해야 한다. 그리스도인이라면 누구나 간절히 삶을 얼룩지게 하는 더러운 요소들을 회개하고 버리기를 원한다.

브래드포드로부터 배워야 할 중요한 교훈이 하나 더 있다. 그는 자신이 쓴 편지에 서명을 하며 '정말로 가식적인 위선자, 존 브래드포드, 굉장한 위선자, 가장 비참하고 열성이 없으며 은혜를 모르는 죄인, 죄 많은 존 브래드포드'라는 표현을 사용했는데, 이것은 경건을 가장한 위장이 아니다. 그는 실제로 자신이 부족하다는 사실을 뼈저리게 느끼고 있었다. 전심으로 회개하는 데 자신이 지금까지 성공적으로 잘해온 것보다 더욱 전진하기를 갈망하였다. 이것이 영적인 삶의 법칙이다. 더욱 전진할수록 그만큼 부족한 부분이 있음을 절감한다. 당신이 하나님에 대해 더 갈망할수록 현재 하나님과 맺고 있는 관계를 더 많이 의식하게 된다기보다, 오히려 앞으로 채워야 할 영역이 더 많이 있음을 깨닫는다. 브래드포드가 자신을 지칭하며 사용한 표현들은, 그가 그리스도 안에서 더 나은 사람이 되기를 원했던 간절한 열망의 목록이다. 그 이상도 이하도 아니다. 그에게 있었던 열정의 반만큼이라도 우리에게 있다면, 우리의 모습이 얼마나 달라질까!

죄를 뽑아버리려면

정원사들은 늘 잡초와 전쟁을 한다. 잡초 중에서 가장 못된 종류는 땅속으로 뿌리를 뻗어 정원수의 뿌리와 맞물려 그물망을 형성하여 그 지역 어디서라도 표면을 뚫고 싹이 자라게 하는 잡초이다. 죄도 이러한 잡초와 같아서 특정한 죄들이 마치 새싹처럼 어디서나 자라게 한다. 하나의 죄가 다른 죄의 힘을 보강해주며 땅속에서 서로를 엮는다. 이렇게 해서 시기와 야망이 서로의 힘을 보강하고, 육욕과 교만과 분노와 탐욕과 나태가 서로의 힘을 보강하여 도덕성의 한쪽 구석을 차지하고, 다음에는 이것들이 다시 탐욕과 나태와 재결합하여 세력을 확장시킨다. 이런 식으로 계속 진행된다.

우리는 성경과 예배를 통해 많은 교훈과 메시지를 듣고, 또 동료 그리스도인과 정직하게 교제하며 하나님과의 교제를 지속함에 따라 우리 자신을 더 잘 알게 되고, 이로 인해 종종 우리 안에 이러한 죄의 그물망이 있음을 의식한다. 죄의 세력은 우리로 하여금 자주 회개할 필요성을 느끼게 한다. 언젠가 신앙생활을 오래 한 어떤 신앙인이 내게 "지금 회개할 것이 생겼네"라고 속삭였던 적이 있다. (그렇게 말하고는 한 시간 정도 그 자리를 떠나 회개하였다.) 얽히고설킨 뿌리들을 풀고, 동기 속에 숨겨진 어두운 요소들을 찾아내는 작업은 정말로 끝이 없다.

피아노를 배우는 사람이 계속 연습하고, 다양한 훈련을 통해 자신의 약점을 극복하며 손가락의 기능을 새롭게 익히듯이, '그리스도와 함께하는 성결학교'에 다니는 학생인 그리스도인도 지속적인 회개를 통해 도덕적·영적 영역에서 나타나는 자신이 알고 있는 결점과 문제점들을 극복해야 한다. 영국 국교회 기도서에 나오는 '마음으로부터 나오는 회개'는 성결의 삶에서 아래쪽으로 뻗는 성장이다. 마음에서 우러나오는 회개가 멈춘다면, 거룩한 삶에서 나타나는 성장은 지속되지 못한다.

회심은 반드시 지속되어야 한다. 지난 300년 동안 개신교도들은 회심을 「웨스트민스터 소요리문답」에 나오는 '생명에 이르는 회개'와 동일시하였다. "생명에 이르는 회개는 구원을 얻는 은혜인데, 이로 말미암아 죄인이 자기 죄를 참으로 알고, 또 그리스도 안에서 하나님의 긍휼하심을 깨달아 죄를 원통히 여기고 미워함으로, 죄에서 떠나 하나님께로 돌아가 든든하게 결심하고, 마음과 힘을 다하여 새롭게 순종하는 것이다"제87문. 많은 그리스도인들이 의식적인 회심의 순간을 경험하는데, '갑작스러운' 회심의 경험은 굉장한 축복이다. 하지만 우리 모두 어떠한 형태로든 회심의 상태로 들어가는 체험을 반드시 해야 한다. 아무도 선천적으로 이 상태에 들어간 채 태어날 수는 없다. 자신이 어떻게 회심의 상태에 들어갔는지를 회상할 수 있다면 정말 행복하리라.

그러나 여기서 그쳐서는 안 된다. "나 처음 믿은 그 시간"찬송가 305장 2절-역주에서 더 전진하여 이제 회심이 평생 지속되도록 해야 한다. 이러한 관점에서 회심이란 일종의 '주는' 작업인데, 이는 자신에 대해 알고 있는 지식을 하나님에 대해 알고 있는 지식에 넘겨주는 행위를 뜻한다. 우리가 하나님과 자신에 대해 더 많이 알수록(그리고 이 두 지식이 함께 자랄수록) 우리의 회심은 계속 반복되고 끊임없이 확장될 필요가 있다.

이러한 용어들을 사용해 고찰하다 보니 칼빈의 견해와 마주치게 된다. 그는 '갑작스러운 회심'에 대해 그의 글 「시편 주석」Commentary on the Psalms에서 분명하게 설명하며 "하나님은 이 회심을 통해 인간의 굳은 마음을 복종시키고 교훈을 받아들일 수 있게 만들어, 진정한 경건함을 알게 하고 미리 맛보게 한다"라고 적고 있다. 칼빈은 또한 「기독교 강요」에서 '회심'을 정의하며, 새롭게 된 마음에서 우러나오고 일평생 지속되는 적극적인 회개 훈련 곧 믿음의 열매라고 설명하였다.

하나님께로 돌아서는 회심의 전 과정은 '회개'라는 용어로 이해하면 된다. '회개'에 해당하는 히브리어는 '회심' 또는 '귀향'에서 유래하였고, 헬라어는 '마음'과 '목적'에서 유래하였다. 회개의 의미는 이 두 기원과 잘 어울린다. 왜냐하면 회개의 본질은 자신으로부터 돌아서서 하나님께로 향하는 것이고, 이전의 마음을 벗고 새로운 마음을 취하는 것이기 때문이다. 따라서 나는 회개를 이렇게 정의한다. 회개란 우리의 삶이 진정으로 회심하여 하나님을 향하는 것으로, 그것은 순전히 하나님을 진심으로 두려워하는 마음에서 시작되어야 하고, 우리의 정욕과 옛 자아를 죽이고 성령의 능력을 살리는 것으로 나타나야 한다.

정곡을 찌르는 지당한 말이다.

:: 회개의 모범

지금까지 일반적인 용어를 사용해 회개의 의미를 살펴보았다. 그러나 이 시점에서 회개가 원래 성질상 독특하다는 점에 주목해야 한다. 무엇으로부터 돌아서는지를 분명히 알아야 한다. 애매한 회개는 아무 의미가 없거나 적어도 무의미에 가깝다. 웨스트민스터 소요리문답에 따르면 "특별히 모든 사람들은 자신이 지은 독특한 죄를 회개하기 위해 진력해야 한다."

성경에 보면 일반적인 의미에서 회개하라고 요청하는 구절이 있지만마 3:2 ; 4:17 ; 막 6:12 ; 눅 5:32 ; 13:3,5 ; 행 2:38 ; 3:19 ; 17:30 특별한 잘못을 지적하며 회개를 요청하는 구절도 있다. 잠시 몇 가지 대표적인 경우를 살펴보자. 요한계시록 2-3장은 예수 그리스도께서 하늘 보좌에서 일곱 교회 중 다섯 교회를 향해 말씀하시는 내용이 편지 형식으로 기록되어 있다. 여기서 다음 사항에 주목할 필요가 있다.

그리스도께서는 계시의 수신자에게 자신의 영광스러운 모습을 보여준 후에1:12 각 교회에 보내는 말씀을 전달하는데, 이 편지의 내용이 요한계시록의 핵심이다. 장차 있을 투쟁과 그리스도와 그분의 백성이 함께 누릴 영광의 승리4-22장는 일종의 부록이다. 이는 앞으로 진행될 일정이기도 하고, 그리스도께서 이기는 자들에게 엄청난 축복을 주시겠다고 반복해서 약속하신 내용에 대한 확증이기도 하다2:7,11,17,26 ; 3:5,12,21.

이 편지의 수신자는 각 교회인데 실제로는 각 교회의 성도 개인을 대상으로 한다. "귀(단수) 있는 자는" 들을지어다. "이기는 그(단수)에게는" 보상이 있으리라. 언제나 그렇듯이 하나님의 말씀은 각 개인에게 전달된다. 따라서 듣는 사람이나 독자는 하나님의 말씀이 자신의 마음에 전달되고 있음을 깨달아 반드시 이에 반응해야 한다.

교회 공동의 죄뿐 아니라 각 개인의 죄까지 분명히 여기에 명시되어 있다. 에베소 교회는 처음 사랑을 버렸고2:4, 버가모 교회는 경건치 못한 가르침을 용납하였으며2:14, 두아디라 교회는 음란한 여자를 도와 행음하게 하였고2:20, 사데 교회는 살았다 하는 이름은 가졌으나 영적으로 죽은 상태였다3:1. 또한 라오디게아 교회는 미지근한 상태에서 자기만족에 빠져 영적인 일에 열성이 없었다3:15,17. 한마디로 이 교회들은 주님께 대한 사랑, 타협하지 않는 정의, 용납할 수 없는 것을 금하는 태도, 하나님의 영광을 갈망하는 열정, 그리스도를 위해 노력하려는 열의가 부족하였다. 이러한 특별한 과실들은 왕이신 그리스도께 대한 그들의 충성이나 제자도와 밀접한 관련이 있는데, 주님께서는 이제 친히 그들에게 회개하라고 촉구하신다.

이제 이 편지는 예수님의 사랑, 복을 주시는 목적, 그분의 영광스러운 모습을 소개하고 각자의 죄를 회개하라고 촉구한 후 다시금 사랑을 표현하며 새로운 관계를 맺자고 요청한다3:20. 처음으로 예수님을 믿을 때 참회하는 사람이 죄 용서와 회복을 갈구하며 구세주 예수님을 의지했듯이, 회개하는 그리스도인이 의지해야 할 대상도 우리의 주님 바로 그분이시다.

그렇다면 여기서 오늘날의 그리스도인에게 필요한 회개의 모범을 발견한다. 야고보 사도는 이렇게 기록한다.

> "그러므로 너희 죄를 서로 고백하며 병이 낫기를 위하여 서로 기도하라"약 5:16.

야고보는 이 구절에서 제도화된 죄 용서의 절차가 아니라 오히려 그리스도인의 친밀한 교제에 대해 언급하는데, 요즈음에는 이러한 교제를 '책임지는 관계'라고 부른다. 책임지는 관계 속에서는 서로 자신의 삶을 개방하며 보살핀다. 성공이나 승진 같은 기쁜 일은 물론 실패나 실수 같은 슬픈 일까지 함께 나눈다. 이처럼 서로를 보살피는 목회적 차원의 우정 속에서 죄를 고백하는 것은 회개의 중요한 표현이다. 어색함 때문에 서로 고백하는 일을 주저해서는 안 된다.

동료와 친구로서 당신을 잘 알고 있는 사람에게 죄를 고백하면, 당신도 더욱 자신감을 갖고 다시는 동일한 죄를 범하지 않으려고 노력한다. 자신의 병이 치료받을 수 있도록 친구에게 기도해달라고 부탁하면(야고보는 도덕적·영적 치료를 염두에 두고 있다), 가장 중요한 문제와 관련하여 개인적인 치료를 부탁하면 서로 책임감을 느끼고 영원히 의지한다. 오늘날 책임지는 관계가 얼마나 소중한지를 이해하는 사람은 거의 없다. 온 마음을 다해 죄의 유혹과 싸워야 하고, 진실한 회개를 하기 위해 전투를 치르는 것과 같은 치열한 상황에서는 그러한 관계가 더욱 절실하다.

그리스도를 믿는 친구에게 솔직하게 죄를 시인하는 태도야말로, 성경에서 말하는 그리스도인의 참된 회개의 한 방편이다.

:: 회개에 관한 실제적인 지침

아일랜드 사람을 붙들고 더블린으로 가는 길을 알려달라고 물으면 머리를 긁적이며 "물론이죠, 하지만 여기서 출발해본 적은 없는데요"라고 대답하는 사람을 자주 만난다. 아마 당신도 분명히 이런 경험을 했을 것이다. 마찬가지로 나도 당신께 고백할 것이 있다. 지금 내가 설명하려는 내용이 그리스도인들로 하여금 지속적으로 회개하는 습관을 갖도록 돕는 일인데, 정말로 이 시점에 현대 서구의 문화적 배경 아래에서 별로 이런 말을 하고 싶지 않다. 인간적인 관점에서 사회에서 진행되는 온갖 일들이 여기서 말하려는 내용과 전혀 어울리지 않는다.

현대의 문화는 오만한 낙관주의와 경박한 비관주의 사이를 오락가락한다. 오만한 낙관주의는 사람들을 부추겨 자신을 너무 진지하게 받아들이게 하고 과신하게 만든다. 반면 경박한 비관주의는 사람들로 하여금 자신은 물론 자신의 삶까지 가급적 진지하게 받아들이지 못하게 한다. 서구 사회는 한때 과학기술의 승리에 고무되어 20세기가 시작되었을 때의 분위기에 사로잡혀 있었다. 그러나 여러 차례의 전쟁과 위기를 겪고 공공연하게 과거의 잔학한 행위를 재연하려는 풍조에 위축되어, 20세기가 끝나가는 시점에는 전과 다른 분위기가 되었다. 인간의 존엄성과 영광스러운 모습이 이미 침식당해 버렸고 삶은 하찮은 실재로 전락해 버렸다. 그러다 보니 낙태와 안락사를 너무 쉽게 받아들이는 문화 풍토가 조성되었다.

기독교가 문화에 대한 지배권을 완전히 상실한 결과 다음과 같은 상황이 벌어졌다.

- 세속적인 상대주의가 교육계를 지배한다.
- 소비 중심주의와 물질주의가 시장을 통제한다.
- 삶의 궁극적인 진실을 알아낼 수 있다는 생각이 조롱당한다.
- 지난날의 지혜로부터 빗나간 사상들을 용납해야 한다는 주장이 제기된다.
- 옳고 그름에 대한 절대적 기준을 제시하면 편협한 사람으로 간주한다.

실제로 서구 사회에서 기독교는 개인에게는 물론 단체의 삶에서도 일반적으로 받아들여지는 토대가 되지 못한다. 단지 관심 있는 소수의 사람들을 위한 취미 정도로 전락하고 말았다.

그러는 동안 서구의 교회는 신앙과 윤리 면에서 혼란을 겪으며 세상사람의 구경거리가 되었다. 특히 신학 분야의 한복판에서까지 신앙과 행동의 다원주의가 제기되고 찬사 받는 상황을 볼 때, 이러한 혼란은 당분간 지속되리라 확신한다. 더욱이 요즈음에는 회개에 대해 말하는 사람이 거의 없다. 매우 불행한 일이지만 부인할 수 없는 현실이다. 전도와 양육, 목회 사역에서 이러한 현상이 나타나고, 심지어 복음주의 교회와 기독교 전통주의자들조차 회개에 대해 언급하기를 꺼린다. 쇼맨십적인 행동으로 회중을 선동하거나, 은사와 기술을 찾고 연마하여 위기를 모면하게 하거나, 사람들의 관심을 끄는 프로그램을 제공하거나, 문제를 해결하기 위한 상담 기법을 전수하는 일 등으로 회개 훈련을 대체한다. 그 결과 모든 교회는 정통과 이단을 막론하고 영적 실재를 놓쳐버렸고, 교회의 구성원들은 너무 피상적인 것에만 매달려 하나님에 대해 깊이 알려는 열망조차 상실하였다.

우리가 사는 시대는 끊임없는 회개 훈련을 하기에 결코 좋은 시기가 못 된다. 그러나 회개는 언제나 강조할 필요가 있다. 특히 회개가 사람들의 관심을 받지 못할 때는 더욱 그렇다.

이제 내가 해야 할 임무는 회개에 대해 이미 살펴본 내용을 잘 정리하여 각자 적용할 수 있도록 지침을 마련하는 일이다. 그리스도인으로서 우리가 마땅히 또 매일 하나님을 찬양하고 그분께 감사하며 기도하듯이 회개도 그렇게 해야 한다. 회개 훈련은 다른 훈련과 마찬가지로 거룩한 삶에서 기초가 된다. 우리가 거룩한 삶을 영위할수록 마음속에 내재되어 있는 죄를 더 많이 의식하게 되어 이러한 회개 과정을 거칠 필요를 느낀다. 제자도의 수준이 어느 정도인지를 평가하려면 내적 헌신이 어떻게 한마음으로 표출되느냐를 보면 되듯이, 헌신의 정도를 평가하려면 매일 이루어지는 회개가 얼마나 철저한가를 보면 된다. 다른 방도는 없다.

하나님의 정결하심

우리 죄인들은 오직 지속적이고 갈수록 깊어지는 회개를 통해 '하나님의 정결하심'에 경의를 표한다. 우리가 사랑하며 섬긴다고 주장하는 하나님은 의를 기뻐하시며 죄를 증오하신다. 성경 말씀이 이를 분명히 한다.

"주는 죄악을 기뻐하는 신이 아니시니 악이 주와 함께 머물지 못하며" 시 5:4.

"주께서는 눈이 정결하시므로 악을 차마 보지 못하시며" 합 1:13.

"마음이 굽은 자는 여호와께 미움을 받아도 행위가 온전한 자는 그의 기뻐하심을 받느니라 … 거짓 입술은 여호와께 미움을 받아도 진실하게 행하는 자는 그의 기뻐하심을 받느니라" 잠 11:20 ; 12:22.

"여호와께서 미워하시는 것 … 교만한 눈과 거짓된 혀와 무죄한 자의 피를 흘리는 손과 악한 계교를 꾀하는 마음과 빨리 악으로 달려가는 발과 거짓을 말하는 망령된 증인과 및 형제 사이를 이간하는 자이니라" 잠 6:16-19.

하나님께서는 자신이 정결하시기 때문에 우리를 부르셔서 정결하게 살도록 하신다 시 24:4 ; 마 5:8 ; 딤전 1:5 ; 5:22 ; 요일 3:3. 이 사실을 기억해야 한다. 또한 하나님은 우리 마음속에서도 동일한 증오심이 싹트기를 요구하신다.

따라서 하나님께서는 자신의 백성에게 이렇게 명하신다. "너희는 악을 미워하고 선을 사랑하며" 암 5:15. "악을 미워하고 선에 속하라" 롬 12:9. 그러므로 우리가 보여줄 수 있는 적절한 반응은 이렇다. "내 길을 굳게 정하사 주의 율례를 지키게 하소서 … 내가 모든 거짓 행위를 미워하나이다 … 주의 의로운 규례들을 지키기로 맹세하고 굳게 정하였나이다 … 너희 행악자들이여 나를 떠날지어다 나는 내 하나님의 계명들을 지키리로다"시 119:5,104,106,115.

하지만 우리의 순종은 언제나 완벽하지 못한데 이 문제를 어떻게 해결해야 할까? 자신의 결점을 철저히 회개하지 못하고, 그러한 단점들을 찾기 위해 규칙적으로 자신을 점검하는 일까지 소홀히 하는 사람은 하나님께서 인간의 도덕적 결함을 눈감아주신다고 생각하며 행동한다. 사실 이러한 행동은 하나님을 무시하는 처사이다. 왜냐하면 이러한 무관심 자체가 도덕적 결함을 의미하기 때문이다. 하나님은 절대로 도덕적인 면에서 무관심한 분이 아니다. 진리는 이것이다. 만약 우리가 하나님의 정결하심에 대해 진정으로 경의를 표한다면, 우리 자신도 그분처럼 실제로 악을 증오해야 한다.

악을 증오한다는 말은, 하나님의 법을 따르며 성별聖別된 열성으로 온 마음을 다해 그분을 기쁘시게 하기 위해 살아간다는 것이고, 동시에 회개하며 살아간다는 것이다. 여기서 회개란 단지 입술에서 나오는 틀에 박힌 말로 용서를 구하는 차원이 아니라, 자신의 잘못을 심각하게 생각하고 솔직하게 자기를 낮추며 신중하게 고백하고 하나님 앞에서 부끄러움을 느끼는 차원을 의미한다. 하나님은 정결하시기 때문에 악을 몹시 싫어하신다. 하나님께서는 우리가 그분과 같아지기를 요구하시는데 이는 우리 역시 악을 미워해야 한다는 뜻이다. 물론 제일 먼저 우리 안에 있는 악부터 미워하기를 시작해야 한다.

마음에서 우러나오는 회개가 어떠한 것인지를 보여주는 대표적인 예를 살펴보면 도움이 될 것이다. 시편 51편은 다윗이 밧세바와 그녀의 남편 우리아에게 범죄를 저지른 후 나단 선지자의 책망을 듣고 참회하며 지은 시로 알려져 있다. 다윗은 이웃의 집을 탐냄으로써 열 번째 계명을 어겼고 밧세바를 취함으로써 여덟 번째 계명을 어겼으며, 그녀와 관계를 가짐으로써 일곱 번째 계명을 어겼고 우리아를 속여 태어날 아이가 우리아의 아이인 것처럼 사건을 꾸미려 한 점에서 아홉 번째 계명을 간접적으로 어겼으며, 우리아를 원거리에서 죽임으로써 여섯 번째 계명을 어겼다. 그리고 하나님의 대변자인 나단 선지자가 찾아와 하나님의 노여움을 알려주기까지 일 년 정도 범죄 사실을 잊으려고 하였다삼하 11-12장. 하지만 우리는 시편 51편에서 자신의 잘못을 깨닫고 다음과 같이 여섯 단계로 나누어 철저하게 회개하는 다윗의 모습을 보게 된다.

　회개의 여섯 단계
　시편 51편 1-2절은 하나님의 언약을 제대로 이해했음을 보여준다. 여기서 다윗은 하나님의 '변치 않는 사랑'(다른 역본에서는 '자애'와 '확고한 사랑'으로 번역한다), 즉 그분께서 언약을 맺은 당사자에게 보여주시는 언약의 신실성에 호소한다. 하나님과 인간을 영원토록 묶어주는 이 언약이 성경의 가르침에 근거한 종교의 기초가 된다. 하나님의 종들은 넘어지고 실수할 때마다 그들이 제대로 지키지 못한 언약을 하나님께서 반드시 신실하게 지켜주실 것이라고 믿으며 거기에 유일한 희망을 건다. 하나님의 입장에서 이 언약 관계는 절대적으로 은혜의 선물이다. 오직 그분께서 언약을 발의하시고 지속시키시며 언약의 참여자가 저지르는 어리석은 행동과 악행을 눈감아주신다. 인간은 거룩하신 하나님에 대해 과거에도 그랬고 지금도 그렇고 언제나 어리석고 죄를 지은 피조물로 남아 있다. 만약 그분께서 인간의 허물을 지속적으로 용서해주지 않으시면 인간은 살아남지 못한다. 오직 회개를 통해 용서받는 길로 나아갈 수 있다.

3-6절은 범죄 사실과 우리가 저지른 죄에 대해 마땅히 처벌 받아야 한다는 점을 알고 있음을 보여준다. 이 구절은 우리의 타고난 죄성이 악한 행동을 통해 표출되며, 하나님께서 죄를 악하고 잘못된 것으로 간주하신다는 견해를 함축한다. 여기에 심오한 진리가 있다. 첫째, 우리는 죄를 짓기 때문에 죄인이 되는 것이 아니라 죄인이기 때문에 죄를 짓는다5-6절. 둘째로, 우리가 저지르는 모든 죄와 잔학 행위는 우상숭배 못지않게 하나님을 거역하는 죄가 된다4절.

7-9절은 죄를 씻어주시고 죄악을 지워달라고 요청하는 간곡한 울부짖음이다. 여기서 시인은 구원이 하나님의 사역이고 죄를 용서받음으로써 그분과의 교제에서 기쁨이 회복된다는 사실을 분명히 깨닫는다. 다윗의 뼈의식적인 자아들은 꺾어졌는데8절, 이는 그가 자신의 양심을 책망한 데서 기인한다. 이제 그는 자신의 뼈들이 사죄의 확신을 통해 말 그대로 '춤추게'(다른 역본에서는 '즐거워하게'로 번역한다) 해달라고

간청한다. 이러한 표현은 매우 생생한 은유적 묘사인데, 내적 삶이 사죄의 은총을 받음으로써 활력을 얻게 됨을 상징적으로 보여준다.

10-12절은 하나님 안에서 새롭게 되고 활기를 띠게 되기를 요구하는 간청이다. 시인은 인간의 영이 하나님을 향해 지속적이며 긍정적으로 반응하는 것이 본질적으로 영적인 삶이라는 사실을 깨닫는다. 그런데 이 반응은 우리 안에 내재하시는 성령 하나님이 친히 불러일으키고 유지시키신다. 하나님은 이 방법을 통해 우리의 결점과 더러움을 없애시고 빗나간 부분을 바로잡으신다. 그분께서는 우리를 '죄 안에서'가 아니라 '죄로부터' 구해주시고 의롭게 하시며 깨끗하게 하신다. 만약 그리스도인에게 정한 마음(하나님의 정결하심을 닮아 죄를 미워하는 마음)이나 자원하는 심령(하나님을 공경하고 그분께 복종하며 죄의 유혹을 거절하려는 경향)의 징후가 없다면, 우리는 그가 과연 하나님의 은혜 안에 있는 사람인지 의심해도 좋다. 하나님의 공의 안에서 새롭게 되고, 그로 인해 죄로부터 멀어지게 되기를 간구하는 것이 회개의 본질이다. 이러한 자세가 없다면 참회가 아직 이루어지지 않은 상황이고, 따라서 그런 사람을 참회자 또는 회개자라고 부를 수 없다.

13-17절은 하나님의 사죄의 은총을 간증과 예배를 통해 선포하겠다는 약속이다. 시인은 이 구절을 통해 하나님과 동료 인간을 위해 필요한 일을 하겠다는 다짐을 보여준다. 즉 감사하는 마음으로 찬양하고 거룩하신 하나님을 섬기며 죄를 지은 인간들에게 우리를 구원하시

는 하나님의 은혜를 선포함으로써 그들을 섬기겠다고 말한다. 성도는 섬기도록 부름을 받은 사람이다. 그러하기에 하나님께서 우리를 위해 하신 일을 기뻐하며 이 소식을 다른 사람과 함께 나누어야 한다. 선을 행하며 이러한 섬김의 일을 활기차게 감당하는 태도가, 진정으로 회개한 사람에게서 나타나는 하나의 징표이다.

18-19절은 교회, 즉 하나님의 성 예루살렘을 축복해주실 것을 간구하는 기도이다. 여기서의 교회는 이 세상에서 하나님의 이름을 지니고 사는 모든 성도들을 의미한다. 이 구절은 하나님을 기쁘시게 하는 일이 무엇인지 시인이 깨닫고 있음을 보여준다. 죄를 용서받고 영적으로 변성하는 구원받은 죄인이 감사하는 마음으로 드리는 '의로운 제사'가 여호와를 기쁘시게 한다고 단언한다19절. (다윗이 언급하는 '제사'는 하나님께 드리는 사랑의 선물을 뜻하고, '제단에 드려진 수소'는 현대인에게 상징적 의미를 지닌다.) 하나님의 모든 백성을 위한 시인의 간구는 참회의 내용과 결코 무관하지 않다. 회개를 통해 얻는 죄를 사해주시는 하나님의 무한한 사랑을 체험할 때 타인을 위한 간구가 저절로 나온다. 하나님으로부터 사랑 받는다는 사실을 깨닫는 사람은 타인을 사랑하고, 그렇게 되면 자발적으로 타인을 위해 기도한다.

죄에 대한 적대감

다윗은 자신의 부끄러운 잘못을 회개함으로써 하나님의 정결하심에 대해 경의를 표하였다. 그는 스스로를 낮춤으로써 자신이 하나님의 분노를 격발하였다는 사실을 인정하였고, 죄의 용서와 함께 그분의 분노에서 구해주시기를 간구하였으며, 하나님의 일을 새로운 마음으로 감당하고 계속 찬미하겠다고 다짐하였다. 이것이 진정한 회개이고 이는 우리에게 모범이 된다.

그리스도인 역시 탐심, 육욕, 끝없는 욕망, 악독, 기만 등에 빠진다. 비록 이러한 마음이 외부로 표출되지 않고 꿈이나 깊은 생각 속에 숨어 있다 하더라도 이는 회개할 일이다. 그리고 다른 사람과 마찬가지로 유혹을 받아 방종에 빠지고 동료를 학대하거나 착취하며, 인간관계에서 완력을 정의인 양 행사하고, 심지어 다른 사람이 죽기를 원하기까지 한다. 우리의 욕망이 혼란에 빠지고 마음이 이러한 상태를 선호한다면, 그것은 우리 마음이 잘못되었다는 증거이다. 이럴 때 회개가 필요하다.

소위 거룩하게 사는 법을 가르쳐준다고 하는 사람들 중에서 우리 안에 잠복해 있는 악한 생각이나 동기에 대해 민감해질 필요가 없다거나, 신경 쓸 필요가 없다고 주장하는 사람들이 간혹 있다. 하지만 악한 생각이나 동기가 마음속에 잠복해 있을 때 악한 생각을 더 절실하게 느끼고, 이에 대해 갈수록 심한 적대감을 느끼며, 이로 인해 깊은 회개에 잠기는 현상이 진정으로 거룩한 삶을 추구하는 사람에게서 나타나는 하나의 표지이다. 우리는 앞서 브래드포드에게서 이러한 거룩한 적대감을 보았다. 하나님께서는 우리 안에 이런 적대감이 생기기를 원하신다. 하나님의 정결하심에 대해 경의를 표하려면 이처럼 죄에 대해 적대감을 가져야 한다.

건강한 영혼

오직 지속적이고 갈수록 깊어지는 회개를 통해 우리 죄인들은 '영혼을 건강하게' 유지할 수 있다.

영적 건강은 육체적 건강과 마찬가지로 하나님의 선물이다. 그러하기에 육체적 건강과 마찬가지로 잘 간직하고 돌봐야 한다. 부주의한 습관이 건강을 망치기 때문이다. 영적 건강을 잃었다는 사실을 알즈음이면 이미 손쓸 시기가 지나가 버리는 경우가 많다. 영적 건강의 핵심은 겸손이고, 내적으로 썩게 하는 근원은 교만이다. 영적인 삶에서 정지해 있는 것은 하나도 없다. 만약 아래쪽으로, 즉 겸손을 향해 지속적으로 자라지 않으면, 교만의 영향을 받아 점점 부풀어올라 독이 퍼진다. 겸손은 자기 인식에서 나오고 교만은 자기 무지에서 나온다. 겸손은 자신을 불신하며 의식적으로 하나님을 의지하는 행동으로 표출되고, 교만은 자신을 신뢰하고 자아를 중요시하며 독선적이고 주제넘게 나서 포악하고 방자한 태도를 통해 표출된다. (어떤 경우에는 자기 확신이 교묘하게 겸손처럼 가장하여 나타나는 때도 있다. 그러나 이 경우에도 교만이 지배력을 행사한다.) "교만은 패망의 선봉이요 거만한 마음은 넘어짐의 앞잡이니라" 잠 16:18.

키니네quinine가 말라리아의 특효약이듯이 겸손이 교만의 특효약이다. 셰익스피어의 「십이야」Twelfth Night에 나오는 오시노가 '음악은 사랑의 음식'이라고 말하였듯이 회개는 '겸손의 음식'이라고 말해도 좋다. 회개는 겸손을 유지시키는 규칙적인 운동이라 하겠다. 겸손을 통해 영혼의 건강이 유지된다. 윌리엄 펜이 "십자가가 없으면 면류관도 없다"라는 유명한 말을 남겼는데 나는 감히 "겸손이 없으면 영적 건강이 없고, 회개가 없으면 겸손도 없다"는 말을 남기고 싶다.

그리스도인의 회개가 기반을 두고 있는 자기 인식은 율법에서 나온다. 자기 인식은 하나님의 피조물인 우리를 위해 하나님께서 지시하신 도덕적 기준을 직면하는 데서 오는 결과이다. 바울은 로마서 7장 7-25절에서 젊었을 때 율법이 어떻게 자신을 가르쳐 마음속에서 죄가 무엇인지를 깨닫게 했는지를, 율법 자체가 금하는 동기와 욕망을 충동질하여 그것을 행동으로 옮기게 함으로써 죄를 깨닫게 했는지를 설명한다.

> "율법이 탐내지 말라 하지 아니하였더라면 내가 탐심을 알지 못하였으리라 그러나 죄가 기회를 타서 계명으로 말미암아 내 속에서 온갖 탐심을 이루었나니 이는 율법이 없으면 죄가 죽은 것임이라"롬 7:7-8.

그리고 이제 자신의 현재의 삶에서, "내 속사람으로는 하나님의 법을 즐거워하되 내 지체 속에서 한 다른 법이 내 마음의 법과 싸워 내 지체 속에 있는 죄의 법으로 나를 사로잡는 것을 보는"롬 7:22-23 현상이 어떻게 가능한지를 설명한다.

여기서 '죄의 법'은 강력한 힘으로 작용하여 분별없이 하나님을 대적하며 공격하는 죄를 의미한다. 우리는 바울이 23절에서 사용한 "내가 보는도다"라는 표현을 통해, 그가 간직하고 싶어하는 율법의 빛으로 자신을 어떻게 보고 있고 자신이 실제로 이룬 업적을 어떻게 평가하는지를 알게 된다. 그가 자기를 점검하는 훈련을 하며 자신을 어떻게 평가하는지를 보게 된다. 바울은 그렇게 할 때마다 자신이 도달해야 할 목표가 언제나 너무 멀리 있다는 사실을 발견하고, 자신이 말하고 행한 모든 일이 실제로 그렇게 좋거나 옳지 못했음을 깨닫는다. 그래서 자신이 보기에 가장 고상하고 지혜롭게, 사심 없이 순수한 마음으로 하나님을 경외하며, 또 관대한 마음으로 행했다고 생각한 온갖 행위들이 분명히 수포로 돌아간 느낌을 받는다. 그는 과거를 돌아볼 때마다 자신의 행위가 더 그리스도를 닮았어야 했고, 동기가 더 순수했어야 했음을 느낀다. 바울은 항상 더 잘하지 못한 것을 서운하게 여겼다.

끊임없는 회개를 통해서만 얻어지는 이러한 발견은 확실히 우리를 낙담케 한다. 그러하기에 바울은 로마서 7장 24절에서 "오호라 나는 곤고한 사람이로다 이 사망의 몸에서 누가 나를 건져내랴"라고 몸부림치며 부르짖는다. 그런데 여기서 주목할 점은 바로 뒤에 나오는 25절에서 그가 승리의 함성을 지른다는 사실이다. 사도 바울은 장차 저 세상에서 있을 "우리 몸의 속량"롬 8:23 을 고대하며 "우리 주 예수 그리스도로 말미암아 하나님께(언젠가 그분이 우리를 구할 것이기 때문에) 감사하리로다!"라고 환호성을 지른다. 바울은 현재 죄의 세력으로부터 구원 받았기 때문에롬 7:5-6 ; 8:4-5, 하나님께서 약속하신 미래의 완전한 구원을 더욱 사모한다. 하지만 이런 가운데 계속 자신을 낮추어 아래로 자라가며, 자신 안에 있는 죄가 어떻게 하나님만을 전적으로 기쁘시게 하려는 자신의 목적을 좌절시키는가를 절실히 느낀다. 이런 점에서 바울은 모든 신앙인의 본보기가 된다.

오늘날의 교회에서 벌어지는 전투

현대 기독교계에서는 전투가 벌어지고 있다. 어떻게 보면 법을 차지하기 위한 전투요, 다른 측면에서 보면 양심을 차지하기 위한 전투이다. 교육 받은 민감한 양심은 하나님의 모니터(감시장치)이다. 그 모니터는 우리가 처리하고 계획하는 일의 도덕적 수준을 알려주고 무책임하거나 법을 어기는 일을 하지 못하게 하며, 죄책감이나 수치를 느끼게 하고 양심의 통제를 따르지 않을 때 우리가 받게 될 응분의 대가를 보여주며 두려움을 느끼게 한다. 사탄은 이 양심을 둔감하게 하고 부패하게 하며, 가급적이면 죽이려고 노력한다. 오늘날의 서구 사회에서 만연하는 상대주의, 물질주의, 나르시시즘자기도취, 세속주의, 쾌락주의는 사탄으로 하여금 더 강력하게 자신의 목표를 향해 돌진하도록 도와주었다. 이제 사탄이 감당해야 할 임무는 훨씬 수월해졌다. 왜냐하면 이 세상이 지닌 도덕적 약점이 이미 현대 교회 안으로 침투해 들어왔기 때문이다.

스스로를 자유주의자, 급진주의자, 근대주의자, 진보주의자라 부르는 신앙인들은 그리스도의 사상을, (자신이 속한 교회가 닻을 내리고 있는) 하나님을 믿지 않는 사회의 사상이나 사고방식과 혼합시키려고 애쓴다. 서구 사회에서 이러한 노력은 상황윤리(사랑하는 마음과 동기 이외의 어떤 규정도 인정하지 않음)와 여기에서 파생된 안전한 섹스, 이혼을 반복하며 이루어지는 연속적인 결혼, 낙태 찬성, 합법화된 동성애 등으로 표출된다. 복음주의 교회와 은사 운동을 강조하는 교회 그리고 정통교회의 교인들은 대체로 이론적으로는 이러한 성적 방종을 용납하지 않는다. 그러나 실제로는 많이 해이해져 도덕적인 문제에서 전체적으로 이교도 집단보다 나은 점이 거의 없다.

우리는 이단이나 불신앙, 율법주의, 냉담 그리고 무감각과 같은 사상 혹은 현상들과 싸우며 진정한 교리를 가르치고, 주님을 찬미하며 믿음을 수호하고, 길 잃은 자들에게 복음을 전하며 기본적인 도덕성 문제에 대해 우리의 양심을 가르치면서 시간을 보내고 있다. 100년 전만 해도 서구 문화에서는 학교나 언론 매체, 여론을 통해 기독교 윤리를 가르쳤다. 하지만 지금은 그렇지 못하다. 만약 오늘날 기독교 공동체가 정의를 가르치지 않는다면 누구도 그 일을 하지 않으리라. 그런데 요즈음 서구 그리스도인들은 정의에 대해 좀처럼 가르치려고 하지 않는다. 왜냐하면 그들 자신이 정의에 대해 거의 배우지 못했기 때문이다. 신자들에게 윤리 교육을 시키지 않고, 더욱이 적극적인(긍정적인) 사고방식이나 자부심을 강조하는 저술가나 연사들이 등장하여

'죄책감'을 마치 세속적인 관념인 양 취급하며, 죄책감이 예수님의 생각과 정반대 되는 것처럼 깎아내리면서 사람들의 의식을 세뇌한다. 그 결과 정직과 성실과 동정심에 관한 한, 보수적인 그리스도인들도 세상 사람들보다 나을 것이 없다.

오늘날 심각한 문제는 교회에서 두드러지게 나타나는 공동체적 퇴폐 현상이다. 이러한 분위기는 교인들에게 오로지 믿음만 유지하라고 강조하며, 하나님의 은혜의 교리를 믿는 사람은 반드시 그들의 삶 속에서 이 은혜를 드러내야 한다는 성경적 가르침을 무시하도록 가르친다. 올바른 신앙은 필연적으로 올바른 행동을 수반해야 하는데 그렇지 못하다. '매력적이고 좋은 것'이 '정의'를 대체하여 도덕의 목표가 되어버렸고 성공이 거룩함보다 우위를 차지하게 되었으며, 바르게 살아야 한다는 주장은 누구 하나 신경 쓰지도 않고 들어보기조차 어렵게 되었다. 상황이 이렇다 보니 우리는 이 영역에서 실패하고 있다.

오늘날의 그리스도인들은 20세기 후반을 지배하는 퇴폐적 정신의 희생물이다. 이 시대정신이 공적 신앙과 개인의 도덕성을 분리시키며 왜곡하여, 믿음만 잘 지켜 용감하게 살아간다면 개인의 도덕성은 중요하지 않다는 인상을 교인들에게 심어주었다. 그래서 지도자들이 도덕적으로 타락하면 교인들 역시 그들을 그대로 본받아 같은 길을 간다. 아마 하나님의 은혜가 아니었다면 더욱 그렇게 되었으리라. 교육을 받은 우리의 양심이 죄를 짓는 세상 사람들의 양심보다 더 나은 점이 있을까? 우리의 행위가 그들의 그것보다 더 선하다고 말할 수 있을까? 그렇지 못하리라. 도덕성을 조롱하는 이 세상에서 우리가 도덕적 장비를 제대로 갖추지 못하고 살다가 그들처럼 유혹(처음에는 교만, 다음에는 어리석음)에 노출되었다면, 우리도 아마 그들과 같이 타락했으리라. 이제 솔직하게 시인할 필요가 있다. 사탄은 이미 우리의 양심을 차지하기 위한 전투에서 대단한 속도를 내고 있다. 모든 그리스도인이 찬찬히 자기를 점검하고 낮추며 매일매일 회개하는 일이 반드시 필요하다는 사실을 절감하지 않으면, 이 사실을 깨닫기 전까지는 사탄이 계속 득점하기 위해 노력하리라.

지금까지 살펴본 내용을 간략하게 정리해보자.

- 거룩함은 하나님을 공경하는 것으로, 우리 영혼을 건강하게 한다.
- 겸손이 거룩함의 핵심이다. 여기서의 겸손은 자신의 한계와 약점과 실수를 솔직하게 시인하며 모든 선한 것을 얻기 위해 전적으로 그분을 의지하는 태도를 말한다.
- 겸손은 회개를 실천하는 삶에 바탕을 두고, 회개에 의해 더욱 강화된다.
- 실질적인 회개는 하나님과 자신을 제대로 알 때 비로소 가능하다.

만약 이 네 가지 내용이 다 진리라면, 예수님의 제자로서 '성결학교'에 입학한 우리에게 제일 먼저 요구되는 사항이 무엇일까? 그것은 우리의 영혼에서 자기 만족적인 태도를 완전히 몰아내는 일이다.

다른 사람들이 이미 포기한 신앙을 우리가 고수하고 있기 때문에 하나님께서는 마땅히 우리로 인해 기뻐하셔야 하고, 우리 역시 스스로 기뻐해도 좋다는 착각에 빠지지 말아야 한다. 오히려 라오디게아 교인들의 처지와 비슷하지 않은지 의심해볼 필요가 있다. 세속적인 사고와 풍요함에 빠져 우리의 양심이 위축되지는 않았는지, 영적인 귀가 막혀 우리가 구세주와 주님으로 섬기는 그분의 말씀을 듣지 못하는 형편은 아닌지 점검해야 한다.

그렇다면 어떻게 해야 할까? 두 측면의 행동이 요구된다. 먼저 교회 안에서 이루어지는 설교와 성경 연구와 성도들의 교제를 통해 하나님이 죄를 얼마나 증오하시는지, 왜 그분께서 의를 요구하시는지, 우리가 그분의 명령을 심각하게 받아들이지 않는 것이 왜 그분을 불쾌하게 만드는지를 깨달아야 한다. 다음으로 일상생활에서 스스로 하나님의 음성을 듣는 법을 배워야 한다. 만약 우리가 그분께 간청하여 음성을 들려주시도록 요청한다면, 그분은 기꺼이 그렇게 해주시리라.

우리는 하나님의 말씀을 읽고 설교를 들으며 말씀을 적용하는 가운데, 그분께서 들려주시는 메시지를 언제나 들을 수 있다. 따라서 거룩함을 조금이라도 진지하게 생각하는 사람의 영혼은 늘 성경 말씀에 젖어 있다. 이런 사람이 지혜로운 신자이다. 말씀을 묵상하며 적용할 때 다음 질문을 자신에게 던진다면 매우 유익하리라 생각한다.

- 이 구절은 하나님에 대해 무엇을 말하는가? 하나님의 성품이나 능력과

관련하여 어떤 설명을 하는가? 그분의 계획과 목적, 좋아하고 싫어하는 것, 그분의 사역과 일을 처리하시는 방식, 인간을 향한 그분의 뜻에 대해 어떤 정보를 제공해 주는가?

- 이 구절은 나의 삶에 대해 무엇을 말하는가? 바른 행동과 그른 행동, 지혜로운 행동과 어리석은 행동, 우리가 처하게 되는 어려운 상황과 관계들, 때로는 어려움과 기쁨을 느끼며 가야 하는 믿음의 길, 다양한 감정 상태와 마음의 상처, 계발해야 할 덕과 피해야 할 악덕과 붙들어야 할 가치, 세상과 정욕과 사탄으로부터 받는 여러 압력과 이에 대한 대처 방안 등에 대해 어떤 교훈을 주는가? 비록 우리가 타락한 세상에서 길 잃은 무리 속에 섞여 살고는 있지만, 이제는 구원의 은총을 받은 신분으로 정복자이신 그리스도와 이에 필사적으로 대항하는 패배한 어둠의 세력 사이에서 끊임없이 전투를 벌여야 하는데, 이 구절은 그 문제에 대해 어떤 교훈을 주는가?

- 이 구절은 오늘 이루어질 나의 삶에 대해 어떤 교훈을 주는가? 오늘 나에게 닥쳐올 과제, 문제, 기회, 함정, 죄의 유혹에 대해 어떤 교훈을 주는가? 어떠한 경고나 위로, 지혜와 재치를 제공하는가?

성경을 읽는 동안 이러한 질문을 던지며 묵상한다면, 하나님의 면전에서 이런 내용들을 생각하는 것과 같으리라. 묵상을 하다 보면 자연히 기도로 이어지고, 기도를 통해 하나님과 직접 대화를 나누게 된다. 개인별 성경 읽기는 언제나 이렇게 끝나게 마련이다.

성경을 읽기 전에 먼저 성령님의 조명을 구하고 보고 배우는 내용을 마음에 새기게 해달라고 하나님께 기도한 후, 성경을 읽으며 앞에서 언급한 질문들을 하나하나 던지다 보면 당신도 분명히 그분의 음성을 듣게 되리라. 또한 보좌에 앉으신 구세주도 만나리라. 하나님께서는 은혜의 확신과 도우심을 통해 당신의 마음을 기쁘게 하고, 다음과 같은 진리의 말씀을 계속 들려주실 것이다. "무릇 내가 사랑하는 자를 책망하여 징계하노니 그러므로 네가 열심을 내라 회개하라"계 3:19. 이러한 경고를 받은 적이 없다고 변명하지 말라! 만약 당신의 삶에서 책망과 회개가 들어설 자리가 없다면, 당신이 거룩한 삶을 살고 있다거나 우리를 부르신 하나님의 요구대로 지금 아래쪽으로 자라고 있다고 생각하지 말라!

지금은 고인이 된 영국 국교회의 주교 스티븐 닐은 그리스도인에게 필요한 유익한 말들을 많이 남겼다. 거룩함에 관한 그의 글을 인용하며 이 장을 마무리하고자 한다. 닐은 그의 책 「그리스도인의 거룩」 Christian Holiness에서 내가 이 장에서 말하고자 했던 사항들을 강조한다.

> 성자들은 누구나 어김없이 단조로운 말투로 자신이 '죄인의 괴수'라고 고백한다. 불신자들은 때때로 이 말을 들으면 극도로 짜증을 낸다. 마치 이 말이 단지 입에 붙은 겉치레처럼 들리고, 자신이 좀 선하다고 생각하는 사람은 으레 이런 엉뚱한 말로 자신을 힐난한다고 생각하기 때문이다. 하지만 성자들의 경우는 실제로 그렇다. 사도 바울 이후

로 많은 성자들이 이 표현을 썼는데 그들의 고백은 모두 사실이다. 이는 그들이 자신을 달리 표현할 방도가 없었기 때문이다. 성자다운 삶을 지속적으로 살려면 필연코 지속적으로 참회해야 한다. 이 말은 역설처럼 들리지만 진리이다.

그 이유를 살펴보면 간단하다. 우리는 이미 성령님께서 제공하는 양심의 조명에 대해 고찰하였다. 오직 성령님에 의해 조명을 받은 양심만이 죄를 심각하게 받아들이고 더욱 깊이 이해하며, 하나님께서 주신 기회를 최대한 활용하기 위하여 자신의 실수를 더욱 민감하게 받아들인다. 아마 실제로 우리가 인식할 수 있는 죄는 얼마 안 될지도 모른다. 그런데 만약 우리에게 주어진 이런 좋은 기회가 예수님께 주어졌다면 그분은 어떻게 활용하셨을까? 여기에 핵심이 있다. 거룩함에 이르는 도상에서 앞으로 나아가려면 예수님을 더욱 잘 알아야 한다. 언제나 그분을 향해 나아가야 한다. 우리가 그분을 많이 알수록, 우리는 그만큼 자신이 얼마나 초라한 존재인가를 분명하게 느낀다.

그렇다! 이는 정확하게 맞는 말이다.

Chapter 6

그리스도의 성품까지 자라기
: 건강한 그리스도인의 경험

"모든 사람에게 구원을 주시는 하나님의 은혜가 나타나 우리를 양육하시되
경건하지 않은 것과 이 세상 정욕을 다 버리고 신중함과 의로움과 경건함으로
이 세상에 살고 복스러운 소망과 우리의 크신 하나님 구주 예수 그리스도의 영광
이 나타나심을 기다리게 하셨으니 그가 우리를 대신하여 자신을 주심은
모든 불법에서 우리를 속량하시고 우리를 깨끗하게 하사
선한 일을 열심히 하는 자기 백성이 되게 하려 하심이라" 딛 2:11-14

"오직 우리 주 곧 구주 예수 그리스도의 은혜와
그를 아는 지식에서 자라가라" 벧후 3:18

"우리가 다 수건을 벗은 얼굴로 거울을 보는 것같이 주의 영광을 보매
그와 같은 형상으로 변화하여 영광에서 영광에 이르니
곧 주의 영으로 말미암음이니라" 고후 3:18

REDISCOVERING
우리는 어떻게 거룩한 삶을 살 수 있는가
HOLINESS

:: 영적 건강과 성장

우리는 편지를 쓸 때마다 "잘 지내길 바란다", "건강하게 지내" 등과 같은 문구를 즐겨 사용한다. 파티에 참석했을 때도 "건강을 위하여!"라고 외치며 콜라나 다른 음료를 단숨에 마신다. 이 말이 무슨 뜻인가? 물론 제일 우선적으로는 육체적인 건강을 의미한다. 아프지 않고 품위를 지키며 능률적으로 일할 수 있는 신체 상태를 가리키고, 조깅이나 운동, 헬스클럽 강좌, 체육 프로그램 등을 통해 우리가 얻을 수 있는 육체적 상태를 의미한다. 우리는 건강을 매우 의식해서 다른 사람이 건강하도록 소원을 빌어주며 우리 역시 그렇게 되기를 간절히 열망한다.

이런 현상이 이상한가? 아니다. 당연하다! 물론 다른 일과 마찬가지로 지나치게 건강에 집중하다 보면 오히려 건강을 해치는 경우가 있기는 하지만, 건강해지기를 원하는 마음 자체는 우리가 인간이라는 하나의 증거이다. 친척이나 친구의 건강에 대해 적당한 관심을 가져 주는 것은 자연스럽고 정당하며, 그것을 말로 표현하는 행위는 훌륭한 매너로 여겨진다. 그래서 고대 그리스인과 로마인도 편지를 쓸 때 서두에서 수신자의 건강을 기원하였다. 신약성경에서 요한은 가이오에게 편지하며 이렇게 시작한다. "사랑하는 자여 네 영혼이 잘됨같이 네가 범사에 잘되고 강건하기를 내가 간구하노라"요삼 2.

요한이 사용한 문장은 우리에게 두 진리를 상기시킨다. 첫째는 개인의 건강이 물질적 번영보다 중요하다는 점이고, 둘째는 영혼(마음과 정신)의 건강이 궁극적으로 육체적 행복보다 더 중요하다는 점이다. 우리는 이 사실을 잊어서는 안 된다. 하나님은 때로 우리에게 누군가를 보내 육체적 상태를 보여줌으로써 이 사실을 효과적으로 상기시킨다. 사지 마비 환자인 조니 에릭슨이 바로 그러한 사람이다. 그녀는 한순간의 사고로 휠체어에 몸을 맡기고 살아오면서 놀라운 사역을 감당한다. 나는 지금까지 딱 두 번 연단에서 그녀를 소개하는 특권을 누렸는데, 그때마다 청중을 향해 "아마 당신이 조니의 메시지를 들으면 그녀가 여기에 모인 사람들 중 가장 건강한 사람이라고 생각할 것입니다"라고 감히 선포하곤 했다. 내가 판단하건대 이 두 번의 예언은 모두 적중했다.

정상적으로 움직이는 멀쩡한 육체를 가지고 있으면서도 병든 사람이 있듯이 파괴된 몸, 심지어 고통 덩어리와 같은 육체를 가지고 있으면서도 건강한 사람이 있다. 여기에 숨겨진 비밀은 자신이 육체적으로 불행하게 된 상황이 하나님께로부터 온 것이라는 사실을 받아들이는 데 있다. 이런 사람은 하나님께서 자신을 통해 어떻게 영광을 받으시는 줄을 알기에 자신의 몸을 그분께 드리며, 자신이 사는 동안 안정된 마음으로 잘 참아내고 평안한 삶을 살게 해달라고 간구한다.

건강하게 살기를 바라고 튼튼한 몸을 갖고 싶어하는 마음자세는 지극히 정상이다. 문제는 자신의 육체적 한계에 대해 분노하며 불만을 토로하는 태도이다. 내가 아는 사람 중에 인공항문 수술을 받은, 캘리포니아에 사는 한 미모의 신앙인이 있는데 언젠가 그녀가 내게 "저는 제 육체가 아주 죽도록 싫어요!"라고 말한 사실을 기억한다. 그때 그녀의 얼굴을 보니 정말로 그런 인상을 주었다. 그 순간 나는 그녀의 육체적 질병보다 정신적 질병이 더 무섭다는 생각을 하였다. 이 점에 유의하기 바란다. 신약성경에서 '바른 교훈'딤전 1:10 ; 6:3 ; 딤후 1:13 ; 4:3 ; 딛 1:9 ; 2:1이란 표현을 사용할 때 '바른'은 문자적으로 '건강한'의 뜻인데, 분명히 건강을 제공하고 유지시킨다는 의미로 쓰였다. 따라서 이 표현이 함축하는 진리는 바른 교훈을 내면화하는 신자는 우리 주님 앞에서 건강한 사람으로 인정 받는다는 점이다.

육체적 웰빙도 중요하지만 영적 웰빙, 즉 영적 행복은 더 중요하다. 개인의 건강은 특정한 시간에 움직이는 신체 기관이나 팔다리의 작용보다 오히려 마음상태와 더 밀접하게 관련된다.

아동이나 청소년의 건강은 성장 패턴과 맞물려 있다. 아이가 건강하다는 말 속에는 당연히 성장한다는 뜻이 어느 정도 내포되어 있다. 이러한 원리가 그리스도인에게도 적용된다는 사실을 깨닫는 일이 중요하다. 그리스도인은 모든 면에서 그리스도의 형상을 닮아가게 되어 있다. 견해와 목표, 태도와 육체적 생활 패턴에 이르기까지, 그분을 닮아야 할 운명이다. 이러한 변화는 우리가 저 세상에 가서, 죄가 완전히 우리에게서 뽑혀지고, 그리스도와 동일한 부활의 몸을 덧입는 순간 완벽하게 마무리가 될 것이다고후 5:1-4. 그렇게 될 때까지 이 세상에 사는 동안 영적으로 건강하기 위해서는 도덕적·영적 차원에서 그리스도를 닮아가며 꾸준히 성장해야 한다. 베드로 사도는 이렇게 명령한다.

"갓난아기들같이 순전하고 신령한 젖을 사모하라 이는 그로 말미암아 너희로 구원에 이르도록 자라게 하려 함이라 … 오직 우리 주 곧 구주 예수 그리스도의 은혜와 그를 아는 지식에서 자라가라"벧전 2:2 ; 벧후 3:18. 우리는 그리스도의 몸 안에서 서로 섬기며 자라야 한다. 바울은 이렇게 권면한다. "이는 우리가 이제부터 어린아이가 되지 아니하여 오직 사랑 안에서 참된 것을 하여 범사에 그에게까지 자랄지라 그는 머리니 곧 그리스도라"엡 4:14-15.

하나님은 모든 그리스도인이 자라기를 원하신다. 부모는 자녀의 모습을 보며 기뻐한다. 그런데 상상해보라. 만약 몇 달이나 몇 년이 지났는데도 아이가 전혀 자라지 못하고 단지 침대에 누워 미소나 짓고 발로 걸어차기만 한다면 부모가 얼마나 스트레스를 받겠는가! 이것을 명심하라. 우리가 새롭게 태어난 하나님의 자녀로서 은혜 가운데 성장하지 못하면 그분 역시 이러한 스트레스를 받으신다.

'성장한다'는 말 속에는 변화하고 진보하며 확장되고 힘이 생겨 에너지가 분출하며, 전진하고 심오해지며 무르익고 성숙한다는 뜻이 함축되어 있다. 그렇다면 은혜 가운데서 성장한다는 말의 정확한 의미는 무엇일까? 우리의 관심사인 은혜 속에서 성장한다는 말을 어떻게 설명할 수 있을까?

우리는 5장에서 회개를 통해 겸손한 상태에서 아래를 향해 자란다는 내용을 살펴보았다. 하지만 영적인 성장은 그 이상의 의미를 지닌다. 마치 육체적 성장이 단지 창자가 규칙적으로 움직이는 동작만 의미하지 않는 것과 같은 원리이다. 빅토리아 여왕 시대에 살았던 J. C. 라일의 「거룩」이란 책에서 두 단락을 인용하려고 하는데, 그는 여기서 '은혜 안에서 자란다'는 말이 무슨 뜻인지 부정적인 측면과 긍정적인 측면으로 나누어 마치 약도를 그리듯이 자세히 서술한다.

> 은혜 안에서 자란다는 말은 그리스도에 대한 신자의 관심이 자란다거나, 하나님을 방패막이로 하여 안전하게 자란다거나, 그가 처음으로 믿을 때보다 더 의롭게 되거나, 더 많은 사면을 받거나, 더 많은 죄를 용서받거나, 하나님과 더 화평을 누린다는 뜻이 아니다. 내가 분명히 믿

기로 신자가 받은 칭의는 이미 끝났고 완벽하며 완성되었다. 비록 자신이 그렇게 느끼지 못하는 경우가 있더라도, 가장 약한 성도라 하더라도 가장 강한 성도만큼 이미 칭의로 인해 완벽하게 의로운 존재가 되었다. 나는 우리를 택하신 하나님의 선택과 소명, 그리스도 안에서 우리가 누리는 지위는 정도나 증감에서 어떤 변화도 허용하지 않는다고 확신한다. 하나님께서 나를 도와주시기 때문에 이 영광스러운 진리에 대해서는 내기를 걸어도 좋다. 하나님 앞에서 의롭게 되는 문제에 관한 한 모든 신자는 그리스도 안에서 이미 완벽하다골 2:10.

은혜 안에서 자란다는 말은 성령님께서 신자의 마음속에 심어주시는 '은혜'의 영역에서 그 정도와 규모, 힘과 활력, 능력이 자란다는 뜻이다. 나는 이러한 은혜들이 각각 자라고 향상되며 성장한다고 믿는다. 또한 회개와 믿음, 소망과 사랑, 겸손과 열정, 용기는 동일한 사람의 경우에도 인생의 시기에 따라 아주 다양하게 나타난다. 어떤 경우에는 커지기도 하고 작아지기도 하며, 강해지기도 하고 약해지기도 하며, 활력이 있다가도 무기력해진다. 은혜 안에서 자라는 신자는 죄에 대한 감각이 더 심오해지고 믿음이 더 강해지며, 소망이 더 밝아지고 사랑의 범위가 더 넓어지며, 영적인 것에 대한 관심이 더 두드러진다. 그는 마음에서 성화를 갈망하는 욕구가 더욱 강해짐을 느끼고 그것을 삶에서 더 현저하게 드러내고자 노력한다. 그러한 성도는 지속적으로 더욱 큰 능력을 얻고 더 큰 믿음을 소유하며 더 다양한 은혜를 경험한다.

라일은 분명히 이 세상에서 성격이나 기질이 변하는 성화란 있을 수 없다는 식의 그릇된 관념을 반박한다. 그는 회의주의에 대항하며 자신이 설명한 '은혜 안에서 자라는 것'의 실체를 두 논거를 들어 변호한다. 첫 번째 논거는 신약성경에 근거한 것이다.

- 성경은 은혜 안에서 자라라고 암시하고 명령하며살전 4:1,10 ; 벧전 2:2 그렇게 되기를 기도하라고 촉구한다빌 1:9 ; 골 1:10 ; 살전 3:12.
- 성경은 은혜 안에서 자라는 일이 실제로 가능하다고 말하며, 제자들은 그것을 보고 하나님께 감사한다살후 1:3 ; 골 2:19.
- 성경은 은혜 안에서 자라는 일이 꼭 필요하다고 지적하며 그렇게 되라고 명령할 뿐 아니라벧후 3:18, 그것이 최후의 영광에 이르는 하나의 과정임을 분명히 한다히 12:5-14.

두 번째 논거는 객관적인 사실과 라일의 경험에서 나온 것이다.

나는 신약성경을 정직하게 읽은 독자들에게 다음과 같은 질문들을 던지고 싶다. 신약성경에 기록된 성도들의 삶 속에서 은혜의 정도가 다양하게 마치 대낮의 태양처럼 분명하게 드러난 것을 보지 못했는가? 마치 인간의 힘이 어린아이 때와 성인이 된 때가 다르듯이, 동일한 사람의 경우에서도 믿음과 지식이 시기에 따라 매우 다양하게 나타나는 현상을 본 적이 없는가? 성경에서 이러한 사실을 언어로 분명하게 표현한 경우를 보지 못했는가? 성경에서는 약한 믿음과 강한 믿음을 언급하며 그리스도인들을 갓난아이, 아이, 청년, 아비로 나누어 부르고 있다벧전 2:2 ; 요일 2:12-14. 무엇보다 중요한 사실은, 그들 자신이 요즈음 신앙생활을 하며 이러한 내용을 체험하고 있지 않다는 점이다. 만약 그가 진실한 그리스도인이라면, 자신의 믿음과 지식의 정도가 처음으로 회심하여 믿을 때와 비교하면 큰 차이가 난다는 사실을 고백하게 되리라. 마치 견본을 추출하여 미리 보던 나무와 실제로 완전히 성장한 나무가 판이하게 다르듯이 말이다. 하나님의 은혜는 원리에서는 변치 않지만 정도에서는 계속 변한다. 즉 자랄 수 있다는 뜻이다.

라일의 주장은 확실히 옳다. 그는 은혜 안에서 자란다는 개념을 여러 은혜 속에서 성장하는 것, 곧 성격과 기질이 변하는 것으로 이해하는데 본장에서 이 내용을 출발점으로 삼아 논의를 진행하겠다.

:: 거룩함의 영광을 바라보기

몇 년 전, 아내와 함께 뉴질랜드에서 매우 높은 산 중의 하나인 에그몬트 산 기슭에서 며칠을 보낸 적이 있다. 거기서 우리는 구름의 놀라운 효과를 목격하였다. 첫날은 산의 아랫부분만 볼 수 있었다. 정상 부분은 바닥이 평평하고 흰 차양처럼 생긴 구름으로 완전히 덮여 있어 마치 작고한 미국 배우 버스터 키톤의 모자를 거대하게 복제한 것처럼 보였다. 다음 날에는 정상 부분만 보였는데 마치 공중에 떠 있는 것처럼 느껴졌다. 왜냐하면 위가 평평한 구름들이 산 아랫부분을 가려 볼 수 없었기 때문이었다. 셋째 날에야 비로소 구름이 완전히 사라져 에그몬트 산의 장엄한 모습을 제대로 감상하였다. 신앙생활도 마찬가지이다. 우리가 하나님의 자녀로서 성화 과정에서 건강하게 자라며 살아가는 동안에는 거룩함의 영광을 제대로 감상하지 못한다. 이 완전하지 못한 절반의 진리와 불완전한 설명의 과정을 넘어 그리스도처럼 변화하여 그 영광의 모습을 완전히 보기 전까지는 그러하다.

거룩함에 관한 부분적인 견해들은 아주 많다. 거룩함에 대해 온전한 진리라고 알고 있는 내용도 실제로는 '절반의 진리'에 불과하다. 이처럼 절반의 진리에 기초를 두고 있는 모든 생활방식은 필연적으로 영광스럽다기보다 이상하게 보이게 마련이다. 전심으로 거룩하게 살려고 노력하는 신자들은 분명히 하나님이 창조하신 이 땅에서 소금과 같은 존재이다. 하지만 이러한 사람들은 흔히 '터널성 시야'라는 편협한 시각을 보이는 경향이 농후하다. 특히 거룩함의 세부사항으로 들어가면 더욱 그렇다. 도대체 왜 그럴까?

열정은 사람으로 하여금 시선을 한곳에 집중하게 만들어 마음을 사로잡는 부분에만 관심을 쏟게 하고 다른 부분을 못 보게 한다. 특히 남녀가 사랑을 나눌 때 이 현상이 심해진다. 거룩하게 살며 하나님을 기쁘시게 하기 위해 열정적으로 노력하는 신자는 당연히 자신이 받은 명령이나 처방을 끈질기게 붙든다. 그래서 그 처방을 주관적으로 소중히 여기며, 그것이 과연 객관적으로 타당한가를 검증하려는 시도를 세속적인 것으로 간주하여 거부한다. 이렇게 보면 거룩함에 이르게 하는 모든 지침들은 일종의 성우聖牛가 되어 지나치게 신성시되기 때문에 비판이나 의심을 허용하지 않는다. 하지만 이 처방은 절반의 진리에 불과하기에, 그것에 따라 살다보면 반드시 어느 한쪽으로 치우쳐 뭔가 결여되어 이상하게 보이거나 인상적인 모습을 보여주지 못한다. (마치 에그몬트 산의 절반이 가려지면 이상하게 보이거나 강한 인상을 주지 못하듯이.)

내가 여기서 설명하려는 시도가 특징만 간단하게 그리는 캐리커처가 되는 한이 있더라도 기필코 해야겠다. 왜냐하면 이는 매우 중요하기 때문이다.

현실성 없는 광시곡

현실을 무시한 채 극단으로 치우쳐 거룩한 삶을 영위하는 신자에게 거룩한 삶은 일종의 현실성 없는 광시곡이 된다. 그들의 마음은 오로지 경건 훈련, 거룩한 사랑의 경험, 황홀한 체험, 하나님께 대한 사랑의 고백, 하나님께 나아갈 때 느끼는 따스한 감정과 흥분, 그분과의 교제에 초점이 맞추어져 있다. 그들은 진정한 거룩함이 본질적으로 이러한 열정에 있다고 느낀다.

하지만 그들은 인간관계에 대해 많이 알지 못하거나 인간관계 자체를 생각하지 못하는 사람들 같다. 그들은 행동으로 누군가를 도와야 할 시점이 되면, 눈에 띄게 지혜롭거나 참아주거나 누군가를 돌보는 행위를 하지 못한다약 2:14-16 ; 요일 3:16-18. 이러한 사람은 마치 아랫부분이 가려진 채 정상 부분만을 보여주는 에그몬트 산과 같다. 이렇게 표현하면 어떨지 모르겠지만, 이들의 발은 확실히 지면에서 떨어져 있다. 하나님께 대한 이들의 사랑과 경배가 아무리 열광적이고 위대하다 해도 이들에게는 이웃 사랑이나 때때로 자신의 가족을 사랑하는 데 결점이 드러난다. 이들의 문제점은 불성실이 아니라 터널성 시야에 있다. 이들은 하나님을 알아가고 그분만 사랑하며 찬양하는 불타는 열정에 사로잡혀, 하나님께서 제공해주신 환경 속에서 책임감을 가지는 것이 거룩함을 이루는 구성 요소라는 사실을 깨닫지 못한다.

거룩한 삶을 지향하는 사람은 하나님을 사랑하는 만큼 다른 사람을 사랑할 수 있어야 하고, 그분께서 우리를 사랑하시기 때문에 타인도 사랑하신다고 생각해야 한다. 현실성 없는 광시곡은 결코 그리스도를 닮는 태도가 아니고 거룩함의 한 형태도 아니며 실패작이다.

친밀감 없는 규칙 준수

앞에서 언급한 사람과 정반대 되는 부류가 있는데 그들에게 거룩한 삶은 친밀감 없는 규칙 준수에 불과하다. 그들의 마음은 하나님의 법에 대한 사랑으로 불타오른다. 그들은 거룩함이 본질적으로 하나님의 법을 지키는 데 있다고 생각한다. 따라서 그들은 업무를 처리할 때

옹졸하게 보일 정도로 정직하게 처리하고, 가정에서는 남성 위주의 패턴을 유지하기 위해 지나치게 노력하며, 교회에서는 잘못된 조직을 시정하려고 노력한다. 악을 멀리하고 세속적인 활동으로 분류된 행위들(흡연, 음주, 댄스, 도박, 지나친 화장 등)을 피하는 데 소심할 정도로 양심적이며 하나님의 진리를 따를 때 편협할 정도로 집착한다. 회사에서 잘못된 것이나 죄악된 점을 발견하면 손을 대려고 노력하고 꾸밈없는 칭찬이나 존경을 받음으로써 자신의 열정이 올바르다는 것을 보여주고 싶어한다. 하지만 이들은 관계에서 냉담하고 타인에게 쌀쌀한 태도를 보이며 규칙을 정확히 지키는 것이 거룩함의 본질이라고 여긴다. 따라서 하나님과 타인에 대해 개인적인 친밀감을 보여주기보다 정해진 규칙대로 바르게만 살려고 애쓴다.

사도 바울은 의인(올바르고 정직하며 양심적이고 정확한 사람)과 선인(사랑스럽고 타인을 돌보며 사교적이고 관대한 사람)을 구별하며 일반적인 상황에서는 의인을 위하여 대신 죽는 자가 없으나, 선인의 경우에는 누군가가 동정심을 느껴 대신 죽음으로써 그 사람을 구하는 경우가 있을 수 있다고 지적한다롬 5:7. 그러나 내가 여기서 강조하고자 하는 사람은 선인과는 확연히 구분되는 의인이다. 이러한 부류의 사람은 정상 부분이 가려진 에그몬트 산과 같다. 이들은 누가 보더라도 정확하게 일을 처리한다. 그러나 다른 사람에게 동정적인 마음으로 다가가려고 노력하지 않고, 성부 하나님이나 성자 예수님과도 친근하게 교제하려고 하지 않는다. 한마디로 이들은 관계에 실패한 사람들이다.

이들에게는 올바른 신앙과 행동이 존재하지만 그것이 전부이다.

이들이 지닌 문제점은 열정적이고 우아하게 법을 지키는 일에 헌신하는 생활이 영적인 삶의 전부인 것으로 착각하는 데 있다. 물론 터널성 시야 때문이다. 그러나 하나님과 타인에 대해 친밀한 관계를 갖지 못한 채 이루어지는 규칙 준수는 그리스도를 닮는 태도가 아니다. 그것은 거룩함을 성취하는 방법이 아니라 오히려 거룩함을 놓치는 방편이 된다.

이 양극단 사이에 도덕적으로나 영적으로 뚜렷한 특징이 없는 다양한 유형들이 존재한다. 이들은 실제로 평범한 사람들이기에 어떤 식으로든 거룩한 삶의 본보기가 될 수 없고 주님과의 관계에서도 주저한다. 이 세상의 삶이 천국 생활을 위한 준비 단계라는 사실을 깨닫지 못하는 어리석은 사람에게서 이런 현상이 나타난다. 어떤 형태로든 관습적으로 열정이 없는 사람들보다 양극단에 치우친 사람들에게서 우리는 더 많은 교훈을 얻는다.

거룩함이란 도덕적인 면에서 기형적인 사람이 완벽한 인간인 그리스도의 도덕적 이미지를 향해 건강하게 성장하는 것이다. 이러한 성장은 초자연적인데 우리 안에 내재하시는 성령님의 성화 작업이 있어야만 가능하다. 그러면 그 결과가 어떻게 되는가? 성화 과정이 진행되면 개인이 전체적으로 온전해지고 하나님 중심이 되며, 그분을 공경하고 겸손해지며, 사랑하고 섬기려고 노력하며, 자기를 부인하는 등 과거와는 판이하게 다른 사람이 된다. 또한 한쪽으로 치우쳤던 사람이 교정되고 개성 가운데 충분히 개발되지 않고 미처 자라지 못한 면들이 행동으로 드러나며, 우리 안에 내재하는 그리스도 인격의 도덕적 아름다움을 닮은 점들이 서서히 부상한다.

도덕적 아름다움도 다른 종류의 아름다움과 마찬가지로 대체로 전체 안에서 균형을 이루는데, 여기서는 미덕과 인격의 강점들이 조화를 이루어야 한다. 마르크스주의자들이 정신적 기술과 육체적 기술이 서로 조화를 이루는 새 사람을 이상형으로 추구한다면, 그리스도인의 이상형은 완전한 균형이 잡혀 다시 새롭게 거듭난 사람이다. 구체적으로 말하면 하나님 사랑과 이웃 사랑, 하나님의 법에 대한 사랑과 그분과의 교제에 대한 사랑, 성부 하나님과 예수님과 성령님에 대한 사랑, 하나님을 예배하는 것에 대한 사랑과 하나님을 위해 일하는 것에 대한 사랑, 의에 대한 사랑과 죄인에 대한 사랑, 이들이 모두 하나로 엮여 균형을 이루는 인간이다. 영적인 면에서 이러한 요소들이 조화나 균형을 이루지 못하면, 그것은 거룩함의 한 형태가 되는 것이 아니라 오히려 거룩함을 무화시킨다.

바울은 디도에게 "오직 너는 '바른' 교훈에 합당한 것을 말하여"딛 2:1라고 권면하는데, '바른'sound은 '건강을 주는, 건강한'이란 뜻이다. 즉 구속의 능력이 온전히 나타난 이상적인 인간에게서 자연스럽게 표출되는 정상적인 상태를 뜻한다. 바울은 이 단어를 사용하여 디도서 2장을 시작하며 각 연령층의 사람들에게 그리스도인의 인격 형성에 관해 언급한다. 그는 늙은 남자들2절, 늙은 여자와 젊은 여자들3-5절, 젊은 남자들6-8절, 종들9절, 그리고 모든 사람들11-14절에게 훈계한 후에 사도의 권위를 가지고 다음과 같이 분명히 말한다. "너는 이것을 말하고 권면하며 모든 권위로 책망하여 누구에게서든지 업신여김을 받지 말라" 15절.

실제로 바울은 절제와 경건과 자제의 틀 속에서 나타나는 믿음과 사랑과 인내가 영적 건강을 형성한다고 지적한다. 이러한 패턴이 깨어지면 영적 질병이 발생하여 영혼에 마치 궤양이나 암 같은 질병이 생긴다.

앞에서 나는 그리스도인의 거룩함을 다리가 셋 달린 의자에 비유하였다. 이 다리는 각각 D교리와 E경험와 P실천였다. 만약 의자의 다리가 하나라도 없으면 의자는 제대로 서지 못한다. 한쪽 다리가 다른 두 다리보다 더 길거나 짧아도 균형을 잃어 충격을 주는 순간 곧 뒤집어진다. D와 E와 P, 이 셋이 균형을 이룰 때 비로소 영적인 삶은 견고해지고 튼튼해진다.

불건전한 영적 성장

이제 동일한 삽화를 사용하여 건전하지 못한 그리스도인의 세 유형에 대해 설명하겠다. 그런데 불행하게도 이들 유형은 오늘날 너무 흔하다. 각 유형에 속한 사람들은 스스로 거룩하다는 착각에 빠져 있지만 아무도 이러한 주장을 할 권리가 없다. 왜냐하면 이들 모두 왜곡된 형태이기 때문이다.

아마 당신은 신체적으로 균형 잡힌 사람을 떠올릴 수 있을 것이다. 거룩함도 마찬가지이다. 영적으로 건강한 사람의 몸매를 머리와 몸통, 손발로 나누어 각각 균형을 잡아 경건한 삶을 유지하기에 적합하도록 그려볼 수 있다.

먼저 아래 그림을 보자.

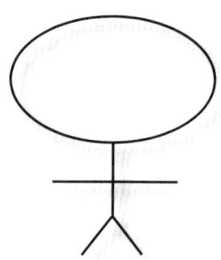

여기에 묘사된 사람은 거대한 머리에, 성냥개비와 같은 몸통과 팔다리를 가지고 있다. 이 그림은 그리스도인의 기괴한 성장을 보여주는데, 이 사람은 교리를 배우는 일에만 온 열정을 쏟으며 신학 연구와 관련된 일에 진력한다. 항상 책을 읽고 언제나 진리와 관련된 질문을 탐구하며 신학의 난해한 부분을 연구하는 데 하루의 절반 정도를 할애하고, 성취되지 않은 예언과 천년왕국, 요한계시록의 상징적인 부분들과 성경에서 조화를 이루는 부분들을 찾아 연구하는 일에 온 시간을 바친다. 그리고 경험에는 별 관심이 없고 말씀에 순종하거나 다른 사람을 섬기는 일에도 열의가 없으며, 내세울 만한 획기적인 신앙 체험도 없다. 하지만 머리는 항상 신학적인 질문으로 바쁘게 돌아가고 교리적인 문제로 흘러넘친다.

지금과 같이 반지성적인 시대에 이처럼 진리를 사랑하고 제대로 규정하기 위해 헌신적으로 노력하는 일은 극히 드물고 그래서 소중하다. 하나님에 관한 진리에 관심을 갖는 태도는 거듭난 신자들에게는 당연하다. 하지만 경험(E)과 실천(P) 분야는 빈약한데, 교리(D)에 대한 관심만으로 바람직한 영적 건강의 지표라고 말할 수 있을까? 아니다! 이는 분명히 잘못되었다.

그러면 이런 그림은 어떤가?

여기에 묘사된 사람은 핀의 대가리 만한 머리에, 거대한 복부와 성냥개비 같은 다리를 하고 있다. 이 사람 역시 그리스도인의 기괴한 성장을 보여주는데, 교리를 모르고 교리 자체에 별 관심이 없으나(작은 머리), 감정은 끊임없이 세차게 움직인다. 따라서 극적이며 흥미로운 체험을 하는 것(거대한 복부)이 기독교라고 생각한다. 이러한 부류의 그리스도인은 경험에 대한 열정을 가지고 지속적으로 모임이나 세미나에 참여하며, 영광스러운 느낌이 계속 되살아나 뜨거운 상태가 되기를 갈망한다. 하나님의 면전에서 그분의 사랑에 의해 압도되는 체험을 하기를 원한다. 그에게 기독교는 오직 체험하는 것, 느끼고 전율하는 것이다. 그는 주님을 위해 이 세상을 변화시키려고 적극적으로 노력하는 유형이 아니다(성냥개비와 같은 다리). 체험할 기회를 찾아 바삐 뛰어다니다 보니 세상을 변화시킬 시간이 없다.

그리스도인이 하나님과의 교제를 갈망하고 그것을 즐기는 태도를 가지는 것은 지극히 당연하고 정상적이다. 시인 조셉 하트는 이런 구절을 남겼다.

> 진정한 종교는 관념 그 이상이라네.
> 무언가를 알아야만 하고 '느껴야만' 하네.

그의 표현은 전적으로 옳다. 하지만 교리(D)와 실천(P) 분야는 그렇게 빈약한데도 오직 열정만이 지배한다면, 경험(E)만으로 바람직한 영적 건강의 지표라고 말할 수 있을까? 아니다! 이것 역시 분명히 잘못되었다.

그러면 이런 모습은 또 어떤가?

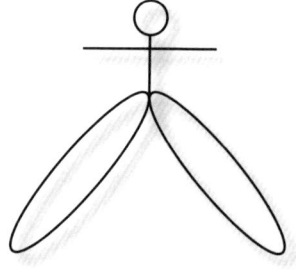

여기에 묘사된 사람은 핀의 대가리 만한 머리에, 성냥개비와 같은 몸통을 가지고 있는데, 다리는 큼직하다. 이 사람 역시 균형 잡히지 않은 성장을 보여주는데 아주 적극적인 그리스도인이다. 한시도 가만히 있지 않고 돌아다니며 선을 행하는 데 관심은 있으나 진리를 연구하는 일이나 영적인 삶에서 경건 훈련을 하는 데 전혀 관심이 없다. 이러한 부류는 이런저런 모양으로 프로그램을 만들고 부서를 조직하며 세상을 변화시키는 일에 열정을 쏟는다.

머리나 배만 큰 신자가 그랬던 것처럼, 다리만 거대한 신자도 자신이 완전한 그리스도인이라고 생각한다. 하지만 교리(D)와 경험(E) 분야는 그렇게 빈약한데도, 실천(P)만으로 바람직한 영적 건강의 지표라고 말할 수 있을까? 아니다! 이것 역시 분명히 잘못되었다.

그리스도를 닮아가며 하나님께 헌신하는 삶, 즉 성화와 영적 건강은 우리에게 진리와 경험과 행동 이 세 영역에서 동일한 관심을 갖도록 요구한다. 세 영역에 대한 열정의 고른 분배가 습관적으로 이루어지지 못할 때, 개인의 영적 성장은 한쪽으로 기울어져 현실성 없는 광시곡이 되거나 친밀감 없는 규칙 준수로 끝나고 만다. 만약 한쪽으로 치우칠 경우 자신이 그렇게 관심을 가지고 있는 영역에 아무리 몰두한다 해도, 진정한 그리스도인의 거룩함이나 개인의 영적 건강에서 주목할 만한 성장을 거두지 못한다. 이것은 기질이나 타고난 성향의 문제가 아니라 '의지'의 문제이다. 예수님이 관심을 가지시는 문제에 우리가 관심을 가지지 못한다면, 그것이야말로 진정한 도덕적 실패이다.

영적 실패를 극복하는 유일한 방법은 예수님을 더 열심히 바라보는 길밖에 없다. 그분은 신실한 증인이요, 기도의 사람이며, 선을 행하는 분이시고, 교리(D)와 경험(E)과 실천(P)의 영역과 관련하여 거룩한 인간성의 표본이시다. 하나님께서 우리를 부르신 목적은 그리스도를 본받게 하려 함이다. 우리는 예수님이 성부 하나님이나 동료 인간들과 교제할 때 지니셨던 그 겸손한 사랑과 동일한 목표와 관심사를 가져야 한다. 골프 선수들이 "절대로 공에서 눈을 떼지 말라"고 말한다면, 그리스도인은 "절대로 예수님에게서 눈을 떼지 말라"고 말할 수 있어야 한다. 어떤 형태로든 예수님을 닮지 못하는 것, 구체적으로 말하면 그분의 인격 특성이 아닌 것을 닮거나 그분의 인격 특성을 닮지 못하거나 그분이 관심을 갖는 영역에 관심을 갖지 못하는 행위는 모두 거룩함의 결핍을 초래한다.

:: 거룩함과 성화

지금까지 거룩함에 대해 마치 대형스크린으로 시청하듯이 폭넓은 관점에서 한쪽으로 치우치지 않도록 설명하였다. 이제 다음 단계에서 신학이라는 틀에 초점을 맞추고, 성령님의 성화 작용을 통해 성장을 가능케 하는 하나님의 은혜를 새롭게 정의하고 규정해 보겠다. 이 은혜의 교리는 나의 졸저「성령을 아는 지식」Keep in Step with the Spirit 3장에서 자세하게 다루고 있다. 여기서는 이 명제에 대해 가급적 간단하게 해설하며 우리가 원하는 방향으로 논지를 끌어가고자 한다.

거룩함의 특징은 성별聖別을 통한 근본적인 변화이다

이것은 내면에서부터 시작되는 법칙이다. 성별이란 무엇인가? 회개의 이면이다. 회개의 단계에서 죄로부터 돌이켜 하나님께로 향한다면, 성별의 단계에서는 옳은 일을 위해 하나님께 자신을 전적으로 드린다. 회개와 성별 모두 우리를 유혹하는 죄의 손길에는 "No"라고, 우리를 부르는 그리스도의 구원의 음성에는 "Yes"라고 외친다.

근본적인 변화란 바울이 고린도후서 3장 18절에서 이야기하듯이 그리스도와 같은 모습으로 변화하는 것이다. "우리가 다 수건을 벗은 얼굴로 거울을 보는 것같이 주의 영광을 보매 그와 같은 형상으로 변화하여 영광에서 영광에 이르니 곧 주의 영으로 말미암음이니라." 성령님의 역사를 통해 우리는 복음의 말씀을 들으며 우리가 바라보는 예수님과 같이 되어간다. 우리의 성격이 변화하는 각 단계는 일종의 새로운 영광의 체험이다. 우리의 삶에서 나타나는 하나님의 자기 현시를 체험하게 된다는 뜻이다.

그렇다면 성별과 근본적인 변화는 어떤 관계에 있는가?

사도 바울은 로마서 12장 1-2절에서 이 문제에 대해 설명한다.

"그러므로(하나님의 은혜에 대해 그분을 영화롭게 하는 방법으로)롬 11:36 형제들아 내가 하나님의 모든 자비하심으로 너희를 권하노니(하나님의 자비가 이미 감사해야 할 기초를 형성해 놓았으므로 내가 마땅히 권하노니), 너희 몸을(영혼과 대립되는 육체가 아니라, 너희의 전 자아와 몸과 영혼을)빌 1:20 하나님이 기뻐하시는(기쁨과 환희) 거룩한(성별된) 산 제물로 드리라 이는 너희가 드릴 영적 예배니라 너희는 이 세대를 본받지 말고 오직 마음을(정신과 욕망과 생각과 목적, 그리고 너희의 전 내적 삶까지를) 새롭게 함으로 변화를 받아…."

바울의 관점에 따르면, 우리가 자신을 그분께 드림으로써 하나님과 거리낌 없는 상태가 되고, 그렇게 됨으로써 내주하시는 성령님께 아무런 저항도 하지 않게 된다. 그 결과 우리의 내적 삶이 하나님의 계획과 약속에 따라 어떤 방해도 받지 않고 초자연적인 상태로 변하게 되는데, 이러한 변화는 부활하신 그리스도와의 연합을 통해 가능하다.

"그렇게 되면 너희는 (모든 상황에서) 하나님의 선하시고 기뻐하시고 온전하신 뜻이 무엇인지 '시험하고 입증하게' 되리라"2절 NIV.

여기서 '시험하고 입증하게'라는 말은 헬라어로 한 단어인데 대안을 사용하여 분별하는 것을 의미한다. 우리의 변화된 마음은 성령님의 조명을 받고, 거듭남을 통해 하나님의 영광을 추구하도록 조율된 상태가 되어, 여러 대안을 비교하며 어떤 행동이 하나님을 가장 기쁘시게 하는지를 깨닫는다.

거룩함의 배경은 그리스도에 대한 믿음을 통한 칭의이다

성화는 결코 칭의의 근거가 아니다. 오히려 거룩한 삶은 칭의에 대한 감사와 사랑의 반응으로서 칭의를 전제로 한다.

우리는 로마서에서 보여주는 순서에 유념할 필요가 있다. 그리스도에 대한 믿음을 통해 죄인들의 행위와는 별개로 칭의가 이루어지는데 이 내용이 로마서 3-5장에 기록되어 있다. 그리스도 안에서 의롭다 칭함을 받은 자들에게서 나타나는 새로운 삶이 언급되고, 그 후에 비로소 성별된 삶을 살라는 요청이 이어진다롬 6:12-14,19-22 ; 12:1.

거룩함의 뿌리는 그리스도와 함께 죽고 함께 부활한 사건이다

거듭나지 못한 자들은 당연히 하나님에 대해 적대감을 느끼기 때문에 거룩한 삶을 살지 못한다롬 8:7-8. 거룩함의 원뿌리는 하나님의 법과 그분에 대한 사랑인데, 이는 성령님께서 우리를 그리스도와 연합시키는 과정, 즉 그분의 죽으심과 부활 사건에 우리를 동참시키는 과정을 통해 우리에게 부여해 주신다.

이것은 일종의 중대한 거래transaction로서 우리 마음을 영원히 변화시키고 우리에 대한 죄의 지배력을 영원히 종식시킨다. 그래서 우리는 전처럼 죄의 영향권 아래서 살아가지 않는다. 아니 그렇게 살아갈 수 없다롬 6:1-10,17 ; 엡 2:1-10. 신자가 거듭나서 믿음을 갖고 죄의 지배에서 완전히 벗어나면, 성령님께서 우리 안에 영원히 내주하여고전 6:19 ; 고후 1:22 ; 5:5 ; 엡 1:13 우리가 행하고 계획하는 일을 도와주시고 그분을 기쁘시게 하는 삶을 살게 한다빌 2:13.

실제로 거룩하게 하시는 분은 우리 안에 내주하시는 성령님이다

칼빈 이후에 살았던 청교도들은 거룩함을 '죄를 죽이고(매우 다양한 형태로 나타나는 죄를 없애고) 은혜를 살리는(거룩한 습관을 강화시키는) 과정'으로 해석하였다. 바울은 '영으로써'롬 8:13 죄를 죽이라고 권면하며 우리의 거룩한 습관이 성령의 열매라고 주장한다갈 5:22.

어린아이가 아버지를 도와 페인트를 칠하는 장면을 상상해보라. 아이가 붓을 잡고 아버지가 그 아이의 손을 쥔 채 도와주며 둘이 열심히 작업한다. 우리가 죄를 없애고 덕을 실천하기 위해 기도하며 부지런히 노력할 때, 성령님은 우리의 손을 잡고 안내하며 도와주신다. 따라서 아무리 우리가 땀을 흘리고 자기를 부인하는 노력을 기울였더라도, 실제로 이루어진 모든 업적에 대해 마땅히 그분께 공을 돌려야 한다. 만약 그분께서 지도해주시고 힘을 공급해주지 않으셨다면, 우리는 결코 죄를 이기지 못했을 뿐 아니라 의로운 삶을 살지도 못했으리라.

「웨스트민스터 신앙고백서」The Westminster Confession는 약 350년 전에 작성되었는데, 우리를 거룩하게 하시는 성령님의 역사에 대해 13장성화에 대하여에서 이렇게 기술한다.

> 한번 효과적인 부르심을 받고 거듭난 자들, 즉 자기 안에 창조된 새 마음과 새 영을 가진 자들은 실제적이고 인격적으로 한층 더 거룩해지는데, 이는 그리스도의 죽으심과 부활의 효력으로 말미암아 그분의 말씀과 자기 안에 거하시는 성령에 의해 그렇게 된다. 온몸을 다스리는 죄의 지배력이 소멸되고, 그로부터 나오는 여러 정욕들은 점점 더 약해지고 억제된다. 그리고 그들은 구원하시는 모든 은혜 안에서 점점 더 생기를 얻고 강해져서 참된 거룩함을 실천하게 되는데 이것 없이는 아무도 주를 볼 수 없다.
>
> 이 성화는 철저하게 전인적으로 일어난다. 그러나 이생에서는 완전하지 않고 여전히 모든 부분에 부패의 잔재가 남아 있다. 그러므로 양립할 수 없는 전쟁이 지속적으로 일어나는데, 육체의 소욕은 성령을 거스르고 성령은 육체를 거스른다.
>
> 이 전쟁에서 비록 남아 있는 부패가 한동안 훨씬 우세할지라도 결국 거듭난 부분이 이긴다. 이는 거룩하게 하시는 그리스도의 영이 지속적인 힘을 공급해주시기 때문이다. 이렇게 됨으로써 성도는 은혜 안에서 성장하며 하나님을 두려워하고 결국 거룩함을 온전히 이룬다.

거룩한 삶에는 반드시 의식적인 노력과 투쟁이 따른다

거룩함이란 무엇보다도 좋은 습관을 정착시키고 나쁜 습관을 버리며 죄를 지으려는 유혹을 떨쳐버리고 죄를 짓게 하는 충동이 몰려올 때 자신을 통제하는 것이다. 그런데 이러한 일을 하려면 반드시 의식적인 노력과 투쟁이 요구된다.

그리스도를 닮는 습관을 형성하여 바울이 언급한 성령의 열매를 맺게 하려면 어떻게 해야 할까? 이는 어떤 상황에서도 신중하게 그리스도처럼 행동하려고 노력할 때 가능하다. "행동을 심으면 습관을 거두고, 습관을 심으면 인격을 거둔다." 매우 쉽고 간단한 말처럼 들리지만 실천하기는 쉽지 않다. 물론 주변의 상황이 우리를 부추겨 경건치 못한 행동을 유발할 때 시험을 받는다. 이러한 환경에 대처하기 위해 다음의 행동 전략을 생각해볼 수 있다.

- 사람들이 악의를 품을 때 그리스도처럼 대응하기 위해 그들을 사랑하라.
- 좌절하게 하는 상황에 그리스도처럼 대응하기 위해 기뻐하라.
- 문제와 위협이 찾아와 분노하게 하거든 그리스도처럼 대응하기 위해 화평을 추구하라.
- 미치게 하는 일이 있거든 그리스도처럼 대응하기 위해 인내하라.
- 무자비한 사람을 만나거든 그리스도처럼 대응하기 위해 친절을 베풀라.
- 악한 사람과 나쁜 행동을 보거든 그리스도처럼 대응하기 위해 선을 베풀라.

- 거짓과 격노에 대해 그리스도처럼 대응하기 위해 신실하고 온유하게 대하라.
- 냉정함을 잃게 하여 주먹으로 치고 싶게 하거든 그리스도처럼 대응하기 위해 자신을 억제하라.

성령님께서는 우리와 함께 계셔서 능력을 공급해 주신다. 우리는 이제 그 능력을 힘입어 그리스도를 닮아가는 행동이 가장 심오한 의미에서 우리에게 자연스럽게 느껴진다는 사실을 알고 있다. 하지만 바로 앞에서 언급한 여러 압력에 대항해 그리스도처럼 지속적으로 살아가기란 쉽지 않다.

그렇다면 로마서 8장 13절의 말씀처럼 어떻게 해야 영으로써 몸의 행실을 죽일 수 있을까? 이것 역시 쉽지 않다. 이것은 부정하고 죽게 하는 문제이며, 오랫동안 우리 안에 있었던 성향과 강력한 욕구와 습관들을 거스르는 것이다. 이렇게 하려면 고통과 슬픔과 신음과 심한 통증이 반드시 따른다. 왜냐하면 당신 안에 있는 죄가 죽기를 원치 않으며 죽어가는 과정 자체를 즐기려 하지 않기 때문이다. 예수님께서도 이 점을 매우 생생하게 묘사하셨지만, 죄를 죽이는 일은 마치 눈 하나를 뽑아내고 손이나 귀 하나를 잘라내는 행위와 같다. 한마디로 신체 장애인이 되는 셈이다. 아마 지금까지 당신의 일부였고, 없으면 못 살 것처럼 생각되는 그 무엇과 작별을 하는 느낌이 들지도 모른다.

예수님과 바울은 이러한 실천이 고통스럽지만 삶에서 필요하기에 반드시 해야 한다고 우리에게 확신시킨다마 5:29 ; 18:8 ; 롬 8:13. 그러면 어떻게 가능할까? 겉으로 드러난 죄악은 내부에서 일어나는 죄의 충동에 기인한다. 따라서 이와 같은 충동을 유발하는 요인을 없애는 방법을 배워야 한다. 예를 들면, 만약 그 충동이 육욕이라면 포르노 잡지를 멀리해야 하고, 폭식이라면 뷔페식당 출입을 자제해야 하며, 재물에 대한 탐욕이라면 도박이나 복권을 멀리해야 한다. 이러한 충동이 우리에게 몰려올 때 주님께 달려가 도움을 청하며, 그분 자신의 거룩하신 임재와 구속하신 사랑을 더 깊이 체험할 수 있도록 능력을 주셔서 그분을 불쾌하게 하는 일에 과감하게 "No"라고 외칠 수 있게 해달라고 간구해야 한다. 그러면 우리로 하여금 이렇게 행할 수 있도록 마음을 움직이시는 성령님께서 우리가 그리스도의 거룩한 사랑을 생생하게 느낄 수 있도록 조성해주시고 간구할 수 있는 능력을 공급해주시며, 실제로 죄가 영향력을 행사하지 못하도록 죄의 세력을 박탈하신다.

이런 식으로 방종과 우상숭배, 그리고 다른 사람을 학대하던 습관이 소멸하게 된다. 그런데 부지중에 우연히 저지르는 죄는 끊어버리기가 비교적 쉽다. 하지만 청교도들이 '빠지기 쉬운' 죄라고 불렀던, 늘 우리를 따라다니는 죄는 대체로 끊어버리기가 어렵고 시간이 오래 걸리며 타박상을 입는 정도의 투쟁을 요구하는데 체질과 관련된 죄와 습관적인 죄가 여기에 속한다. 체질과 관련된 죄란 기질로 이끌린 죄로, 비겁함과 경솔함이 이에 해당한다. 습관적인 죄란 반항적이며 중

독성을 띠는 죄를 말한다. 영적 실재론자치고 가식적인 행위를 보여주는 사람은 아무도 없다.

거룩함의 규칙은 하나님의 법이다

거룩함은 언제나 하나님께서 친히 제정하신 절대적인 도덕 기준과 변치 않는 도덕적 이상을 지향한다. 하나님의 법은 그분께서 신자들에게 요구하시는 의를 규정한다.

하나님의 법이란 무엇인가? 법을 의미하는 히브리어 '토라'가 기초 용어인데, 법률로 제정된 규칙오늘날의 법이 아니라 가정에서 전해지는 교훈을 의미한다. 하늘에 계신 아버지가 그분의 자녀들에게 전달하는 교훈을 뜻한다. 구약시대에 하나님께서는 자신의 대변자들을 통해 이스라엘 백성이 바른 삶을 사는 데 필요한 지침을 주셨다. 지혜서에 나오는 격언, 모세를 통해 주어진 사회 정치적이며 전례적 성격을 띠는 규범, 여러 선지자들이 사회를 진단하여 의롭게 살도록 권면한 교훈이 바로 그것이다. 이 모든 가르침은 본질적으로 아버지가 가족들에게(실제로 이스라엘은 한 가족이었다출 4:22). 지시하는 훈계로, 십계명에 잘 요약되어 있다.

구약의 이스라엘 백성에게 독점적으로 주어졌던 사회 정치적이며 전례적 성격을 띠는 여러 법들은 이제 소멸되었다. 하지만 예수님께서 두 개의 큰 계명(하나님 사랑과 이웃 사랑마 22:37-40)으로 요약하며 해석한 모세의 십계명은 지금도 백성을 향한 하나님의 도덕법으로서 영향을 미치고 있다.

이 법이 하나님의 왕국에서 어떻게 적용될까? 하나님의 왕국(성령님을 통해 이 땅에서 이루어지는 새로운 천국의 삶)이 이미 예수 그리스도와 함께 이 세상에서 시작되어 신자들의 삶에서 새로운 도덕적 힘과 에너지를 발산하고 있고, 예수님은 이 신자들을 '천국의 아들들'이라 칭한다마 13:38. 그러면 예수님과 사도들이 하나님께서 원하시는 요구사항의 깊이와 폭을 어떻게 해석하여 신자들에게 교훈하는가?

이들의 가르침은 동기와 태도와 미덕을 강조하는데, 하나님의 구원을 의식적으로 즐기는 신자들에게 알맞게 되어 있다. 더욱이 성령님께서 그들의 마음을 감동시켜 마음으로부터 자발적으로 법을 지키게 되어, 그들은 더 이상 역할극이 아니라 진정으로 하고 싶어 열정적으로 선행을 하게 된다고 말한다. 그러하기에 하나님 왕국에서의 법은 구약성경의 관점을 초월하여 도덕적 성격을 강조한다.

따라서 이제 하나님의 법은 가장 중요하면서도 첫째가는 가족 법도가 되었다. 야고보 사도는 이 법을 '국왕의 법'이라 부르는데약 2:8 NIV, 왕의 가족과 왕국을 위한 법이라는 뜻이다. 거듭난 하나님의 자녀들 즉 그분의 왕족을 구성하는 그리스도인들은 그분의 기준에 부끄럽지 않은 생활을 해야 한다.

오늘날 인간 사회에서 왕족들은 마치 금붕어 어항 속에 있는 것처럼 살아간다. 따라서 지속적으로 언론 매체의 감시를 받기 때문에 잘못 하나만 하면 금세 표제 기사 자리를 차지한다. 마찬가지로 하나님의 자녀들도 경건한 사람인 양 취급 받아 세상 사람들의 감시를 받으며 살기에 실수를 저지를 때마다 여지없이 구설수에 오른다. 만약 영국 여왕의 아이들이 제멋대로 행동한다면 여왕의 체면이 깎이듯이, 그리스도인이 하나님의 가족법을 업신여긴다면 그것은 하나님을 모독하는 처사일 뿐 아니라 그분의 기대를 저버리고 배신하는 꼴이 된다. 우리의 거룩한 삶이 그분을 명예롭게 하고 그분께 영광을 돌리는 반면, 부정不淨한 삶은 정반대의 결과를 초래한다는 사실을 결코 잊지 말아야 한다.

거룩함의 핵심은 사랑의 정신이다

성경은 사랑을 의향意向으로 간주하며 그 사랑이 친밀감에 의한 것이든 감사하는 마음에 의한 것이든 어떤 방법을 통해서라도 사랑 받는 대상을 위대하게 만든다고 말한다. 이렇게 보면 상대방의 요구를 무조건 들어주는 식의 애정, 즉 자식을 망치는 부모의 빗나간 사랑은 성경적 의미에서 사랑이 아니다. 세상 사람들만 이것을 사랑이라고 우길 뿐이다. 하나님께서 친히 사용하신 용어에 의하면 사랑은 하나님을 향한 것이든 타인을 향한 것이든 '책임감을 느끼는 헌신'으로, 이해력을 가지고 끈질기게 자기를 부인하며 다른 사람을 섬긴다. 사랑은 그 자체가 맹목적이기에 자신의 눈 역할을 해줄 법을 필요로 한다. 예수님은 하나님과 사람들에게 사랑을 구체적으로 보여주신다. 사랑의 화신인 그분을 관찰하면 사랑의 속성을 깨닫는다.

사랑이 어떤 의미에서는 법을 부정하는 면도 있지만 법을 준수하는 사랑은 거룩함의 핵심이다. 법을 지키는 사랑은 우리의 인간성을 완성시키기 위한 하나님의 처방이다. 은혜는 우리에게 진정으로 사랑하는 법을 가르쳐 줌으로써 인간성을 회복시키고 완성시킨다. 이 점을 분명히 기억하자.

신약성경에서는 자주 거룩한 삶을 '선한 일'을 행하는 것으로 묘사한다. 그렇다면 무엇이 선한 일을 행하게 만드는가? 대답은 두 가지이다. 첫째는 그것이 하나님의 법에 대한 순종의 행동이기 때문이고, 둘째는 그것이 사랑의 행위이기 때문이다. 사랑의 행위는 친밀감과 감사하는 마음으로 우리가 사랑하는 하나님을 높이고, 동정심과 우정으로 우리가 사랑하는 인간을 풍요롭게 한다. 이웃에 대한 사랑과 성부 하나님에 대한 사랑, 성자 예수님에 대한 사랑은 사실 하나이다. 왜냐하면 하나님을 사랑하는 사람은 반드시 이웃을 사랑하기 때문이다.
13:34 ; 14:15,23 ; 15:10-14,17 ; 요일 3:11,16-18,23 ; 4:7-11 ; 마 5:43-48 ; 눅 10:25-37.

거룩함은 외면적으로 순종이고 내면적으로 행위를 통해 표현된 사랑이다. 하나님에 대한 사랑이 순종심을 자극하여 인간에 대한 사랑으로 표출될 때, 그 사랑은 거룩함의 진정한 심장이요 심장의 고동이다. 심장이라는 말은 본질과 핵심과 근원이라는 뜻이고, 심장의 고동이라는 말은 에너지의 중심축이요 추진력이라는 뜻이다. 세상을 돌아가게 하는 힘이 하나님의 사랑이듯이(정말로 그렇다!), 거룩한 사람으로 하여금 움직이게 하고 보살피게 하며 섬기게 하는 힘이 바로 하나님에 대한 사랑이다. 복음을 통해 가르침을 받고, 하나님께서 정성을 다해 만드시며 은혜 속에서 자라는 사랑이야말로 최종적 의미에서 거룩함의 진수이다.

:: 은혜 안에서 지속적으로 자라기

6장은 거룩함을 은혜 안에서 지속적으로 성장하는 것으로 해석하고, 이것이 개인의 영적 성장의 필요조건이 된다는 점을 탐구하고 있다. 지금까지 '건강한 성장'과 관련하여 그림의 틀을 짜고, 실제로 우리 안에서 작용하는 하나님의 은혜와 관련하여 보다 큰 진리들을 관찰하며, 은혜 안에서 성장이 어떻게 일어나는지를 살펴보았다. 이제 다음 단계는 올바른 조명을 사용하여 우리가 살펴보는 그림을 그릇된 조명으로부터 보호하고, 조명을 잘 조정하여 우리가 관찰하는 대상을 잘 볼 수 있도록 돕는 일이다. 이는 그릇된 조명의 현란한 빛이 우리를 혼란케 하는 무늬를 그림 위에 던져 그림의 특징을 흐릿하게 하기 때문이다. 이 대목에서는 영적 성장에 대해 일반적으로 오해하는 내용을 집중적으로 살펴보겠다.

은혜 안의 성장은 가시적이다?
신자가 저지르기 쉬운 첫 번째 실수는, 은혜 안의 성장이 언제나 분명하게 볼 수 있도록 나타난다고 믿는 것이다.

　육체적 성장은 직접적으로 측정할 수 있다. 자란 키와 늘어난 몸무게를 재는 데 아무 문제가 없다. 하지만 영적 성장은 신학자들의 설명에 의하면 신비이다. 즉 우리가 이해하고 확인할 수 있는 것보다 더 많은 것을 그 안에 내포하는 하나의 실재이다. 이러한 의미에서 삼위일체, 천지창조, 하나님의 섭리, 성육신 사건, 거듭남과 같은 실재는 모두 신비이다. 실제로 하나님께서 자신이 만드신 피조물과 교통하는 모든 상호작용은 신비이고, 은혜 안에서 이루어지는 성장 역시 그렇다.

　우리는 하나님께서 직접 성경을 통해 가르쳐 주시는 교훈을 들음으로써 이처럼 신비로운 현상에 대한 많은 정보를 얻는다. 하지만 이러한 정보는 단지 그것들을 식별하고 인지하며 규정할 수 있는 수준에 불과하다. 철저한 지식도 아니고 충분히 이해할 수 있는 정도도 못 된다. 우리가 거룩한 진리에 대한 성경적 계시를 아무리 많이 얻는다 해도 그 진리가 증거하는 하나님의 비밀은 여전히 신비로 남아 있다.

　은혜 안에서 이루어지는 성장은 성령님께서 인간의 마음속에서 진행하시는 작업이다. (여기서 인간의 마음이란 생리학적 의미가 아니다.) 마음은 개성의 아주 동적인 핵심이며 기질과 관련된다. 마음에서 우리의 생각, 말, 욕망, 결정, 행동이 나온다. 우리는 마음에서 나오는 것을 보고 우리 마음과 다른 사람의 마음상태를 짐작한다. 하지만 그 안에서 무슨 일이 진행되는지를 알기 위해 직접 마음을 들여다볼 수는 없다.

성경은 아무도 인간의 마음에 접근하지 못하고 오직 하나님만 가능하다는 점을 강조한다. "만물보다 거짓되고 심히 부패한 것은 마음이라 누가 능히 이를 알리요마는 나 여호와는 심장을 살피며"렘 17:9-10. "주는 계신 곳 하늘에서 들으시고 사하시며 각 사람의 마음을 아시오니"왕상 8:39. 마음속에서 이루어지는 모든 과정은 인간의 간파하는 능력을 초월한다.

그렇다고 영적 성장이 언제 이루어지는지 알아내기가 불가능하다는 말은 아니다. 위기나 충격 또는 새로운 상황이 던져주는 요구에 반응하는 행동을 보면 마음에 관해 우리가 전에 몰랐던 점들을 발견하게 되고, 이러한 지표를 통해 영적으로 성장했는지를 판단한다.

이러한 예를 사사기 13장에 나오는 무명의 여성인 마노아의 아내에게서 발견한다. 한번은 여호와의 사자가 그녀에게 나타나 특별한 아이삼손를 낳을 터인데 그 아이가 장차 이스라엘의 구원자가 될 것이라고 예언하였다. 그리고 천사는 그녀에게 출산을 위해 지켜야 할 특별한 지시사항을 전달하였다. 그녀가 남편 마노아에게 이 사실을 알리자 그는 하나님께 기도하며 사자가 한 번 더 나타나 아이에게 어떻게 행할지를 자세히 알려달라고 부탁하였다. 그는 분명히 자신이 가정의 영적 지도자임을 의식하고 있었고, 아내가 지시사항을 제대로 받았는지 의심하고 있었다. 이에 자비롭게도 하나님의 사자가 다시 그들에게 나타나 지시사항을 반복하여 들려주었다. 그런데 마노아는 그들을 찾아온 사람이 하나님 자신이라는 사실을 깨달았을 때 충격에 휩싸였다. 거만하던 태도는 온데간데없이 사라졌고 두려워 떨었다. 그때까지 자신의 영적 우월성을 뽐내던 그는 완전히 허둥대며 아내에게 "우리가 하나님을 보았으니 반드시 죽으리로다!"22절 라며 횡설수설하였다. 그는 아무도 하나님과 교우 관계를 맺을 수 없다는 일반적인 사실을 알고 있었기에 절망에 빠져 낙담하였다.

그런데 다행히도 이 이야기에서 지금까지 조연처럼 보였던 그의 아내가 지혜롭고 충실하게 남편을 보좌하는 인물로 부각되며, 하나님의 신실하심과 그분의 목적에 대해 다음과 같이 조리 있게 충고하였다.

"여호와께서 우리를 죽이려 하셨더라면 우리 손에서 번제와 소제를 받지 아니하셨을 것이요 이 모든 일을 보이지 아니하셨을 것이며 이제 이런 말씀도 우리에게 이르지 아니하셨으리이다"삿 13:23.

키플링은 이 부분을 이렇게 번역하였다.

"내 아들아! 너의 주변에 있는 모든 것들이 허둥대며 그것에 대해 너를 비난한다 해도 네가 만약 침착함을 잃지 않는다면 … 너는 대장부가 될 것이다!"

분명히 키플링의 눈에는 인간적인 측면에서나 영적인 측면에서 마노아의 아내가 '대장부'로 보였고, 오히려 마노아가 어리석은 여자나 놀란 아이처럼 행동하였다. 마노아의 아내는 엄청난 충격에 대해 적절한 반응을 보임으로써 그녀가 영적으로 성숙하였음을 보여주었다. 반면 그녀의 남편은 주의 깊게 노력하며 경건 생활을 했음에도 불구하고 성숙한 반응을 보이지 못했다. 하나님의 자녀는 태어날 때부터 성장한 모습으로 세상에 나오지 않고 자라며 성숙한다. 마노아의 아내는 이 이야기 속에서 성장한 인물로 드러난다.

결정적인 순간에 맞이하는 테스트가 인간에게서 어떤 반응을 불러일으키게 마련인데 만약 이때 시험 받는 당사자가 전과 다른 방식으로 반응한다면, 우리는 이 반응을 보고 그가 영적으로 성장했음을 확인할 수 있다. 아브라함의 경우가 그랬는데, 하나님은 그를 모든 사람이 본받아야 할 믿음의 사람으로 제시한다롬 4:11,16-25 ; 갈 3:6-9,14 ; 히 6:13-15. 칭의를 동반하는 믿음과 하나님과의 교제, 약속된 특권을 유업으로 받는 것은 순종적인 신뢰와 신뢰하는 순종의 문제이다. 하나님께서는 우리의 신뢰와 순종을 끊임없이 살피신다. 그리고 아브라함의 경우에는 순종과 신뢰가 한꺼번에 도전 받았다.

하나님께서는 아브라함에게 하나님의 약속의 자녀요 상속자인, 십대 소년 이삭을 죽여 번제로 바치라고 명령함으로써 그의 믿음을 최고도로 시험하셨다. 아브라함이 이삭을 데리고 칼을 준비한 채 모리아 산을 터벅터벅 걸어 올라가며 느꼈을 심적 동요를 아무도 상상하지 못하리라. 아마 놀람과 고뇌와 절망이 뒤범벅되었으리라. 하지만 그는 훌륭하게 시험을 통과하였고, 마지막 순간에 하나님의 천사가 개입하여 제사를 드리지 못하게 말리며 이렇게 선언하셨다.

"네가 네 아들 네 독자까지도 내게 아끼지 아니하였으니 내가 이제야 네가 하나님을 경외하는 줄을 아노라"창 22:12.

30년 전만 해도 이야기는 달랐다. 아브라함은 75세에 아들에 대한 약속을 받았고 86세에 하갈을 통해 이스마엘을 낳았다. 분명히 아브라함은 불과 11년 전에 하나님께서 하신 약속을 까맣게 잊고 그 당시 아내 사래가 임신이 불가능하다고 믿었다창 16장. 이 일은 확실히 믿음의 실패였다.

그러면 도대체 이스마엘이 출생한 때부터 이삭이 희생 제물로 바쳐질 때까지, 그 사이에 무슨 일이 있었을까? 한마디로 아브라함이 영적으로 성장하였다. 이스마엘이 출생한 지 13년째 되던 해, 하나님은 아브라함과 사래에게 다시 나타나 아들을 주시겠다고 재차 약속하였고창 17:15-19, 아브라함은 이때 다른 사람이 되어 있었다. 이번에는 하나님의 약속을 절대적으로 믿었다. 바울은 감동적인 표현으로 아브라함의 믿음을 이렇게 칭찬한다.

"그가 백 세나 되어 자기 몸이 죽은 것 같고 사라의 태가 죽은 것 같음을 알고도 믿음이 약하여지지 아니하고 믿음이 없어 하나님의 약속을 의심하지 않고 믿음으로 견고하여져서 하나님께 영광을 돌리며 약속하신 그것을 또한 능히 이루실 줄을 확신하였으니"롬 4:19-21.

이 13년이란 기간 동안 아브라함의 믿음은 성장해 있었다. 아브라함이 모리아 산에서 아들을 번제로 드리려 할 때, 그의 심적 부담을 견디게 해주었던 힘은 의심할 여지없이 이삭의 기적적인 출생에 대한 기억이었을 것이다. 그러하기에 성경은 이렇게 말한다.

"아브라함은 시험을 받을 때 믿음으로 이삭을 드렸으니 그는 약속들을 받은 자로되 그 외아들을 드렸느니라 그에게 이미 말씀하시기를 네 자손이라 칭할 자는 이삭으로 말미암으리라 하셨으니 그가 하나님이 능히 이삭을 죽은 자 가운데서 다시 살리실 줄로 생각한지라 비유컨대 그를 죽은 자 가운데서 도로 받은 것이니라"히 11:17-19.

연속적으로 시험을 받았을 때 나타난 아브라함의 반응을 보면, 그가 믿음이란 특별한 은혜 가운데서 성장했다는 사실을 깨닫는다. 마찬가지로, 예수님을 부인하던 때의 겁쟁이 베드로의 모습과, 자신을 억압하는 세력 앞에서도 당당하게 맞서 도전하던 후기의 베드로의 모습마 26:69-75 ; 행 4:13-20,29 ; 5:17-32을 비교하면, 그가 영적으로 자랐음을 알 수 있다. 그는 오순절 사건 이후 담대함이란 하나님의 특별한 은혜 속에서 성장하였다. 라일은 이 담대함을 '정직하게 자신의 임무를 수행하는 믿음'이라 정의한다.

우리는 하나님께서 우리 안에서 이루어 가시며 성장케 하시는 작업을 알아채지 못한다. 그러나 시험이 닥쳐와 우리가 어떤 반응을 해야 할 경우에는 이 성장이 가시화되어 사실로 드러난다. 하지만 그 정도만이 우리가 알아차릴 수 있는 전부이고, 그리 대단한 정도는 못 된다. 억압을 당하거나 중대한 결정을 내려야 할 순간이 다가오면, 인간 안에 있던 다른 것들은 물론 영적인 것도 자연스럽게 외부로 드러나게 마련이다. 아무리 우리가 알아차릴 수 있다 해도, 어떤 경우에는 일반적으로 은혜 안에서 자라고 성장할 때 나타나는 것들, 예를 들면 열정의 강도, 현재 받는 은사와 사역의 가능성 등은 분명히 알아차리기가 어렵다. 알아차릴 수 있다고 생각하면 오산이다. 은혜 안에서 누가 자랐고 안 자랐는지, 또 자랐다면 얼마나 자랐는지 하는 문제에 대한 우리의 판단은 일시적일 뿐이다. 이러한 모든 판단은 위험할 뿐 아니라 다음 단계가 진행되면 쉽게 거짓으로 판명된다. 따라서 판단하지 않는 것이 보다 좋고 현명한 일이다.

은혜 안의 성장은 획일적이다?

신자가 저지르기 쉬운 두 번째 실수는, 은혜 안의 성장이 언제나 획일적으로 진행된다고 믿는 것이다. 그러나 은혜 안의 성장은 어떤 의미에서든 결코 획일적이지 않다.

두 번째 실수는 사실 첫 번째 실수와 연결되어 있다. 그러나 내가 여기서 별도로 취급하는 이유는, 이 실수에 너무 흔하고 쉽게 빠질 수 있기 때문이다. 피상적으로만 알면 함정에 빠진다. 우리는 육체적인 성장이 일정하게 진행되고 누구나 같은 패턴으로 이루어진다고 믿는다. 따라서 단순하게 이러한 사고를 은혜의 영역에도 적용하려고 한다. 그러나 육체적 성장은 각 사람이 서로 다른 것처럼 약간 불규칙적으로 진행된다. 마찬가지 원리로 개인 안에서 이루어지는 변화와 성장, 즉 성화 과정도 속도와 정도, 소위 말하는 내적인 비율이 사람마다 다르다.

시몬은 원래 무뚝뚝하고 충동적이고 다혈질이고 분별이 없으며, 변덕이 심한 사람이었다. 그러나 오순절 사건을 겪은 후에 갑자기 바뀌어 이해력과 신중함이 있으며, 확고하고 통찰력 있는 리더십을 갖춘 인물로 변하여 초대교회의 기둥이 되었다. 예수님께서 예고하신 대로 시몬이 변하여 반석, 즉 게바가 되었다요 1:42. 퉁명스럽고 흑백을 분명하게 밝히며 적을 가려내던 그의 성질이, 사려 깊고 사랑스러우며 극도로 순수하고 인내하며 절제하는 사도, 즉 우리가 그의 편지에서 만나는 그런 유형으로 변한 것이다. 요한은 예수님께 우레의 아들막 3:17, 그는 세련되지 못한 불 같은 성격을 가졌다. 눅 9:49,54이라는 별명을 얻었는데, 그 역시 오순절 사건을 경험하였다.

시몬이 급격하게 바뀌었다면 요한은 서서히 바뀌었다. 왜 그럴까? 이들은 서로 달랐고, 성화시키는 하나님의 은혜가 이들에게 서로 다르게 작용되었다. 하나님은 이들의 개성을 최대한 살리며, 이들의 성품에서 예수 그리스도의 영광스러운 모습 중 서로 다른 측면이 두드러지게 부각되도록 역사하셨다. 사실 어떤 개인, 심지어 사도라 할지라도 예수님의 모습을 완전히 통째로 닮을 수는 없다.

은혜 안에서 나타나는 개인적 변화의 질은 언제나 타고난 기질에 따라 달라진다. 따라서 기질과 성격 면에서 심하게 결함을 가진 사람의 경우, 그의 삶에서 나타나는 성령님의 역사는 과소평가되기 쉽다. 왜냐하면 인간의 원죄가 하나님을 대적할 뿐 아니라 자신을 신격화하며 왜곡하려 하기 때문이다. 존 번연이 「천로역정」Pilgrim's Progress에서 묘사한 잊을 수 없는 인물들 중에서 억압을 당하는 몇 사람, 두려워 떨며 쉽게 꺾이는 믿음을 가지고 있는 사람들은 그렇지 않은 사람들, 즉 더 지속적인 믿음을 가지고 선천적으로 차분하며 꿋꿋하게 살아가는 사람들보다 더 깊은 은혜의 역사를 체험한다. 작품에 등장하는 두려움 씨, 심약 씨, 주저 씨, 낙심 씨, 그리고 그의 딸 질겁까지 이들은 그리스도인으로서 천국에 도달하지 못할 것 같다는 무서운 생각에 사로잡히면서도 끊임없이 싸우며 나아간다.

은혜 속에서 성장할 때 담즙질 타입의 불 같은 성격을 부분적으로 완화시킨다거나, 점액질 타입의 냉담한 성격을 부분적으로 녹인다거나, 다혈질 타입의 어리석은 무책임함을 부분적으로 치료한다거나, 우울증 타입의 모든 것을 마비시키는 강박관념인 절망을 부분적으로 치료하는 경우에는, 다른 사람의 경우보다 더 깊은 은혜를 필요로 한다.

그러나 그리스도 안에서 하나님의 은혜를 통해 성장할 때, 현재 강건하고 타인에게 쉽게 다가가며 실제적이고 에너지가 넘치는 성도들, 즉 앞에서 설명한 기질적 결점과 굳이 싸울 필요가 없는 신자들의 경우에는 성장이 비교적 쉽게 이루어진다. 그리스도인의 미덕을 쌓기 위해 자신의 기질과 싸워야 하는 사람은 대체로 다른 사람에 비해 영적 진보가 훨씬 더디게 이루어진다고 느낄 수 있다.

그리스도께서는 서로 다른 성격과 다양한 이력을 가진 우리를 만나주시고, 바로 그 장소에서 성령님을 통해 우리 안에서 역사하신다. 비록 어떤 사람은 성격 면에서 매력이 있고 다른 사람은 그렇지 못할 수도 있다. 하지만 우리는 가장 심오한 차원에서 또 영적인 면에서 모두 난파선이다. 따라서 누구에게나 자신의 특별한 상황에 맞는 하나님의 구조의 손길이 필요하다. 그러하기에 건강하게 성장하도록 해주시는 하나님의 성화 작업이 서로 다른 모양과 속도로, 다양한 삶 속에서 나타나는 것이 지극히 당연하다.

이처럼 많은 일이 우리 안에서 또 다른 사람 안에서 무의식적으로 진행되기 때문에, 우리는 이런 일이 어느 정도 진척되었고 어디까지 진척될 것인지를 전혀 알 수 없다. 상황이 이런데 만약 어떤 두 사람에게서 나타나는 성장을 비교한다면, 그러한 일은 반드시 어리석은 행위로 드러날 뿐 아니라 실패로 끝나게 마련이다. 따라서 비교하지 않는 편이 좋다. 그러나 다음과 같은 일반적인 원칙은 제시할 수 있다.

- 어떤 경우에서든 성장의 목표는 도덕적으로나 영적으로 그리스도를 닮아가는 것이다.
- 모든 그리스도인들이 증거하듯이 예수 그리스도를 통해 하나님을 안다면 과거와는 다른 방식으로 살아가며 행동한다.
- 겉보기에 그리스도인처럼 보이나 그리스도를 닮고 싶다는 고백을 하지 못한다면 그러한 사람은 진정한 신자가 아닐 확률이 매우 높고 분명히 은혜 안에서 성장하지도 못한다.

은혜 안의 성장은 저절로 이루어진다?

신자가 저지르기 쉬운 세 번째 실수는 전문직 종교인이 되면 은혜 안에서 저절로 성장한다고 믿는 것이다. 전문직 종교인이란 목사, 선교사, 전임 기독교 사역자 등을 의미한다. 전문직 기독교인이 되면 영적으로 성장하기가 그렇지 않은 경우보다 오히려 더 어렵다.

왜 그럴까? 그 이유는 이렇다. 우리가 알듯이 사회의 구성원들은 전문직 종교인들에게 '연기'할 것을 요구한다. 어떤 역할을 수행해주기를 원한다. 단지 그것뿐, 그 이상은 아무것도 없다. 따라서 그들에게는 적당한 가면을 쓰고 역할극을 하며 자신의 인격을 완전히 숨긴 채 안주하려는 유혹이 그 누구보다 강하다. 그렇게 되면 이 직업적인 역할이 개인의 정체성을 집어삼키게 되고, 그때부터 누구와도 친밀한 관계를 맺지 못한다. 개인은 물론 하나님과의 관계도 그렇다. 그러면 결국 고독을 느끼고 이 상황은 갈수록 심해진다. 인간의 삶은 관계이기에 가면 뒤에 몸을 숨긴 사람은 다른 사람과 더 거리를 두고, 한 개인으로서 성장하기보다 오히려 움츠러든다. 은혜 안에서 자라기는커녕 전체적으로 쪼그라든다.

아내는 내게 늘 "나는 당신의 사역을 원치 않아요. 당신을 원해요"라고 말했었는데, 실은 이 말도 위의 유혹이 자신의 남편을 삼켜버리지 않을까 두려워하며 한 말이었다. 작고한 영국 배우 피터 셀러스는 탁월한 역할극 배우요 위대한 영화배우였는데, 한번은 그가 직접 읽어주는 성경 낭송을 녹음하자는 제의를 거부하였다. 그가 거절한 이유는 성경을 큰 소리로 읽는 사람이 자신의 정체성을 알고 읽을 때 비로소 다른 사람에게 감동을 줄 수 있는데 자신은 그렇지 못하다는 것이었다. 그리스도인은 누구나 하나님의 도우심을 받아 자신의 정체성을 확립하고, 약점을 지닌 모습 그대로 하나님과 자신의 친구들과 더불어 정직하고 성실하게 사는 법을 배울 필요가 있다. 전문직 기독교인들에게 이러한 도움이 가장 절실히 필요하다.

은혜 안에서 성장하면 보호 받는다?

신자가 저지르기 쉬운 네 번째 실수는 은혜 안에서 성장하면 생활 속에서 긴장이나 고통, 여러 압력들을 받지 않는다고 믿는 것이다. 은혜 안에서 자라면 불신자와는 다르게 마음이 늘 편안하고, 이것으로 감정이 크게 상하는 일도 없다고 생각할 수 있는데, 이것은 완전한 착각이고 이러한 착각이 우리를 집요하게 따라다닌다. 사실은 그와 정반대이다.

분명히 마음이 무기력해지는 순간이 찾아와 어떤 식으로든 감각이 마비되어 이웃의 고통과 슬픔에 무감각한 상태가 될 수 있다. 어떤 때는 자기 일에 몰두하는 순간이 찾아와 주변의 모든 일에 대해 관심을 꺼버리는 상태가 되어, 다른 사람의 비참한 형편을 보면서도 냉담해지는 경우가 있다. 하지만 하나님의 은혜 안에서 자라는 사람은 아무리 현실도피적인 태도와 완악한 마음이 종교적인 옷을 입고 나타난다고 하더라도 이런 상태를 느끼지 않는다.

다음과 같은 두 명제 속에 진리가 들어 있다. 첫 번째 명제는 그리스도인은 예수님이나 바울의 경우처럼 긴장과 고통과 여러 압력들로부터 제외되지 않는다. 두 번째 명제는 그리스도인은 하나님의 능력 안에서 개인의 고통에 대응할 수 있고 또 실제로 그렇게 한다. 바울처럼 그분의 능력이 우리가 약한 데서 온전케 된다고 말하며 기뻐해야 한다고후 12:10. 하지만 믿음 안에서 자라는 신자도 다른 사람의 슬픔과 어리석음을 보며 점차 괴로워할 때가 있다. (예루살렘을 보시며 우셨던 예수님의 모습과 동족 유대인들의 불신을 보며 괴로워했던 바울의 예가 이를 입증한다눅 19:41-44 ; 롬 9:1-4 ; 10:1.) 성장하는 그리스도인이 이웃에 대해 동정심을 품기 때문에 다른 사람보다 더 괴로워하는 경우도 있다.

성장하는 그리스도인이 하나님의 선물인 화평을 더욱더 즐기게 된다는 말은 진리이다. 하지만 그 화평은 관계적이다.

- 그들은 화평케 하는 그리스도의 피를 통해 하나님과 친히 화평을 누린다.
- 그들은 가슴이 찢어질 듯한 고통을 느끼면서도 주변의 상황 속에서 화평을 누린다. 이는 하나님께서 그리스도인의 유익을 위해(은혜 안의 성장을 위해) 화평을 명하셨기 때문이다.
- 그들은 자신에게 그렇게 하기가 처음에는 아무리 어렵게 보이더라도 자신과 더불어 화평을 누린다. 이는 그들이 스스로를 용서하고 받아주어야만 그리스도께서도 그들을 용서해주시고 받아주시기 때문이다.
- 그들은 주변의 사람들과 더불어 화평을 누린다. 이는 예수님께서 그들에게 화평케 하는 자가 되라고 명령하셨기 때문이다마 5:9.

여기서의 화평은 타인의 고뇌를 무시함으로써 얻어지고 유지되는, 마치 올림포스의 신들이 느끼는 것과 같은 냉정한 화평이 아니다.

성장하는 그리스도인은 화평 속에서 자라지만, 은혜 안에서 성장하며 종종 신음한다. 마치 예수님이 사람들의 마음을 하나라도 더 끌어들이기 위해 측은히 여기는 마음으로 신음하셨듯이 말이다. 하나님은 자녀들이 이 비극적이고 부패한 세상에 살면서 슬픔에서 완전히 해방되어 생활하는 것을 원치 않으신다. 따라서 이렇게 확신 있게 말할 수 있다. 이 세상에서 슬픔을 전혀 느끼지 않고 사는 사람은 그가 아무리 진실하다 하더라도 분명히 은혜 속에서 성장하고 있지 않다.

은혜 안에서 자라기 위해 일상 현실을 떠난다?

신자가 저지르기 쉬운 다섯 번째이자 마지막 실수는, 힘든 삶의 현장과 무거운 짐, 상처를 주는 인간관계를 떠나 조용한 장소로 가면 은혜 안의 성장이 촉진될지도 모른다고 믿는 것이다. 수세기 전에는 사람들이 자신의 영혼을 구하기 위해 뒤죽박죽된 이 거대한 세상을 떠나 수도원이란 은신처로 자리를 옮겼다. 우리는 아직까지도 진정한 영적 진보를 위해서는 이렇게 해야 할 필요가 있다는 생각에 빠질 수 있다. 그러나 그렇지 않다. 몇몇 사람들이 비교적 한적한 장소를 찾는데 그들만의 타당한 이유가 있겠으나 그렇게 하는 행동이 은혜 속에서 성장하는 유일한 방법이라는 생각은 잘못되었다.

한 중년 그리스도인 여성이 자신의 직업에서 두각을 나타내며 부모와 함께 살고 있었다. 그런데 그녀의 부모는 계속 그녀를 어린 딸로만 취급하였고 그녀는 부모를 모시며 최선을 다했다. 하지만 그녀는 이 상황에서 영적으로 성장하기는커녕 스스로 버티기가 힘들어 집을 떠나기로 결심하였다. 그러나 로마서 8장 28절의 말씀과 십계명 5계명을 생각하던 중 마음을 바꾸고 편안한 마음으로 집에 돌아와 어려운 관계를 다시 지속하였다. 그곳이 자신이 서야 할 자리임을 깨달았기 때문이었다. 얼마 후 그녀는 은혜 가운데서 성장해 있었다.

그리스도인은 자기를 부인하고 십자가를 지는 생활을 운명으로 알고 기쁘게 받아들일 때 성장한다눅 9:23. 신자는 난초와 달리 온실에서 자라지 않는다. 예수님은 삶의 어려운 상황을 피해 가시며 마치 온실에서 자라는 식물처럼 살지 않으셨고, 자신의 제자들 또한 그런 삶을 살기를 원치 않으신다.

지혜로운 사람은 앞에서 열거한 다섯 가지의 쓸모없는 현란한 거짓된 빛에서 눈을 돌려, 보다 좋은 조명을 찾아내어 은혜 안에서 성장한다는 것이 어떤 것인지를 보여주는 그림을 환히 비추게 한다. 이제 그릇된 조명을 대체할 수 있는 다섯 개의 진정한 빛들을 소개하겠다.

하나님과 교제하는 가운데 그리스도인의 인격이 성장할 때 우리는 적어도 다음의 표지들을 발견한다.

첫 번째 표지는, 하나님을 찬양하며 갈수록 환희를 느끼고, 자신이 찬양의 대상이 되는 것을 점차로 싫어하게 된다는 점이다. 하나님을 찬양하는 목적은 성경 도처에 기록되어 있다. 찬양의 목적은 그 자체가 모든 그리스도인의 마음에 뿌리를 두고 있고, 찬양할 때마다 반드시 생기가 더 넘친다고 말할 수는 없지만 분명한 것은 성도가 성숙함에 따라 찬양을 더욱 강조한다. 하나님을 더 높이 찬양할수록 그만큼 우리 자신은 더 낮아지고, 우리의 가슴은 시편 기자의 고백처럼 더 열정적으로 외친다.

> "여호와여 영광을 우리에게 돌리지 마옵소서 우리에게 돌리지 마옵소서 오직 주는 인자하시고 진실하시므로 주의 이름에만 영광을 돌리소서" 시 115:1.

그리스도인이 이러한 감정을 더 강렬하게 느낀다면 이러한 신자는 은혜 안에서 자란다고 볼 수 있다.

두 번째 표지는, 남을 보살피며 베풀고 싶은 충동을 더욱 많이 느끼고, 자신에게만 몰입하여 남을 보살피거나 베풀지 않고 끊임없이 받기만 하려는 태도를 더욱 단호하게 싫어하게 된다는 점이다. 사랑은 그리스도 정신의 핵심이고, 이는 철저히 돌봄과 배려의 문제이다. 예수님께서도 사역하시는 기간 내내 모든 것을 바쳐 베풀고 돌보셨다. 심지어 십자가에 달려 괴로워하면서도 자신을 죽이는 자들의 죄가 용서받을 수 있도록 기도하며 돌보셨다눅 23:34. 어머니에게 관심을 보이며 요한에게 그녀를 돌보도록 부탁하셨고요 19:26-27, 참회하는 한 행악자에게 관심을 보이시며 구원을 약속하셨다눅 23:43. 그리스도인이 사랑을 베푸는 일에 더욱 헌신하여 어떤 형태로든 사랑을 베풀지 않고는 견딜 수 없다면, 이러한 신자는 은혜 안에서 자란다고 볼 수 있다.

세 번째 표지는, 의롭게 살기 위해 더욱 열정적으로 노력하고, 주변에서 부도덕하고 사악한 일이 벌어지는 광경을 보며 더욱 심한 마음의 고통을 느낀다는 점이다. 또한 대적하고 분열시키며 남을 속여 사람들로 하여금 믿지도 못하고 바르게 살지도 못하게 만드는 사탄의 전략을 더욱 예리하게 분별하게 된다. 바울은 엄격하게 경고한다.

"이는 우리로 사탄에게 속지 않게 하려 함이라 우리는 그 계책을 알지 못하는 바가 아니로라"고후 2:11.

모든 그리스도인들도 이렇게 말할 수 있어야 한다. 그리스도인이 하나님께서 싫어하시는 행동을 하여 그분을 화나게 하고 모독할 때마다 이로 인해 더욱 슬퍼하고, 사탄과의 영적 전투를 더욱 절실하게 느끼며, 죄에 빠지지 않으려고 더욱 조심하며 노력한다면, 이러한 신자는 은혜 안에서 자란다고 볼 수 있다.

네 번째 표지는, 하나님의 사역을 위해 더욱 열의를 가지고 일하며 그 일을 촉진시키기 위해 인기 없는 일도 과감하게 뛰어든다는 점이다. 그렇다고 자신이 저지른 어리석은 행동을 정당화하기 위해 그렇게 하지는 않는다. 그러한 행동은 마땅히 비난 받고 또 그렇게 되어야 마땅하다. 어떤 일이든 공적인 행동을 할 때는 전략적이고 빈틈없는 지혜와, 관련된 문제에 대한 충분한 이해가 필요하다. 다윗은 이렇게 노래한다. "나의 반석이신 여호와를 찬송하리로다 그가 내 손을 가르쳐 싸우게 하시며 손가락을 가르쳐 전쟁하게 하시는도다"시 144:1. 이와 마찬가지로 그리스도인도 진리와 생명을 위한 하나님의 전투를 준비하며 그분으로부터 훈련 받아야 한다. 여기서는 마음의 훈련을 의미한다. 그리스도인이 겸손하게 하나님의 지혜에 의존하여 자신의 열정을 조절하며 분명한 하나님의 일에 뛰어들기 위해 지속적으로 준비할 때, 이러한 신자는 은혜 안에서 자란다고 볼 수 있다.

다섯 번째 표지는, 더욱 놀라운 인내심과 기쁜 마음으로 하나님을 기다리고 그분의 뜻에 복종하며, 담대한 믿음처럼 보이나 실제로는 유치하여 하나님의 손을 억지로 밀고 나가는 것과 같은 미성숙한 겉치레를 굉장히 싫어하게 된다는 점이다. 어린아이들은 흔히 자신이 원하는 것이 있으면 지금 당장 필요하다고 말하며, 더 이상 기다릴 수 없다고 말하거나 그것이 없으면 살 수 없다고 떼를 쓴다. 하지만 성인은 간청하면서도 복종하며 겟세마네 동산에서 예수님이 보이신 태도를 따르려고 노력한다. "내 아버지여 만일 할 만하시거든 이 잔을 내게서 지나가게 하옵소서 그러나 나의 원대로 마시옵고 아버지의 원대로 하옵소서"마 26:39. 우리가 하나님께 원하는 바를 간청하여 이루어 달라고 요청한다면 옳은 일이다. 하지만 주님께서 우리에게 가장 필요한 것이 무엇인지를 아신다고 그분께 고백하며 기다린다면 이 역시 옳은 일이다. 그리스도인이 겸손하게 하나님의 살아계심을 믿고 그분께서 모든 일을 주관해주실 줄로 확신하며 순종하는 법을 배운다면, 이러한 신자는 은혜 안에서 자란다고 볼 수 있다.

:: 이 원칙들을 개인적으로 적용하기

이제 지금까지 살펴본 내용들을 잘 엮어 그리스도인의 삶에 어떻게 적용해야 할까를 생각해보는 일만 남았다. 성경에서 제시하는 거룩한 성장에 관한 하나님의 교훈은 나를 포함한 모든 신자들을 평가하고 안내하며 지도해주기 위한 것이기 때문에, 내가 한 번 더 정리하여 개인적 관점에서 쉽게 적용할 수 있도록 만드는 일은 매우 타당하다고 본다.

그렇다면 먼저 은혜 안에서 성장하는 문제에 대한 나의 관심은 이 정도면 충분한가?

정말로 성장에 대해 관심을 가지고 있는가?

베드로후서 3장 18절은 은혜 안에서 성장하는 일이 선택이 아니라 필수이고, 제안이 아니라 명령이라고 말한다. 여기서 베드로 사도는 명령형을 사용한다. "오직 우리 주 곧 구주 예수 그리스도의 은혜와 그를 아는 지식에서 자라가라." 이것은 그가 첫 번째 편지 끝부분에서 언급하는 마지막 명령이다. 베드로는 이제 자신의 죽음이 임박했음을 느끼며 이렇게 지시한다벧후 1:14. 따라서 이 명령은 유언이 그렇듯이 특별한 중요성과 엄숙함을 지닌다. 마치 우리에게 이렇게 말하는 듯하다. "내가 지금까지 말한 모든 내용을 다 잊는다 해도 이 사실만은 기억하라. 왜냐하면 가장 중요하기 때문이다." 정말로 사실이 그렇다. 베드로가 권고하는 이 명령은, 우리가 지금까지 보아온 것보다 더 거대하고 내용이 풍부한 진리이다.

지금까지 거룩함과 관련하여, 청교도의 전통을 따랐던 라일의 견해를 인용하고 '은혜 안에서 자라는 것'을 '여러 은혜들(그리스도인의 인격 중 여러 측면과 미덕들) 안에서 자라는 것'으로 해석하며 이를 고찰하였다. 이 명령은 분명히 베드로가 의도한 의미의 일부이지만 사실 이 말 속에는 이보다 더 많은 의미가 내포되어 있다. 그리스도의 은혜와 그를 아는 지식에서 자란다는 말은 다음과 같은 의미를 지닌다.

- 우리가 은혜의 전반적인 교리를 더 확실하게 이해하는 것이다.
- 그리스도와의 믿음의 관계가 더욱 깊어지고, 그분을 통해 성부 하나님과 성령님과의 관계가 깊어지며, 성삼위 하나님이 의식적이고 직접적으로 우리의 삶에 간섭하시게 하는 것이다.
- 성령님의 도우심을 받아 우리가 묵상하는 그리스도를 더욱 닮게 되고 그분과 같아지도록 기도하며, 그분이 행한 대로 행하고 우리가 점진적으로 변화되어 결국 그분의 도덕적 이미지가 드러나도록 하는 것이다.

이 명령을 지속적으로(베드로가 '자라다'grow는 단어를 현재형으로 쓰고 있는데, 이는 '지속적으로 자라다'의 뜻이다) 지킨다는 말은, 우리가 그리스도인임을 의식하고 또 언제나 삶의 모든 영역에서 더욱 그리스도인답게 살도록 노력하는 행위를 의미한다. 따라서 은혜 안에서 자라는 것은, 우리가 살면서 진정으로 해야 할 일이고 끝없는 거대한 과업이다. 더욱이 그것은 명령이기 때문에 이 문제와 씨름해야 하고 할 수 있는 한 최대한 많이 자라려고 애써야 한다. 이것이 진정한 제자도이며 참된 그리스도인을 판가름하는 시금석이 된다. 은혜 안의 성장은 이처럼 우리 모두에게 엄정한 시험이다.

그러나 대다수의 그리스도인들은 자라지도 못할뿐더러 이 문제에 관심조차 없는 듯하다. 그들은 확실히 제자리걸음을 하거나 뒤로 미끄러지는 상황에 만족하고 있다. 그야말로 비극이다! 왜 그럴까? 몇 가지 이유를 생각해볼 수 있다. 아마 그들은 베드로의 이 명령을 읽은 적이 없거나, 하나님께서 그들이 은혜 안에서 성장하기를 원하신다는 진리를 들은 적이 없는지도 모른다. 사람들은 자신이 모르는 안건에 대해서는 양심의 가책을 느끼지 못한다. 아니면 두려워하며 주저하는지도 모른다. 은혜 안에서 성장하는 데 진지하게 몰입하다 보면 자신의 삶에 큰 붕괴나 대변동이 있으리라고 생각해서 두려운 마음을 갖고 시작하지 못할 수 있다. 충분히 그럴 법도 하다. 영국 시인 W. H. 오든은 이 두려움이 얼마나 사람을 무능하게 만드는지를 다음과 같이 섬뜩하게 표현한다.

"우리는 변하는 것보다 차라리 망하길 원해요."

주변 사람들의 영향을 받아 이 문제에 관심을 갖지 않는지도 모른다. 그들은 이 영향으로 은혜 안에서 자라는 문제에 관심을 갖지 않을 뿐더러 성경에서 말하는 내용에 대해서도 전혀 신경을 쓰지 않는다. 아니면 그리스도에 대한 처음 사랑이나 거룩한 것에 대한 욕구를 아예 잃어버렸는지도 모른다. 그래서 한때 바울의 동료였던 데마처럼 "이 세상을 사랑하여"딤후 4:10 가버렸는지 모른다. 하지만 이유야 어쨌든 관심을 갖지 않는 태도는 불순종이요 잘못된 자세이고 무책임한 행동으로 변명의 여지가 없다. 그리스도인 모두 그리스도의 은혜와 그를 아는 지식에서 자라도록 명령 받았다.

베드로 사도는 두 번째 편지 첫 부분에서 전적으로 은혜 안에서 자라는 것이 어떤 것인지를 매우 상세하고도 생생하게 실제적인 특징을 언급하며 묘사한다. "그러므로 너희가 더욱 힘써 너희 믿음에 덕을, 덕에 지식을, 지식에 절제를, 절제에 인내를, 인내에 경건을, 경건에 형제 우애를, 형제 우애에 사랑을 더하라 이런 것이 너희에게 있어 흡족한즉 너희로 우리 주 예수 그리스도를 알기에 게으르지 않고 열매 없는 자가 되지 않게 하려니와"벧후 1:5-8. 여기서 교리Doctrine와 경험Experience과 실천Practice이 얼마나 멋지게 조화를 이루고 있는지 주목하라! 이것이 우리 모두에게 적용될 법칙이다. 그러하기에 나는 다음과 같은 점들을 직시해야 한다. 첫째는 내가 바로 이러한 삶을 살도록 부르심을 받았다는 사실이고, 둘째는 내가 성장하기 위해 애쓰는 노력을 포기하는 바로 그 순간, 사악하고 건전치 못한 마음상태에 빠지게 된다는 사실이다. 나에게 해당되는 말은 당신에게도 해당된다.

이 원칙들을 적용하는가?

은혜 안에서 성장하게 하는 이 원칙을 실천하는 데 이 정도면 충분한가?

여기서의 원칙이란 무엇일까? 이 질문에 대해 그냥 간단하게, 은혜 받는 여러 수단들(전형적인 네 신앙 활동, 즉 성경 읽기, 기도, 예배, 그리스도인과의 교제)을 이용하는 것이라고 답할 수 있다. 물론 틀린 말은 아니다. 하지만 그 이상의 해답을 안다면 훨씬 큰 도움이 되리라 생각한다. 그래서 당신에게 세 가지의 금언(성장하기 위해 원칙을 수행할 때 필요한 규율)과 네 가지의 규칙을 제시하고자 한다. 이 자료는 당신을 위한 것일 뿐 아니라 나를 위한 것이기도 하다.

첫째 금언 : 구원을 이루라

이 말은 빌립보서 2장 12절에 나오는 바울의 명령인데, 그의 편지를 읽는 독자들이 자기 안에 그리스도의 마음태도이 있음을 입증하기 위해 하나님의 부르심에 어느 정도 순종해야 하는지를 보여주는 대목이다. 그것은 행동으로 표현될 수 있기에, 이제 그들은 자신의 소유가 된 구원을 완벽하게 하고 완성시키게 된다. 따라서 이제 그들은 구원을 두렵고 떨림으로, 그들 안에서 일하시는 하나님의 사역에 대해 경외하고 숭배하는 마음으로 이루어야 한다. 이는 그들의 복종을 실현시키는 능력이 자연적인 것이 아니라 거룩한 능력의 산물이기 때문이다. "너희 안에서 행하시는 이는 하나님이시니"빌 2:13라는 구절의 의미를 깨달으면 사실 두렵고 떨린다. 그러나 이는 엄연한 진리이다. 우리가 하나님의 능력을 받아 순종을 통해 구원을 표현하듯이 성령 하나님께서 우리의 도덕성을 변화시켜 우리가 모델로 삼고 있는 그리스도를 더욱 닮게 하신다.

이렇게 보면 새로운 순종이 요구될 때마다 일정한 순서를 따라야 한다. 먼저, 그것을 하나님께 가지고 나아가 그 일을 감당할 능력이 없다고 솔직하게 고백하며, 능력을 주셔서 감당할 수 있게 해달라고 요청해야 한다. 그리고 도와주실 것을 믿고 행동으로 옮겨야 한다. 그러면 가능하다는 사실을 깨닫게 된다. 그 후에는 도와주심에 대해 감사하면 된다. 이처럼 겸손하게 하나님을 의지함으로써 우리의 구원을 이루게 되고, 결국 은혜 안에서 성장한다.

둘째 금언 : 그리스도 안에 머물라(거하라, 정착하라)

두 번째 금언은 첫 번째의 것을 더욱 강화시킨 것인데, 예수님께서 친히 하신 말씀에 기인한다.

> "내 안에 거하라 나도 너희 안에 거하리라 가지가 포도나무에 붙어 있지 아니하면 스스로 열매를 맺을 수 없음같이 너희도 내 안에 있지 아니하면 그러하리라 나는 포도나무요 너희는 가지라 그가 내 안에 내가 그 안에 거하면 사람이 열매를 많이 맺나니 나를 떠나서는 너희가 아무것도 할 수 없음이라 … 나의 사랑 안에 거하라 내가 아버지의 계명을 지켜 그의 사랑 안에 거하는 것같이 너희도 내 계명을 지키면 내 사랑 안에 거하리라"요 15:4-5,9-10.

예수님이 말씀하시는 요점은, 그분 자신이 제자들의 삶에서 초점이 되어야 한다는 뜻이다. 그분에 대한 믿음으로 제자들은 이미 그분과 연합하였고, 신비스럽게도 예수님의 생명이 제자들을 통해 흐르고 있다(제자는 포도나무인 그분 안에서 가지가 된다). 이제 제자들은 능력의 원천으로서 그분을 의지하고 섬겨야 하며, 어떻게 섬겨야 할지를 깨닫기 위해 그분께 귀를 기울여야 하고, 그분의 일을 하며 다른 제자들을 양육해야 하고, 확실한 그분의 지속적인 사랑의 은혜를 덧입어야 한다.

이처럼 제자들은 모든 것을 에워싸는 예수님과의 교제 속에서 머물러야(정착해야, 꾸준히 머물러야) 한다. 이것이 많은 열매를 맺는 비결이다. 그러면 그들이 맺는 열매는 "항상 있게"요 15:16 되고, 그들의 변화된 삶에서 의로운 행위로 나타나며, 마침내 다른 사람의 삶을 변화시키는 영적 영향력을 발휘한다. 우리가 지금 살펴보는 거룩함과 건강과 성장을 모두 포함하는 풍성한 열매를 맺으려면, 그리스도 중심의 생활이 절대적으로 필요하다. 예수님께서 직접 가르치신 사도들에게도 필요했고, 요한이 복음서에서 염두에 두고 다시 언급하는 우리에게도 필요하다.

다음 찬송가의 작사자는 주님께 이렇게 호소한다.

> 오, 예수 그리스도여! 제 안에서 자라
> 다른 모든 것들이 서서히 멀어지게 하시고,
> 제 마음이 날마다 주님께 더 가까이 나아가
> 죄로부터 자유롭게 하소서.
>
> 매일 주님의 떠받치는 능력이

저의 약함을 끊임없이 에워싸게 하시고,
마음속 어둠이 그 빛 안에서 소멸되며
주님의 생명이 저의 죽음을 없애게 하소서.

제게 비추는 찬란한 빛줄기 속에서
모든 악한 생각이 사라지게 하시고,
저는 아무것도 아니고 주님만 전부라는 사상을
날마다 배우게 하소서.

주님의 영광을 더 많이 보게 해주소서.
그 거룩하고 지혜로우며 진실한 모습을,
기쁠 때나 슬플 때도
주님의 살아 있는 이미지가 되게 하소서.

하늘의 기쁨으로 저를 채우시고
거룩한 능력으로 붙잡아 주소서.
주님, 그 위대한 사랑의 불빛이
저의 전 존재를 꿰뚫어 비추게 하소서.

이 가련한 존재가 더욱 작아지고
주님만이 저의 생명과 목적이 되게 하소서,

은혜로 매일 조성하여

주님을 더 자주 만나, 그 이름을 지니게 하소서.

그렇다. 시에서 묘사한 대로 우리가 작아지고 그분이 높아질 때, 은혜 안에서 성장한다.

셋째 금언 : 깨어 기도하라

이 말은 예수님께서 겟세마네 동산에서 기도하시던 동안 함께 깨어 있기를 원했던 세 제자가 자는 것을 보고 경고하셨던 말씀이다. 원래 하셨던 말씀은 이렇다. "시험에 들지 않게 깨어 기도하라 마음에는 원이로되 육신이 약하도다"마 26:41.

예수님이 말씀하시는 요지는, 우리 영혼의 적인 사탄이 끊임없이 악의를 품고 우리를 기만한다는 점이다. 하나님을 섬기는 모든 신자는 이 세상에 사는 동안 달갑지 않은 사탄의 관심과 집중 공격을 받아야 한다. 만약 사탄이 우리를 자신의 하수인으로 만들지 못한다는 사실을 안다면, 그는 분명히 온갖 수단을 총동원하여 우리가 은혜 안에서 자라지 못하게 하고, 어떻게 해서든지 우리의 삶을 통해 하나님이 불명예스럽게 되도록 조치를 취하리라. '시험에 들다'라는 말은 사탄이 조종하는 계략의 희생물이 된다는 뜻으로, 하나님의 자녀에게 피해를 입혀 하나님을 불명예스럽게 하려는 사탄의 계획에 말려든다는 의미이다. 이런 식으로 믿는 자들을 유혹하는 사탄의 손길은 쉴 새 없이 지속된다.

베드로는 예수님이 처음으로 경고하는 말씀을 들었고 (그 후 몇 시간 이내에 사탄의 함정에 빠져 예수님을 모른다고 공개적으로 세 번이나 부인하였는데), 후에 '깨어 있다'는 말이 무엇을 의미하는지에 대해 다음과 같이 가슴에 사무치는 설명을 한다. "근신하라 깨어라 너희 대적 마귀가 우는 사자같이 두루 다니며 삼킬 자를 찾나니 너희는 믿음을 굳건하게 하여 그를 대적하라 이는 세상에 있는 너희 형제들도 동일한 고난을 당하는 줄을 앎이라"벧전 5:8-9.

예수님께서는 겟세마네 동산에서 고심하고 애쓰시며 "아버지의 원대로 하옵소서"라고 간절히 기도하셨는데, 우리는 이 기도를 통해 사탄의 유혹을 물리치는 방법을 배운다. 만약 우리가 진심으로 예수님이 기도하신 내용처럼 "나의 원대로 마시옵고 아버지의 원대로 하옵소서"라고 기도할 수 있고, "그가(예수님이) 시험 받아 고난을 당하셨은즉 시험 받는 자들을 능히 도우실 수 있느니라"히 2:18 ; 4:15는 귀한 진리의 말씀을 활용할 수 있다면 우리도 분명히 승리하리라. 그리스도인이 지금 치르고 있는 영적 전투의 본질은, 세상 사람이나 육욕이나 사탄이 우리에게 "Yes"라고 말하도록 강요할 때 "No"라고 답하는 것이고, 피곤함과 낙담과 불신앙이 우리로 하여금 "No"라고 말하도록 재촉할 때 "Yes"라고 답하는 것이다. 이 전투에서 깨어 기도하며 싸워 승리하는 법을 배운 신자는 은혜 안에서 성장한다. 오직 이러한 경험을 통해 우리도 은혜 안에서 자란다.

영화 "불의 전차"에 나오는 전설적인 영웅 에릭 리델은 그의 책「그리스도인의 생활 훈련」Disciplines of the Christian Life에서 이렇게 말했다. "그리스도인의 삶은 성장해야 한다. 나는 성장의 비결이 경건 생활의 훈련에 있다고 믿는다." 분명히 맞는 말이다. 하지만 경건 생활은 어리석음과 태만으로 쉽게 무너질 수 있기에 건전하게 지속하기가 쉽지 않다. 그래서 나는 이 장을 마무리하며 건전한 성장에 도움을 주는 네 규칙을 소개하겠다. 여기에 나오는 제안들은 베드로후서 특히 그중 3장의 내용에 기초한 것인데 3장에서는 하나님의 은혜에 대한 최종적인 결론으로서 은혜 안에서 성장하기를 원하는 그분의 요청이 배어 있다.

첫 번째 규칙 : 사실을 인정하라

실재론은 그리스도인의 미덕으로 하나님께서 자신이 창조한 모든 세계를 다스리신다는 사실을 인정한다. 따라서 예상치 못한 실망스러운 일이 발생하고 바라던 일이 이루어지지 않았을 때, 하나님께서 그분의 계획에 따라 지혜와 선의로 그렇게 처리하셨다고 해석한다. 그러하기에 실재론적인 마음을 가진 사람에게는 어떠한 실망이나 쓰라린 고통, (영혼을 좀먹는 질병인) 냉소적 태도가 발을 붙이지 못한다. 베드로 사도는 자신의 편지를 읽는 수신자들에게 그리스도의 재림이 늦어져 역사의 종말이 늦춰진 것처럼 보이는 현상에 대해, 그것은 분명히 참아주시는 하나님의 자비이고, 사람들을 더 구원하시기 위한 방편이라고 설명한다벧후 3:3-9,15. 영적으로 바르게 성장하려면, 하나님께서 모든 일을 선하게 이루어주실 줄로 믿고 이 사실을 받아들여야 한다. 이런저런 이유로 하나님을 원망하면 성장은 완전히 불가능하다.

두 번째 규칙 : 어리석은 행동을 피하라

의로운 삶은 그리스도인의 의무이다. 베드로가 "무법한 자들의 미혹"[벧후 3:17]이라 칭하는 것, 부도덕과 거룩함에 대한 오만한 무관심[벧후 2장]은 어리석은 행동으로, 하나님께서 이에 대해 경고하며 후에 심판이 있음을 보여주는데도 불구하고 널리 성행하고 있다. 따라서 지속적으로 성장하기 위해서는 이러한 어리석음을 피하는 일이 필수적이다. 이와 같은 미혹에 빠져 어떤 형태로든 도덕적으로 해이해지면, 결국 하나님을 불쾌하게 하고 영적 성장이 불가능하게 된다.

세 번째 규칙 : 영적 음식을 섭취하라

하나님의 말씀, 즉 성경은 영혼의 진정한 양식이다. 베드로는 자신의 첫 번째 편지에서 하나님의 말씀을 갈망하라고 권면하며[2:2], 두 번째 편지에서는 선지자들이 기록한 예언의 말씀에 유의할 것과 사도 바울이 기록한 편지의 내용을 오해하지 말라고 충고한다[1:19-21 ; 3:2,15]. 영적으로 성장하기 위해서는 반드시 말씀이 가르치는 거룩한 진리에 대해 확신해야 하고 그것을 꾸준히 묵상해야 한다. 성경 말씀을 의심하면, 영적 성장은 완전히 불가능하다.

네 번째 규칙 : 다른 사람과 교제하라

하나님께서는 자신이 창조한 세상에서 어느 누구도 혼자 살도록 만들지 않으셨고 그렇게 하도록 구속救贖하지도 않으셨다. 우리는 본래 서로 사랑하고 도우며 살도록 창조되었고 또 이를 위해 구원 받았다. 베드로의 경우를 보라. 먼저 그는 자신의 독자들을 '형제들'벧후 1:7,10이라 칭하고, 바울을 '사랑하는 형제'벧후 3장라고 부르듯이 독자들을 네 번이나 '사랑하는 자들'이라 부른다벧후 3:1,8,14,15,17. 바울이나 베드로는 사도로서의 권위를 지녔다고 해서 그들에게 나아오는 회심자들과 교제하는 일을 결코 꺼리지 않았고, 기꺼이 하나님의 가족으로서 사랑을 나누었다. 영적으로 성장하기 위해서는 그리스도인의 교제 속에서 확고한 위치를 차지하고 형제애를 나누어야 한다. 동기가 어떻든지 이러한 교제에서 의도적으로 자신을 고립시키면 영적 성장은 불가능하다.

:: 피터팬신드롬을 피하라

20세기의 문학작품 중에서 자주 머리에 떠오르는 작품이 있다면 바로 J. M. 배리의 「피터팬」인데, 작가는 이 동화에 대해 '자라기를 거부한 소년'이라는 부제를 붙이고 있다. 그런데 내가 이 작품을 머릿속에 떠올리는 이유는, 이 작품이 그리스도인에 관한 탐탁치 않은 진리를 상기시키기 때문이다. 지난 60년 동안 이 작품은 어린이들을 위한 오락물로 사랑 받아 흥행에 성공하였다. 그동안 독자들은 피터와 웬디가 해적들과 싸우는 이야기를 재미있게 보았다. 나도 어렸을 때 이 작품을 바탕으로 한 연극을 여러 차례 보며 좋아하였다. 「피터팬」은 21세기에도 많은 아이들의 사랑을 받을 게 분명하다.

하지만 주인공 피터는 지혜로운 아이나 어른이라면 분명히 자신과 동일시하고 싶은 인물이 아니다. 피터는 작품에서 두 번이나 "나는 언제나 작은 소년으로 남아 즐기고 싶어"라고 선언하는데, 이 말은 확실히 좋지 않은 표현이다. 피터는 정상적인 아이라면 누구나 한 번쯤 거쳐 지나가게 될, 인생의 어느 한 단계가 고착된 상황을 상징한다. 그는 자신의 성장 과정을 스스로 멈추게 하였기 때문에 결점 있는 아이가 되어, 우리는 이 아이를 반(反)영웅, 즉 독자들로부터 동정심을 받기는커녕 오히려 혐오감을 불러일으키는 인물로 불러야 할 형편이다.

피터는 용감하고 재치 있으며 지도자다운 면을 가졌지만, 다른 한편으로는 우쭐대고 뽐내며 자기 일에만 몰두하고 무정하며 사랑할 줄도 사랑 받을 줄도 모른다. 대립적인 반대 감정이 양립하는 다층적 구조가 작품에서 드러나기는 하지만(익살과 슬픈 분위기를 교차시키는 것이 작가의 특기이다.) 이 연극은 웬디와 그녀의 동생들이 네버랜드에서 머문 후에 다시 (아이들의 최종 종착역인) 어른이 있는 가정으로 돌아와 행복하게 사는 장면을 분명하게 보여준다. 하지만 피터는 요정들 틈에서 피리를 불며 영원히 살고 싶어 타인과의 관계나 일을 거부하는데, 이것이 이 연극이 지닌 작은 비극이다. 아마 이 연극을 본 성인들은 그렇게 느꼈으리라.

현대 사회는 기독교적 사상에서 세속적인 물질주의로 그 풍조가 옮아가며 '피터팬 문화'라고밖에 볼 수 없는 분위기를 초래하였다. 이러한 분위기 속에서 피터가 지녔던 유치한 이기주의적 양상들이 보란 듯이 튀어나와 자리를 잡았고, 미덕으로까지 여겨지게 되었다. 이와 같은 상황에서 감정 면에서 책임감 있는 성인이 되기란 매우 어렵다. 오늘날 가장 심각한 사회 문제는, 감정적으로 굉장히 미숙한 상태가 마치 성인 삶의 특징인 양 취급되는 것이다. 하나님의 질서에 비추어보면, 인간의 가정은 하나의 관계망을 형성하여 각 구성원이 그 속에서 책임감을 느끼는 사랑과 살아가는 방식을 철저히 습득하게 되어 있다. 하지만 세계 도처에서 가족이란 개념이 약화됨으로써 이러한 목적을 달성하지 못하는 실정이다. 우리 주변에는 몸은 어른이지만 감정은 청소년, 심지어 어린아이와 같은 특성을 지닌 사람들, 언제나 작은 아이로 남아 즐기기만을 바라는 사람들로 가득 차 있다. 물질적 풍요로 인해 유치한 방종이 십대 아이들의 생활 패턴이 되어버렸고, 이로 인해 이들은 성인이 되어서도 성숙하지 못한다.

그리스도인들도 예외가 아니어서 자신이 속한 사회의 문화에 끌려간다. 이들 역시 피터팬신드롬에 오염되어 있다. 만약 우리가 이 시점에서 변화를 준비하지 않는 한, 경건에 관한 금언이나 훈련이 우리에게 어떠한 도움도 주지 못한다. 내가 감정적인 면에서 성장할 필요가 있다는 점을 깨달을 준비가 되어 있는가? 당신은 어떠한가?

"믿음의 주요 또 온전하게 하시는 이인"히 12:2 예수님은 지금도 감정과 태도 면에서 성숙한 사람의 본보기로서 우리 앞에 서서 은혜 안에서 성장할 때 어떻게 되는지를 한 번 더 보여주신다. 우리가 복음서에서 예수님을 만나게 되듯이 우리의 모습을 예수님과 비교하여 평가할 때, 비로소 거룩한 삶과 관련하여 우리에게 진정으로 필요한 것이 무엇이고 그분처럼 되기 위해 얼마나 더 성장해야 하는지를 깨닫는다.

당신과 내가 지금 이 순간, 은혜 안에서 성장하여 "하나님을 두려워하는 가운데서 거룩함을 온전히"고후 7:1 이루기를 바란다.

Chapter 7

강건하게 자라기
: 능력을 받는 그리스도인의 삶

"이러므로 내가 … 아버지 앞에 무릎을 꿇고 비노니 그의 영광의 풍성함을 따라 그의 성령으로 말미암아 너희 속사람을 능력으로 강건하게 하시오며 믿음으로 말미암아 그리스도께서 너희 마음에 계시게 하시옵고 너희가 사랑 가운데서 뿌리가 박히고 터가 굳어져서 능히 모든 성도와 함께 지식에 넘치는 그리스도의 사랑을 알고 그 너비와 길이와 높이와 깊이가 어떠함을 깨달아 하나님의 모든 충만하신 것으로 너희에게 충만하게 하시기를 구하노라 우리 가운데서 역사하시는 능력대로 우리가 구하거나 생각하는 모든 것에 더 넘치도록 능히 하실 이에게 교회 안에서와 그리스도 예수 안에서 영광이 대대로 영원무궁하기를 원하노라 아멘" 엡 3:14-21

"오직 모든 일에 하나님의 일꾼으로 자천하여 많이 견디는 것과 환난과 궁핍과 고난과 매맞음과 갇힘과 난동과 수고로움과 자지 못함과 먹지 못함 가운데서도 깨끗함과 지식과 오래 참음과 자비함과 성령의 감화와 거짓이 없는 사랑과 진리의 말씀과 하나님의 능력으로 의의 무기를 좌우에 가지고" 고후 6:4-7

:: 하나님의 능력

이 장에서 우리가 관심을 갖는 것은 하나님의 능력이다. 구체적으로 말하면 천지창조와 섭리, 은혜에 나타난 하나님의 에너지이다. 일반적으로 능력을 의미하는 헬라어는 두나미스dunamis인데, 바로 여기에서 다이너마이트dynamite란 단어가 파생하였다. 이제 이 엄청난 주제의 일부분을 다루려고 하는데, 죄인들을 거듭나게 하고 성화시키며 영향을 미치는 능력에 대해 살펴보자.

우리가 다루는 주제를 분명히 하기 위한 첫 단계로, 먼저 기초부터 분명하게 이해할 필요가 있다. 하나님께서는 그분의 능력을 우리가 언제든지 마음대로 사용할 수 있도록 우리에게 소유물로 주지 않으신다. 오늘날 하나님의 능력에 대해 많은 사람들이 하는 말을 들어보면 이러한 오해가 보편화되어 있다. 하나님께서는 우리를 부르시고 우리에게 능력을 주셔서 수단으로 활용하신다. 우리를 통해 그분의 능력이 전달되도록 하신다. 하지만 우리는 건전지처럼 전기를 충전하거나 보관할 수 없어서, 그분의 능력을 언제든지 저장해 두었다가 필요할 때 사용할 수 없다. 하나님이나 그분의 능력은 마치 전기를 사용하듯이 우리 마음대로 켜거나 끄지 못한다.

하나님의 능력을 인간이 마음대로 사용하려 한다면, 마술사 시몬이 저지른 죄를 범하게 된다행 8:18-24. 그가 저지른 죄는 따라야 할 모범이 아니라 경고의 의미로 성경에 기록되어 있다. 우리가 가져야 할 바른 자세는 "귀히 쓰는 그릇이 되어 거룩하고 주인의 쓰심에 합당하며 모든 선한 일에 준비함이"딤후 2:21 되어야 한다.

빨간 신호등이 우리 마음 앞에서 번쩍거리면 우리는 하나님의 능력을 사용하는 문제에 대해 주의해야 한다. 어떻게 해야 하나님께 유용한 신자가 되고 쓰임 받을 수 있는가 하는 초점을 빗나가지 않도록 유의하면서 계속 진행하자.

:: 하나님의 초자연적 능력

지난 100년 동안 복음주의적 그리스도인들은 그리스도인의 삶에 나타나는 능력에 대해 굉장한 관심을 보여왔다. 이러한 현상이 잘못된 것일까? 전혀 그렇지 않다. 1870년대에 창간된 잡지 중 〈능력의 통로〉The Christian's Pathway of Power가 있는데 그 잡지의 주요 메시지는 하나님께서 우리에게 능력을 주셔서 일을 수행하게 하고, 삶에서 해결해야 할 과제를 완수하게 하며 유혹을 물리치게 하여 결국 그분을 기쁘시게 한다는 내용이었다. 내가 복음주의 학생 운동 단체에서 교육 받을 때 그곳의 경건한 연사들은 한결같이 이맛살을 찌푸리며 우리에게 "능력 받았습니까?"라고 집요하게 묻곤 했다. 이 말은 "능력 받아 삶을 영위하고 있습니까?"의 뜻이었다. 하나님의 능력을 받아 자신을 더 억제하며 철저하게 의로운 삶을 사는 게 잘못된 것일까? 물론 그렇지 않다.

한편 그리스도인들은 하나님의 능력을 힘입어 다른 사람에게 증거할 때(만약 설교자라고 한다면 설교를 통해) 큰 영향력이 나타나게 하는 데 지나친 관심을 보여왔다. 따라서 '능력' 있게 증거하는 그리스도인과 '능력' 받지 못하고 증거하는 그리스도인의 차이에 대해 많은 논의가 있었다. 능력 있게 전하기 위해 관심을 쏟는 일이 옳은가? 능력 받지 못한 채 말씀을 선포하게 될까봐 두려워하는 일이 옳은가? 물론 옳다.

최근에 오순절 운동, 은사 갱신 운동, 제3의 물결오순절 운동이나 은사 운동에 속한 교단이 아닌 미국 내 다른 주요 교단에서 일어난 부흥 운동-역주에 영향을 받은 그리스도인들이 기도를 통해 하나님의 초자연적 능력을 발휘하여 각종 질병을 치유하는 행위를 시도하고, 실제로 성공한 경우도 있다고 주장한다. 이들은 기도를 통해 육체적 치유와 내적 치유는 물론 개인의 삶에서 나타나는 사탄의 활동처럼 보이는 현상을 치유하기도 한다.

그리스도인이 이러한 문제에 관심을 갖는다면 잘못된 것일까? 비록 이러한 운동에 몇 가지 위험한 함정이 있기는 하지만, 그 모든 것이 잘못되었다고 말하고 싶지는 않다. 나는 신약성경에서 하나님의 능력이 이처럼 현저하게 드러나는 사건을 수없이 보았다. 히브리서 6장 5절에서는 이를 '내세의 능력'으로 표현하는데 이는 성령의 능력을 말한다.

신약성경에서는 일관성 있게 하나님께서 '표적'과 '기사'를 통해 성자 예수님과 사도들의 사역을 확증한다고 기록한다행 2:43 ; 5:12 ; 10:38 ; 14:3 ; 19:11 ; 롬 15:19 ; 고후 12:12 ; 히 2:3. 그런데 사도들의 사역이 끝난 후에도 이러한 일이 지속적으로 일어난다는 확실한 보장은 없다. 다만 신약성경은 이 문제에 대해 가능성을 열어놓는다.

어떤 경우든 가장 확실하게 말할 수 있는 사실은, 그리스도인 누구나 그리스도 안에서 새롭게 창조되었기 때문에 이미 초자연적인 능력과 접촉되었다는 점이다고후 5:17 ; 엡 2:4-10 ; 요일 3:9. 따라서 이제 변화된 삶을 살아야 하기에, 세상 사람들의 눈에 그들과는 다르게 살아가는 존재로 비쳐질 것이 뻔하다. 이렇게 보면 기독교의 정체성을 가장 잘 보여주는 최고의 표적과 기사는 언제나 신자들의 변화된 삶이어야 한다. 여기서 우리는 두 가지 결론을 얻는다. 첫째로, 삶을 변화시키는 하나님의 초자연적 능력이 개인의 삶을 변화시켰다는 뚜렷한 표지를 보여주지 못한 채 사람들에게 기쁨만 선사하려는 기독교가 있다면 이는 비성경적이다. 둘째로, 도덕적이며 총체적인 변화에 대한 기대는 초자연적 치유의 궁극적인 모습이다.

:: 새로운 창조의 기적들

우리의 구세주 그리스도께서 세상에 오심으로써 성령님께서 교회와 이 세상에 오시게 되었다. 그리고 성령님은 능력 있게 오신다. 신약성경에 보면, 내가 이미 언급한 성령의 역사가 다양한 측면에서 여러 방식으로 능력 있게 나타난다. 즉 유혹을 물리치고 섬기며 헌신하는 일을 수행하게 하는 측면에서, 설교와 증거를 통해 타인에게 영향을 미치게 하는 측면에서, 하나님의 능력을 전달하는 통로가 되어 기적을 일으키고 치유하는 측면에서 각각 능력이 나타난다. 이제 이러한 면들을 하나씩, 뒤에서부터 거꾸로 살펴보자.

표적과 기사

우리는 복음서와 사도행전을 통해, 하나님의 능력이 물리적인 영역에서 나타나는 장면들을 본다. 여기에는 자연에 나타난 기적과 각종 질병의 치유 사건이 포함된다. 예수님 자신도 유대인들을 향해 '표적과 기사'라는 표현을 사용하셨다요 4:48. C. S. 루이스는 이것을 '새로운 창조의 기적들'이라 칭하는데 이는 매우 적절한 표현이다. 그는 천지를 창조하신 하나님의 능력이 다시 무에서 유를 창조하며, 기적이 일어나기 전에는 도저히 설명할 수 없던 새로운 사건을 일으킨다고 말한다. 오병이어로 오천 명을 먹일 만큼 충분한 떡을 만들지 못한다는 사실을 누구나 다 알지만 그 일이 실제로 일어났다. 죽은 사람이 다시 살아나지 못한다는 사실을 누구나 다 알지만 예수님은 세 번이나 죽은 자를 살리셨다. 야이로의 딸, 나인성 과부의 아들, 나사로가 바로 그들이다눅 7:11-17 ; 8:49-55 ; 요 11장.

그러나 이 세 사건은 더 위대한 새로운 창조의 사역인 예수님의 부활 사건과 동일한 차원이 아니다. 세 사건은 단지 소생이나 의식의 회복에 불과하다. 죽었다가 살아난 사람들은 얼마 지나지 않아 다시 땅에 묻혔다. 베드로가 살린 도르가행 9:36-41, 바울이 살린 유두고행 20:9-12, 하나님께서 엘리야와 엘리사를 통해 살리신 아이들왕상 17:17-23 ; 왕하 4:18-37 역시 그렇다. 하지만 예수님은 살아나신 후에 다시 죽지 않으셨다. 예수님의 부활은 새로운 창조로, 더 놀랄 만한 기적이요 진실로 표준이 되는 기적이다. 그분은 첫 열매가 되셨고, 하나님의 새로운 창조의 시작이 되셨다고전 15:20,23 ; 골 1:18 ; 계 1:5.

그럼에도 불구하고 이 모든 사건들은 무無에서 세상을 창조하신 하나님의 능력이 영향을 발휘한 사례이다. 다른 어떤 힘으로는 일어날 수 없고 오직 창조주이신 하나님께서 능력을 나타내실 때 비로소 가능하다.

능력 있는 말씀

우리는 신약성경을 통해 그리스도인이 의사소통할 때 전달되는 능력의 말씀이 복음서나 새로운 교회 공동체 이야기에서 매우 중요한 역할을 한다는 점을 발견한다. 누가는 특히 하나님의 능력에 관심이 많아서 자신이 쓴 책에서 여러 차례 언급한다. 그중 몇 가지 중요한 예를 살펴보자.

누가복음 4장 14절은 예수님께서 광야에서 시험을 당하신 후에 "성령의 '능력'으로 갈릴리에 돌아가시니"라고 기록한다. 이 구절은 그분의 사역과 그분의 입에서 나오는 말씀에 모두 능력이 있음을 보여 준다. 그리고 예수님은 부활하신 후에 제자들에게 "위로부터 '능력'으로 입혀질 때까지" 예루살렘에서 기다리라고 말씀하심으로써, 그들이 전 세계를 향한 복음 전도의 사명을 감당하도록 명령하셨다눅 24:49.

사도행전의 서두에서 누가는 다시 동일한 주제를 언급한다. 예수님은 제자들에게 이렇게 명하신다. "오직 성령이 너희에게 임하시면 너희가 '권능'을 받고 … 땅끝까지 이르러 내 증인이 되리라"행 1:8. 뒤에 이어지는 말씀은 "사도들이 큰 '권능'으로 주 예수의 부활을 증언하니 무리가 큰 은혜를 받아"행 4:33이다.

복음과 복음을 전하는 제자들을 통해 하나님의 능력이 놀랍게 나타나는 현상에 대해서라면 바울 역시 하고 싶은 말이 많다. "내가 복음을 부끄러워하지 아니하노니 이 복음은 모든 믿는 자에게 구원을 주시는 하나님의 '능력'이 됨이라"롬 1:16. 그는 로마에 있는 그리스도인들을 향해 장문의 편지를 쓴 후, 자신의 사역에 대해 이렇게 선언한다.

"그리스도께서 이방인들을 순종하게 하기 위하여 나를 통하여 역사하신 것 외에는 내가 감히 말하지 아니하노라 그 일은 말과 행위로 표적과 기사의 '능력'으로 성령의 '능력'으로 이루어졌으며"롬 15:18-19.

그는 고린도전서에서 다시 이렇게 기록한다.

"그리스도께서 나를 보내심은 세례를 베풀게 하려 하심이 아니요 오직 복음을 전하게 하려 하심이로되 말의 지혜로 하지 아니함은 그리스도의 십자가가 헛되지 않게 하려 함이라 십자가의 도가 멸망하는 자들에게는 미련한 것이요 구원 받는 우리에게는 하나님의 '능력'이라"고전 1:17-18.

여기서 '말의 지혜'라는 표현을 통해, 바울은 철학자들의 사상체계를 보여준다. 바울이 복음을 전하기 위해 이곳저곳을 다니던 시절, 고대 그리스 도시에 살던 시민은 그가 군중 앞에서 연설할 때 자신의 총명함을 과시하기를 원했다. 당시 그리스 사회에는 이런 떠돌이 강연자들이 많이 있어서 자신의 지식을 뽐내며 사람들에게 좋은 오락거리를 제공해주었다. 하지만 바울은 그들의 요구에 부응하지 않았다. 그는 진리를 있는 그대로 분명하고 정직하게 전했는데, 이러한 태도는 떠돌이 교사들의 자기 과시적 태도에 익숙해 있던 청중이 보았을 때 분명히 어리석게 보였다.

바울은 그들을 향해 이렇게 말한다. "나는 너희들이 원하는 바를 알지만 그렇게 하고 싶지 않다. 너희들은 내가 다른 철학자들처럼 잘난 체하며 현란한 논쟁과 연기로 너희들의 궤변을 거들어 주기를 원한다. 하지만 나는 그렇게 할 생각이 없다. 나는 너희들에게 하나님의 사자로 왔지, 철학자나 웅변가나 연예인으로 오지 않았다. 하나님과 예수 그리스도, 그분의 십자가에 대해 증거하고 죄와 지옥으로부터 구원을 얻는 방법에 대해 가르치기 위해 왔다. 나는 이 일을 하고 싶을 뿐이다. 그런데 너희는 나를 바보로 취급하는구나!"고전 2:1.

하지만 바울은 이제 그들이 자신의 전략을 이해할 때가 되었다고 말한다. "내 말과 내 전도함이 설득력 있는 지혜의 말로(세상의 기준에 따른 지혜로) 하지 아니하고 다만 성령의 나타나심과 '능력'으로 하여 너희 믿음이 사람의 지혜에 있지 아니하고 다만 하나님의 '능력'에 있게 하려 하였노라"고전 2:4-5. 바울이 증거하는 목적은 오직 하나님의 능력이 나타나도록 하기 위함이었다.

예수님 자신도 성령님께서 사도들의 가르침을 통해 역사하셔서 사람들로 하여금 예수님에 대한 진리와 그분을 영접해야 할 필요성을 깨닫게 하신다고 예언하셨다. 바울은 성령님께서 이러한 일을 해주시리라 굳게 믿었고, 성령님은 그를 실망시키지 않으셨다.

변화된 삶

신약성경에서는 기적과 복음 전파를 통해 나타나는 하나님의 능력에 대해 언급할 뿐 아니라, '우리 안에서' 역사하여 우리로 하여금 깨닫게 하고 그분의 능력이 아니고는 일어날 수 없는 일을 가능케 하시는 사례를 소개한다.

바울은 편지의 수신자들을 위해 이렇게 기도한다.

> "우리 주 예수 그리스도의 하나님, 영광의 아버지께서 지혜와 계시의 영을 너희에게 주사 하나님을 알게 하시고 너희 마음의 눈을 밝히사 그의 부르심의 소망이 무엇이며 성도 안에서 그 기업의 영광의 풍성함이 무엇이며 그의 힘의 위력으로 역사하심을 따라 믿는 우리에게(다른 역본에는 '우리 안에') 베푸신 '능력'의 지극히 크심이 어떠한 것을 너희로 알게 하시기를 구하노라"엡 1:17-19.

바울이 언급하는 능력은 단지 '메시지'나 '하나님의 사자'를 통해 나타난 것만이 아니다. '신자들에게 또 신자들 안에서' 능력이 나타나 닫혔던 그들의 마음을 더 넓게 열어주어 복음의 진리를 더 잘 이해하고, 전과는 완전히 다른 삶을 살도록 하는 능력을 말한다. 그것은 부활의 능력으로 그리스도와 함께 기꺼이 죽은 자들을 그리스도와 함께 살리는 하나님의 능력이다. 그러하기에 바울은 이제 그리스도께 속한 자들의 삶에 나타날 엄청난 변화를 고대한다.

그는 에베소서 3장 끝부분에 다시 이 주제를 언급한다.

> "그(하나님)의 영광의 풍성함을 따라 그의 성령으로 말미암아 너희 속사람을 '능력'으로 강건하게 하시오며 믿음으로 말미암아 그리스도께서 너희 마음에 계시게 하시옵고 너희가 사랑 가운데서 뿌리가 박히고 터가 굳어져서 능히 모든 성도와 함께 지식에 넘치는 그리스도의 사랑을 알고 그 너비와 길이와 높이와 깊이가 어떠함을 깨달아 하나님의 모든 충만하신 것으로 너희에게 충만하게 하시기를 구하노라" 16-19절.

바울은 다시 혁명적인 것, 문자 그대로 총체적인 변화를 일으키는 무언가에 대해 언급한다. 그는 이제 기도하며 자신이 말하는 놀라운 내적 변화와 하나님의 공급하심으로 인해, 에베소 교인들이 주변의 사람들과는 완전히 다른 사람이 될 것이라고 단언한다. 과거의 모습과는 판이하게 다른 사람이 될 것을 고대한다. 그가 자신의 기도를 마무리하며 하나님을 찬양하는 내용을 보면 이를 확인할 수 있다. "우리 가운데서 역사하시는 '능력'대로 우리가 구하거나 생각하는 모든 것에 더 넘치도록 능히 하실 이에게"엡 3:20. 바울은 변화를 일으키시는 분이 성령님이라면, 그 변화는 끝이 없으리라는 강한 기대감을 드러낸다.

　이러한 예들은 신약성경에 언급된 하나님의 능력에 관한 소중한 말씀 중 극히 일부에 불과하다. 성경에 나타난 각 예들은 하나님의 능력이 그리스도와 사도들을 통해 물리적인 영역에서, 또 그리스도인의 의사소통 영역에서 어떻게 나타나 중대한 영향을 미쳤는지를 보여준다. 또한 그리스도인들로 하여금 어떻게 깨닫게 하였고, 그분의 능력이 아니고는 도저히 행할 수 없는 일을 어떻게 수행했는지를 제시한다.

　능력이란 단어는 우리가 항상 붙들어야만 하는 주제로 신약성경은 이를 분명히 한다. 복음에는 하나님의 능력이 따르고, 하나님의 능력은 그분의 사자들을 통해 복음을 받아들이는 사람들의 삶에 나타난다.

:: 하나님의 능력이 나타남

　이 책은 거룩함에 관한 책이다. 지금까지 신약성경에 나타난 하나님의 능력을 살펴보며 다양한 사역을 고찰하였다. 그런데 이러한 내용이 과연 적절했을까? 너무 광범위하게 다루어 주제에서 빗나간 것은 아닐까? 나는 그렇게 생각하지 않는다. 개인의 인격을 변화시키는 하나님의 능력과, 하나님께서 그 사람으로 하여금 사역을 감당하게 하는 즉 그에게 일을 맡겨 적극적으로 남을 섬기게 하는 것 사이에 분명하고 단호하게 선을 긋는 행위는 인위적이고 비성경적이다. 나는 여기서 성직을 받거나 보수를 받고 일하는 사역을 말하고 있지 않다. 근본적인 의미의 목회 사역을 말하고 있지도 않다. 사역이란 다양한 종류의 섬김으로, 다음의 예들이 있다.

- 성실한 배우자가 되고 양심적인 부모가 되는 것이 가정에서 이루어지는 사역이다.
- 조직화된 교회에서 공직을 수행하고, 어떠한 역할을 감당하며, (성직자나 평신도로서) 책임감 있게 일을 수행하는 것이 사역이다.
- 목회자와 친분 관계를 유지하며 조언하고, 때로는 중재하며 후원하는 일이 그리스도 안에서 이루어지는 보다 진척된 사역이다.
- 어떤 형태든 곤궁에 처한 사람을 돕는 일은 이 세상에서 이루어지는 진정한 사역이다. 여기에는 육체적, 정신적, 물질적, 영적 도움이 모두 포함된다.

거룩함이란 정적인 것도 수동적인 것도 아니고 하나님과 이웃을 향해 사랑이 커가는 상태이며, 상대방을 높이고자 진심으로 갈망하고 반드시 실천을 통해 상대방을 존중하고 유익을 준다. 그러하기에 거룩한 사람은 하나님을 찬양하고 이웃을 도우며 살아간다. 그들은 자신이 마땅히 그렇게 해야 한다고 알고 있고, 실제로 그렇게 하기를 원한다. 전에는 그들의 일에만 몰두했다 하더라도, 하나님께서 친히 그들을 변화시키신다.

그들이 이웃을 섬길 때 그리스도처럼 하면 하나님께 더 좋은 인상을 주고 믿을 만하며 쓸모 있는 존재가 되듯이, 하나님께서는 그들이 사역을 하며 겪는 다양한 경험을 활용하여 그들을 더욱 변화시켜 그들이 삶에서 '영광에서 영광에 이르도록' 하신다고후 3:18. 성공, 실패, 기쁨, 좌절, 인내, 끈기를 배우는 일, 기꺼이 상대방의 요구에 응하는 일, 칭찬 받을 때 겸손해지는 일, 공격 받을 때 흥분하지 않는 일, 스트레스를 받을 때 마음의 평정을 유지하는 일 등과 같은 경험을 통해 그들을 철저히 변화시키신다. 하나님께서는 그들이 전보다 더욱 예수님을 닮아가도록 지속적으로 역사하신다.

주목할 만한 사실은, 대체로 거룩함에 관한 책을 쓰거나 강연을 하는 사람은 사역에 대해 거의 언급하지 않고, 사역에 관한 책을 쓰거나 강연을 하는 사람은 거룩함에 대해 거의 언급하지 않는다는 점이다. 지난 100년 동안 거의 이러한 추세였다. 그러나 거룩함과 사역을 분리시켜 논한다는 것은 잘못이다. 하나님은 이 둘을 통합시키셨다. 하나님이 통합하신 것을 인간이 떼어놓아서야 되겠는가?

성화 과정이 지속되면 반드시 타인에 대한 관심이 증가한다. 그래서 상대방에게 결핍된 요소를 깨닫고 지혜롭게 돕는 방법을 모색한다. 사역은 거룩한 삶에서 자연스럽게 꽃핀다. 효과적인 사역에서는 하나님의 능력이 그분의 종을 통해 전달되어 인간의 필요를 채워준다. 비록 은사가 부족해도 거룩하게 사는 사람이, 많은 은사를 받고도 거룩하게 살지 못하는 사람보다 하나님의 도구로 쓰임 받을 가능성이 더 높다. 하나님은 우리 모두 거룩함과 유용성을 함께 추구하기를 원하시고, 적어도 부분적으로나마 거룩함이 유용성에 도움이 되기를 기대하신다.

오늘날의 그리스도인에게서 나타나는 하나님의 능력과 관련된 여러 현상들을 직시하면서 나는 다섯 가지 전제를 제시하고자 한다. 다양한 형태로 나타나는 하나님의 능력을 우리가 더 쉽게 받아들여 분명히 드러내도록 돕고자 함이다. 오늘날 그리스도인들이 모여 하나님의 능력에 대해 논의하는 자리에 가보면 해로운 역류현상이 있음을 목격한다. 그러하기에 이러한 오류를 시정하기 위해서라도 다섯 가지 전제와 거기에 따른 몇 가지 특성들을 소개하겠다. 하나님의 영광을 드러내는 그분의 능력이 당신의 삶과 나의 삶, 우리 교회에 충만하게 드러나기를 원한다.

첫째 전제 : 더욱 많은 것을 기대하라

초자연적 능력을 부각시키고 그것과 관련된 그리스도인의 기대감을 고양시키는 일은 정당하다.

대체로 인간의 삶을 변화시키는 하나님의 능력과 관련하여 우리가 갖는 기대감은 원래 머물러야 할 수준에 미치지 못한다. 역사 기록에 의하면 16세기에 종교개혁이 일어나기 전까지만 해도 기적과 관련하여 굉장히 많은 미신적 행위가 있었다. 물론 종교개혁 전에도 하나님께서 많은 성도들을 통해 여러 기적들을 베푸셨을 것이다. 다만 종교개혁가들은 초자연적 능력을 인위적으로 만들어내는 듯한 사례를 많이 보았고, 이것이 그들의 눈에는 분명히 미신적인 행위로 보여 이 점에 대해 격렬하게 반발하였던 것이다. 종교개혁가들은 (자신들이 생각하기에) 사도 시대가 이미 끝났기 때문에 하나님의 초자연적인 섭리는 더 이상 기대해서는 안 된다고 믿는 사람들인 듯한 인상을 주었다.

하나님의 초자연적인 섭리를 차단하는 생각은 이후에 물질계를 힘이나 과정이 차단된 공간으로 해석하는 뉴턴식 사고에 의해 더욱 강화되었다. 뉴턴식 사고에 의하면, 하나님이란 존재가 자신이 창조한 세계 속으로 뚫고 들어오는 행위는 적어도 적당하지 않게 보이거나 아마도 불가능하게 보였다. 이 사상이 개신교 문화에 널리 침투하여 오늘날 그 영향을 받은 다수의 신자들이 은혜로운 하나님은 영혼에만 영향을 주지 육체에는 영향을 주지 않는다고 믿는 듯하다. 이러한 그릇된 관념이 성경적 믿음의 한쪽 측면을 철저하게 약화시키고 있다는 사실은 자명하다.

20세기 초반에 새롭게 등장한 오순절 교단에서 이러한 가정에 도전장을 내밀었고, 은사 운동에 영향을 받은 그리스도인들이 계속 이 흐름에 동참하였다. 그 결과 지난 30년 동안 물리적 영역에서 초자연적 능력을 부인하던 사람들이 새롭게 깨닫고 기적에 대한 가능성을 인정하고 있다. 더욱이 기독교계 전반에 걸쳐 하나님의 직접적인 치유와 성도의 기도에 응답하시는 하나님의 놀라우신 섭리에 대한 기대감이 점차 확산되고 있다. 정말로 하나님께 감사해야 할 일이다. 지금도 하나님께서 직접 치유하시고 굉장한 사건을 일으키셔서 우리로 하여금 그분의 현존을 생생하게 체험하게 하신다는 주장이 혹독한 비난을 받았는데, 사실 그 비난은 언제나 정당화되지 못했고 매우 불안정한 시각이었다. 그리고 그렇게 비난하는 동기도 검증 과정을 통과하지 못했다. 이제 이러한 비난이 서서히 사라지게 되어 매우 기쁘다.

하지만 여기에도 함정이 있다. 우리의 문화 속에 침투해 들어온 미성숙하고 유치한 이기주의적 사고가 그리스도인들을 자신의 희생물로 삼으려고 한다. 이러한 결점의 증상들이 오늘날의 기독교계에 너무 보편화되어 자연적이고 평범한 현상들을 과소평가한다. 많은 사람들이 문제가 생길 때마다 즉각적으로 기적이 일어나기를, 초자연적인 놀라운 섭리를 통해 문제를 해결하고 모든 상황을 변화시키기를 갈망한다. 내가 보기에 이러한 현상은 그들의 믿음이 위대하다기보다 신앙이 굉장히 미성숙한 탓이다.

주님께서는 여러 차례에 걸쳐 우리를 어렵고 괴로운 상황에 처하게 하신다. 그때마다 마치 바울이 육체의 가시를 놓고 기도하였듯이 우리는 주님께 상황을 변화시켜 주시기를 기도한다. 우리는 기적을 기대한다! 그러나 주님께서는 상황을 그대로 둔 채 우리를 강하게 하셔서 그 문제를 극복하게 하신다. 그래서 바울도 인간적으로는 연약한 상태였지만 그 가운데서 온전한 능력을 갖게 되었다고후 12:7-10.

히브리서의 저자는 회심한 유대인들이 그리스도에 대한 믿음 때문에 회심하지 않은 유대인들로부터 시달리는 장면을 목격하며 편지를 쓴다. 그는 하나님께서 자연적이거나 초자연적인 방법을 통해 그들이 어려움을 당하지 않도록 지켜주신다고 약속하지 않는다. 오히려 그들에게(우리도 마찬가지로) 그리스도인으로서 예수님처럼 앞에 있는 즐거움에 온 관심을 집중해야 한다고 권면한다. 그들은 믿음을 저버리거나 압력에 굴복하기보다 피 흘릴 각오를 해야 한다. 그리고 역경을 통해 하늘에 계신 아버지께서 그들을 단련시키셔서 거룩하게 하시고, 결국 그것이 역경을 허락하시는 궁극적인 이유란 사실을 이해해야 한다. 만약 그들이 이러한 연단을 받지 않으면 언젠가 자신들이 하나님의 친자녀가 아닌가 하는 의심을 품는다히 12:2-14. 그렇다! 연단은 우리를 강하게 만들기 위함이다.

기억하라. 연단이 수정水晶, 크리스탈을 투명하게 만든다. 하나님께서 우리를 다루시는 가장 궁극적인 목적은 거룩하게 하기 위함이다. 오늘날 하나님의 초자연적인 능력에 대해 상당히 긍정적인 시각을 갖게 되었다고 해서, 이것을 왜곡하여 자신의 욕심을 채우려고 한다면 이는 파멸을 자초한다.

둘째 전제 : 받은 은사를 활용하라
하나님께서 주신 은사를 활용하여 능력 있고 효과적인 사역을 하려고 열망하는 태도는 정당하다.

하나님께서 나에게 맡기신 사역을 위해 그분이 내게 어떤 은사를 주셨는지를 알아보고자 하는 시도는 정당하다. 가능한 한 많은 사람들을 돕기 위해 내가 받은 은사를 활용하려는 시도 역시 정당하다. 거룩한 삶을 추구하는 사람은 남을 섬기려고 노력한다. 따라서 이러한 목적을 위해 하나님께서 내게 어떤 능력을 주셨는지 알고 싶어해야 하고 또 알 필요가 있다.

하지만 여기에도 함정이 있다. 소위 하나님께서 주신 이런저런 좋은 은사를 받았다고 하는 사람들이, 그리스도인의 숙적인 교만으로 낭패를 보는 경우가 발생한다. 하나님께서는 은사의 종류나 화려함을 기준으로 우리를 평가하지 않으신다. 궁극적인 기준은 우리가 어떻게 달라졌는가, 인격이 얼마나 변했는가 하는 점이다. 그분께서 은혜를 베풀어 우리가 그리스도를 닮아가는 과정에서 어느 단계에 와 있는가 하는 점을 잊어서는 안 된다.

예수님께서도 이미 경고하신 바 있다. 제자들이 전도여행을 마치고 돌아와 충성스러운 말투로 흥분하여 "주여, 주의 이름으로 귀신들도 우리에게 항복하더이다"라고 외쳤다. 그때 예수님은 이렇게 말씀하신다. "좋다. 하지만 귀신들이 너희에게 항복하는 것으로 기뻐하지 말라. 정말로 중요한 것은 그게 아니다. 오히려 너희의 이름이 하늘에 기록된 것으로 기뻐하라. 너희가 구원 받은 사실로 인해 기뻐하라. 하나님께서 너희를 사용하시는 방법으로 기뻐하지 말고, 그분의 은혜로 너희가 어떤 사람이 '되었는지를' 생각하며 기뻐하라. 그분의 자녀가 된 것으로 기뻐하고, 평생 나의 형상을 본받을 수 있도록 허락 받은 것으로 기뻐하라눅 10:17-20.

성화가 으뜸이고 은사는 부차적이다. 누가 무슨 말을 한다 해도, 이 진리를 놓쳐서는 안 된다.

셋째 전제 : 사람들의 필요를 채워주라

도움이 필요한 사람들을 돕기 위해, 자신이 하나님의 도구가 되어 그들에게 거룩한 능력을 전달하려는 태도는 정당하다.

이웃 사랑은 사랑 받는 사람의 유익을 추구한다. 우리 마음속에서 이웃을 향한 뜨거운 사랑이 솟아난다면, 그것은 영적으로 건강하다는 증거이다. 그렇다고 누군가를 도와야 한다는 강박관념에 빠져 괴로움을 겪는 사람이 되어서는 안 된다. 누군가에게 도움을 주지 못하면 자신이 쓸모 없는 존재라고 생각하는 사람이 되어서는 곤란하다. 만약 이렇게 생각한다면 그것은 진정한 이웃 사랑도 아니고 영적으로 건강한 상태도 아니다. 오히려 영적 건강이 결핍된 상태이고, 사실상 또 다른 형태의 오만이다. 그리스도인의 가치는 어떤 행동이나 다른 사람을 도와주는 데서 나오지 않고, 하나님께서 우리를 사랑하셔서 구속하기 위해 십자가에서 죽으셨다는 진리를 깨닫는 데서 나온다.

다른 사람을 구속救贖하는 사랑은 만약 그 사랑이 없었다면 무가치한 존재가 되었을 그 대상에게 가치를 부여하여, 그로 하여금 다른 곳에서 가치를 찾을 필요를 못 느끼게 한다. 만일 내가 이웃을 통해 나 자신의 가치를 높이려 한다면, 그것은 내가 그를 '이용하는' 꼴이 되어 진정한 사랑이라고 말하기 어렵다. 이렇게 되면 나의 행동이 그를 자유롭게 하는 게 아니라 오히려 종속시켜 상대방이나 나에게 모두 해가 된다.

주님께서는 우리를 부르셔서 훈련시키시고 자발적으로 일하게 하시며, 때로는 중대한 사역에서 우리를 사용하지 '않기도' 하신다. 예수님은 베드로에게 기적적으로 잡은 물고기 몇 마리를 가져오라고 하신 후에(마치 그분께서 우리에게 주신 은사를 우리가 그분께 봉헌해야만 하듯이), 분명히 베드로가 가져온 물고기를 무시하고 자신이 별도로 준비한 물고기로 제자들을 먹이셨다 요 21:9,13.

은사를 가지고 헌신하는 한 여신도가 있다고 가정해보자. 그녀는 자신의 사역을 매우 소중하게 여긴다. 그런데 상당히 오랫동안 주님께서 그녀를 붙잡아 두셔서 능력이 발휘될 기회를 주지 않으셨다. 그러면 앞으로 어떻게 될 것인가? 그녀는 영적 실패자일까? 아니다! 영적으로 실패한 사람이 아닐 가능성이 많다. 그녀는 단지 그리스도께서 세운 성결학교에서 교육 받는 상태일 뿐이다. 주님께서는 그녀에게 그녀의 삶이 도움을 베풀어야 할 사람을 찾는 데 의존하지 않는다는 점을 상기시키신다. 그녀는 언제나 하나님께서 자신을 사랑하신다는 사실을 깨달으며 최고의 기쁨을 느껴야 한다. 하나님께서 비록 그녀를 필요로 하지 않으시지만 영광스럽고 기쁘게 그녀를 사랑하기로 결정하셨기에, 그녀는 하나님이 그분과 더불어 영원한 교제의 즐거움을 누릴 수 있게 하신 사실을 깨달으며 기뻐해야 한다. 사역과 관련해 그녀가 하나님께 쓸모 있는 존재가 되었는가, 그녀가 언제 어떤 식으로 쓰임 받는가 하는 문제는 하나님의 소관이기에 그녀는 그 문제를 하나님께 맡겨야 한다.

영적인 삶에서 우리의 인격은 언제나 행동보다 우위를 차지한다. 우리가 인격의 문제를 소홀히 하고, 하나님의 무한한 자비가 영적인 삶의 주요한 뿌리가 된다는 사실을 간과할 때, 그분께서는 언제라도 우리가 활동하지 못하게 하여 이 소중한 교훈을 다시 배우게 하실지 모른다.

넷째 전제 : 능력 있게 전도하라

복음을 전할 때 하나님의 능력이 임하여 놀라운 효과가 나타나기를 기대하는 태도는 정당하다.

거룩한 사람은 늘 하나님의 영예와 영광, 이웃의 유익을 추구하며 전도에 상당한 관심을 갖는다. 이는 전도가 죄인을 설득시켜 하나님께로 돌아오게 하여 결국 새로운 생명을 찾게 도와줌으로써 예수 그리스도를 통해 하나님을 높이기 때문이다. 그들은 복음을 가급적 분명하게 전달하여 그 내용이 진리임을 보여주고, 하나님의 능력을 받아 나타나는 그리스도인의 새로운 생활이 '실재'한다는 사실을 보여주고 싶어한다. 더욱이 설교자들이 선포하는 내용, 즉 성령을 통한 도덕적·영적 변화가 실재한다는 것을 보기를 원하며, 설교자들의 행동 양식과 태도를 통해 그들이 실제로 엄청나게 변화된 삶을 사는 것을 확인하고자 애쓴다. 거룩한 사람은 '전도'를 죄인과 구세주 예수님이 하나님의 계획에 의거해 '능력 있게 만나는 것'으로 규정하는 현재의 추세를 아주 좋게 평가하며, 자신이 직접 이 활동에 동참하기를 원한다.

요즈음 전도에 대해 설명하는 말들을 들어보면, 공적인 전도 집회에서 표적과 기사와 기적 같은 물리적인 현상들이 일어나지 않으면 뭔가 부족한 듯한 인상을 준다. 특별한 현상이 일어나야만 '능력 있는' 만남이 이루어지는 것 같고, 메시지가 믿을 만하며, 말로만 해서는 뭔가 모자란 듯한 인상을 주는 게 사실이다. 성경적 기준에 의하면, 이러한 생각은 지나친 과장이며 완전한 착각이다. 또한 이러한 생각은 대중 앞에서 복음을 전하는 자들로 하여금 실족하게 하여, 사람들이나 상황을 조작해서라도 마치 하나님의 능력이 자신이 원하는 만큼 드러나는 것처럼 보이게 하려는 유혹에 빠지게 한다. 그리고 전도자들이 기대하는 만큼 하나님의 역사가 나타나지 않았다고 판단할 때 불만을 터뜨린다.

우리는 사람의 영혼을 변화시키거나 기적을 일으키는 데 하나님의 능력을 인간의 마음대로 이용하거나 제도화할 수 없다. 하나님께서 우리를 사용하시지 우리가 하나님을 이용하는 게 아니다. 아무리 좋은 의도라 하더라도 우리의 음악에 맞춰 하나님을 춤추시게 하려는 시도는 영적 탈선이다. 그렇다고 자비로운 하나님께서 이처럼 불순한 의도가 있는 전도 집회를 완전히 방치하신다고 말하고 싶지는 않다. 내가 말하려는 요지는 "할 가치가 있는 일이면 잘할 가치가 있다"는 점이다. 역사적으로 위대한 복음전도자들의 대부분, 예를 들면 리처드 백스터, 존 웨슬리, 조지 휫필드, 드와이트 무디, 찰스 스펄전 등이 진정으로 죄가 없어서가 아니라, 거룩한 사람들이었기에 동시대인들에게 영향력을 미쳤다는 사실을 깨닫는다면 많은 도움이 되리라 믿는다. 거룩함은 그들의 능력 있는 사역과 깊은 관련이 있다.

다섯째 전제 : 진정한 의를 추구하라

하나님의 능력을 받아 의와 도덕적 승리를 추구하여 나쁜 습관으로부터 벗어나서, 하나님을 사랑하며 그분을 기쁘시게 하기 위해 노력하는 태도는 정당하다.

이제 기쁜 소식을 들려주겠다. 그리스도인은 은혜 받는 여러 방편들, 즉 성경 연구와 교제와 기도와 예배를 통해 능력을 받을 수 있다. 이러한 방편들을 이용해 자신을 훈련시키며 성령님의 능력을 체험하고, 영으로써 몸의 행실을 죽이며 롬 8:13 성령의 열매 속에서 자라 갈 5:22-26 능력 가운데서 하나님을 위해 살게 된다 고전 16:13 ; 엡 6:10 ; 빌 4:13 ; 골 1:11 ; 딤전 1:12 ; 딤후 2:1 ; 4:17. 이 은혜의 방편들을 부지런히 이용하는 것이 하나님께 대한 거룩함과 유용성을 지속적으로 심화시키는 최고의 비결이다. 이것을 통해 우리는 바울이 기도에서 언급한 일련의 중요한 과정에 입문한다. "너희가 사랑 가운데서 뿌리가 박히고 터가 굳어져서 능히 모든 성도와 함께 지식에 넘치는 그리스도의 사랑을 알고 그 너비와 길이와 높이와 깊이가 어떠함을 깨달아 하나님의 모든 충만하신 것으로 너희에게 충만하게 하시기를 구하노라"엡 3:17-19.

성화 과정은 인간의 내부로부터 시작된다. 그리스도의 사랑을 깨닫고 그 사랑에 붙잡히는 것이 성화의 핵심이다고후 5:14. 그리스도인은 실제로 삶을 통해 하나님의 능력이 인간의 삶을 변화시킨다는 진리를 입증한다. 비록 그것이 부분적이고 불규칙하며 불완전한 측면이 있지만, 그럼에도 불구하고 실재적이고 효과적이며 때로는 극적이기까지 하다. 진정한 그리스도인은 이러한 변화를 원하고 추구하며 실제로 경험한다.

:: 강렬한 하나님의 거룩함

아직 한 가지 더 언급해야 할 사항이 남아 있다. 만약 그렇지 않으면 약간 낙관적인 내용을 지닌 마지막 단락 때문에, 설명해야 할 내용 중 절반만 언급하여 평범하고 순진하게 마무리했다는 비난을 들을지도 모른다. 영적 성장의 과정은 그리스도인으로 하여금 마음의 눈을 뜨게 하여 하나님의 위대한 사랑뿐 아니라 그분의 강렬한 거룩함을 더 분명히 보게 한다. '거룩함'이란 하나님의 장엄한 능력과 도덕적 순수함을 직접적으로 강조하며, 하나님을 인성으로부터 분리시키는 모든 것을 의미한다. 여기서는 도덕적 순수함에 초점을 두고 있다.

우리가 하나님의 순수함을 더 분명하게 깨닫게 될수록 이에 따른 부수적인 효과를 얻는다. 그 순수함은 자아의 후미진 부분을 비추는 빛과 같아서 어두운 곳에 숨어 있던 온갖 더러운 요소들을 들추어낸다. 그 결과 그리스도인은 자신 안에 있는 악한 동기, 태도, 실패, 이전에 느끼지 못했던 단점이나 결함을 발견한다. 이는 그들의 양심이 그처럼 밝은 하나님의 빛으로 자신의 행동을 평가할 기회를 갖지 못했기 때문이다. 대체로 다음과 같은 요소들을 발견한다.

- 죄로 인한 완고한 습관
- 만성적으로 나타나는 도덕적 회피 현상
- 도덕성의 결함
- 진정으로 부도덕한 갈망
- 진정으로 오만한 태도
- 기질로 인해 생기는 행동의 결함
- 자기과장이나 방종, 자기연민에 빠지려는 경향
- 과거의 상처로 인해 생긴 고질적인 자기방어적 태도
- 두려움이나 악습으로 생긴 특이한 도덕적 버릇

이러한 모든 결점과 그 이상의 것들이 이제 모두 사라졌다. 이 사실을 직시해야 한다. 도덕적 완전함, 즉 완전한 사랑, 겸손, 기쁨, 평화,

선, 인내, 온유, 지혜, 충성, 신뢰, 용기, 공평 등이 이제 우리 마음속에 분명히 각인되었다. 하지만 동기와 실행 면에서 보면 이러한 완전함과 우리의 행동 사이에 어쩔 수 없이 거리감이 있게 마련이다. 우리가 전에 핑계 댈 때 사용했던 개인의 한계점은 이제 변명의 여지가 없는 것처럼 보인다. 따라서 도덕적인 문제와 관련하여 과거에 있었던 자신의 어리석음에 대해 주춤하거나 심지어 흐느껴 울지도 모른다.

이사야가 성전에서 느꼈던 감정을 그리스도인도 어디서나 느낄 수 있다. 거룩하신 하나님을 더 분명하게 볼수록 자신이 얼마나 부패하고 타락한 존재인가를 통렬하게 느낀다. 우리가 영적으로 성장함에 따라 통찰력이 더욱 확대되기에 자신의 타락한 모습을 더 뼈저리게 느낀다. 따라서 성화 과정에서 성숙해지는 사람은 종종 자신이 후퇴하고 있다고 느낀다. 그들은 자신이 하나님을 온전히 섬기려고 갈망하면서도 얼마나 추한 죄인인가를 더욱 깊이 느끼기에, 마음에 심한 부담을 갖는다. 그들은 사도 바울이 로마서 7장 24절에서 그랬던 것처럼, "오호라 나는 곤고한 사람이로다" 하며 탄식하듯 울부짖는다. 그들이 삶의 일부 영역에서 존재하는 죄의 유혹을 극복하려고 끊임없이 노력하지만, 하나님은 그들로 하여금 아직까지 그렇게 하지 못했다고 느끼게 하심으로써 끊임없이 낮추신다. 도달해야 할 목표가 언제나 손아귀를 벗어나 있다는 것을 알게 되면 마음이 괴롭게 마련이다. 그들이 복음에 나타난 하나님의 은혜를 알기에 풍성한 기쁨을 누리기는 하지만, 이러한 관점에서 보면 늘 고민에 빠진다.

그렇다고 그들이 영적으로 건강하지 못한 상태에 있다는 말은 아닙니다. 바울이 사용한 "나는 곤고한 사람이로다" 하는 표현은 감정이 폭발하는 듯한 상황을 암시하는데, 활력 넘치고 영적으로 건강한 신자가 사용한 표현이다. 그는 자신의 논지를 전개하며 그리스도 안에서 새로운 삶을 살아갈 때 율법이 자신에게 무슨 말을 던져주는지를 점검한다롬 6:1-14 ; 7:4-6 ; 8:1-39.

하나님께서 말씀하시는 선善을 강렬하게 사랑하고 실천하기 위해 열정적으로 노력하는 상황에서, 자신의 부족함에 대해 끊임없이 탄식하는 행위야말로 마음이 거룩하다는 것을 보여주는 가장 분명한 표지이며 영적 건강의 핵심이다. 진정한 거룩함이 증가할수록 진정한 불만도 증가한다. 왜냐하면 그만큼 얻지 못한 것이 많기 때문이다. 성령님의 능력 속에서 살아가기를 갈망하고 구세주 예수님과 하나님을 기쁘시게 하기 위해 노력하는 사람들은, 바울과 같이 자신을 '곤고한 사람'으로 여기고 좌절감을 느끼며 탄식한다. 이것이 진리이다.

하지만 거룩함과 관련하여 가장 분명한 표지는 하나님과 이웃에 대한 사랑이다. 감사하는 마음으로 하나님을 찬양하며, 적극적으로 그분을 높이고, 다정한 관심을 가지고 타인을 적극적으로 섬기는 사랑이 관건이다. 이 사랑의 행위에서 강렬한 느낌은 있어도 좋고 없어도 좋다. 청교도인 리처드 백스터가 언급한 '세속적인 자아'에 대해서는 지속적으로 "No"라고 말하고, 이기심이 없는 사랑의 요구에 대해서는 지속적으로 "Yes"라고 답할 수 있는 사랑이야말로 그리스도인의 삶에서 성령님의 역사가 나타났음을 보여주는 가장 강력한 증거이다.

진리의 틀 속에서 형성된 사랑이 그리스도인의 삶에서 하나님의 능력이 역사한다는 것을 보여주는 가장 확실한 증거가 된다. 또한 상대방을 사랑할 수 있는 능력은 상대방으로부터 사랑 받을 수 있는 능력에 기초를 두고 있다. 제일 먼저는 성부 하나님과 성자 예수님으로부터 사랑을 받아야 한다.

> "너희가 사랑 가운데서 뿌리가 박히고 터가 굳어져서 능히 모든 성도와 함께 지식에 넘치는 그리스도의 사랑을 알고"엡 3:17-18.
>
> "그리스도의 사랑이 우리를 강권하시는도다"고후 5:14.
>
> "하나님이 우리를 사랑하사 우리 죄를 속하기 위하여 화목 제물로 그 아들을 보내셨음이라 … 하나님이 이같이 우리를 사랑하셨은즉 우리도 서로 사랑하는 것이 마땅하도다"요일 4:10-11.
>
> "우리가 사랑함은 그가 먼저 우리를 사랑하셨음이라"요일 4:19.

:: 하나님의 능력에 대한 전체적인 조망

하나님의 능력은 실제로 활동하시는 하나님 자신이다

오늘날 능력이나 힘에 관해 이야기하면 대체로 자연현상이나 사회 속에서 나타나는 비인격적인 힘을 생각하거나, 인간의 특정한 통제력을 떠올리게 마련이다. 우리가 말하는 능력이란, 오직 하나님만 존재하던 세상에서 이 우주를 탄생시킨 거룩한 에너지요, 매순간 모든 존재들을 통해 우주를 떠받치고 있는 에너지요(왜냐하면 어떤 피조물도 스스로를 유지하지 못하기에), 우주 안에서 일어나는 온갖 일들을 명령하고 통제하며 지시하는 에너지를 말한다. 이 에너지가 인간 삶의 복잡한 영역 속에서 어떻게 작용하느냐에 주목해보자. 구체적으로 말하면, 복잡한 육체의 기능 속에서, 이보다 더 복잡한 의식이 있는 개인의 존재 속에서 에너지가 어떻게 나타나느냐 하는 점이다. 복잡하다고 말한 이유는 우리의 생각과 계획과 의사 결정과 지속적인 헌신, 습관과 행동 패턴, 행동과 반응, 선천적 재능은 물론 후천적 재능과 창조적 능력에 대한 사용, 소망과 두려움과 즐거움과 고통이 우리에게 미치는 영향, 관계적이고 도덕적이며 심미적인 경험들, 심한 기복을 보이는 감정들, 예를 들면 풍부한 상태에서 고갈된 상태로, 황홀한 상태에서 냉담한 상태로, 희열을 느끼던 상태에서 침체된 상태로 변화하는, 이 모든 단계와 현상들이 여기에 포함되기 때문이다. 우리 삶의 모든 국면들이 하나님의 에너지에 의해 영향을 받는다.

 이 중에 특히 우리는 구속의 은혜에 나타난 하나님의 능력에 초점을 맞추고 있다. 그분께서는 이 능력을 통해 우리를 거듭나게 하시고 확신을 주시며 성화시키시고 기질을 변화시키시며, 인격을 변화시켜 그리스도께서 소유하셨던 덕을 실천하게 하신다. 다른 사람을 섬기도록 능력을 주시고, 하나님의 도우심이 아니었다면 우리가 결코 하지 못했을 일을 하게 하시며, 될 수도 없었던 상태가 되게 하신다. 이러한 능력은 인간이 붙잡을 수도, 조종할 수도 없다. 오직 하나님께만 속해 있고 그분만이 주관하신다. 나의 의지를 내가 주관하듯이 하나님의 능력은 그분께서 주관하신다. 하나님께서 인간에게 영향을 미치실 때, 그 영향력은 하나님의 통제를 받지 인간의 통제를 받지 않는다. 하나님의 능력은 절대적인 능력이기에 주권적으로 나타난다.

하나님께서 천지창조를 통해 위대한 능력을 보이시고, 모든 만물을 섭리 속에서 주관하시고 변화시키시며 대단한 능력을 보이셨듯이, 이제 자신이 선택한 백성을 구원하시며 세우시는 과정을 통해 위대한 능력을 발휘하신다. 바울은 측량할 수 없는 그리스도의 풍성함을 선포한 후에, 은혜의 경륜 속에 나타난 하나님의 의도에 대해 설명한다. "이는 이제 교회로 말미암아 하늘에 있는 통치자들과 권세들에게 하나님의 각종 지혜를 알게 하려 하심이니" 엡 3:10.

이 구절에 사용된 단어들이 제시하는 분명한 그림은 하나님께서 마련하신 전시장으로서의 교회의 모습인데, 그분께서는 구경하기 위해 청중으로 나와 있는 천사들의 모습을 보여주신다. 이제 그 천사들은 하나님께서 죄로 인해 피해를 입었던 인간들 속에서 또 인간들을 통해 이루실, 손에 땀을 쥐게 하는 다양하고 놀라운 광경을 목격하게 된다. 내가 가진 세 개의 헬라어 사전에는 '각종'manifold에 해당하는 헬라어 폴루포이킬로스polupoikilos를 '다양한 색으로 염색한, 매우 다양한 측면을 가지고 있는, 굉장히 다양한 색깔로 이루어진'으로 풀이하는

데, 이러한 설명은 교회 속에서 지금도 끊임없이 역사하시는 하나님의 능력의 풍부함과 범위를 시사한다.

존 스토트는 그의 책 「에베소서 강해」에서 이 단어를 이렇게 설명한다. "이 단어는 꽃이나 왕관, 그리고 수놓은 옷감이나 잘 짜인 카펫을 묘사하는 데 사용되었다. 여기에 사용된 포이킬로스poikilos는 70인역 성경헬라어로 된 구약성경에서 야곱이 노년에 얻은 아들 요셉에게 입혔던 채색옷을 설명할 때 사용된다창 37:3,23,32. 영어성경에서는 이 채색옷을 '다양한 색깔의 코트'KJV, '화려하게 장식된 겉옷'NIV으로 번역하는데, 다인종 다문화 공동체로서의 교회는 마치 아름다운 주단과 같다."

그렇다! 교회는 다양한 물건을 고치는 정비공장과도 같아 죄로 인해 추해지고 고장 나서 부서진 삶들이 이곳에서 수리되어 그리스도를 닮아간다. 사도 바울이 마음속에 그리는 하나님의 지혜는, 단지 유대인과 이방인을 그리스도의 몸 안에서 하나가 되게 하는 지혜일 뿐 아니라, 능력을 행사하여 영적으로 죽은 자를 살리고 새롭게 된 피조물들이 거룩함과 사랑 안에서 새롭고 다정하게 교제하게 하는 지혜이다 엡 2:1-10 ; 4:20-24.

구원 받은 자녀들의 삶 속에서 나타나는 하나님의 능력은 실로 위대하다! 바울은 자신의 편지를 읽는 독자들이 능력을 받아 그리스도의 사랑의 너비와 길이와 높이와 깊이를 깨달아, 하나님의 모든 충만하신 것으로 충만케 되기를 간구하고, "우리가 구하거나 생각하는 모든 것에 더 넘치도록 능히 하실"엡 3:20 하나님을 찬미하는 위대한 송영을 드리며, 마지막 기도를 통해 핵심을 다시금 확증한다. 우리의 삶에서 나타날 하나님의 능력의 무한한 잠재력은 이루 측량하기가 어렵다. 그러면 이제 그 내용을 다루기로 하자.

하나님의 능력은 성령님의 능력이다

오순절 사건 이후 제2의 변호자요 14:16로서 활동하시는 성령님의 인격적 사역은, 죄인을 사랑하고 구원하는 데 나타난 성삼위의 인격적인 하나님에 대해 신약성경이 제공하는 계시의 일부이다. '패러클리트'paraclete,파라클레테라는 단어는 원래 헬라어인데, 영어에서는 딱히 한 단어로 이 의미를 표현할 방도가 없다. 이 단어는 '상담자, 조력자, 옹호자, 지지자, 위로자'란 뜻을 지니는데, 한마디로 어떤 관계를 통해서든 누군가를 지지하는 사람을 말한다. 예수님께서는 최초의 상담자였고, 이제 성령님께서 그 자리를 맡아 돌봐주신다. 신약성경에서는 성령님의 다양한 사역을 강조하는데요 14:17 ; 롬 8:9-11, 인격적으로 우리 안에 거하셔서 그리스도 안에서 새로운 삶을 영위하도록 안내하며 힘의 원천이 되어주시고, 기도할 때 부족한 점을 채워주시며 우리 안에서 중재하시고롬 8:26, 우리 안에 거하시며 우리가 그분의 처소를 더럽힐 때 슬퍼하신다엡 4:30. 복음과 관련하여 인간의 삶에서 나타나는 하나님의 능력은, 성령님의 역사보다 더 강하게 나타난다롬 15:13,19 ; 고전 2:4 ; 살전 1:5.

영어에서 'power'능력란 단어는 비인격적인 힘을 연상시킨다. 하지만 성령님은 인격을 지닌 효과적인 대행자로 자신이 내주하는 사람과 인격적 관계를 맺으신다. 성령님의 역사와 관련하여 톰 스매일은 그의 책 The Giving Gift에서 이렇게 말한다. "신약성경에서 성령님을 비인격적인 이미지를 사용하여 표현할 때가 있다. 대표적으로 바람과 불과 물이 바로 그것이다. 하지만 이러한 이미지들조차 매우 동적으로 사용되어 마치 그것들이 의지와 능력을 지닌 사람처럼 묘사되어 인간을 통제하는 듯한 인상을 준다. 결코 인간이 그것들을 통제하는 듯한 인상을 주지 않는다." 성령님은 인간이 마음대로 다룰 수 있는 비인격적인 힘도 아니고 인간의 의지에 종속되는 힘도 아니다. 오히려 최고의 권력을 지닌 인격자이며, 그분 자신의 뜻에 따라, 또한 성부 하나님과 성자 예수님의 뜻에 따라 인간을 다루신다. 성령님께서 다루시는 영역은 다음과 같다.

- 우리의 생각(우리에게 하나님의 진리를 깨닫게 하신다)
- 우리의 결정(우리로 하여금 하나님의 뜻을 따르게 하신다)
- 우리의 감정(복음을 들을 때 우리로 하여금 사랑, 증오, 소망, 두려움, 기쁨, 슬픔, 기타 기질과 관련된 다양한 감정을 느끼게 하신다)

성령님은 성경이 기록될 때 저자들에게 영감을 주셨고, 우리가 말씀의 교훈을 들을 때 기독교의 진리를 깨닫게 하신다. 그분은 하나님의 약속과 요구가 우리 삶에 어떻게 영향을 미치는지를 보여주신다. 새롭게 창조하는 그분의 능력은 인간의 마음 중심에서 역사하셔서 우리를 변화시키고 새로운 힘을 공급하여, 우리가 실제적으로 진리의 말씀에 복종하게 하신다. 의식적인 차원에서 나타나는 그분의 설득력은 대단하다. 인간의 마음을 변화시켜 그리스도인으로 만드는 능력은 절대적이다. 하지만 처음부터 끝까지 성령님의 힘은 인격적으로 나타난다. 성령님은 살아 있는 인격자로서 단순한 힘이나 세력이 아니다.

성령님은 약간 수줍어하고 개성이 없는 존재라고 묘사할 수 있다. 그분의 사역은 우리의 관심을 성부 하나님과 성자 예수님께로 향하게 하고, 우리를 가르쳐서 예수님을 '주님'(신성한 주인)으로, 예수님을 보낸 성부 하나님을 '아바'(사랑하는 아버지)로 부르게 하시며, 그 표현의 진정한 의미를 깨닫게 하신다롬 8:15 ; 10:8-13 ; 고전 12:3 ; 갈 4:6. 성령님은 인간의 관심을 그분 자신에게로 향하게 하지 않으신다. 대부분의 경우 성령님께서 우리 안에서 역사하실 때, 그때 우리가 느끼는 감정이나 경험은 인간적인 관점에서 이상하거나 특별한 경우는 없다. 적어도 우리가 한 말이나 행동을 나중에 되돌아보며 단지 자연적인 현상으로 설명할 수 없는 무언가가 있음을 보게 될 때까지는 그렇다. 이 말은 진리이다. 다음 찬송가의 가사도 이를 확증한다.

> 우리가 모든 미덕을 소유하고
> 싸울 때마다 이긴다 해도,

거룩함에 관한 모든 생각은

오로지 그분의 것이라네.

우리가 다른 사람을 섬길 때도 마찬가지이다. 가장 간단한 형태의 도움을 제공하는 단계부터 가장 힘들게 영적으로 안내하고 또 단도직입적으로 죄를 짓지 못하도록 설득하는 단계에 이르기까지, 성령님은 우리를 도와주신다. 우리가 알든 모르든 관계없다. 그리스도인이 선을 행하는 것도 사실 그분이 능력을 베풀어주시기 때문에 가능하다.

성도들을 위해 일하시는 성령님의 사역의 범위라 할 만한 내용이 로마서 8장 4-16절에 나타나 있는데, 바울은 다음과 같이 설명한다.

- 신자들은 성령님의 힘에 이끌려 살아가며, 성령님은 그들이 하나님을 향해 앞으로 나아가도록 재촉한다롬 8:4-6.
- 성령님은 지금 이 순간, 그리스도인 안에 거하신다롬 8:9.
- 부활의 날이 오면, 신자의 죽을 몸이 성령님에 의해 다시 살아난다롬 8:11.
- 신자들은 성령님의 도우심을 받아 그들의 악행을 죽인다롬 8:13.
- 신자들은 성령님의 능력을 힘입어 하나님을 향해 "아바 아버지"라고 끊임없이 부르짖는데, 이는 성령님께서 우리가 그분의 양자임을 증거하시며 부르짖도록 자극하시기 때문이다롬 8:15.

톰 스매일은 성령님에 대해 쓴 자신의 책 제목을 「주시는 선물」The Giving Gift로 하였는데, 여기서 살펴본 내용과 잘 어울린다. 성령님은(성부 하나님과 성자 예수님이 신자인 우리에게 주시는 선물인 그분은) 자신이 받은 것을 우리에게 주셔서, 결국 우리 자신을 다시 하나님께 바치도록 역사하신다. 그런데 이것은 감사하는 마음에 의해 가능케 되는데, 감사하는 마음은 은혜를 통해 받은 확신에 의해 점화되고 양육된다. 이렇게 하여 성령님은 그분의 능력으로써 우리를 조종하여 우리가 다시 하나님께 나아가도록 일하신다. 우리가 맨 처음에 떨어져 나왔던 그곳으로 다시 돌아가게 하신다.

성부 하나님과 성자 예수님이 성령님을 우리에게 주셨다. 따라서 이제 성령님께서는 주권적인 능력으로 우리를 설득하여, 우리 마음이 죄의 지배에서 벗어난 상태에서 자유롭고 확고하게 스스로 결심하여, 다시 하나님께 돌아가도록 이끄신다. 그러므로 우리가 인식할 수 없는 물질적 조건이나 의식의 상태가 성령님께로부터 온 것인지 아닌지를 구별하는 확실한 방법은, 그것이 성경에서 말한 대로 우리를 겸손과 사랑, 열심, 찬양, 감사의 마음을 동반한 채로 하나님께 바치도록 이끌고 있는가를 보면 된다. 건물을 안내하는 가이드가 정해진 코스를 따라 관광객들을 안내하듯이, 우리를 하나님께로 이끌지 않는 능력은, 어떤 종류가 되었든 성령님으로부터 온 것이 아니다. 성령님은 언제나 우리를 하나님의 보좌로 인도하신다.

하나님의 능력은 그분의 목적에 따라 발휘된다

성경은 하나님의 능력에 대한 언급으로 가득 차 있다. 능력이 나타난 대표적인 사례를 보면 다음과 같다.

- 천지창조
- 하나님의 섭리(자연계의 규칙적 현상과 의미 있는 우연의 일치, 기적적인 구원 사역)
- 하나님의 은혜(개인을 거듭나게 하고, 믿음 안에서 회개하게 하며, 의로운 삶을 살게 하고, 하나님을 예배하고 증거하는 삶을 살게 하며, 교회를 새롭게 함)
- 그리스도께서 재림하실 미래의 영광스러운 순간(우주를 새롭게 하고, 모든 죽은 자의 몸을 부활하게 하며, 살아 있는 모든 이들의 몸을 변화시킴)

이러한 능력을 행사할 때 하나님은 주권적으로 일하신다. 그분은 인간이든 천사든 각 개인은 물론, 우주의 역사까지도 지배하고 다스리셔서 자신의 목적을 이루시며, 영원하신 계획에 따라 절정을 향해 역사를 진행시키신다.

이 세상의 역사와 관련하여 교회는 그 한복판에 서 있다. 성경은 우리에게 하나님의 계획의 핵심인 예수 그리스도에 대해 증거한다. 그리스도께서는 이미 이 세상을 다스리시는 주님으로서 계속 통치하셔서, 마침내 어떤 식으로든(방법적인 문제에 관하여는 학자들 간에 이견이 있다) 이성을 가진 모든 존재들이 그분의 지배권을 인정하게 하신다. 가장 넓은 의미에서 보면 하나님께서는 지금 이곳에서 자신의 능력을 발휘하셔서, 이러한 최종 목표가 점진적으로 드러나게 하신다.

하나님께서는 자신이 세우신 목표를 이미 우리에게 약속해주셨다. 성경은 이러한 약속으로 가득 차 있는데, 그 약속에 나타난 하나님의 계획의 다양한 측면이 성경에 상세하게 설명되어 있어서, 우리로 하여금 그것을 믿게 한다. 만약 그렇지 않다면 하나님과 우리와의 만남이 개인적인 관계가 되지 못한다. 진정한 개인적인 관계는 언제나 개인적 위탁commitments을 수반하게 되어 있고, 상호간의 위탁을 말이나 글로 표현한 것이 약속이다. 약속이란 미래까지 영향을 미치는데, 약속을 하는 사람에게는 의무감을 주고 받는 사람에게는 기대감을 준다. 이런 점에서 약속이란 논리학자들이 말하는 '수행적' 언어이다. 약속으로 인해, 약속을 하는 사람이나 받는 사람에게 하나의 새로운 상황이 펼쳐진다. 베드로후서 1장 4절에서는 하나님께서 우리에게 '보배롭고 지극히 큰 약속을' 주셨다고 선언하는데, 이제 전능하신 창조주께서는 이 약속을 수행하시기 위해 자신의 능력을 사용하시게 되었다. 이렇게 보면 기독교에서 말하는 약속은 정말 놀랄 만하다.

하나님께서 하신 약속은 어떤 형태로든 그분이 계획하신 목적을 성취하는데, 그분이 창조한 인간들에게 복을 주심으로써 그분을 영화롭게 한다. 성경에는 하나님의 목적이 기록되어 있다.

- 인류의 역사가 끝날 때까지 인간을 위해 지구의 자연 질서를 보존하는 것창 9:8-17.
- 아브라함을 비롯해 그의 후손과 맺은 언약 관계를 지속시키는 것창 17:1-8 ; 갈 3:7-9,14,22-29. 이 언약에는 그리스도 안에 있는 모든 신자들이 포함된다.
- 지금 당장 그분의 자녀에게 필요한 특별한 혜택을 부여하는 것. 예를 들면 죄를 용서하고 악에서 구해내며, 약한 점을 강하게 하고 슬픔을 위로하며, 곤궁에 처해 있을 때 길을 안내한다.
- 그리스도를 영광 중에 다시 보내셔서 새 하늘과 새 땅을 창조하시고, 하나님의 자녀들이 구세주와 더불어 영원한 즐거움을 누리게 하는 것. C. S. 루이스는 이러한 즐거움을 "최고의 환희가 마치 우유와 물처럼 흐르게 되는데, 이 땅의 연인들이 이를 누리게 된다"라고 묘사한다.

하나님이 자신의 백성과 맺은 모든 우주적인 약속은 선민을 구원하시려는 그분의 목적 성취와 연관되어 있다. 따라서 그분은 우리가 구원 받는 것을 보며 기뻐하기를 원하신다.

성경은 하나님께서 많은 특정한 사람들에게 특별한 약속을 주시고, 이를 기적적으로 성취시키시는 장면을 보여준다. 대표적인 예로 자녀를 낳지 못하는 여인에게 자손을 허락하셨고창 17:15-19 ; 18:10-15 ; 30:22 ; 삿 13 ; 삼상 1:9-20 ; 눅 1:7-20, 마리아에게 동정녀 탄생을 예고하셨다눅 1:26-38. 하지만 이러한 이야기를 읽을 때 조심해야 한다. 왜냐하면 기적적으로 출생한 아이들은 각자 이 세상을 향한 하나님의 목적을 성취하는 데 특별한 역할을 담당했기 때문에, 자녀를 낳지 못하는 현대의 모든 여성들이 이 이야기를 자신에게 적용하여 아이를 허락하시겠다는 하나님의 약속으로 간주하면 안 된다.

이와 마찬가지로, 예수님께서 팔레스타인 땅에서 기적적으로 병자를 고치시며 자신의 메시아적 권위를 보여주신 사건들마 11:2-6을 오늘날의 성도들이 자신에게 주신 약속으로 간주하여, 누구나 기도하기만 하면 들어주신다고 해석해서는 곤란하다.

그럼에도 불구하고 특정한 약속을 동반하며 하나님의 능력에 의해 그것이 성취되는 성경의 모든 이야기들과, 하나님의 능력이 특별히 은혜롭게 나타나 인간에게 복을 주는 성경의 기사들을 통해 우리는 하나님께서 하실 수 있는 일을 상기한다. 이러한 이야기들을 보고 고무되어 그분의 전능하심을 의지하고, 그분이 보시기에 우리의 삶이 가장 좋은 방향으로 나아가 결국 개인을 향한 그분의 목적이 성취된다고 믿는다.

기도의 능력에 관한 여러 질문들, 우리가 하나님께 드리는 기도와 그분께서 우리가 처한 상황을 변화시키기 위해 능력을 사용하시는 문제와의 관계는, 끊임없이 우리를 당황케 한다. 지금까지 말한 내용이 이 문제를 해결하는 데 약간의 도움이 되리라 생각한다.

기도와 하나님의 뜻

우리가 간청하는 기도를 드림으로써 하나님의 능력을 조종하거나 통제할 수 있을까? 예수님께서 기도를 통해 산을 옮길 수 있다고 하셨는데마 17:20 ; 21:21 ; 막 11:22-24 ; 고전 13:2, 그 말의 의미가 이것이 아닐까? 엘리야가 기도하여 비가 내리지 않게도 하고 내리게도 하였는데약 5:16-18, 바로 이것을 암시하는 것은 아닐까? 이 질문들에 대해 간단하게 답하면 '아니다'이다. 우리의 뜻이 하나님의 뜻과 일치하지 않을 때, 우리는 하나님을 조종하여 우리의 뜻대로 일하시도록 만들지 못한다. 하지만 그분은 말씀을 통해 자극을 주시고 성령님을 통해 마음에 부담을 주셔서 기도하도록 재촉하시고, 그 기도에 대한 응답으로써 복을 주기를 원하신다.

이러한 방법으로 하나님은 두 목적을 달성하시는데, 하나는 그분께서 기뻐하시는 대로 자녀에게 좋은 선물을 주시고, 다른 하나는 응답을 받아 좋은 선물을 받았다는 특별한 기쁨과 흥분을 주심으로써 자녀와의 관계를 더욱 풍성하게 하신다. 그리고 간구해야 할 내용을 분명히 알려주시고, 그 기도가 반드시 응답될 것이라는 확신을 주셔서 일을 이루시는 사례도 있다. (엘리야의 경우가 여기에 해당한다.) 실제로 이러한 일이 발생하면(당사자는 이 일을 잊지 않는다!), 기도할 때 더욱 자극을 받아 확신을 가지고 기도하며 다음에 나타날 결과를 고대한다.

　나는 이러한 예를 많이 알지 못한다. 그러나 언젠가 내가 약간의 책임을 지고 있는 한 기독교 단체가 갑자기 문을 닫게 될 위기에 처해 있어서, 어떤 날 하루를 정해 기도한 적이 있다. 여럿이 모여 두 시간 정도 기도하는데, 문득 하나님께서 나에게 기도해야 할 내용을 분명히 보여주셨다는 느낌이 들었다. 일곱 개의 항목으로 된 생존 전략을 놓고 기도를 해야겠다는 생각이 들었다. 그런데 그 순간에는 그 일곱 항목을 성취한다는 게 불가능하게 보였다. 하지만 그로부터 8개월 후, 그 항목들은 모두 현실로 이루어졌다.

　또 하나의 간증거리가 있는데, 어느 날 아침 내가 집으로 향하며 다음날 암 수술을 받게 될 환자를 위해 기도했던 적이 있다. 그런데 집으로 오는 도중에 마음의 근심이 사라지며 나의 기도가 응답되었기 때문에 더 이상 기도할 필요가 없다고 누군가 속삭이는 듯한 약간 이상한 느낌을 받았다. 당시에 이 환자를 위해 여러 교인들이 기도하고 있었기 때문에 나는 다른 사람도 이러한 경험을 했는지 알 방도가 없었다. 단지 내가 아는 바는, 그 다음날 의사가 그 사람을 수술하기 전에 진찰한 결과, 암의 흔적이 온데간데없이 사라졌다는 사실이다. 내가 보기에 하나님께서 이처럼 미리 정확하게 어떤 능력을 보여주실지 알려주시는 경우는 매우 드물다. 하지만 다른 성도들의 이야기를 들어보면 특별한 경우에 하나님께서 그들이 기도할 때 확신을 주시고, 어떻게 능력을 베푸실 것인가를 미리 알려주시며, 실제로 영광을 받으시는 사례가 많다. 이러한 일들이 실제로 일어난다. 그러면 우리는 이 사실을 깨닫고 기뻐해야 한다.

진리를 말하자면 우리 기도가 하나님의 마음을 바꾸게 하거나 그분의 팔을 비틀지 못한다. 오히려 기도가 그분 자신에 의해 자극 받아 시작되고 유지되기에, 기도는 우리를 그분의 마음속으로 들어가게 하는 수단이 된다. 일단 그분께서 우리를 인도하여 진지한 마음을 주셔서 간구하도록 이끄셨다면, 우리는 그분께서 원래 계획하신 바를 이루어 달라고 요청하게 되어 있다. 만약 하나님께서 우리 기도에 응답하여 능력을 베풀어 주기를 간절히 원한다면(만일 이렇게 원하지 않는다면 우리에게 문제가 있다), 우리는 자신을 억지로 쥐어짜서 간구하는 내용이 이루어질 것 같다는 (우리에게서 나오는) 그릇된 확신을 가져서는 안 된다. 오히려 내가 절실하게 느끼는 필요에 대해 하나님의 마음이 어떠한지를 헤아리며, 어떻게 기도해야 좋을지를 알려달라고 그분께 요청해야 한다. (성경 말씀이나 성령님께서 어떤 때는 아주 구체적으로, 또 어떤 때는 대략적으로 알려주신다.) 예수님께서도 겟세마네 동산에서 이러한 태도로 "아버지의 원대로 하옵소서"라고 기도하셨다.

기적들

기적을 통해 하나님의 능력을 보여달라고 간청하는 일이 정당한가? 만약 기도할 때 우리의 기본자세가 "하나님의 뜻과는 반대되는 나의 뜻이 아니라, 아버지의 원대로 하옵소서"와 같다고 한다면, 기적을 일으켜 주셔서 하나님께 영광을 돌리고 그분의 이름을 더 거룩하게 할 수 있도록 도와달라고 기도해도 무방하다. (여기서의 기적이란 극적인 우연의 일치나, 하나님의 능력이 나타나는 새로운 창조와 같은 본질적인 치유를 말한다.) 바울도 자기의 육체에 있는 가시를 기적적인 방법으로 치료해달라고 간구하였다. 비록 그의 기도에 하나님께서 기적을 통해 응답하지는 않으셨지만고후 12:9 바울이 잘못한 것은 없다. 우리가 잘못된 길에 들어서는 유일한 경우는, 기적을 베풀어 달라고 기도하면서도 하나님께서 다른 생각을 가지고 계실 수도 있다는 점을 예상하지 못할 때이다. 어쨌든 그분의 능력은 감소하지 않는다. 대부분의 경우에 기적이 일어나지 않을 확률이 많다는 점을 반드시 깨달아야 하지만, 그래도 결코 불가능하지는 않다는 사실을 기억할 필요가 있다.

기적이 일어나기를 소망한다면 언제나 다음 사항을 철저히 깨달아야 한다.

하나님의 능력은 인간의 약점에서 가장 충만하게 드러난다

인간의 약점에는 여러 가지가 있다. 병약자나 신체장애인이 느끼는 육체적 약점, 빠지기 쉬운 악행이나 잘못을 저지르는 사람에게서 나타나는 성격상의 약점, 능력이 부족한 사람에게서 나타나는 지적인 약점, 탈진과 우울증과 스트레스와 긴장, 감정적 과부하로 인해 느끼는 약점 등 다양하다. 하나님께서는 이러한 약점을 더 강하게 하심으로써 온갖 형태의 단점들을 성화시키신다. 보통 때의 상황보다 더 잘 인내하게 하고, 사교성이 넘치게 하며, 애정이 넘치게 하고, 침착하게 하며, 즐겁게 하고, 풍성하게 하신다. 하나님은 기꺼이 이러한 은혜를 베푸셔서 그분의 능력을 보여주신다.

바울은 이 원리를 이렇게 표현한다.

> "우리가 이 보배를 질그릇에 가졌으니 이는 심히 큰 능력은 하나님께 있고 우리에게 있지 아니함을 알게 하려 함이라 우리가 사방으로 우겨쌈을 당하여도 싸이지 아니하며 답답한 일을 당하여도 낙심하지 아니하며 박해를 받아도 버린 바 되지 아니하며 거꾸러뜨림을 당하여도 망하지 아니하고 우리가 항상 예수의 죽음을 몸에 짊어짐은 예수의 생명이 또한 우리 몸에 나타나게 하려 함이라 … 그런즉 사망은 우리 안에서 역사하고 생명은 너희 안에서 역사하느니라"고후 4:7-12.

현대사회처럼 자기중심적이고 쾌락과 방종을 추구하는 상황에서 이러한 말은 비인도적이고 냉담하게 들린다. 그러나 사실은 "인간의 한계상황이 하나님께는 기회이다"라는 유서 깊고 많은 이들의 사랑을 받았던 격언의 진정한 의미가 바로 이와 같다. 그러면 무엇을 위한 기회라는 말인가? 하나님 자신의 영광을 드러내기 위해 능력과 은혜를 보여주실 기회라는 뜻이다.

실제로 약하고, 또 약하다고 느끼는 것은 그 자체로 즐거운 일이 아닐 뿐 아니라, 세상 사람들이 최고의 능률이라고 여길 만한 조건도 못 된다. 그래서 하나님께서 능력을 베푸셔서 자신을 섬기는 종의 삶에서 이러한 약점들을 제거해 주시리라고 기대할 수도 있다. 하지만 하나님께서 하시는 일을 보면, 언제나 약한 종이 이러한 무능력에도 불구하고 여러 지역을 다니며 다른 사람들에게 지혜와 사랑과 도움을 베푸는 놀라운 일을 감당하게 하신다. 물론 때때로 일정한 지역에서 기적을 베풀게도 하신다. 그분은 이런 방식으로 능력 베풀기를 좋아하신다. 이 진리는 매우 중요하기 때문에 철저히 이해할 필요가 있다.

바울은 고린도 교회 성도들과 교제하며 이 교훈을 뼈저리게 느꼈다. 그는 미봉책을 쓰거나 겸손해하거나 서먹서먹한 관계를 유지하는 타입이 아니었다. 본래 '힘이 넘치는 사람'이어서 거만하고 전투적이며 화려하고 열정적이었다. 그는 자신의 사도적 권위를 인식하고 있었고 자신의 가르침이 가장 믿을 만하고 건전하다고 확신했기에, 자신이 회심시킨 성도들을 훈련시키는 일에 모든 열정을 아낌없이 쏟아 부었다. 그는 그들에게 깊은 애정을 느꼈고 이를 표현하였다. 왜냐하면 그들이 그리스도의 자녀들로서 당연히 자신을 따르고 사랑해주기를 원했기 때문이다.

하지만 고린도 교회 성도들은 바울을 마지못해 따르거나 불신하기 시작했고, 사실상 사랑의 감정이 거의 없었다. 바울이 그들에게 보낸 편지에도 나타나 있지만, 이렇게 된 원인은 한편으로 바울이 그들의 오만한 기대감을 충족시키지 못했기 때문이다. 그들의 생각으로는, 도움을 받는 교사라면 마땅히 지적인 영향력을 발휘하여 자신들을 감동시켜야 하는데 바울은 그렇게 하지 않았다. 다른 이유로는, 지적인 영향력을 발휘하여 가르치던 다른 교사들이 이미 교인들의 충성심을 가로챈 상태였다. 또 다른 이유로는, 그들이 영적인 삶에 대해 일종의 승리주의적 견해를 가지고 있었기에, 방언을 말하는 것과 아무 제약을 받지 않고 행동하는 것을 사랑과 겸손과 의보다 더 중시했기 때문이다. 그들은 그리스도인이 예수님에 의해 자유롭게 된 상태이기 때문에 결과에 상관없이 무슨 일이든지 할 수 있다고 여겼다. 그러하기에 고린도 교회 교인들은 바울을 직접 만나거나 그의 말을 들어보아도 별 감동을 못 준다고 판단하고 그를 '약한' 존재로 여겨 멸시하였고고후 10:10, 그의 교리적·도덕적 가르침에 문제가 있다고 생각하였다. 바울의 개인적인 스타일이나 태도에 대해서도 매우 못마땅하게 여겼다.

누구든지 바울과 같은 입장에 있다면 상당히 괴로울 것이다. 바울이 고린도 교회 성도들에게 보낸 편지에 사랑의 감정, 고통, 분노, 실망, 좌절, 풍자와 같은 표현들이 교차되어 나타나는 것을 보면, 그가 상당히 괴로워하고 있음을 확연히 느끼게 된다. 하지만 그의 반응은 당당하다. 그는 자신이 약하다는 사실을 기꺼이 받아들이며 그것 때문에 자신이 부름을 받았다고 주장한다. (여기서 약하다는 말은 고린도 교회 교인들이 주장하듯이 그의 사역이 시원스럽지 않았다는 뜻이 아니라, 병든 몸과 종의 역할과 상한 마음으로 약하다는 뜻이다.) "내가 부득불 자랑할진대 내가 약한 것을 자랑하리라"고후 11:30. "나를 위하여는 약한 것들 외에 자랑하지 아니하리라"고후 12:5. 그는 이 원칙에 따라 행동하였다.

"너무 자만하지 않게 하시려고 내 육체에 가시 곧 사탄의 사자를 주셨으니 이는 나를 쳐서 너무 자만하지 않게 하려 하심이라 이것이 내게서 떠나가게 하기 위하여 내가 세 번 주께 간구하였더니 나에게 이르시기를 내 은혜가 네게 족하도다 이는 내 능력이 약한 데서 온전하여짐이라 하신지라 그러므로 도리어 크게 기뻐함으로 나의 여러 약한 것들에 대하여 자랑하리니 이는 그리스도의 능력이 내게 머물게 하려 함이라 그러므로 내가 그리스도를 위하여 약한 것들과 능욕과 궁핍과 박해와 곤고를 기뻐하노니 이는 내가 약한 그때에 강함이라"고후 12:7-10.

여기서의 가시가 무엇이었는지 우리는 모른다. 하지만 그것은 개인적인 결함이었거나 기질적인 기능 장애였음에 틀림없다. 만약 그렇지 않았다면 (창조된 인간성을 의미하는) '육체'에 있는 가시라고 말하지 않았으리라. 그것이 그에게 고통을 주었던 것만은 분명하다.

하나님께서는 섭리 가운데 왜 그 가시를 바울에게 주셨을까? 바울이 깨닫고 있듯이 그것은 그를 겸손하게 만들기 위한 훈련 도구였다. 바울과 같이 거대한 자아를 지닌 사람에게는 가시를 통한 훈련이 결코 비열한 행동이 아니었다.

어떤 의미에서 바울의 가시는 사탄의 사자가 되었을까? 그 가시는 하나님께 대해서는 원한을, 자신에 대해서는 동정심을, 그리고 미래 사역에 대해서는 절망감을 품게 하였는데 사탄은 그리스도인의 마음 속에서 이러한 생각들을 불러일으키는 전문가이다. 따라서 우리 영혼이 이러한 생각을 품도록 자극하는 모든 요소는 사탄의 사자가 된다.

바울은 왜 특별히 자신의 가시에 대해 주님께 기도하였을까? 그것은 예수님께서 치료자가 되셔서 육체를 입고 사시는 동안 많은 기적을 통해 질병을 치료하셨고, 바울이 선교여행을 하는 중에도 그를 통해 병을 치료하셨기 때문이다행 14:3,8-10 ; 19:11. 이제 바울은 그리스도께서 능력을 베풀어 자신을 치료해주시기를 원했기 때문에 세 번이나 특별한 시간을 내어 진지하게 기도하였다.

하나님께서는 왜 바울의 기도를 들어주지 않으셨을까? 이는 그가 순수한 마음으로 기도하지 않았다든가, 그리스도의 능력이 부족해서가 아니었다. 다만 구세주이신 그리스도께서 자신의 종을 위해 더 좋은 계획을 가지고 계셨기 때문이었다. (하나님은 언제나 우리가 간구하는 것보다 더 좋은 계획을 가지고 계실 때 응답을 보류하신다.) 예수님의 응답을 이렇게 표현할 수 있다. "바울아, 나의 계획을 말해주겠다. 나는 너를 지속적으로 약하게 하여 그것을 통해 나의 능력을 나타낼 터인데, 네가 두려워하는 일이 일어나지 않게 함으로써 능력을 나타내리라. 그러니 너의 사역이 약해지거나 끝나게 되리라고, 또

네가 신임을 잃게 되거나 쓸모없는 사람이 될 것이라고 생각하지 말아라. 네가 전보다 더 약해질지라도 너의 사역은 전과 마찬가지로 능력 있고 힘 있게 진행되리라. 너는 사는 날 동안 이 가시를 지니고 살아가리라. 하지만 약한 상태에서도 나의 능력은 완벽하게 될 것이다. 내가 너를 지켜준다는 사실이 과거 어느 때보다 더 분명하게 드러나리라." 여기에 암시된 내용을 보면, 이러한 상황은 바울에게 더 큰 축복이 되고, 그의 사역을 더욱 풍성하게 하며, 그를 즉시 치료해 주었을 때보다 능력을 주시는 그리스도의 영광을 더욱 드러낸다.

바울의 반응을 어떻게 평가해야 할까? 그는 자신이 기도할 때 그리스도께서 들려주신 말씀을 분명히 이해했고 기쁘게 받아들였으며, 그러한 상황이 자신이 받은 소명의 본질을 분명히 해준다고 여겼다. 그가 이 내용을 자세하게 서술한 것으로 보아, 자신의 경우가 다른 사람이 본받아야 할 모범이 되었다고 이해했음이 분명하다. 그의 경험은 확실히 우리에게 모범이 되어 우리가 반드시 따라가야 할 전형이 되었다.

일의 진행 과정은 이렇다. 먼저, 주님께서는 우리로 하여금 약점을 깨닫게 하셔서, 마음 중심으로부터 "이 문제는 나도 어쩔 수 없다!"라고 부르짖게 하신다. 그래서 주님께 나아가 마음을 짓누르는 짐을 제거해달라고 간구한다. 하지만 그리스도께서는 이렇게 말씀하신다. "내가 능력을 주면 너는 이 문제를 '해결할 수' 있다. 너의 기도에 대한 응답으로 내가 너를 '강하게' 하리니 너는 처리할 수 있으리라." 이렇게 되면 우리도 결국 사도 바울과 같이 고백하게 된다. "내게 '능력 주시는 자' 안에서 내가 모든 것을 할 수 있느니라"빌 4:13. "주께서 내 곁에 서서 '나에게 힘을 주심'은"딤후 4:17. 그리고 바울과 더불어 이렇게 찬양한다.

> "찬송하리로다 그는 우리 주 예수 그리스도의 하나님이시요 자비의 아버지시요 모든 위로의 하나님이시며 우리의 모든 환난 중에서 우리를 위로하사 우리로 하여금 하나님께 받는 위로로써 모든 환난 중에 있는 자들을 능히 위로하게 하시는 이시로다 그리스도의 고난이 우리에게 넘친 것같이 우리가 받는 위로도 그리스도로 말미암아 넘치는도다"고후 1:3-5.

바울이 말하는 '위로'는 우리를 무기력하게 하는 이완이 아니라, 활기를 띠게 하는 격려이다. 우리는 바울과 함께 하나님의 위로를 증거한다. 우리는 삶을 영위하는 동안 죽음에서 부활하여 세례 받는 심정으로 날마다 새로워지는 경험을 하며 살아간다. 이제 우리는 확실하게 깨닫게 되었다. 이것이 능력을 받는 그리스도인의 삶의 가장 충만하면서도 심오한 표현이다.

이렇게 보면, 하나님의 능력을 받아 그리스도 안에서 더욱 강건하게 자란다는 것은 반드시 굉장한 일을 성취한다거나, 인간적인 관점에서 성공하는 것과는 아무 상관이 없다. 하지만 그것은 자신이 약하다는 점을 알고 느끼는 것과 직결된다. 우리가 약해질수록 오직 그때만이 더 강하게 자란다. 세상 사람들은 능력을 생각할 때마다 타고난 재능이나 다른 것에 현혹되거나 실망하지 않고 목표를 향해 앞으로 나아가는 (인격과 마음과 의지의) 역량을 마음에 떠올린다. 그러나 하나님께서 주시는 능력이나 힘은, 예수 그리스도께서 성령님을 통해 주시는 능력을 받는 것을 의미하는데, 다음과 같은 일이 지속적으로 일어나게 한다.

- 하나님 앞에서 개인적으로 거룩해지는 것
- 하나님과 개인적으로 교제하게 하는 것
- 하나님을 개인적으로 섬기게 하는 것
- 하나님을 위해 개인적으로 일하게 하는 것

그리스도인은 자신이 아무리 약하다고 느끼더라도 지속적으로 성장한다. 자신의 능력을 초월하는 문제가 닥쳐온다 해도 그 상황 속에서 꾸준히 성장하며, 모든 문제가 하나님의 뜻 가운데 이루어진다고 확신하며 계속 자란다. 그리스도인이 자신에게 주어진 타고난 능력이 부족하다고 느끼며 그것을 시인할 때 비로소 하나님의 능력이 작용하기 시작한다.

따라서 하나님의 능력을 받으려면 겸손하게 그분을 의지하며, 자신의 존재 깊숙한 곳에 능력을 부어주셔서, 거룩하고 섬기는 삶을 살도록 불러주신 그분의 소명에 충실하게 살게 해달라고 요청해야 한다. 또한 이러한 태도로 그분께 의지하여, 우리를 통해 그분의 능력이 이웃에게 전달되게 함으로써 그들의 필요를 채워주어야 한다. 그러나 아무리 열정적으로 많은 일을 감당한다 해도 자신만 의지하거나, 그리스도가 없으면 영적으로 의미 있는 일을 하나도 할 수 없다는 진리를 깨닫지 못한다면 우리는 함정에 빠진다.

능력이 발휘되는 원리는 이렇다. 이것을 하나님의 능력 시나리오라고 부를 수도 있는데, 하나님의 능력은 인간이 의식하는 약점 속에서 완벽하게 된다. 하나님의 능력이 왜곡되는 경우가 있는데, 우리가 그 능력을 소유하거나 통제할 수 있다고 생각하면 안 된다. 실제로 의를 실천하기 위해 능력을 주시도록 간구하지도 않으면서, 그분께서 우리에게 능력을 주실 것으로 기대해서도 안 된다. 이러한 오해는 완전히 잘못된 것이다.

하루하루를 살아가며, 강건하게 자라기 위해 더 약해져야 한다는 사실을 기억할 수만 있다면 얼마나 좋을까? 매일 느끼는 좌절과 장애물과 우연한 사건을 통해 하나님께서 나로 하여금 약점을 깨닫게 하시고, 그것을 통해 결국 나를 더 강하게 하신다는 진리를 기쁘게 받아들일 수만 있다면 얼마나 좋을까? 만약 나 자신만을 의지하는 나쁜 성향, 즉 나의 지식과 기술과 지위와 말솜씨 등을 의지하는 못된 경향에 오랫동안 빠지지 않는다면 얼마나 좋을까? 그렇다면 나의 모습이 얼마나 달라질까!

많은 사람들이 이 교훈을 배우는 데 집중해야 할 필요가 있다. 만약 당신이 여기까지 책을 읽었다면, 잠시 책을 내려놓고 지금까지 읽은 내용이 얼마나 확고하게 당신의 마음에 닻을 내렸는지 질문을 던져보라. 여기에 기록된 내용이 당신의 마음에 정말 확고하게 자리를 잡을 필요가 있다. 오늘날 많은 그리스도인들의 마음속에 이러한 내용이 자리를 잡지 못한 것 같아 염려가 된다. 하나님께서 무한하신 은혜로써 당신을 약하게 만드시기를 간절히 원한다.

Chapter 8

인격 만들기 : 인내 훈련

"내 형제들아 너희가 여러 가지 시험을 당하거든 온전히 기쁘게 여기라
이는 너희 믿음의 시련이 인내를 만들어내는 줄 너희가 앎이라
인내를 온전히 이루라 이는 너희로 온전하고 구비하여
조금도 부족함이 없게 하려 함이라"약 1:2-4

"너희가 참음은 징계를 받기 위함이라
하나님이 아들과 같이 너희를 대우하시나니"히 12:7

REDISCOVERING
HOLINESS
우리는 어떻게 거룩한 삶을 살 수 있는가

:: 예수님께 시선을 고정하고 경주하기

영어 표현 가운데 'hard gaining'이란 어구를 들어보았는가? 나는 이 표현의 뜻을 몰랐다. 나의 아들이 보디빌딩을 시작한 후, 관련 잡지 중 하나를 집으로 가져왔기에 관심을 가지고 살펴보고서야 비로소 알았다. 알고 보니 이 어구는 사실상 보디빌더들이 사용하는 전문용어였고, 삼손과 같은 체형을 갖고 싶어하는 사람들이 원하는 효과를 얻기 위해 반드시 온 힘을 다해 거쳐야만 하는 코스였다. 한마디로 근육을 발달시키고 가슴을 확장시키는 일상적인 온갖 과정을 총칭해 부르는 말이었다. 이 과정을 거치면 결국 강한 인상을 주는 체격을 소유하게 되리라.

이 과정을 거치기란 그리 유쾌한 일이 못 되고 쉽게 이루어지지도 않는다. 하지만 내가 보기에 분명히 효과는 있으리라. 교도소 계통에서 근무하는 나의 아들은 나보다 키는 작지만 몸무게는 더 나가고, 누구나 척 보면 특별히 거대한 그의 체구가 근육질이란 것을 알 수 있을 정도이다. 고된 훈련을 통해 그는 이러한 몸을 갖게 되었다. (훈련자는 "고통이 없으면 얻는 것도 없다"라고 말한다.) 훈련 외에 다른 방도는 없다.

그리스도인의 성숙, 즉 완전한 상태에 도달한 거룩함은 또 다른 몸 만들기 훈련인 인내endurance를 통해 얻는 약속된 산물이다. 인내에는 소극적인 인내참을성, patience와 적극적인 인내불굴의 노력, perseverance가 있다. 신약성경에서는 두 쌍의 헬라어를 사용하는데, 두 쌍의 단어는 사실상 동의어로 "압력에도 불구하고 꿋꿋하게 견딘다"는 의미와 "자극이나 도발에도 침착한 상태로 쉽게 망가지지 않는다"는 의미를 가진다. 사실상 두 개념은 중복되는 면이 있고, 인내는 두 의미를 동시에 포함한다. '인내'에 해당하는 영어 구어체 표현에는 'stickability'참을성가 있고, 북미 구어에서는 'stick-to-it-iveness'끈질김란 단어를 사용한다. 인내란 단어의 개념은 내가 맨 처음에 다녔던 미션스쿨의 표어에 잘 나타나 있다. 그 표어는 "바른 정신을 끝까지 유지하라"였다.

'인내'와 관련된 단어가 신약성경에 70번 넘게 사용되는데, 이는 그만큼 성경에서 중요한 주제이기 때문이다. 그리고 인내의 소극적 의미인 참을성이 성령의 열매로 언급되어 있다갈 5:22-23. (참을성으로 내적 마음이 무너져 내리지 않고도 고통이나 슬픔, 고난과 실망을 잘 통제하게 된다.) 성령의 열매로 언급되었다는 말은, 이 참을성이 타고난 것이 아니라 초자연적인 선물이라는 사실을 암시하는데, 하나님께서 그리스도의 모습을 닮아가도록 선택한 사람에게 부어주시는 인격의 은혜라 하겠다.

만약 그렇지 않다면, 몸 만들기 과정과 같은 힘든 훈련을 통해 인내가 우리 안에서 형성된다는 진술을 부정하는 셈이다. 성령의 아홉 가지 열매의 양상들은 하나님의 선물이면서 그분의 명령이다. 각 열매는 하나의 습관적인 반응인데, 인간적인 관점에서는 그와 전혀 다른 반응이 나와야 할 형편에서 현저하게 그러한 반응이 나오는 경우를 말한다. 호감이 가지 않고 마음에 들지 않는 상대를 향해 오직 예수님 때문에 '사랑'의 빛을 찬란하게 발하고, 슬픈 일이 널려 있는 상황에서 구세주로 인한 구원의 감격을 느껴 '희락'을 체험하며, 하나님의 주권적인 섭리를 확신하며 '화평'을 느끼고, 겁에 질리거나 지치지 않으며 침착함을 유지한다.

인내는 우리가 고통과 압력을 받는 상황에서 망가져 달아나거나 구겨져 무너지지 않고 침착하게 견딜 때 아주 뚜렷하게 드러난다. 하지만 이런 식으로 단단히 붙들려면 어느 정도 배워야 할 필요가 있다. 그리스도인의 인격을 만들기 위해 고된 훈련을 해야 한다는 점을 결코 가볍게 여겨서는 안 된다. 그리스도인답게 견뎌내는 일은 결코 우연히 이루어지지 않는다. (성령의 열매 측면에서 선과 신실함과 온유함과 자제력을 잃지 않으면서, 사랑스럽고 기쁘게 화평을 도모하며 친절하게 살아가는 태도를 가져야 한다.) 우리 중 대부분의 사람들이 아직까지 이러한 시도조차 하지 않았으리라 생각한다. 그러나 인내하는 습관은 거룩함이나 성숙, 그리스도를 닮아가는 과정에서 절대적으로 필요하다. 이 습관을 결코 놓치지 않겠다고 다짐하며 생활의 일부가 되게 하는 것은 그리스도의 자녀에게 꼭 필요한 훈련이다.

히브리서의 수신자는 분명히 유대인으로서 기독교로 개종한 성도들인데, 이들은 그리스도교 신앙에 대해 분개하는 동료 유대인들로부터 학대를 받고 있었다. 이들 수신자들은 공식적인 유대교로 되돌아가는 것이 현명하다고 생각하고 있었다. 그렇게 되면 아무것도 잃지 않고 핍박도 받지 않기 때문이다. 따라서 히브리서의 저자는 이들로 하여금 그리스도교 신앙에 굳게 서도록 촉구하기 위해 이 편지를 썼다. 저자는 논지를 분명히 하기 위해 육신을 입은 하나님의 아들, 예수 그리스도의 대속적인 죽음과 대제사장으로서의 중재가 어떻게 (하나님께서 모세와 맺은 언약 아래에 있는) 구약성경에 나타난 은혜의 질서를 대신하고 무효화하였는지를 조직적이고도 상세하게 설명한다. 그의 논증에 의하면, 만약 그들이 자신이 원래 속했던 유대교로 다시 돌아가면 얻었던 구원을 빼앗길 뿐 아니라, 성실하지 못한 행동으로 무서운 심판을 받고 오히려 중요한 진리를 놓치게 된다. 그러하기에 어떤 대가를 치러서라도 굳게 서야 한다고 촉구한다.

히브리서는 신약성경 중에서 인내에 대해 언급하는 대표적인 책으로 그에 대한 무게 있는 단어들을 많이 사용하는데, 그 대표적인 사례가 12장의 앞부분이다.

"이러므로 우리에게 구름같이 둘러싼 허다한 증인들(예를 들면 11장에 나오는 구약성경의 영웅들인데, 이들은 모두 정의와 애쓸 가치가 있는 것, 즉 믿음 위에 굳게 서는 것을 확실하게 붙잡았다.)이 있으니 모든 무거운 것과 얽매이기 쉬운 죄(배교하여 편하게 살고자 하는 그릇된 욕망)를 벗어버리고 인내로써 우리 앞에 당한 경주를 하며 믿음의 주요 또 온전하게 하시는 이인 예수를 바라보자 그는 그 앞에 있는 기쁨을 위하여 십자가를 참으사 부끄러움을 개의치 아니하시더니 하나님 보좌 우편에 앉으셨느니라 너희가 피곤하여 낙심하지 않기 위하여 죄인들이 이같이 자기에게 거역한 일을 참으신 이를 생각하라"히 12:1-3.

우리는 이 구절에서 인내에 관한 두 진리를 발견한다.

첫째, 인내하는 그리스도인의 삶은 장거리 경주와 같다

신약성경 다른 곳에서도 경주에 대해 언급하는 부분이 있는데고전 9:24-27 ; 갈 5:7 ; 빌 2:16 ; 딤후 4:7, 여기서 강조하는 점은 두 가지이다. 불굴의 노력인 인내가 최후의 영광이란 상을 얻는 유일한 길이라는 것, 이러한 인내를 발휘하려면 매일 집중적으로 노력하되 자기를 부인하며 일편단심으로 온 마음을 다해, 살아 있는 동안 성자 예수님을 통해 성부 하나님을 찬양하고 기쁘게 하는 일에 전적으로 헌신해야 한다는 것이다.

크로스컨트리나 마라톤, 철인 3종 경기에 출전하여 승리하기를 꿈꾸는 선수들이 자신의 페이스를 지켜 성공하듯이, 그리스도인 역시 그래야 한다. 운동선수 중 달리기에 타고난 선수들이 있듯이, 거듭난 신자들은 달리도록 부르심을 받은 사람들이다. 따라서 쓸 수 있는 에너지를 잘 관리하여 평생 뛸 수 있도록 조절해야 한다. 마라톤 경기를 뛸 때도 그렇지만 그리스도인이 승리를 목표로 자신의 페이스를 유지하며 뛴다는 것은 큰 노력을 요구하고 때로는 고통을 준다. 하지만 불굴의 노력으로 참아내는 인내의 진정한 의미는, 우리가 하나님의 자녀로서 어쨌든 뛰고 있다는 사실에 있다. 왜냐하면 가장 심오한 의미에서 우리는 맨 마지막 코스를 달리고 있기 때문이다.

이처럼 한결같은 내적인 노력, 구체적으로 말하면 하나님께서 우리에게 주신 두뇌와 재능과 에너지가 고갈될 때까지 전력으로 질주하는 태도가, 그리스도인이 유지해야 할 거룩함의 중추적인 면이다. 이러한 거룩함이 없는 사람은 퇴보하여 방종과 연약함에 빠진다. 진정한 거룩함은 방종도 연약함도 아니다. 오히려 단단하고 굳세며, 강한 의지와 알맹이가 있고, 얼굴은 마치 부싯돌과 같다. 더욱이 결승점을 바라볼 때 느끼는 기쁨으로 늘 새로운 힘을 얻는다. 히브리서의 저자가 지적하듯이, 진정으로 예수님을 닮아가는 것, 진실로 거룩한 삶은 조금도 부족함이 없이 진짜로 예수님처럼 살아가는 것이다.

둘째, 인내하는 그리스도인의 삶은 시선을 예수님께 고정시켜야 한다

'시선을 고정시킨다'개역개정판 성경에는 '바라보자'로 되어 있음-역주는 표현은 좋은 번역이다. 여기에 해당하는 헬라어는 바라보는 어떤 대상에 집중하기 위해 다른 곳에 관심을 쏟지 않는 행동을 암시한다. 성경에서는 예수님에 대해 이렇게 할 필요가 있음을 명령조로 지시한다. 그리스도인은 방해꾼들에 의해 둘러싸여 있다. 이 훼방꾼들은 그리스도인처럼 행세하는 꼴사나운 모습이 싫어서, 주변의 사람들이 하는 대로 세속적인 방식으로 살기로 작정하고, 때로는 요란하게 떠들며 그리스도인을 유혹한다. 그리스도인은 이러한 소리들을 무시하는 법을 배워야 한다. 만약 우리가 기꺼이 군중 속에서 빠져나와 세속의 흐름에 역행하여 거슬러 올라가지 않으면, 그리스도의 모습을 닮지 못한다.

히브리서의 저자는 오직 예수님께 관심을 집중시키는 것이 인내하는 비결이라고 말한다. 오래전에 번역된 몇몇 영어성경들은 'look to'란 표현을 사용하는데, 이는 '예수님을 지속적으로 응시한다'는 뜻을 전달한다. 히브리서 12장 1-3절 앞에 언급된 내용을 살펴보면, 이 표현의 의미가 더욱 분명해진다.

먼저 우리는 예수님을 우리의 모델로, 또 거룩함의 표본으로 응시해야 한다. 우리는 "자기에게 거역한 일을 참으신 이를"12:3 생각해야 한다. 그분은 "받으신 고난으로 순종함을 배워서"5:8, 과거에나 지금이나 "자기를 세우신 이에게 신실하시기를 … 하나님의 집을 맡은 아들

로서 그와 같이"3:2,6 하셨고, "모든 일에 우리와 똑같이 시험 받으신 이로되"4:15 죄는 없으셨다. 그리고 시험 받아 고난까지 당하셨기에2:18, 어떤 대가를 치르더라도 심지어 목숨을 내어놓는 경우가 있더라도, 죄에 대해서는 단호하게 "No"라고 말해야 한다는 점을 확고하게 보여주셨다. 그분의 행동은 우리가 따라야 할 본보기이다12:4.

비록 이 진리가 중요하기는 하지만 거룩하게 인내심을 유지하며 살아가는 삶에서 가장 중대한 진리는 예수님이 우리의 표준이 된다는 사실이 아니다. 가장 중대한 진리는 오히려 그분이 우리를 떠받쳐주고 우리에게 힘을 공급하여 행동하게 하며, 주권자로서 은혜를 주시는 분2:18 ; 4:16, "믿음의 주요 또 온전하게 하시는 이"12:2가 되신다는 사실이다. 히브리서의 저자가 11장에서 구약성경에 나오는 믿음의 영웅들을 한 사람씩 훑어가며 상세히 보여주었듯이, 그에게 믿음은 깨달음과 신뢰와 소망과, 어떠한 여건에도 불구하고 소망의 끈을 놓지 않는 끈질긴 인내의 합성물이다. 저자는 이 구절을 통해, 우리가 믿고 있고 자비롭게도 우리에게 믿음을 부여해주신 그분께서 우리를 도와주시기 때문에 우리 역시 믿음으로 그렇게 할 수 있다는 점을 시사한다.

하나님께서 "(내가) 결코 너를 떠나지 아니하며 버리지 아니할 것임이라"신 31:6-7 하고 말씀하셨기 때문에 우리도 자신 있게 외친다. "여호와는 내 편이시라 내가 두려워하지 아니하리니 사람이 내게 어찌할까"시 118:6 ; 히 13:5-6. "그러므로 우리는 긍휼하심을 받고 때를 따라 돕는 은혜를 얻기 위하여 은혜의 보좌 앞에 담대히 나아갈 것이니라"히 4:16.

결과를 기다리며 다가가는 확신이 곧 행동하는 믿음이다. 우리를 도와주시는 분은 영화롭게 되신 우리의 주님 예수 그리스도이다. 그분은 말씀과 성령을 통해 우리에게 믿음을 주셨고, 그것을 지속시키시며("믿음의 주요 또 온전하게 하시는 이"라는 표현이 바로 이 뜻이다) 이제는 우리가 안정된 자세로 그분만 의지하며 응시할 수 있도록 도와주신다. 그것은 우리 가슴에서 우러나오는 의식적이며 초점이 맞추어진 기도에 대한 응답이다. 흔히 "도와주세요!"라는 외침이 누구나 할 수 있는 최고의 기도라고 말한다. 이 외침이 우리의 주님 예수님을 향해 울려퍼질 때 가장 효과적인 기도가 되리라. 그리고 히브리서 저자가 언급하듯이 "예수 그리스도는 어제나 오늘이나 영원토록 동일하시니라"히 13:8는 진술은 과거에도 그랬고 오늘날에도 진리로 남아 있다.

이제 그리스도인의 인내와 관련하여 두 가지의 새로운 진리가 분명히 드러났다. 첫째로, 예수님이 우리의 모델이 되신다는 사실은 우리에게 요청되는 확고한 인내가 스토아학파금욕주의에서 주장하는 금욕과 다르다는 점이다. '금욕주의'는 신약성경 당시에 성행했고 헬라 철학의 한 학파였던 스토아철학의 도덕적 이념을 뜻한다. 스토아철학의 이상은 자급자족과 어떠한 어려움에 부딪쳐도 꺾이지 않는 정신이었다. 이들은 슬픔이나 고통, 근심이나 후회 등과 같은 아픈 감정을 느끼는 것이 인간의 품위에 어울리지 않는다고 생각하였다.

이들의 주장에 의하면, 아무리 힘든 상황에서도 자존심을 유지하고 웃으며 견뎌야 했다. 결코 무너지는 모습을 보이면 안 되었다. 내면을 바라보며 이를 악물고 참아야 했고, 인간성이 제공할 수 있는 모든 자원들을 총동원하여 용기를 내야 했으며, 눈물이나 불만, 신음을 비롯한 어떠한 연약한 모습도 절대 보여서는 안 되었다. 고민하는 것은 수치스럽고 비열한 행동이었고, 성장한 사내아이는 절대 울어서는 안 되었다. 그런데 실제로 고통을 느끼지 않은 사람처럼 규칙적으로 생활하다 보면 점차 그러한 타입으로 변하게 마련이다. 스토아학파 사람들에게 이것은 그들이 성취해서 얻는 능력이자 미덕으로 간주되었다.

분명히 이러한 이념에는 일종의 영웅적 행위가 존재한다. 하지만 여기에는 자급자족적이며 자신을 영화롭게 하려는 교만이 숨어 있고, 밀턴의 작품 「실낙원」에 등장하는 사탄의 행위와 같은 병적인 영웅적 모습이 나타난다. 이러한 행위는 완벽한 인간 예수님이 보여주시는 영웅적 행위와는 정반대이다. 그분은 하나님께 순종하고 끝까지 의지했으며, 육체에 계실 때 자신을 죽음에서 능히 구원하실 이에게 심한 통곡과 눈물로 간구와 소원을 올렸고, 경건하심으로 들으심을 얻었다 히 5:7. 예수님은 자신의 기도를 마무리하며 죽음을 피해갈 수 없다는 사실을 깨닫고, 그것을 아버지의 뜻으로 기쁘게 받아들이셨다. 기도를 통해 힘을 얻은 그분은 죽음의 손아귀 속으로 과감하게 들어가 순종이 무엇인지를 배우셨다. "받으신 고난으로"히 5:8 순종과 그 대가를 배우셨다. 그분은 수치와 채찍질을 당했고, 호된 시련이 끝날 때까지 매순간 몹시 괴로워하며 십자가에서 죽으셨다.

그리스도께서 보여주신 거룩한 인내는 교만이 아닌 겸손이며, 도전적인 자기 의존이 아닌 준비된 순종의 표현이다. 또한 황량하고 무정한 세상에서 입을 굳게 다물고 견뎌야만 하는 숙명론이 아니라, 때로는 괴롭고 힘들지만 기꺼이 헌신하는 확고한 복종의 태도이다. 주님에 대해 어떤 시인은 이렇게 노래했다.

> 그리스도께서는 자신이 통과하신 방보다
> 더 어두운 곳으로는 우리를 이끌지 않으신다네.

"때를 따라 돕는 은혜"히 4:16를 주시겠다고 약속하시고 십자가에 달리셨던 주님의 말씀은 영원히 유효하다. 이 얼마나 고마운 일인가!

나의 주관적 관점에서 볼 때 거룩한 인내에서 예수님이 우리의 모델이 되신다는 말은, 인내할 수 있는 힘이 '소망'이란 통로를 통해 우리에게 공급된다는 뜻이다. 소망은 믿음으로 바라는 것이다히 11:1. 히브리서의 저자는 예수님이 최후의 만찬을 가진 다락방에서부터 시작하여 겟세마네 동산과 형식적인 재판 과정, 강등을 당하여 골고다에서 고통을 당하는, 소름이 끼치면서도 영광스러웠던 스물네 시간을 개관한 후 이렇게 선언한다.

"그는 그 앞에 있는 기쁨을 위하여 십자가를 참으사 부끄러움을 개의

치 아니하시더니 하나님 보좌 우편에 앉으셨느니라"히 12:2. (여기서 '앉았다'는 표현은 만물을 실제로 통치하는 분임을 암시한다.)

예수님은 소망을 가지고 이 모든 일들을 견디셨다. 그분은 장차 있을 영광을 확실하고 분명하게 소망하며 십자가를 향해 나아가셨고, 그 고난을 참으셨으며 결국 승리를 쟁취하셨다.

히브리서의 저자가 말한 대로, 우리 역시 소망에 의해 도움을 받아야 한다. 이는 다가올 영광에 대한 확실하면서도 분명한 소망인데, 복음서에 이미 약속되어 있다. 성실하게 인내하는 성도의 삶은 반드시 이 영광에 도달한다. 성경이 이를 보장한다. "우리가 이 소망을 가지고 있는 것은 영혼의 닻 같아서 튼튼하고 견고하여 휘장 안에 들어가나니"히 6:19. 닻을 내린 배가 안전하듯이, 닻을 내린 그리스도인도 안전하다. 우리를 안전하게 지켜줄 수 있고, 또 실제로 그렇게 하는 닻은 그리스도 안에서 우리가 소유한 소망이다.

:: 소망에 의해 힘을 얻는 인내

우리는 현대신학이 매우 강조하는 하나의 진리를 다루게 된다. 하나님은 우리를 무언가를 소망하는 존재로 만드셨다. 그래서 자신의 미래를 생각하며 살아가고 미래를 기대하는 천성을 지니며, 소망하는 좋은 일들을 생각하며 흥분을 느끼고, 미래에 얻게 될 성취감과 기쁨을 생각하며 현재를 살아갈 힘과 용기를 얻는다. 소망할 수 있는 무언가를 가지고 있으면 삶은 언제나 더 풍성해진다. 사람들은 흔히 "생명이 있는 한, 소망이 있다"라고 말한다. 하지만 이보다 더 심오한 진리는, "소망이 있는 한, 생명이 있다"라는 말이다. 왜냐하면 만약 기대할 일이 아무것도 없다면, 살아 있다는 것 자체가 짐이 될 뿐 아니라 더 이상 살 가치도 없기 때문이다.

오늘날 슬픈 현상 중의 하나는 노인 인구의 숫자인데, 불신자인 경우에 기대할 만한 일이 아무것도 없다는 점이다. 그들의 삶은 서서히 꺼져가고, 육체도 갈수록 연약해져 무너진다. 과거에 늘 하던 일도 이제는 할 수 없게 되고 앞으로도 영원히 할 수 없게 되리라. 그들은 자신이 어두운 동굴 속으로 더 깊숙이 들어가고 있다고 느낀다. 주변의 어둠은 더 짙어지고, 빛과 출구도 없으며, 이제 종점에 도달해 있다. 그들은 소망 없는 삶이 따분한 짐이 된다고 느낀다. 마음은 더 비통해지고 자기연민과 향수에 빠진다. 그들이 때때로 다른 사람에게 비참한 존재가 된다면, 그것은 먼저 그들 자신에게 비참한 존재가 되었기 때문이리라. 절망은 인간의 영혼을 황폐하게 한다.

얼마 전, 내가 과거에 졸업한 학교의 교장 선생님을 방문하고 돌아온 사람을 만난 적이 있다. 그 교장 선생님은 매우 뛰어난 학자였는데 당시 91세였다. 그 어르신의 근황을 묻는 나의 질문에 그는 "매우 우울해하셨네. 요즈음 무슨 일을 하고 계시는지를 여쭈자 '그저 죽을 날만을 기다리고 있지'라고 답하셨네" 하고 말하였다. 내가 알기로 그분은 젊은 시절에 그리스도를 영접하지 않고 불교를 받아들였다. 그 결과가 이렇게 나타났다. 소망 없이 살아가는 것은 비극적인 일이고, 그 인생이 아무 쓸모가 없기에 더욱 비극적이다. 하나님은 인간이 결코 소망 없이 살도록 의도하지 않으셨다. 그래서 실제로 그리스도인들에게 가장 숭고한 소망을 주셨다.

신약성경에서는 이 소망을 다양하게 묘사한다. 하지만 기본적인 주장은 이렇다. 바울은 "우리의 소망이신 그리스도 예수의 명령을 따라"딤전 1:1 자신이 사도가 되었다고 선언하며 소망에 대해 언급하고, 골로새서에서는 비밀(그가 전하는 복음의 메시지)의 풍성한 영광을 "너희 안에 계신 그리스도시니 곧 영광의 소망"골 1:27이라고 말하며, 비밀과 소망을 동일시한다. 우리가 지금 믿고 있고 하나로 연합되어 있는 예수 그리스도, 그분 자신이 그리스도인의 소망이 된다. 우리와 그분과의 연합은 마치 힌두교에서 신과의 결합을 이야기할 때처럼 우리의 개인적 특질이 흡수되거나 소멸되는 형태가 아니다. 오히려 배우자들이 느끼는 사랑의 관계이고, 이 관계 속에서 각자 전보다 더 생동감을 느끼며 기뻐한다. 그렇다! 그리스도가 우리의 소망이다. 그리스도인은 그리스도께서 지정해주신, 영원한 기쁨으로 향하는 좁은 길을 따라 여행한다. 이 길에서 그분이 중심이고 핵심이며 영원한 기쁨의 원천이 된다.

베드로는 이것을 '산 소망'으로 묘사하고 소망을 주신 하나님을 찬미하며*벧전 1:3*, "예수 그리스도께서 나타나실 때 너희에게 가져다주실 은혜를 온전히 바랄지어다"*벧전 1:13*라고 권면한다. 이것은 현재 핍박 받고 있는 성도들의 인내심을 길러주고 미래를 고대하게 하며, 현재를 기쁘게 살아갈 수 있도록 도와준다. 바울은 데살로니가 교인들을 칭찬하며 이 핵심을 아주 멋진 말로 표현한다.

> "너희의 믿음의 역사와 사랑의 수고와 우리 주 예수 그리스도에 대한 '소망의 인내'를 우리 하나님 아버지 앞에서 끊임없이 기억함이니"*살전 1:3*.

그리스도인에게서 나오는 이 삼중주의 에너지, 이 삼중의 활기 있는 반응이 그리스도인의 삶에서 반드시 나타나야 한다. 믿음과 사랑과 소망, 그리고 역사와 수고와 인내가 함께 나타나야 한다. (하나님이 짝지어주신 것을 사람이 나누지 못할지니라!) 이것이 그리스도를 닮아가는 삶이고, 전반적인 관점에서 본 거룩함이다.

바울은 "하나님의 뜻은 이것이니 너희의 거룩함이라" 하고 선언한 후에, 데살로니가전서의 끝부분에서 이렇게 기도한다.

> "평강의 하나님이 친히 너희를 온전히 거룩하게 하시고 또 너희의 온 영과 혼과 몸이 우리 주 예수 그리스도께서 강림하실 때 흠 없게 보전되기를 원하노라"*살전 5:23*.

그는 여기서 성도들의 믿음과 사랑과 소망, 그리고 역사와 수고와 인내가 끝까지 지속되기를 간절히 기원한다.

우리는 바울이 사용한 단어들을 통해 분명하게 드러나는 세 진리를 확인한다. 첫째로, 그리스도인이 미래의 소망에 초점을 두고, 이 세상 건너편에 있는 천국을 바라보며, 이것 때문에 어떤 조롱을 당한다 해도 개의치 않고 살아가는 태도는 언제나 정당하다. 둘째로, 그리스도인이 예수님의 재림의 약속(비록 우리가 그날과 그때를 알지 못하지만 확실하게 일어난다)에 소망을 두고, 세상 사람들이 아무리 비웃어도 개의치 않고 살아가는 태도는 언제나 정당하다. 셋째로, 우리는 언제나 재림에 대비하며 살아야 한다. 이 말의 의미는 우리를 성화시키는 하나님의 작업에 적극적으로 협력하며, 우리의 에너지를 다른 곳에 사용하게 만드는 다양한 압력과 설득에 적극적으로 저항해야 한다는 뜻이다.

넓은 의미에서 이러한 모든 내용이 거룩함의 영역에 속한다. 소망과 거룩함은 늘 함께 간다. "사랑하는 자들아 우리가 지금은 하나님의 자녀라 장래에 어떻게 될지는 아직 나타나지 아니하였으나 그가 나타나시면 우리가 그와 같을 줄을 아는 것은 그의 참모습 그대로 볼 것이기 때문이니 주를 향하여 이 소망을 가진 자마다 그의 깨끗하심과 같이 자기를 깨끗하게 하느니라"요일 3:2-3. 거룩함을 추구하지 않는 그리스도인은 소망에 대해 의심을 품는다. 목회자의 입장에서 보면 성도들의 소망을 파악하는 것이, 그들이 보다 나은 삶을 살아가도록 도움을 주는 첫 단계이다. 진실로 소망과 거룩함은 한 쌍을 이루어야 한다.

:: 고난에 대한 현대인의 몰이해

그리스도인의 인내는 우리가 원하는 상황이 아니더라도 사랑스럽고 기쁜 마음으로 묵묵히 참아가며 평화롭게 사는 것을 의미한다. '인내'란 단어가 암시하는 무수한 상황들을 다 아우를 수 있는 포괄적인 단어가 바로 고난이다. '고난'이란 고통을 당하는 자가 느끼게 마련인데, 자신이 원하는 대상을 얻지 못하고 원치 않는 것을 받게 된 상황이라고 정의할 수 있다. 이러한 정의는 온갖 형태의 상실, 피해, 고통, 슬픔, 약점은 물론, 피해 달아나거나 비명을 지르고 싶고 때로는 죽고 싶게 만드는 각종 더러운 것과 병들게 하는 것, 악몽 같은 것에 노출되는 상황을 포함한다. 피해자는 이러한 경험을 통해 배척, 불공평, 실망, 낙담, 좌절을 맛볼 뿐 아니라 다른 사람의 증오, 조롱, 잔인함, 무관심, 분노, 학대의 대상이 된다. 이 세상 사람들은 누구나 정도의 차이가 있을 뿐 어떤 식으로든 어렸을 때부터 고통을 받으며 살게 마련이다. 나는 고통과 거룩함이 어떤 관계에 있는지를 분명하게 살펴보고자 한다.

나처럼 비교적 건강한 몸으로 좋은 친구도 많고 편안하게 살며 우여곡절을 별로 거치지 않은 사람이 '고난'을 말한다고 하면, 얼마나 많은 사람이 믿어줄지 나도 잘 모르겠다. 내가 잘 모르는 분야가 많은데 사실 고통도 여기에 해당한다. 하지만 하나님의 도우심에 의지해 고통과 관련하여 내가 주장하고 싶은 진리는 분명히 있다. 그 고통이 하찮은 불편이든 심각한 고민거리이든 노후 생활이 가져다줄 고통이든 상관이 없다. 그리스도인이라면 고통과 관련하여 누구나 알아야 할 진리가 있다.

우리가 사는 시대는 고난에 대해 무언가를 느끼기에 별로 좋은 시기가 아니다! 이 시대는 과학기술과 관련된 것을 제외한 모든 문제 즉 하나님, 기독교, 미덕, 관계, 죽음 등의 문제에 대해서는 그 실재를 느끼기가 매우 어렵다. 서구 사회에서는 이미 공상 과학기술이 극단에 치우친 감정적 미성숙이나 유치함과 결합하여 죄의 유물인 자기중심적 사고와 자기도취와 자기연민이란 수렁 속으로 우리를 끌어당겼다. 그래서 기독교가 이 세상에 들어온 이래로 그 어떤 세대보다 이 수렁에 깊이 빠져버리고 말았다.

더욱이 이 시대는 지적인 측면에서 탈기독교 시대가 되어 하나님의 위대함이나 거룩함에 대한 관념은 거의 없고 신의 존재에 관한 하찮은 공상만 무성하다. 우리는 하나님을 하늘에 있는 할아버지 정도로 여겨, 인간에게 후한 선물을 베풀고 인간을 기쁘게 해주는 존재 정도로 간주한다. 이러한 사고에서는 인간의 죄를 전혀 고려하지 않기에 우리는 늘 하나님으로부터 최상의 대접만 받고 싶어한다. 그러하기에 습관적으로 평등이나 공평에 대한 개념을 자기 멋대로 해석하여 다른 사람이 받는 만큼 자신도 원하는 것을 받고자 노력한다. 다른 사람이 받지 않는 고통을 자신이 겪을 때는 마치 우주적으로 불공평한 일이 벌어진 것처럼 떠들어댄다. 타인의 유익을 위해 희생하는 정신, 예를 들면 자녀를 위해 희생하는 부모, 배우자를 위해 희생하는 남편 혹은 아내, 종업원이나 주주들을 위해 희생하는 기업가, 마땅히 섬겨야 할 시민을 위해 희생하는 정치 지도자의 모습을 찾기가 매우 어렵다. 사회는 이미 거대한 정글이 되어 너나 할 것 없이 쾌락과 유익과 권력을 좇으며, 자신이 원하는 대상을 얻기 위해서라면 기꺼이 타인을 짓밟는다.

약 30년 전의 그리스도인의 모습과 현재의 모습을 비교하면 오늘날에는 죄의 실재나 만연, 죄책감이나 죄로 인한 수치감을 거의 느끼지 못한다. 정말 충격적인 일이다. 우리는 하나님으로부터 건강, 부, 안락함, 신나는 것, 성적 만족을 받아 누릴 특권을 가지고 있는 듯한 강렬한 환상을 품고 산다. 그리스도인답게 고난 받는 것이 성경에서 말하는 거룩함의 필수 요소이고, 신자들이 반드시 거쳐야 할 정규 코스임을 깨닫지 못한다.

고난에 대해 제대로 알기를 원하는 이 시점에, 나는 이미 이러한 문화적인 역류 속에 묻혀 심한 장애인이 되었다. 이러한 흐름이 내가 숨을 쉬는 공기를 오염시키고 나의 영적 체계에 작용하여 강력한 독을 뿜어낸다. 분명히 이러한 요인으로 나는 생각과 감정을 제대로 통제하지 못하고, 조그마한 불편이나 누군가가 손목을 가볍게 때리는 상황만 발생해도 어린아이처럼 쉽게 분노한다.

:: 고난이 있으리라고 예상해야 한다

성경에서는 소명 받은 그리스도인이라면 누구나 고난을 받아야 한다는 점을 분명히 한다. 나는 물론 그리스도를 믿는 사람 누구나 다 고난을 받게 되어 있다. 나는 이 사실을 나 자신에게 상기시키고 싶다. (삶에 관한 책을 쓰는 저자가 자신이 말한 내용을 실천에 옮기는 데 예외가 되어서는 안 된다!) 그리스도인이라면 누구나 고난 받을 각오를 해야 하고 그것을 가치 있게 여겨야 한다.

하나님은 이 세상의 악한 의도로부터 그리스도인을 지켜주지 않으신다. 세상 사람들이 쾌락과 이익과 권력만을 좇으며 전 생애를 허비한다면, 그리스도인은 하나님을 기쁘시게 함으로써, 또 오로지 이기적인 목적으로 쫓고 쫓기는 경쟁을 하는 세상의 풍조로부터 자신을 분리시킴으로써, 자신의 가치와 기쁨을 찾으며 이 세상을 정죄한다엡 5:8-14 ; 히 11:7. 그러면 세상은 반기독교적인 분노로 보복하며 그리스도인을 괴롭힌다. 예수님은 자기를 믿지 않는 형제들을 향해 이렇게 말씀하셨다. "세상이 너희를 미워하지 아니하되 나를 미워하나니 이는 내가 세상의 일들을 악하다고 증언함이라"요 7:7. 이제 예수님은 자기를 따르는 제자들에게 말씀하신다.

"세상이 너희를 미워하면 너희보다 먼저 나를 미워한 줄을 알라 너희가 세상에 속하였으면 세상이 자기의 것을 사랑할 것이나 너희는 세상에 속한 자가 아니요 도리어 내가 너희를 세상에서 택하였기 때문에 세상이 너희를 미워하느니라"요 15:18-19 ; 벧전 4:4 ; 요일 3:13.

세상이 주는 적대감이 우발적이든 고의적이든, 모욕적이며 냉담하든, 격렬하고 잔인하든, 공적인 핍박으로 표현되든 비공식적인 냉대나 사회적 추방으로 표현되든, 그것은 언제나 다소 분개한 반응으로 표출되게 마련이다. 이는 그 분노의 대상자인 그리스도인들이 그리스도에 대해 더욱 충성심을 보이며, 세상 사람들이 자기만의 공동체를 결속하기 위해 필요하다고 느끼는 관례나 삶의 방식이나 가치관을 거부하기 때문이다. 비록 어떤 경우에는 그리스도인들이 평화스러운 방법으로 거부한다 하더라도, 어쨌든 합류하기를 거절하기는 마찬가지이다.

이와 관련하여 토마스 슈미트는 그의 책 「선하게 살기」Trying to Be Good에서 이렇게 적고 있다.

> 예를 들어 어떤 직장인이 예수님처럼 살기로 결심하였다. 그런데 어느 날, 그의 상관들이 고객을 많이 끌어모으기 위해 자료를 위조하라고 지시하였다. 그 후로 그는 감언으로 권유를 받았고 시달렸으며 마침내 상사로부터 욕을 먹었다. 하지만 그는 거절했다. 묵묵히 인내하며 참았다. 자신의 상관들보다 더 높은 지위에 있는 분께서 알아주실 거라는 확신 가운데 견뎠다. 그러면 그 결과는 어떠했을까? 칭찬을 받았

을까? 상관들이 후회하며 뉘우쳤고 그 사무실에 새로운 도덕적 풍토가 싹텄을까? 그렇지가 않았다. 그는 오히려 '협동심'이 부족하다는 이유로 승진 대상에서 제외되었다.

1-4세기, 그리고 제3세계와 철의 장막 속에서 살았던 그리스도인들은 이데올로기 때문에 발생하는 핍박을 겪었다. 하지만 현대의 그리스도인들은 이러한 핍박을 당하지 않는다. 오히려 슈미트가 묘사한 것과 같은 종류의 핍박을 매일 겪는다. 바울은 우리에게 경고한다. "무릇 그리스도 예수 안에서 경건하게 살고자 하는 자는 박해를 받으리라"딤후 3:12. 이것이 핍박의 한 형태이다.

세속적인 세상만이 그리스도인의 옆구리에 칼을 들이대지는 않는다. 정말로 깜짝 놀랄 만한 일이지만, 교회 안에서도 악의와 오만이 공모하여 그리스도인을 괴롭힌다. 분명히 이웃을 사랑하라고 부르심을 받은 사람들이 동료 신자들에게 이중적인 행동을 하여, 자신과 의견이 일치하지 않는 사람을 사랑의 대상에서 제외시킨다. 이들은 자신이 진리와 지혜를 쟁취하기 위해 주님께서 주도하시는 전투에 참가하여 싸운다고 간주하고, 자신이 판단하기에 진리와 지혜에 속하지 않는다고 여기는 사람을 개인적으로 공격함으로써 진리에 대한 열정을 보여준다고 생각한다. 성경에서 시인은 이렇게 불만을 토로한다. "내가 신뢰하여 내 떡을 나눠 먹던 나의 가까운 친구도 나를 대적하여 그의 발꿈치를 들었나이다"시 41:9. 시편 기자가 느꼈던 감정은 결코 그만의 것이 아니다. 1991년 5월, 나는 다음과 같은 기사를 읽었다.

런던―지난 일요일, 캔터베리의 신임 대주교 조지 캐리가 한 신부로부터 뜻밖의 공격을 받았다. 그 신부는 대주교의 활동을 저지하기 위해 모 신문에 기사를 게재하였다. "주님, 우리를 이 사람으로부터 구해주소서"라는 표제 아래 실린 이 기사는 '썬데이 텔리그랩'The Sunday Telegraph의 사설 맞은편에 인쇄되어 있었다. 보수파 성향의 이 신문은 '익명'의 기사로 처리하였다. 기사 내용에 따르면, 영국 교회는 위기에 처해 있고 따라서 교회는 "대주교가 모든 사람들을 무력화시키기 전에 먼저 그를 무력화시킬 필요가 있다"라고 되어 있다. 55세인 캐리 대주교는 전 세계 7천만 성공회 신도의 모교회인 영국 국교회의 복음주의파에 속해 있다. 그는 교인의 숫자가 계속 감소하는 추세를 막기 위해 앞으로 10년 동안에 걸쳐 복음 운동을 일으켜 교회 부흥을 꾀하겠다고 다짐한 바 있다(시카고 트리뷴 통신사).

성경을 믿고 그리스도를 사랑하며 은사 운동을 강조했던 조지 캐리는 대주교로 취임한 지 4주 만에 대중 앞에서 공격을 당했다. 아마 세속적인 사회에서도 이렇게 잔인하게 공격하지는 않았으리라. 교회 안에서도 이러한 공격은 얼마든지 반복해서 일어난다. 동료 영국 국교도로부터 배반 당한다는 것이 어떠한 것인지를 잘 알고 있었기에, 나는 캐리 박사에 대해 동정심을 느끼면서도 그가 받은 공격 자체에 대해서는 별로 놀라지 않았다. 주님의 종을 공격하면서 주님께 도움을 간청하는 태도는 적어도 가야바에게까지 거슬러 올라가는 아주 흔한 사악한 행위이다. 이러한 행위는 고통을 불러일으키고, 공격을 당하는 사람은 참는 법을 배워야 한다.

하나님은 그분의 자녀들을 개인적인 상처와 문제로부터 지켜주지 않으신다. 청교도들은 흔히 이것을 상실과 십자가라고 불렀다. (하나님께서 지켜주시기는커녕) 오히려 그와 정반대이다! 죄가 이 세상에 들어와 타락하게 하고 모든 것을 어긋나게 하였다. 구세주인 예수님도 어려움을 겪으셨다. 자기를 이해하지 못하는 가족들, 적대적인 집권자들, 자기를 실망시킨 제자들이 그분의 마음을 아프게 했다. 이제 그분을 따름으로써 구속함을 받은 우리 역시 그분과 같은 처지이다.

그리스도인도 예수님과 마찬가지로 배신과 희생을 당하고, 세상 사람과 마찬가지로 사기를 당하고 파산한다. 여느 가정과 마찬가지로 가족 구성원 간에 문제가 생긴다. 식구들이 모두 건강한 것처럼 보였는데 어느 날 갑자기 누군가 암에 걸리고, 교도소에 수감되기도 하며, 영원히 고통스럽게 남에게 의지해 살아가야 하는 처지가 되기도 한다. 아이를 가져서는 안 될 사람이 임신하고 에이즈에 감염되며, 자녀가 먼저 세상을 떠나고 배우자가 집을 나가는 경우도 있다. 이러한 사례들은 우리에게 일어나는 일들의 극히 일부분이다. 때로는 천장이 무너지는 듯한 느낌을 받기도 하고, 완전히 망하여 이 세상에 홀로 있는 것 같은 느낌을 받아 잿더미 속에 앉아 있는 욥의 심정을 헤아려

보기도 한다. (그러한 때 그리스도인도 욥과 마찬가지로 홀로 잘난 체 한다는 비난을 감수해야 하는데, 이것이 사람을 더욱 고통스럽게 한다.)

우리 삶 속에서 발생하는 크고 작은 문제들은 마음과 정신이 온전치 못해서 생기는 경우도 있다. 그리스도인들 중에는 성인 시절 내내 강렬한 동성애적 욕구와 전투를 하며 살아가는 사람들이 있다. 이들은 동성애 관계를 갖는 것이 나쁘다는 사실을 알지만 이러한 충동은 계속 그들을 괴롭힌다. 흔히 세 가지의 대단한 거짓말이 있는데, 첫째는 자기만족이 인생의 진정한 목표라고 말하는 것이고, 둘째는 자신의 강한 욕구를 꺾어버리는 것이 아주 나쁘다고 말하는 것이며, 셋째는 자신이 편안한 마음으로 하는 행동은 무엇이든지 괜찮다고 말하는 것이다. 그리스도인 동성애자들은 이러한 거짓말을 수용하지 않기에, 이런 거짓말을 거침없이 받아들이는 다른 동성애자들로부터 따돌림을 당하고, 이로 인해 영원히 고통을 받는다.

이와 마찬가지로 다른 사람들이 일반적으로 갖고 있지 않은 강박적인 충동(예를 들면, 학대 음란증이나 좀도둑질 성향)을 느끼는 사람들도 끊임없이 몸부림치며 괴로워한다. 하지만 성경에서는 바르게 사는 것이 결코 쉽다고 가르치지 않는다. 천국에서는 쉽겠지만 이 세상에서는 절대 그렇지 않다. 지상의 삶은 근본적으로 죄로 인해 질서가 무너졌고 왜곡되었다. 죄인을 사랑하여 구원해주신 하나님께서는 우리 대부분의 삶을 그냥 이런 식으로 진행되게 하신다. 그러하기에 과

거의 삶이 그랬듯이, 미래에도 긴장과 고통과 실망과 상처와 온갖 종류의 좌절이 닥쳐오게 마련이다. 따라서 고통이 오리라 예상하고 만반의 준비를 갖추어야 한다. 성경에서 예언하듯이, 그리스도인의 삶에서 기쁨은 언제나 불쾌한 경험에 의해 중단된다. 이 진리는 우리가 죽는 순간까지 그대로 적용된다.

:: 고난을 가치 있게 여겨야 한다

고난을 가치 있게 여겨야 한다는 말이 이상한가? 물론 세상 사람들은 고난을 가치 있게 여기지도 않고 그럴 만한 이유도 없다. 하지만 그리스도인은 입장이 다르다. 이는 성경이 하나님께서 우리가 당하는 고난을 성화시켜 유익한 결과를 만들어 내신다고 선언하기 때문이다. 그렇다고 금욕주의자처럼 자만심에 빠져 고통과 번민을 못 느끼는 것처럼 행세해서는 안 된다. 고난을 참아내는 방법을 연구하려고 온종일 거기에만 매달려서도 안 된다. 이러한 행위는 사악한 자기도취에 해당한다. 이보다 더 중요한 무언가가 있다. 우리는 고난을 과감하게 헤쳐 나가야 한다. 고난을 즐기면서가 아니라(고난은 결코 즐거운 일이 못 된다) 고난이 우리를 압도하지 못하도록 하나님께서 지켜주시고, 고난을 사용하셔서 그분만의 초자연적인 비법으로 적어도 다음과 같은 세 유익을 거두게 하신다는 확신 가운데 견뎌야 한다.

고난은 인격을 낳는다

하나님은 우리의 상처를 사용하여 우리가 도덕적으로 변화되게 하셔서 그리스도의 모습을 닮게 하신다. 바울은 이렇게 기록한다. "다만 이뿐 아니라 우리가 환난 중에도 즐거워하나니 이는 환난은 인내를, 인내는 연단인격 NIV을, 연단은 소망을 이루는 줄 앎이로다"롬 5:3-4 ; 약 1:2-4. 어떻게 이런 일이 가능한지는 히브리서 12장 5-11절에 언급되어 있다. 히브리서의 저자는 자신의 편지를 읽는 독자들에게 오직 예수님께 시선을 고정시키고 믿음의 경주를 하며 죄에 빠지지 말라고 촉구한다. 그들이 당하는 고통과 슬픔이 바로 하나님께서 의도하신 도덕적 훈련이라고 전제한 후, 이 훈련은 야만적인 무관심이 아니라 그들을 연단하여 거룩한 형상으로 만들려는 그분의 뜻에 기인한다고 선포한다.

> "너희가 참음은 징계를 받기 위함이라 하나님이 아들과 같이 너희를 대우하시나니 어찌 아버지가 징계하지 않는 아들이 있으리요 … 그들은 잠시 자기의 뜻대로 우리를 징계하였거니와 오직 하나님은 우리의 유익을 위하여 그의 거룩하심에 참여하게 하시느니라 무릇 징계가 당시에는 즐거워 보이지 않고 슬퍼 보이나 후에 그로 말미암아 연단 받은 자들은 의와 평강의 열매를 맺느니라"히 12:7,10-11.

흉터는 거룩함과 맞물려 있다. 고통은 교육적인 효과를 거둔다. 교육적인 효과를 지닌 고통이 있다는 말인가? 얼마나 잔인하게 들리는가! 하지만 이 말은 얼마나 분명하게 요점을 잘 표현하는가! "어찌 아버지가 징계하지 않는 아들이 있으리요?" 자녀를 사랑하는 부모는 자녀가 어렸을 때 일부러 시간을 내어 징계하고, 후에 자녀가 성장하면 이들을 자랑스럽게 여긴다. 그렇다면 징계를 안 할 경우에는 어떻게 되는가? "징계는 다 받는 것이거늘 너희에게 없으면 사생자요 친아들이 아니니라"히 12:8. 진실을 말하면 하나님의 징계로 인해 생기는 거룩함이 없으면 아무도 주를 보지 못한다히 12:14. 만약 우리가 이 세상에 사는 동안 하나님께서 수고하여 우리를 의로 훈련시키신다면, 그 말은 그분께서 우리를 훈련시켜 하나님 우편에 계신 주님과 영원한 기쁨을 함께 나눌 수 있도록 지금 준비시키고 계신다는 뜻이 된다. 하늘에 계신 거룩하신 아버지는 이런 식으로 우리의 유익을 도모하신다.

하나님의 교육은 두 측면을 지닌다. 첫 번째 측면은, 18세기의 위대한 설교자였던 조지 휫필드의 표현에서 잘 드러나는데, 그는 자비로우신 주님께서 우리가 사용하는 침대에 많은 가시들을 놓아둠으로써, 우리가 겟세마네 동산의 제자들이 그랬던 것처럼 깨어 기도해야 할 시간에 졸지 않게 하신다고 언급하였다. 몸이 편하지 못하면 육체적으로 깨어 있듯이, 상황이 편하지 못하거나 느긋하지 못하면 영적으로 깨어 있게 마련이다.

두 번째 측면은, 예수님께서 자기를 따르는 무리에게 "나를 따라오려거든 자기를 부인하고 날마다 제 십자가를 지고 나를 따를 것이니라"눅 9:23 ; 14:27고 하신 말씀에서 잘 드러난다. 예수님 당시에 자기의 십자가를 지고 갔던 사람은 로마인이 아니거나 노예의 신분으로 사형 언도를 받은 범법자뿐이었다. 이들은 자신이 처형을 당할 장소까지 십자가를 지고 가야 했다. 당시 로마 사회는 이들의 모든 권한을 박탈하고 사형을 언도하였으며, 이제 곧 닥칠 끔찍한 고통에 대해 그 누구도 동정의 눈길을 주지 않았다. (기억하라! 십자가 처형은 인간이 고안한 처형 방법 중 가장 잔인한 방식이었다.) 예수님은 삶을 마감할 즈음에 이 차원까지 자신을 낮추셨다. 그분께서는 이미 자기에게로 쏠리는 군중의 부정적인 반응을 통해 도덕적인 측면에서 십자가를 지는 것과 같은 고통을 느끼고 계셨다. 그러하기에 예수님을 따르는 자들도 자신이 속한 사회에서 추방당하는 것과 같은 상황을 명확히 깨닫고 기쁜 마음으로 받아들일 수 있어야 한다. 왜냐하면 예수님을 따르는 자가 받을 수 있는 대접은 그게 전부이기 때문이다.

자기를 부인한다는 말의 진정한 의미가 바로 이것이다. 단지 개인적인 자유의 일부를 제지당하는 정도가 아니라 인간이 본래 타고난 모든 욕구를 전적으로 포기하는 것이다. 누군가로부터 인정 받고 싶고 높은 지위를 갖고 싶으며 존경 받고 싶어하는 일체의 욕구를 버려야 한다. 이 세상에서 쓸모없고 무가치한 존재로 취급되어 배척당하고, 심지어 권리 일체를 박탈당할 준비가 되어 있어야 한다. 다음에 인용하는 슈미트의 글 Trying to Be Good은 이 점을 잘 보여준다.

사도 베드로는 자신이 보낸 첫 번째 편지에서 이렇게 적는다. "그러나 선을 행함으로 고난을 받고 참으면 이는 하나님 앞에 아름다우니라" 벧전 2:20. 그는 다음 구절을 "이를 위하여 너희가 부르심을 받았으니"라고 시작하며 예수님의 본을 소개한다. 고난을 통해 무언가를 다시 세우고 무언가를 교육한다는 관점이 믿음으로 행하는 삶의 핵심이다. 바울도 이러한 관점을 보여준다. 그는 로마서 8장 17절에서 고난을 영원한 기업을 얻는 조건으로 제시하며, 신자들을 '그리스도와 함께한 상속자'로 칭하고 "우리가 그와 함께 영광을 받기 위하여 고난도 함께 받아야" 한다고 지적한다. 또한 빌립보서 1장 29절에서 이렇게 주장한다. "그리스도를 위하여 너희에게 은혜를 주신 것은 다만 그를 믿을 뿐 아니라 또한 그를 위하여 고난도 받게 하려 하심이라."

고난은 일종의 소명이다. 그것은 우리가 원하지 않는 것을 받게 하고 우리가 갖지 못한 것을 더욱 원하게 함으로써, 우리를 더 깊은 성결의 삶으로 끌어당겨 그리스도를 닮게 하고, 결국 그리스도와 함께하는 영광을 누릴 수 있도록 준비시킨다.

로마서 5장 4절에 나오는 표현 중 「새국제성경」NIV을 비롯한 일부 영어성경에서 '인격'개역개정판에서는 '연단'으로 번역됨-역주으로 번역하는 이 단어는 헬라어로 '입증하였음을 증명하는' 복합적인 의미를 드러내는데, 이해관계자인 하나님에 의해 인정 받고 승인되었음을 뜻한다. 인격이 소망(그리스도와 함께하는 기쁨과 영광이 자신의 궁극적인 기업이 된다는 확신)을 이루는 이유는, 인내하는 사람이 시종일관 잘 견뎌 스스로 신임투표를 성공적으로 끝냈기 때문이 아니다. 오히려 그들이 섬기는 하나님이 그들에게 능력을 공급하고 마음속에 깨달음을 주셔서, 그분 자신이 부과하신 테스트를 이미 통과하였다는 확신을 주시기 때문이다. 신자들이 환난을 당하는 가운데서도 하나님께 충성하며 인내하였다는 것이 하나님께서 그들에게 주신 선물이 되고, 그것으로 신자들은 더욱 강한 성도가 된다. 따라서 주님을 위해 역경을 통과한 그리스도인은 이미 검증 과정을 마친 셈이다.

바울은 인격이 소망을 이룬다고 주장한다. 이제 앞으로 다가올 영광스러운 삶에 대한 우리의 감각은 예민해졌고, 그것에 대한 갈망은 더욱 강화되었다. 이는 하나님께서 현재 승인해주었다는 사실을 깨닫는 데서 오는 자연 발생적인 부산물이기도 하고, 우리가 겪은 고통이 실제적으로 능력을 확장시켜 앞으로 다가올 최종적인 영광을 더욱 즐길 수 있게 되었다는 사실을 알게 되기 때문이기도 하다. 바울은 고린도후서 4장 17-18절에서 이 점을 명확하게 설명한다. 그는 자신이 겪은 일련의 생사를 넘나드는 체험을 바탕으로고후 1:8-10, 풍자 형태가 아니라 자신이 겪었던 환난을 되돌아보고 평가하며 솔직하게 고백한다. "우리가 잠시 받는 환난의 경한 것이 지극히 크고 영원한 영광의 중한 것을 우리에게 이루게 함이니 우리가 주목하는 것은 보이는 것이 아니요 보이지 않는 것이니 보이는 것은 잠깐이요 보이지 않는 것은 영원함이라." 물론 바울이 말하고자 하는 바는, 일을 하고 삯을 받듯이 혹은 우리가 고난을 통해 영광을 얻었다거나, 끌이나 정을 사용해 조각품을 완성하듯이 고난을 통해 영광을 창조하였다는 의미가 아니다. 단지 자신이 고난을 통해 앞으로 다가올 영광을 더욱 즐길 수 있는 사람으로 변했다는 점을 암시하고 싶을 뿐이다. 마치 중병과 심한 고통으로 괴로움을 겪었던 사람이 새롭게 되찾은 육체적 건강을 한껏 즐길 수 있게 되듯이 말이다.

로마서 8장에서도 이와 유사한 평가와 간증이 이어진다.

> "생각하건대 현재의 고난은 장차 우리에게 나타날 영광과 비교할 수 없도다 … 그뿐 아니라 또한 우리 곧 성령의 처음 익은 열매를 받은 우리까지도 속으로 탄식하여 양자 될 것 곧 우리 몸의 속량을 기다리느니라 … 만일 우리가 보지 못하는 것을 바라면 참음으로 기다릴지니라" 8:18,23,25.

'고난'이라는 정제하는 불을 통해 얻는 인격은 그리스도를 닮아가고, 그 인격에는 반드시 심오한 열정이 있어서 기쁨에 넘치는 소망과 희망에 찬 기쁨이 흐르게 마련이다.

그리스도와 바울에게서 그렇게 강렬하게 나타났던 열정은 모세에게도 있었다. "믿음으로 모세는 장성하여 바로의 공주의 아들이라 칭함 받기를 거절하고 도리어 하나님의 백성과 함께 고난 받기를 잠시 죄악의 낙을 누리는 것보다 더 좋아하고 그리스도를 위하여 받는 수

모를 애굽의 모든 보화보다 더 큰 재물로 여겼으니 이는 상 주심을 바라봄이라"히 11:24-26. 소망을 가지고 살아가는 데 모세의 본을 따르도록 하자. 그리고 바울을 본받아 우리에게 결여된 요소를 더욱 간절히 사모하며, 그 갈급함으로 우리의 소망이 더 찬란한 빛을 발하게 하자. 그리스도인이 성령님의 능력을 힘입어 역경을 참아낼 때 그들이 품고 있는 소망은 더욱 찬란한 빛을 발하는데 이는 당연한 결과이다.

고난은 하나님을 영화롭게 한다

하나님은 우리의 고난을 거룩하게 하셔서 다음과 같은 두 방법으로 영광을 받으신다. 그 방법은 성경에 사용된 '영광'이란 단어와 '하나님을 영화롭게 하다'라는 구절이 지닌 이중적 의미에서 기인한다.

첫째로, '영광'이란 단어는 하나님께서 피조물에게 자기의 완전하신 모습, 즉 지혜와 능력과 공평과 사랑을 자랑스럽게 보여주시는 행위를 의미하는데, 각 요소들은 단독으로 또는 다른 요소와 결합하여 그분을 찬양할 만한 존재로 만든다. 그분은 '영광을 받으신다.' 특히 말과 행위를 통해 그분이 지니신 능력을, 이성을 지닌 피조물에게 나타내 보이실 때 영광을 받으신다. 둘째로, '영광'이란 단어는 '찬양'이란 의미도 지닌다. 이는 하나님께서 보여주시는 놀라우신 능력에 힘입어 우리가 그분께 감사하고 신뢰하며, 경배하고 복종하며 헌신하는 온갖 행위를 일컫는다. 우리가 이렇게 응답하며 그분을 찬양할 때 그분은 영광을 받으신다.

에베소서 1장 3절에서 바울은 'bless'란 단어가 지니는 이중적인 의미를 잘 살리고 있다. "찬송하리로다blessed be the God 하나님 곧 우리 주 예수 그리스도의 아버지께서 그리스도 안에서 하늘에 속한 모든 신령한 '복을 우리에게 주시되'has blessed us". 우리가 찬미하는 말을 통해 하나님은 찬양을 받으시고, 그분은 능력의 말씀으로써 우리에게 복을 주신다. 만약 바울이 위에 인용한 구절을 이렇게 표현했다면 'bless'가 지닌 이중적인 의미는 나타나지 않았으리라. "하나님께 '영광을 돌려라'give glory. 이는 그분께서 그리스도 안에서 우리에게 주신 복을 통해 자기의 영광을 '보여주셨기' 때문이다."

연약하고 비통한 처지를 그리스도인답게 잘 극복하면 이중적인 의미에서 하나님을 영화롭게 한다.

첫 번째 측면으로, 하나님은 영광스러운 능력을 그리스도를 통해 우리에게 보여주심으로써 우리를 지탱하도록 해주신다. 따라서 우리를 압도할 것처럼 보이는 외부의 압력들이 우리를 침몰시키지 못한다. 바울은 자신을 비롯한 동료들이 겪었던 일을 회상하며 부인할 수 없는 사실을 찬양한다. "우리가 사방으로 욱여쌈을 당하여도 싸이지 아니하며 답답한 일을 당하여도 낙심하지 아니하며 박해를 받아도 버린 바 되지 아니하며 거꾸러뜨림을 당하여도 망하지 아니하고 … 무명한 자 같으나 유명한 자요 죽은 자 같으나 보라 우리가 살아 있고 징계 받는 자 같으나 죽임을 당하지 아니하고 근심하는 자 같으나 항상 기뻐하고"고후 4:8-9 ; 6:9-10.

계속된 억압 속에서 하나님께서 역사하시는 목적은, 그리스도를 살리시고 신자들을 능력 있게 하시는 하나님의 초자연적인 능력을 모든 사람들에게 분명히 보여주기 위함이고, 그 능력으로 성도들이 견뎌낼 수 없을 것 같은 상황도 능히 견뎌낸다고 설명한다. 백열전구를 만드는 영국의 한 회사가 다음과 같은 슬로건을 내걸고 오랫동안 상품을 선전한 적이 있다. "다른 전구의 불은 다 꺼져도 우리 회사의 전구는 결코 꺼지지 않습니다." 사도 바울은 이렇게 주장한다. "이제 하나님께서는 만약 그리스도인이 아니었다면 실패할 수밖에 없는 상황에서, 그리스도인을 붙잡아 주심으로써 성도들을 통해 그분 자신이 영광을 받으신다!"

고난을 당하는 성도들을 통해 스스로 영광을 받으시는 하나님에 대해 바울은 이렇게 적는다.

> "우리가 이 보배(그리스도의 형상으로 나타난 하나님의 영광에 대한 지식)를 질그릇에 가졌으니 이는 심히 큰 능력은 하나님께 있고 우리에게 있지 아니함을 알게 하려 함이라 … 우리가 항상 예수의 죽음을 몸에 짊어짐은 예수의 생명이 또한 우리 몸에 나타나게 하려 함이라 우리 살아 있는 자가 항상 예수를 위하여 죽음에 넘겨짐은 예수의 생명이 또한 우리 죽을 육체에 나타나게 하려 함이라 그런즉 사망은 우리 안에서 역사하고 생명은 너희 안에서 역사하느니라"고후 4:7,10-12.

이와 마찬가지로 그는 자신의 몸에 있는 불가사의한 '육체의 가시'에 대해 이렇게 말한다. "나에게 이르시기를 내 은혜가 네게 족하도다 이는 내 능력이 약한 데서 온전하여짐이라 하신지라 그러므로 도리어 크게 기뻐함으로 나의 여러 약한 것들에 대하여 자랑하리니 이는 그리스도의 능력이 내게 머물게 하려 함이라 그러므로 내가 그리스도를 위하여 약한 것들과 능욕과 궁핍과 박해와 곤고를 기뻐하노니 이는 내가 약한 그때 강함이라"고후 12:9-10. 하나님의 종에게 인간의 타고난 능력이 더 이상 힘을 공급하지 못할 때, 그때부터 초자연적 능력이 힘을 발휘한다.

신앙생활에서 이러한 경험은 특별한 사람의 전유물이 아니다. 오히려 하나님의 백성 모두에게 주어진 약속이다. 바울은 고린도 교회에 보낸 편지에서 이 내용을 암시한다. "사람이 감당할 시험 밖에는 너희가 당한 것이 없나니 오직 하나님은 미쁘사 너희가 감당하지 못할 시험 당함을 허락하지 아니하시고 시험 당할 즈음에 또한 피할 길을 내사 너희로 능히 감당하게 하시느니라"고전 10:13. 시험은 결정을 내려야 할 장소요 시기인데 사탄은 이때를 이용해 우리를 끌어내려 패배시키려 하고, 하나님은 우리로 하여금 극복하게 하여 우리를 세우려 하신다.

시험을 당할 때 우리는 고통, 슬픔, 자기혐오, 실망, 두려움, 내적 고갈 상태를 종종 경험하는데, 이러한 감정들은 차분하게 보이는 우리 마음을 뒤흔든다. 그 결과 우리가 직면하고 경험하는 이 시험이 다른 사람이 겪었던 것보다 더 심하다고 느낀다. 하지만 절대 그렇지 않다. 성경에서 말하듯이, 우리가 언제든지 요청하기만 하면 "때를 따라 돕는 은혜"히 4:16가 우리에게 주어진다. 우리를 억누르고 있는 짐이 무엇이든지 하나님은 우리를 도우셔서 무너지지 않게 하신다. 신실하신 하나님께서 그리스도 안에 있는 자들에게 초자연적 능력을 베푸시기 때문에 신자들은 역경을 참아내고 시험을 이겨내며 계속 전진하고, 하나님은 그들을 통해 놀랍게 영광을 받으신다.

하나님께서 영광을 받으시는 두 번째 측면은, 시편(대표적으로 시편 4-7, 22, 34, 38, 40-43편에 잘 나타나 있다.)에 나타나고 바울과 실라가 부른 찬송에서도 드러난다. 이들은 빌립보에서 복음을 전하다가 붙잡혀 채찍질을 당한 후에 감방에 갇혀 하나님을 찬송하였다행 16:23-25. 억압을 당할 때 그리스도인이 보일 수 있는 적절한 반응은 기도와 찬양이다. 적대 세력이 강할수록 찬양도 더 강해야 한다. 우리는 간구뿐 아니라 찬양을 통해서도 하나님의 도우심을 받는다. 고요한 때뿐 아니라 깊은 수렁에서, 불과 같은 시련 가운데서 간구하며 하나님을 찬양할 때, 그분을 직접적으로 높이며 영화롭게 한다. 찬양은 우리의 공급자이신 하나님께 영광을 돌리며 우리에게 견딜 수 있는 힘을 제공한다. (이제 널리 알려진 찬송가가 된) 리처드 백스터의 시는 이 점을 적절하게 표현한다. 시인은 성도들에게 다음과 같이 권면한다.

이 땅에서 힘들게 살아가는 성도들아
하늘에 계신 너희의 왕을 경배하라.
그리고 계속 전진하며
기쁜 노래로 찬양하라.
그분이 주시는 것을 받고
변함없이 찬미하라.
기쁜 일, 슬픈 일이 닥쳐와도
살아 있을 때 찬양하라!
내 영혼아, 네 몫을 감당하라.
위에 계신 하나님을 기뻐하라.
그리고 마음을 잘 조율하여
사랑의 노래를 부르라!
사는 날 동안
생명이 다하는 순간까지
그분께서 무엇을 주시든
오직 찬양으로 화답하라!

백스터는 대부분의 영국의 청교도들과 마찬가지로 상당한 기간 동안 고난을 받았다. 조악한 주택, 안 좋은 건강, 지역사회의 적대감, 사회로부터의 배척, 정치적·교회적·경제적 혼란 등 실제적인 핍박이 그를 괴롭혔다. 그러나 당시의 청교도들은 그리스도인이 소위 말하는 매력 있는 사람으로 부름을 받지 않았다는 사실을 이해하고 있었다(오늘날 많은 신자들은 이 사실을 깨닫지 못한다). 오히려 하나님의 사자가 되어 그분께 충성하며 세상 사람들과는 다른 동기와 목적과 가치관을 가지고 생활하여, 반문화 운동에 앞장서야 한다고 알고 있었다. 만약 그리스도인이 이런 식으로 행동하면, 세상 사람들은 이상하다고 판단하여 재판이 필요하다고 여기며 곧 패거리를 지어 어떤 형태로든 공격하게 될 것이다. 청교도들은 이러한 고난을 감수하였고 그리스도인의 신앙을 끝까지 잘 지켰다.

종교개혁 이후에 살았던 모든 신교도들 중에서 영국의 청교도들이 더 힘든 삶을 살았던 것처럼 보인다. 하지만 백스터가 시편 34편 1절에 나타난 다윗처럼, 언제나 주님을 찬양하며 이러한 훈련(오늘날 우리도 마찬가지지만 청교도들에게 이러한 훈련은 기쁨이기도 하였다.)을 통해 끊임없이 하나님을 영화롭게 한 유일한 청교도는 아니었다. 그는 찬양하는 생활을 통해 힘을 얻어 하나님을 더욱 잘 섬길 수 있었다.

고난은 수확의 법칙을 충족시킨다

수확의 법칙이란 이렇다. "어떤 영역에서 축복을 받으려거든 먼저 다른 영역에서 고난이란 대가를 치르라." 성경에서는 이렇게 설명하지 않는다. 하지만 예수님께서는 자신의 사역과 관련하여 다음과 같이 선언하심으로써 이 법칙을 기정사실화하였다. "내가 진실로 진실로 너희에게 이르노니 한 알의 밀이 땅에 떨어져 죽지 아니하면 한 알 그대로 있고 죽으면 많은 열매를 맺느니라"요 12:24. 예수님의 경우에 많은 열매란 그분의 십자가를 통해 새 생명을 얻게 될 수많은 신자들을 가리킨다. 예수님은 자신을 따르려면 기꺼이 목숨을 버려야 한다고 말씀하신25절 후에 이렇게 명령하신다. "사람이 나를 섬기려면 나를 따르라"26절. 이 말씀 속에는 예수님 자신이 수확의 법칙에 따라 밀알이 되어 땅에 떨어져 열매를 맺었듯이, 그리스도인도 마땅히 이 법칙을 따라야 한다는 관점이 내포되어 있다. 우리가 경험하는 각종 고통, 슬픔, 좌절, 실망, 타인으로부터 받는 상처는 일종의 '작은 죽음'이다. 이 세상에서 우리가 주님을 섬길 때 이처럼 죽어야 하는 경우가 흔히 발생한다. 그러나 우리를 부르신 하나님은 우리가 인내하기를 원하신다. 이는 그분께서 우리의 인내를 성화시키셔서 다른 사람의 삶 속에서 열매 맺히게 하시기 때문이다.

바울도 이 원칙을 깨닫고 있었는데, 그가 자신의 사역과 관련하여 한 말에서 분명히 드러난다. "나는 이제 너희를 위하여 받는 괴로움을 기뻐하고 그리스도의 남은 고난을 그의 몸된 교회를 위하여 내 육체에 채우노라"골 1:24. 내가 생각하기에 이러한 고난이 효과 면에서 우리를 달래기보다 오히려 교훈을 준다는 점에서는 이견이 없을 줄 안다. 바울은 자기가 당하는 고난과(그는 감옥에서 편지를 쓰고 있다) 하나님의 교회가 세워짐으로써 그리스도의 일이 촉진되는 것 사이에 관련이 있음을 확신한다. 같은 옥중서신인 에베소서에서 바울은 자신을

"그리스도 예수의 일로 너희 이방인을 위하여 갇힌 자 된 나 바울"3:1이라 칭한다. 고린도 교회에 보낸 편지에서는 "그런즉 사망은 우리 안에서 역사하고 생명은 너희 안에서 역사하느니라"고후 4:12고 기록하며, 디모데에게 보낸 편지에서는 이렇게 적는다. "그러므로 내가 택함 받은 자들을 위하여 모든 것을 참음은 그들도 그리스도 예수 안에 있는 구원을 영원한 영광과 함께 받게 하려 함이라"딤후 2:10. 각 구절들을 보면, 비록 그 성격이 어떤 것인지를 우리가 명확히 규명하기는 어렵지만 바울이 당하는 고난과 다른 사람이 받는 축복 사이에 밀접한 관련이 있음을 알 수 있다.

우리가 두들겨 맞아 작게 부서짐으로써, 작게 나누어진 각 조각들이 굶주린 영혼에게 식량이 된다. 특히 감정이입의 상태에서 통찰력이나 지혜를 활용해 남을 돕는 경우에는 타인에게 좋은 양식이 된다. 다른 사람을 도와줄 때 이렇게 충고하면 매우 좋은 효과를 거둔다. "나도 네 심정을 알아. 나도 내내 거기에 있었거든. 그런데 거기에서 하나님께서 나를 만나주시고 교훈을 주시며 계속 지켜주셨어. 내 이야기를 잘 들어봐." 예수님께서 언젠가 날 때부터 시각 장애인 된 사람을 보고 그가 그렇게 된 원인이 누군가의 죄 때문이 아니라 그를 치유함으로써 하나님이 하시는 일을 나타내고자 하심이라고 말씀하신 적이 있다요 9:1-3. 마찬가지로 "왜 하필이면, 나에게 이런 일이 일어났나요?"라는 질문에 대한 가장 정확한 답변은 아마 다음과 같으리라. "그 일은 당신이 어제 저지른 잘못에 대한 징벌이나 교정이 아니오. 과거와는 무관한 일이오. 오직 하나님께서 내일 당신을 통해 하시려는 일과, 당신이 어떻게 준비하느냐 하는 문제와 관련된 것이오."

현재 당신에게 피해를 주는 힘들고 쓰라린 경험, 예를 들면 사랑하는 사람이 세상을 떠나는 것과 같은 사건은 당신을 조정하여 하나님의 생명을 누군가에게 전달하는 통로로 삼으시려는 하나님의 계획 중 일부이다. 그렇기 때문에 이 세상에 사는 동안 어떤 형태로든 심한 고난이 반드시 닥쳐오리라고 예상해야 한다. 예수님께서 이렇게 선언하지 않으셨는가! "무릇 내게 붙어 있어 열매를 맺지 아니하는 가지는 아버지께서 그것을 제거해 버리시고 무릇 열매를 맺는 가지는 더 열매를 맺게 하려 하여 그것을 깨끗하게 하시느니라"요 15:2. 수확의 법칙은 이렇게 작용한다.

이사야서 50장 4-9절에서는 이 법칙이 더욱 심화되어 나타난다. 이 구절은 종의 노래 중 하나인데, 예수님이 당할 고난과 영광을 예언적으로 보여준다. 이 노래는 일차적으로 이사야의 증언으로 시작된다. "주 여호와께서 학자들의 혀를 내게 주사 나로 곤고한 자를 말로 어떻게 도와줄 줄을 알게 하시고." 그리고 다음과 같이 이어진다. "나를 때리는 자들에게 내 등을 맡기며 나의 수염을 뽑는 자들에게 나의 뺨을 맡기며 모욕과 침 뱉음을 당하여도 내 얼굴을 가리지 아니하였느니라 주 여호와께서 나를 도우시므로." 이 구절이 함축하는 바에 따르면, 곤고한 자를 위로해줄 수 있는 말은 오직 다른 사람의 증오와 만행을 직접 겪어본 자만이 할 수 있다. 이사야 선지자는 4절과

6절의 두 내용을 나란히 놓고 있는데, 이는 이 둘이 한 묶음을 이루기 때문이다.

예수님의 경험을 살펴보면, 사역을 하며 고난을 당하는 것이 어떤 열매를 맺게 하는지를 보다 분명히 깨닫게 된다. 그분은 모든 일에 우리와 똑같이 시험 받으신 이로되 죄는 없으시다히 4:15. 그 결과 시험 받는 자들을 능히 도우실 수 있다히 2:18. 그분은 인류의 두 번째 통치자로서 성부 하나님께 완전히 복종하셨을 뿐 아니라, 시험을 당하시며 중압감을 견디셨기에(공생애 첫 부분에 광야에서 보낸 40일과, 끝부분에 겟세마네 동산에서 보낸 시간을 생각해보라) 인간의 고통을 체험한 사람으로서 괴로워하는 영혼들을 도우실 수 있게 되었다. 우리의 주인이신 그분께서 이 과정을 밟으셨기에, 그분의 종인 우리가 그분의 길을 따라가는 것은 그리 놀랄 만한 일이 못 된다.

구세군의 창설자 윌리엄 부스가 어느 해엔가 구세군의 모든 신도들에게 그 해의 표어로 '다른 사람들'Others이란 단어를 제시했던 적이 있다. 이보다 더 참된 그리스도인의 이미지와 그리스도를 닮아가는 모습을 잘 보여줄 수 있을까? 그러나 타인의 유익을 추구하기 위해 그곳에 있어줌으로써 주님을 섬기고 그들이 도움을 필요로 할 때 도와주려면, 우리가 먼저 하나님의 섭리란 분쇄기 속에서 작은 알갱이로 부서져야 한다. 이와 관련하여 아우구스티누스는 하나님의 종이 배고픈 사람들을 먹이려면 "부서져 분배되어야 한다"라고 말했고, 오스왈드 챔버스는 하나님께서 자신의 대리자들을 "찢겨진

빵과 부어지는 포도주로 변화시킴으로써 다른 사람을 섬기게 하신다"고 선포하였다. 정말 맞는 말이다. 그러하기에 우리는 인내할 준비를 하지 않으면 안 된다. 그리스도께 초점을 맞추고 다른 사람을 섬기며 거룩함을 추구하는 신자는 어떤 이의를 제기하지 않고 고난을 기꺼이 받아들인다.

바울은 거룩한 사람이었다. 자신이 겪은 여러 환난을 불쾌하게 생각하기는커녕고후 11:23-33, 대중 앞에서 이를 자랑스럽게 여기며, 이 수확의 법칙이 자신의 삶을 통해 드러나게 된 상황을 기쁘게 받아들였다.

> "찬송하리로다 그는 우리 주 예수 그리스도의 하나님이시요 자비의 아버지시요 모든 위로의 하나님이시며 우리의 모든 환난 중에서 우리를 위로하사 우리로 하여금 하나님께 받는 위로로써 모든 환난 중에 있는 자들을 능히 위로하게 하시는 이시로다 … 우리가 환난 당하는 것도 너희가 위로와 구원 받게 하려는 것이요 우리가 위로 받는 것도 너희가 위로를 받게 하려는 것이니 이 위로가 너희 속에 역사하여 우리가 받는 것 같은 고난을 너희도 견디게 하느니라"고후 1:3-6.

바울은 다른 사람들을 위해 자신이 하나님의 분쇄기 속에서 가루가 되는 것을 기쁘게 여겼다.

고난을 이기는 유일한 방법은 그것을 허락하신 주님께 자신을 내어놓고, 그것을 통해 하나님이 원하시는 모습으로 우리를 빚으시도록 아뢰는 길밖에 없다. (비록 그 고난이 사소하여 우리를 짜증나게 하는 정도이든, 육체적으로나 정신적으로 압도하여 고뇌하며 신음하게 하거나 비명을 지르게 하는 정도이든 상관없이) 어떤 말이나 분주한 생각을 삼가고 사랑이 깃든 표정으로 하나님만 바라보아야 한다. 고통으로 어떤 생각이나 말을 하려는 능력을 완전히 빼앗긴 채 순종하는 마음으로 하나님만을 바라보는 것이다. 십자가에 달린 예수님이 좋은 본보기가 된다. 성부 하나님은 예수님의 고난을 성화시키셔서 우리 죄를 위한 대속물로 삼으셨다마 20:28 ; 고전 6:20. 예수님은 죄가 없으면서도 다른 사람을 위해 희생을 당하고벧전 2:20-23, 순종의 대가가 무엇인지를 몸소 고난을 통해 체험하셨다히 5:8.

마찬가지로 성부 하나님은 이제 우리의 고난을 성화시키셔서 그리스도인의 인격을 성숙하게 하고 세련되게 하시며, 우리 안에서 하나님의 초자연적인 능력이 어떻게 나타나는가를 보여주시고, 다른 사람을 섬기는 일에서 우리의 열매가 어떻게 맺히는지를 증명해 보이신다. 예수님께서 기꺼이 하나님의 영광과 다른 사람의 유익을 위해 고난을 참으신 것을 보면, 그분이 거룩하시다는 사실을 발견한다. 예수님의 제자들이 기쁜 마음으로 그분의 본보기를 따른 것을 보면, 그들 역시 거룩하다는 사실을 깨닫는다.

:: 불굴의 용기 : 용기 있게 참아내기

가련한 로키, 그는 완전히 기가 꺾였다.
당신은 아마 이름만 듣고 로키가 매우 건장한 사람, 권투선수나 경호원, 아니면 몸집이 좋은 녀석들 중의 하나일 것이라고 생각할지 모르겠다. 하지만 그렇지 않다. 로키는 우리 집에서 기르는 작고 까만 개인데, 생김새를 보면 가운데가 불룩한 통 같고, 배가 지면에 닿을 정도이며, 털이 약간 덥수룩한데다 코는 좁고, 자신의 몸통 만한 부채꼴 형태의 꼬리가 있고, 걸어가는 모습이 마치 굴러가는 듯하다. 나의 아들이 학교에서 집으로 오다가 길이가 10cm 정도 되는 개를 데려왔는데, 노르웨이 바지견Barge Dog, 바지선을 지키는 개-역주이라고 했다. 그러나 내가 보기에는 그냥 흔한 잡종에 불과했다. 크리스토퍼 로빈의 친구인 곰돌이 푸를 연상시키는 그는 매우 작은 두뇌를 가진 개였다. 이렇게 말하는 것은 결코 그 개를 무시해서가 아니라는 사실을 알아주기 바란다. 로키는 자신이 물 위를 걸을 때까지만 해도, 보다 정확히 말하면 물 위를 걷다가 빠지기 전까지만 해도 원기왕성한 작은 동물이었다. 그러나 사기가 꺾인 후로는 두려움에 가득 차 겁에 질린 눈으로 도망다니기가 일쑤이다. 가련한 로키.
처음에 그는 고개를 하늘로 향한 채, 새 한 마리를 뒤쫓고 있었다. 호숫가는 수면보다 몇 센티미터가 높았기 때문에 그는 그곳 지면의 상태를 알지 못했음에 틀림없다. 그는 그렇게 전속력으로 달리다가 가장자리에서 떨어지고 말았다. 목격자들의 증언에 따르면, 잠시 앞다리가 후들거리더니 좀처럼 보기 힘든 놀란 기색이 얼굴에 쫙 퍼졌다고 한다. 그리고 곰돌이 푸에 나오는 작은 돼지처럼 물속에 완전히 잠겼다가 부들부들 떨면서 기어나왔다. 다음 순간, 황급히 물가에 있는 바위들을 가로질러 푸른 잡초들 위로 발을 내디뎠다. 아마 중간 지대인 그곳이 단단한 지표면이라고 생각했던 모양이다. 그러나 그곳 역시 땅이 아니어서 다시 물속에 빠졌다. 이제 그는 우주의 모든 것을 의심하였고, 물은 어떤 형태든 위험하고 믿지 못할 존재로 여겼다. 목욕하는 것조차 아주 싫어하였다. 밖에 심한 뇌우를 동반한 폭풍우가 내리치면 몸을 떨며 누군가의 발 틈에 몸을 웅크리려고 한다. 그가 차에 있을 때 밖에 비가 오거나, 아니면 차가 웅덩이를 지나가며 물을 튀길 때, 그는 두려워 몸을 떨고 흔들며 괴로워하면서 코를 훌쩍거린다. 그의 기가 꺾인 게 분명하다. 불굴의 용기가 사라졌다. 다시 한 번 가련한 로키라는 말을 쓸 수밖에 없다.

중세 도덕신학의 네 덕목 중 네 번째에 해당하는 '불굴의 용기' fortitude는 단순한 용기 이상의 의미를 지닌다. 용기는 때로 변덕스럽고 약해질 수 있다. 하지만 불굴의 용기는 배짱과 인내가 합쳐진 단어로 오랫동안 지속된다. 믿음은 우리 앞에 약속된 소망을 펼쳐보임으로써 불굴의 용기를 촉진시킨다. 이 소망에 대해서는 앞에서 살펴보았다고전 15:58 ; 히 3:6 ; 6:19-20 ; 10:23-25 ; 12:1-13. 불굴의 용기에 대한 개념은 아리스토텔레스로부터 왔지만, 그것을 실천하는 능력은 오직 복음, 예수 그리스도에 대한 믿음과 소망을 행사함으로써 얻어진다.

믿음은 불굴의 용기를 촉진시키는데, 순례 여정 가운데 고통과 투쟁을 반드시 겪게 된다는 확신을 실제적으로 받아들임으로써, 또 억압과 고통 속에서 순수한 마음을 불러일으킴으로써 불굴의 용기를 가지게 된다. 키르케고르가 「마음의 순결은 뜻을 한곳에 두는 데 있다」 Purity of Heart Is Will One Thing에서 선언하듯이(여기서의 '한곳'은 하나님의 영광과 명령이다), 순수함은 고난을 통해 촉진된다. 성경에서도 이 순수함을 마음과 눈이 하나로 통합되어 단순해지는 것으로 설명한다.

18세기 영국인으로서 만물박사로 통하는 사무엘 존슨 박사는, 만약 어떤 사람이 자신이 2주 후에 교수형을 당할 것이라는 사실을 안다면, 그것이 그의 마음을 놀라울 정도로 집중시킨다고 지적한 바 있다. 그리스도인에게 하나님이 요구하시는 삶이 영국의 정치가 윈스턴 처칠이 말한 대로 "피와 수고와 눈물과 땀이" 요구되는 영적 전투라는 사실에 대한 자각 역시, 우리 마음을 놀라울 정도로 집중시킨다. 그러면 세상의 유혹은 더 약하게 느껴지고 성부 하나님과 성자 예수님과 동행하며 그분들을 더욱 의지한다. 성령님을 통해 그분들로부터 힘을 공급 받으며 걷는 생활이, 자신이 필요로 하고 또 원하는 삶이라는 점을 확실히 깨닫는다. 이처럼 괴로운 상황 속에서 믿음이 마음을 정화시킨다.

시편 119편에 나오는 세 구절이 이를 입증한다. "고난 당하기 전에는 내가 그릇 행하였더니 이제는 주의 말씀을 지키나이다"67절. 하나님의 노여움을 암시하는 것과 같은 힘든 인생 경험이, 우리에게 도전을 주어 과거의 어리석었고 경솔했던 행동을 회개하게 하며, 더욱 양심적으로 하나님의 뜻을 따르게 한다. "고난 당한 것이 내게 유익이라 이로 말미암아 내가 주의 율례들을 배우게 되었나이다"71절. 이 구절은 마치 이렇게 말하는 듯하다. "나는 과거에 하나님께서 나에게 무엇을 원하는지 분명히 깨닫지 못했었고, 성경 말씀이 제시하는 모범적 행동이 진정으로 무엇을 의미하는지를 알지 못했습니다. 이제 고난을 당하고 보니 명확하게 이해가 됩니다." 마지막 세 번째 구절은 이렇다. "여호와여 내가 알거니와 주의 심판은 의로우시고 주께서 나를 괴롭게 하심은 성실하심 때문이니이다"75절. '성실하심'이란, 하나님께서 자신의 자녀들과 깊은 교제를 나누기를 원할 때 막상 자녀들이 이러한 교제를 피하면 그분께서 아주 싫어하시는데 바로 이것을 의미한다. 따라서 그분은 우리에게 고난을 주셔서라도 그분을 더욱 의지하게 하여 깊은 교제를 나누시려는 목적을 성취하신다.

존 뉴턴은 이러한 성화의 측면을 잊지 못할 시로 남겼다.

> 주님께 간청하였네,
> 믿음과 사랑과 은혜 안에서 자라게 해주시고,
> 구원에 대해 더 많은 내용을 깨달아
> 더욱 진지하게 그분의 얼굴을 구하게 해달라고.
> 바로 그분이 이렇게 기도하도록 가르쳐 주셨고

내가 의지하는 그분이 기도에 응답하셨네!
하지만 거의 나를 절망으로 몰아가심으로써
응답하셨네.

혹시 나를 예쁘게 봐주시면
즉각 응답해주시리라 기대했었고,
그분의 제어하는 사랑의 능력으로
나의 죄를 짓눌러 평안을 주시리라 기대했었네.

하지만 그분은 내 마음의
숨겨진 악들을 모조리 들추어내시더니,
지옥의 분노한 세력들이
사면에서 내 영혼을 공격하게 하셨네.
그래! 마치 그분 자신의 손으로
나의 고뇌를 악화시키려는 의도 같았어.
내가 세운 그럴듯한 계획들을 싹싹 지우더니
나의 조롱박을 깨버리고 나를 낮추셨지.

"주님, 왜 이러세요!" 나는 떨며 울부짖었네.
"벌레 같은 저를 쫓아다니며 죽이실 작정이세요?"
그때 주님께서 대답하셨네.

"이것이 믿음과 은혜를 요청하는 기도에 대한 응답이란다."

"내가 주는 내적 시련이

이기심과 교만에서 너를 자유롭게 하고

세속적인 기쁨을 추구하려는 너의 계획을 부수며

오직 내 안에서 모든 것을 찾게 한단다."

거룩함의 필수 요소인 불굴의 용기와 관련하여 두 예를 제시함으로써 이 글을 마무리하고자 한다.

첫 번째 사례는 장애인 마벨의 경우인데, 그녀는 암에 걸린 89세의 여성으로 눈과 귀가 멀고 질병으로 오랫동안 시달림을 당하였다. 토마스 슈미트가 회복기 환자 요양소에 있는 그녀를 만난 적이 있는데, 그녀는 이미 25년 동안이나 침대에 누워 꼼짝도 못하는 처지였다. 슈미트가 그녀에게 외롭고 쓸쓸한 나날들을 어떻게 보내느냐고 묻자, 그녀는 "예수님을 생각해요"라고 답했다. "예수님에 대해 어떻게 생각하세요?"라는 질문에, 그녀는 느릿느릿하게 마치 글을 쓰듯 심사숙고한 태도로 이렇게 답했다. "그분께서 제게 베푸신 은혜를 생각하고 있어요. 그분은 정말 제게 잘 대해주셨어요. 저는 그분으로 만족하는 사람들 중의 하나예요. 많은 사람들이 이런 생각을 별로 하지 않고 저를 구식으로 취급하지만 개의치 않아요. 예수님이 좋아요. 그분은 저의 전부예요." 슈미트가 인정하듯이 마벨 여사는 바울이 에베소 교회 신자들이 갖기를 원했던 "그리스도의 사랑의 너비와 길이와 높이와 깊이"엡 3:19를 깨닫는 능력을 소유하고 있었다. 나도 그녀를 불굴의 용기, 즉 인내와 용기를 겸비한 인물의 본보기로 제시하고 싶다. 능력과 불굴의 용기는 진정한 그리스도인의 거룩함을 형성하는 주요한 요소이다. "고통이 없으면 얻는 것도 없다." 하지만 고통을 견디면 굉장한 유익을 얻는다.

두 번째 사례는 영국인 테리 웨이트로 그는 5년 동안 레바논에 인질로 잡혀 있다가 1991년 말에 석방되었다. 그는 감금되어 있는 동안 거의 24시간 내내 쇠사슬로 벽에 묶인 채 생활해야 했다. 기자와의 인터뷰Church Times, 1991. 12. 27에서 그는 이렇게 털어놓았다. "저는 이미 감금되리라 예상했고, 이 쓰라린 경험을 다른 사람들에게 도움을 줄 수 있는 유익한 경험으로 바꾸기로 결심했어요. 이 방법이 고통에 접근하는 유일한 길이라 생각합니다. 제 생각에는 신앙생활을 한다고 해서 고통이 줄어드는 것 같지는 않아요. 하지만 신앙은 우리로 하여금 고통을 받아들이게 하고 직면하게 하며, 헤쳐나가게 하여 결국 고난을 변화시키게 합니다." 우리는 성결의 삶을 유지할 때 고통을 통해 무언가를 얻는다는 진리를 다시금 확인한다.

오늘날의 사회는 너무 유연하여 편안함과 안락함이 삶의 최고 가치인 것처럼 여겨진다. 의학 기술의 발달과 물질적 풍요로 인해 세상 사람들은 마치 장수할 권리가 있고, 일생 동안 가난과 고통에서 해방될 권리를 가지고 있는 것처럼 살아간다. 그래서 많은 사람들은 그들의 꿈이 실현되지 않으면 사회를 원망하고 심지어 하나님께 원한을 품는다. 그러나 진정한 기독교의 정신은 진실하고 끈질기게 거룩함을 추구하며 영적으로 좋은 인격을 만들기 위해 노력하는 데 있다.

사도 바울은 진정으로 거룩한 사람이었다. 그리스도인의 삶과 관련하여 그가 들려주는 다음의 말을 결론으로 제시하겠다.

"또한 모든 것을 해로 여김은 내 주 그리스도 예수를 아는 지식이 가장 고상하기 때문이라 내가 그를 위하여 모든 것을 잃어버리고 배설물로 여김은 그리스도를 얻고 … 내가 그리스도와 그 부활의 권능과 그 고난에 참여함을 알고자 하여 그의 죽으심을 본받아 어떻게 해서든지 죽은 자 가운데서 부활에 이르려 하노니 내가 이미 얻었다 함도 아니요 온전히 이루었다 함도 아니라 오직 내가 그리스도 예수께 잡힌 바 된 그것을 잡으려고 달려가노라 형제들아 나는 아직 내가 잡은 줄로 여기지 아니하고 오직 한 일 즉 뒤에 있는 것은 잊어버리고 앞에 있는 것을 잡으려고 푯대를 향하여 그리스도 예수 안에서 하나님이 위에서 부르신 부름의 상을 위하여 달려가노라 그러므로 누구든지 우리 온전히 이룬 자들은 이렇게 생각할지니 만일 어떤 일에 너희가 달리 생각하면 하나님이 이것도 너희에게 나타내시리라"빌 3:8,10-15.

그러면 당신은 저자인 나에게 거룩을 온전히 이루었느냐고 묻고 싶을지도 모른다. 오, 글쎄…. 그러나 나는 아직도 생각이 모자라는 아이에 불과하고, 매일 비틀거리고 어설프게 더듬으며 무언가에 걸려 넘어진다.

"거룩하신 성부 하나님, 성자 예수님, 성령님, 제발 저를 도와주소서. 주님, 자비를 베푸셔서 저를 세워주시고 변치 않도록 붙잡아 주시며 새롭게 시작할 수 있도록 힘을 주소서. 예수님의 이름으로 기도드립니다. 아멘."

STUDY GUIDE

묵상 및 적용을 위한
스터디 가이드

이 자료는 당신으로 하여금 책의 주제를 쉽게 발견하고 그것을 깊이 생각하여 삶에 적용함으로써, 거룩한 삶을 살도록 부르신 하나님의 소명을 진지하게 받아들이도록 하기 위해 쓰여졌다. 책의 구성에 맞추어 여덟 장으로 이루어져 있고, 각 장은 다음 세 부분으로 나뉘어 있다.

- 목표 : 각 장을 읽으며 생각해야 할 주제와 목표를 소개한다.
- 점검과 묵상 : 몇 가지의 질문을 통해 각 장의 핵심을 정확하게 파악했는지를 점검한다.
- 적용 : 책의 내용을 당신의 삶의 관점에서 바라보도록 도움을 제공한다.

여기에 수록된 자료는 개인 학습은 물론, 단체 학습 자료로도 활용이 가능하다. 필요에 따라 약간 변형시키면 된다. 다음 사항에 유의하면 보다 효과적으로 사용할 수 있으리라 생각한다.

먼저 이 책을 처음부터 끝까지 읽은 후에, 묵상 및 적용 자료를 읽어나가며 하나씩 점검하라. 아니면 각 장별로 나누어, 처음 한 장을 읽고 바로 묵상 및 적용 자료를 읽는 식으로 해도 무방하다.

서둘러 문제를 끝내겠다는 생각을 버려라. 여기에 제시된 문제는 각 장의 요점을 파악하는 데 도움을 준다. 따라서 충분한 시간을 갖고 하나씩 깊이 묵상하면 최대한의 유익을 얻을 수 있다. 객관적으로 짧게 답할 수 있는 질문도 있고, 당신의 의견이나 더 깊은 생각을 유도하는 질문도 있다. 적용 문제는 읽은 내용을 당신의 관점에서 점검할 때 도움을 준다. 주어진 시간이 부족할 경우에는 동일한 문제를 다음 시간까지 연장하여 풀어도 된다.

관심을 더욱 집중하기 위해 노트를 준비하여 답을 적는다든가, 떠오르는 생각을 일기 형태로 정리해두면 큰 도움이 된다. 기도와 결심과 성경구절 등은 적어둘 만한 가치가 있다.

성경을 가까이에 두고 참고 구절을 찾아보라. 본문에 인용된 긴 구절을 읽으라. 성경 말씀은 이 책에서 가르치는 내용의 기초가 된다. 따라서 직접 찾아 읽으면 학습한 내용을 더 분명하게 깨닫는다.

마지막으로 기도하라. 거룩한 삶은 우리의 힘만으로는 이룰 수 없다. 이 책은 문제를 드러내고, 죄를 깨닫게 하며, 생활방식을 바꾸도록 도전할 뿐 아니라 실제로 바른 길을 제시한다. 하지만 성령님께서 우리 안에서 역사하지 않으시면, 거룩함의 목표인 그리스도를 닮아가는 일에서 조금도 전진하지 못한다.

따라서 이 책을 공부할 때 성령님을 초대하라. 그분께 마음과 눈을 열고 마음속에 예수님의 인격을 조성해달라고 기도하라. 하나님의 도우심에 민감하게 반응하며, 그분께서 당신의 노력을 사용하셔서 베드로전서에 언급된 거룩함의 목표에 더 가깝게 접근하도록 만들어 주시기를 기도하라.

"오직 너희를 부르신 거룩한 이처럼 너희도 모든 행실에 거룩한 자가 되라 기록되었으되 내가 거룩하니 너희도 거룩할지어다 하셨느니라"

벧전 1:15-16.

Chapter 1
거룩함이란 무엇이고, 왜 중요한가?

● 목표

개인적인 거룩함의 의미와 '그리스도와 함께하는 성결학교'에 초청 받았다는 사실이 의미하는 바를 이해한다.

● 점검과 묵상

1. 이 책의 첫 부분에 나오는 설명이 책의 제목 「거룩의 재발견」 Rediscovering Holiness과 어떻게 연관되는지 생각해보라. 잡초가 우거진 '거룩함에 이르는 대로大路'를 다시 개통하는 데 도움이 되는 원칙과 목표는 무엇인가?

2. '그리스도와 함께하는 성결학교'라는 명칭에는 세 가지의 기본 진리가 담겨 있다. 그것이 무엇인가? 이 학교에서 성장하려면 어떠한 열쇠가 필요한가?

3. 거룩함의 정의를 살피며 거룩한 사람에게서 나타나는 전형적인 특징을 소개한 글이 인용되어 있다. 그리스도께서 인간의 삶을 이 정도의 '초자

연적인 삶'으로 변화시킬 수 있다고 믿는가?

4. 거룩함은 왜 마음에서부터 시작되어야 하는가? 이것이 어떻게 우리를 보호하는가?

5. "나 자신이 기질의 희생자로 전락하거나 그러한 상태에 빠져서는 안 된다"는 진술이 거룩함을 추구하는 일과 관련하여 어떤 의미를 지니는가?

6. "타락한 모든 인간들은 예수 그리스도를 모르기 때문에 영적인 체계 속에서 아직까지도 하나님을 대적하고 자신을 신격화하며 살아간다. 성경에서는 이것을 '죄'라고 부르는데, 이들은 삶의 질적인 면에서 인간 이하의 삶을 영위한다." 이 주장에 동의하는가? 무엇이 우리의 삶을 인간답게 만드는가? 죄를 지으면서도 "인간이라서 그래요"라고 변명한다면, 왜 이 말이 잘못되었는가?

7. 만약 어떤 신앙인이 당신에게 찾아와 다음과 같이 고백한다면 어떻게 대답하겠는가? "나도 거룩하게 살고 싶어요. 그런데 나의 일과 가정 문제가 항상 걸림돌이 돼요. 주변에 있는 많은 사람들 때문에 하나님께 집중할 수 없어요."

8. 오늘날 대부분의 신앙인들은 거룩함을 구시대의 유물로 간주한다는 주장과 관련하여, 이러한 주장을 뒷받침할 만한 근거를 1장에서 찾아보라. 당신이 더 첨가하고 싶은 증거가 있는가? (찬성이든 반대든 상관없이)

9. (한 명의 예외도 없이) 모든 그리스도인에게 거룩함이 중요한 이유가 제시되어 있다. 이러한 이유가 설득력이 있다고 생각하는가? 거룩함과 관련된 내용 중 예전에 생각하지 못했던 부분이 있는가?

● 적용

• 당신은 거룩하게 살도록 부르심을 받았다는 사실을 얼마나 자주 생각하는가? 얼마나 전심으로 그렇게 살려고 노력하는가? 삶의 모든 영역에서 당신은 '예수님께 나아가는' 습관이 몸에 배어 있는가?

• 당신의 기질을 생각해보라. 기질 면에서 볼 때 당신의 장점과 단점은 무엇인가? 그리스도를 닮아가기 위해 새롭게 형성할 습관이 있는가?

• "내가 다른 사람과 어떤 관계를 맺느냐가 하나님께서 보시는 나의 거룩함의 본질이다"라는 문장의 의미를 묵상하며 내게 중요한 관계들을 점검해보라.

• 라일 주교가 정리한, 거룩한 사람에게서 나타나는 12가지의 전형적인 특징을 기도하는 마음으로 다시 점검하라. 눈길을 끄는 대목이 있으면 성경구절을 찾아보라. 하나님의 능력에 대한 믿음의 표현이요 거룩해지고 싶은 당신의 욕구의 표현이라고 생각하면서, '거룩한 사람'이란 자리에 당신의 이름을 넣어 읽어보라.

Chapter 2
구원에 대한 탐구 : 거룩함이 왜 필요한가?

● 목표

거룩한 삶을 영위하도록 우리를 초청하신 하나님의 부르심과 우리 안에서 나타나는 하나님의 은혜의 전반적인 활동이 어떻게 조화를 이루는가를 성경적 관점에서 이해한다.

● 점검과 묵상

1. 구원을 이해하는 데 구약성경의 관점을 넘어서 신약성경의 관점까지 확대하여 생각한다면, 어떠한 새로운 사실을 더 발견하게 되는가? 칭의와 성화가 무엇이고, 이것들이 구원의 과정에서 어떤 위치를 차지하는가?

2. 예수님이 우리의 구원에서 중심인물인 것은 사실이지만 구원을 오로지 그분의 일로만 본다면 이는 잘못된 견해이다. 왜 그러한가?

3. 구원의 필요성을 전혀 느끼지 못하는 친구를 만나 격의 없는 대화를 나눈다고 가정해보자. 그러면 당신은 이 장에 나오는 내용을 어떻게 활용하여 구원의 필요성을 납득시키며, 그 친구의 현재 상황(세상에

서 소망이 없고 하나님도 없는 상태)을 알려주겠는가?

4. 앞에서 언급한 그 친구에게, 하나님의 전반적인 구원 사역(과거와 현재와 미래)에 대한 진리를 어떻게 효과적으로 전달하겠는가?

5. 모든 그리스도인은 예수님 안에서 새로워지면 "개인의 존재가 실제로 또 완전히 변한다"는 사실을 분명히 깨달아야 한다. "우리는 과거와는 판이하게 다른 사람으로 변화된다." 이 말의 의미가 무엇이고, 왜 중요한가?

6. '선행 은총'은 무엇이고, 이것이 어떻게 애정이 깃든 하나님의 목적을 암시하며, 우리로 하여금 "더 겸손한 마음으로 하나님을 소망하며 경외하게" 하는가?

7. 하나님은 빛이시며 사랑이시다. 이 말이 그리스도인에게 어떤 의미를 지니는가?

8. 교리와 경험과 실천은 그리스도인의 삶(의자)을 지지하는 핵심(세 개의 다리)과 같다. 만약 이 중에서 어느 하나가 없다면, 어떻게 되겠는가?

9. 구원을 완성시키실 하나님의 미래 사역에 대해 알 수 있는 내용은 무엇이고, 아직 모르는 내용은 무엇인가? "준비해야 한다"는 말이 왜 모든 그리스도인에게 삶의 격언이 되어야 하는가?

- 적용

- "자신이 환자라는 사실을 깨닫기가 그리 쉽지만은 않다." 당신은 영적 건강에 대해 바른 시각을 갖고 있는가? 그렇다면 당신에게 위대하신 의사가 절대적으로 필요하다는 사실을 인식하며 거기에 동의하는가? 그리스도인의 신앙이나 삶과 관련하여 당신이 가장 빠지기 쉬운 착각은 무엇인가?

- 성경을 통해 유익을 얻는 방법이 이 장에 제시되어 있는데, 여기서 깨달은 내용은 무엇인가? 이것들 중에서 하나를 선택해 다음에 성경을 집어드는 순간, 한번 실천해보라. (혹시 잊을까봐 걱정이 되거든 자신의 결심을 노트에 적어보라.)

- 당신의 영적 성장과 다른 사람의 영적 성장을 평가해보고 싶은 유혹에 빠진 적이 있는가? 만약 있다면 그 결과가 어떻게 되었는가? 이 장에서 설명하는 영적 성장의 신비에 관한 내용이 그러한 문제를 하나님께 맡기도록 하는 데 도움이 된다고 생각하는가?

- 우리를 구원하시는 하나님의 자비로운 목적과 관련하여, 성경에서 언급하는 내용을 시간을 내어 묵상해보라. 이러한 내용을 발판으로 삼아 하나님께 감사하며 찬양하라.

Chapter 3

구원에 대한 감사 : 거룩함의 기본

● 목표

자연스러운 삶을 영위하며 경외와 감사와 열정을 통해 하나님의 구원 계획을 더 깊이 이해하고 감사하는 법을 배운다.

● 점검과 묵상

1. "우리가 사는 시대는 마치 하나님을 피해 달아나는 사람과 같다"라는 평가에 대해 어떻게 생각하는가? 하나님을 축소시키는 경향과 관련하여 대표적인 예로 제시할 만한 저술가가 있다고 생각하는가? 하나님의 진리를 선포한 저술가가 있으면 목록에 첨가하라.

2. 우리는 때때로 하나님이 인간의 찬양을 필요로 하지 않으신다고 주장하는 사람을 만난다. 이러한 생각이 어떤 점에서 잘못되었는가? 왜 그리스도인에게 찬양이 꼭 필요하며, 그것을 통해 누가 유익을 얻고 또 어떻게 얻는지 생각해보라.

3. 다른 어떤 종교보다 왜 기독교에서 특히 감사를 강조한다고 생각하는가? 감사하는 마음을 계발할 때 어떤 효과가 있는가?

4. 신약성경에 의하면, 인간의 구원 계획과 관련하여 하나님께서 가지고 계신 최고의 목적은 성자 예수님을 높이는 일이다. 이러한 목적을 분명히 보여주는 성경 본문이 어디에 있는가? 특별히 성경의 어떤 구절이 예수 그리스도 안에서, 그분을 통해 구원이 이루어진다고 말하는가?

5. 예수 그리스도의 영광을 사모하는 열정을 유지시키고 신장하는 데 도움이 되는 실제적인 방안이 여기에 제시되어 있다면 찾아보라.

6. '자연스러운 삶을 영위한다는 것'은 무슨 뜻인가? 이러한 삶은 거룩한 삶과 어떤 관계에 있는가?

7. 그리스도인이 두 본성을 가지고 있다는 생각이 잘못되었다고 지적하는데, 이 주장에 동의하는가? 만약 동의하지 않는다면 그 이유는 무엇인가?

8. 이 책에서 죄를 짓는 그리스도인은 "매우 부자연스럽게 행동하며, 그들 자신의 내적 본성이 거부감을 느끼는 활동에 심취한다"라고 주장하는데, 당신의 경험과 관찰에 비추어보면 어떠한가? 그리스도인이 왜 죄를 짓는다고 생각하는가?

9. 하나님께 반역해서는 안 되는 두 가지 이유는 무엇인가?

10. 거룩함과 즐거움의 관계를 어떻게 설명하겠는가?

● **적용**

• 어떤 경우에 경외심을 갖게 되는가? 하나님의 구원 계획을 묵상하며 그분의 위대함에 놀란 적이 있는가? 당신의 기도 생활에서 찬양이 중요한 역할을 차지하는가?

• 이 장에 언급된 저자들의 이름을 점검하라. 여기에 열거된 저자들의 사상을 탐구하며 교훈을 얻을 생각이 있는가? 당신은 좋은 신앙서적을 통해 하나님과의 관계를 풍요롭게 하는가?

• "하나님께서는 매일 감사를 표현할 방도를 찾는 것을 인생의 목표로 삼고 살아가는 그리스도인으로 흐뭇해하신다. 이들은 하나님을 향해, 그분을 통해 그분을 위해 삶을 영위하며, 시편 기자처럼 끊임없이 '내게 주신 모든 은혜를 내가 여호와께 무엇으로 보답할까?'시 116:12라고 묻는다." 당신의 삶은 어떠한가?

• 하나님을 찬양하고 그분께 감사하며, 그분에 대한 열정과 소망을 더욱 북돋우기 위해 성경구절을 노트에 적어볼 의향은 없는가? (먼저 이 장에 인용된 여러 성경구절부터 시작해도 좋다.) 기도 시간에 이 노트를 활용하라.

- 당신 자신에게 이렇게 물어보라. "만약 내가 실제로 '죄'를 나의 진정한 본성에 역행하고 비위에 거슬리는 어떤 것으로 간주한다면, 죄를 물리치기가 훨씬 더 쉽다고 생각하는가?" 그렇다면 성령님께 요청하여 당신이 새로운 피조물임을 깨닫게 해주시도록, 당신 안에 선을 행하려는 의지를 더 부어주시도록 기도하라.

Chapter 4
거룩함 : 전체적인 조망

● 목표

거룩의 기본 진리를 점검하고, 그에 대한 가르침과 관련된 서로 다른 보완적인 내용들을 살펴본다.

● 점검과 묵상

1. 거룩함과 관련하여 토대가 되는 기본 진리들을 점검해보라. 이 진리들은 이미 앞장에서 설명한 내용인데, 이 책의 나머지 부분을 이해하는 데 매우 긴요하다. 이 내용을 충분히 이해하는가? (만약 이해가 안 되는 부분이 있다면 1-3장의 내용을 다시 점검하라.)

2. 거룩하게 살도록 요구하시는 하나님의 부르심을 실천할 때 우리가 피해야 할 양극단은 무엇인가? 배타적으로 행동하려는 인간의 경향이 이러한 시도에 어떤 영향을 미치는가?

3. 그리스도인의 삶에 존재하는 두 종류의 여행은 무엇인가?

4. 거룩한 삶과 관련하여, 욕망의 방향을 재조정할 필요가 있다고 주장

하는 전통적인 접근법의 주된 요소는 무엇인지, 당신 자신의 말로 설명해보라. 이 접근법의 장점은 무엇인가?

5. 다음의 용어들을 누군가에게 설명해야 한다면 어떻게 하겠는가?(고독의 광야, 아파테이아, 영적 결혼, 영혼의 어두운 밤 또는 영적 황폐, 완전한 사랑, 제2의 축복)

6. 특히 토마스 아퀴나스로 대표되는 중세 스콜라철학과 종교개혁 이후의 영국 국교회에서 유래한 거룩함에 관한 가르침은 어떤 특징이 있고, 어디에 초점을 두고 있는가?

7. 본문에서는 거룩함을 우리 안에 내주하시는 성령님께 관심을 두고, 그분의 충동을 따르는 것으로 설명한다. 이러한 태도가 열매 맺으려면 마음속에 간직해야 할 진리는 무엇인가? 이러한 접근 방식을 남용할 때 나타나는 문제점을 바로잡는 데, 루터의 가르침이 어떤 도움을 주는가?

8. 죄에 대한 청교도들의 견해는 어떠한가? 왜 현대의 그리스도인들은 그들로부터 많은 교훈을 받아야 하는가?

9. 만약 그리스도를 믿는 당신의 사촌이, 회심한 후에 성령세례를 받지 않으면 거룩한 삶을 영위할 수 없다고 주장하는 어느 설교자의 메시지를 듣고 괴로워한다고 가정해보자. 그러면 '제2의 축복' 교리에 대

해 비평적 시각을 갖고 있는 당신은 어떻게 그의 두려움을 덜어주겠는가? 그리스도의 삶에 관한 이러한 접근이 어떠한 점을 강조한다고 생각하는가?

10. 하나님의 자녀들 역시 그분의 위대한 사랑에 의해 자극 받아, 일상생활에서 훈련 목표를 세워 비전을 현실로 이루기 위해, 계획을 세우고 기도하며 열심히 노력해야 한다. 거룩한 삶을 위해 계획을 세우고 깊이 생각하며 하나씩 실천해 나가야 하는데, 왜 현대인은 이렇게 하지 않는다고 생각하는가?

● 적용

• "모든 그리스도인은 하나님과 교제하는 방법을 결정하는 데 궁극적으로 자신만의 방법을 선택하지 않으면 안 된다. 이때 친구나 목회자나 다른 사람의 도움을 받기도 한다. 요즈음에는 '영혼의 친구'라고 부른다." 하나님과의 관계를 맺는 데 당신의 경우는 어떠한가? 당신만의 방법을 찾았는가? 이 장에서 새롭게 배운 내용이 있는가? 더 읽어야 할 책이나 고쳐야 할 습관이 있는가?

• 존 게리가 쓴 「비국교도인 한 늙은 영국 청교도의 성품」에서 인용한 내용을 한 번 더 읽어보라. 여기에 언급된 내용을 현대인의 생활에 맞게 약간만 손질하면 거룩함의 표본이 될 수 있다고 생각하는가? 그렇다면 당신에게 알맞게 조정해보라.

Chapter 5
위로 성장하기 위해 아래로 자라기
: 회개하는 생활

● 목표

그리스도인의 생활에서 나타나야 하는 겸손과 회개의 핵심을 이해하고, 규칙적으로 회개할 때 도움이 되는 몇 가지의 조언을 살펴본다.

● 점검과 묵상

1. "거룩하게 산다는 것은 내내 아래쪽으로 자란다는 의미이다." 이 말의 의미는 무엇인가? 왜 우리가 작아져야 예수님이 크게 되실 여지가 있는가? 이것이 회개와 어떤 관계를 갖는가?

2. 회개란 무엇인가? 회개가 '영적 혁명'이고, 그리스도인만이 완전한 회개를 경험할 수 있다고 말한다면, 이 말이 과장된 표현인가? 회개가 진행되는 다섯 단계를 정리해보라.

3. 영국의 개혁가 존 브래드포드는 평생 동안 지속적으로 회개했던 사람의 모델이다. 그는 이러한 삶을 영위하기 위해 매일 어떤 훈련을 했고,

어떻게 실천했는가? 그가 지속적으로 회개할 때 도움을 준 두 토대는 무엇인가?

4. 신자들이 하나님에 대해 느끼는 두려움과 자비, 이 두 감정이 왜 절대적으로 필요한가? 루돌프 오토는 「거룩함의 의미」에서 하나님의 이중적인 면을 어떻게 설명하는가?

5. 그리스도인의 생활은 다른 무엇보다도 끊임없는 회개의 연속이어야 한다. 그 이유는 무엇인가? 왜 위대한 그리스도인들은 자신을 가장 악한 죄인으로 평가하는가?

6. 요한계시록 2-3장에 기록된 다섯 교회에 보내는 편지를 읽어보라. 오늘날의 그리스도인들이 회개할 때 이 편지 내용이 모델이 된다고 생각하는가?

7. 끊임없는 회개 훈련을 할 때 현대 문화의 어떤 점이 방해가 된다고 생각하는가? 왜 교양 있고 민감한 양심을 갖기가 어려운가?

8. 하나님의 순수함과 우리의 회개 사이에 어떤 관계가 있다고 보는가? 시편 51편은 이 점에 대해 어떻게 말하는가?

9. 영적 건강과 겸손, 자기인식, 회개가 분명히 연결되어 있다고 보는가? 하나님의 법이 어떻게 우리로 하여금 자신을 깨닫게 하고 겸손하게

하는가? 로마서 7장 7-25절을 살펴보며 이 관계가 어떻게 역동적으로 나타나는지 점검하라.

10. 오늘날 그리스도의 제자들에게 가장 절실하게 요구되는 사항은 무엇인가? 이와 관련해 이 장에서 제시하는 두 행동은 무엇인가?

● **적용**

• 당신은 죄를 하나님의 순수함에 대한 범죄로 간주하여 증오하는가? 당신은 자신 안에 있는 악한 요소를 찾아내어 싸울 준비가 되어 있는가? 당신은 끊임없이 회개하며 마음을 새롭게 할 필요성을 느끼는가?

• 지금 당장 회개하고 자신을 인식하는 데 실제적으로 도움을 주는 구절이 있다면 찾아보라. 개인적인 영적 일지를 적는 일이 필요하다고 생각하는가? 죄를 멀리하는 데 본문에 나오는 기도문들이 모범이 된다고 생각하는가? 말씀 묵상과 책임지는 관계의 경우는 어떠한가?

• 당신은 매일 시간을 내어 영혼이 말씀에 젖게 하며, 그분의 말씀에 귀를 기울이는가? 이 영역에서 더욱 자라기 위해 해야 할 일은 무엇인가?

Chapter 6
그리스도의 성품까지 자라기
: 건강한 그리스도인의 경험

● 목표

거룩함이 하나님의 은혜 안에서 지속적으로 진행되는 과정이라는 사실을 깨닫고, 협력에 필요한 실제적인 지혜를 얻는다.

● 점검과 묵상

1. 이 장은 건강한 그리스도인이라면 반드시 도덕적·영적 차원에서 그리스도를 닮아가며 끊임없이 성장해야 한다는 점을 강조한다. 당신은 은혜 안에서 성장해야 할 필요성을 느끼는가? 실제로 성장한다고 느끼는가?

2. 거룩함에 관한 부분적인 견해가 왜 사람의 마음을 끄는 점이 있으면서도 그렇게 해로운가? 이 장에 언급된 두 가지의 왜곡된 형태를 본 적이 있는가?

3. 교리와 경험과 실천에서 균형 잡힌 관심을 유지하지 못할 때, 그리스도인에게 어떤 현상이 나타나는가?

4. 거룩한 생활을 영위하며 성장할 때 꼭 필요한 하나님의 은혜와 관련하여 일곱 명제를 제시하였다. 이 내용을 살펴보라. 이 중에서 새롭게 느낀 점이 있는가? 또한 은혜에 관해 새롭게 깨달은 내용은 무엇인가?

5. 은혜 안에서 성장하는 일을 왜 알아채거나 측정하기가 어려운가? 마노아의 아내, 아브라함, 베드로의 삶이 영적 성장에 대해 어떠한 증거를 제시하는가? 성경에 나오는 다른 인물에게도 이처럼 역동적인 면을 발견하는가?

6. 기질이나 성격 면에서 좋지 않은 약점과 투쟁하는 그리스도인에게, 영적 성장에 관한 어떤 진리가 위로를 줄 수 있다고 생각하는가? 성직자들이 특히 조심해야 할 사항은 무엇인가?

7. 은혜 안에서 이루어지는 개인적 성장이 어떻게 내적 평화를 불러일으키면서도 고민거리가 될 수 있다고 생각하는가?

8. 영적 성장이 진행되고 있음을 알려주는, 믿을 만한 다섯 개의 표지는 무엇인가?

9. 많은 그리스도인들이 영적으로 꾸물대거나 후퇴하면서도 만족한다. 그 이유가 무엇인가? 그들로 하여금 다시 영적 성장을 추구하도록 동기를 부여할 방안은 무엇인가? 이들에게 실제적으로 도움이 될 만한 금언이나 훈련은 무엇인가?

10. 현재 당신의 영적인 삶이 침체되고 방치된 상황에 있다고 가정해보자. 이 경우에 베드로후서 3장의 내용이 어떤 점에서 도움을 준다고 생각하는가? 거기에 언급된 훈련 내용이 당신으로 하여금 영적 성장을 갈망하는 데 도움을 주는가?

11. 현대사회의 가장 심각한 문제는 감정적으로 굉장히 미숙한 상태가 마치 성인 삶의 특징인 양 취급되는 것이다. 이 의견에 동의하는가? 피터팬신드롬과 건강한 영적 성장이 양립할 수 없는 이유는 무엇인가?

● 적용

• 당신은 "영혼의 건강이 궁극적으로 육체적 행복보다 더 중요하다"는 진리를 진정으로 믿는가? 그렇다면 당신의 삶에 이러한 태도가 반영되어 있는가?

• 은혜에 관해 언급한 내용을 점검하며, 당신의 영적인 삶은 어떤 진리에 기초를 두고 있는지 살펴보라. 다음과 같은 질문을 자신에게 던져 보라.

　• 당신은 하나님 앞에서 구별된 삶을 살고 있는가?

　• 당신은 구원과 성화 과정에서 하나님이 해야 할 일과 당신이 해야 할 일의 차이점을 분명히 알고 있는가?

- 당신은 그리스도와 함께 십자가에서 죽고 부활하였는가? 이것을 분명히 현실로 느끼는가?

- 당신은 모든 상황에서 죄를 물리치고 그리스도처럼 살기 위해 애쓰고 있는가? 의식적으로 성령님의 도우심을 요청하며 기도하는가?

- 당신은 하나님의 법에 대해 어떤 태도를 지니고 있는가? 또한 '법을 지키는 사랑'이 성령님을 모시고 사는 사람의 바른 태도라고 생각하는가?

- 이 장의 마지막 부분은 영적으로 성장할 때 실제로 적용할 수 있는 필수 지침을 제공한다. 다시 한 번 마음으로 정독하며 성령님께 도움을 요청하라.

Chapter 7

강건하게 자라기
: 능력을 받는 그리스도인의 삶

● 목표

하나님의 능력의 일면을 고찰하여, 그것이 인간을 어떻게 거듭나게 하고 성화시키며 힘을 공급하는지를 이해한다.

● 점검과 묵상

1. "능력이란 단어는 우리가 항상 붙들어야만 하는 주제이다." 왜 그렇다고 생각하는가? 왜 그리스도인들이 능력에 대해 관심을 갖지 않는다고 생각하는가? 우리가 주의해야 할 점은 무엇인가?

2. 성경에서 말하는 능력과 세상 사람들이 말하는 능력은 어떻게 다르다고 보는가? 신약성경에는 이 능력이 어떻게 나타나 있는가? 하나님의 능력을 보여주는 최고의 표적과 기사는 무엇인가?

3. 모든 그리스도인에게 각자 해야 할 사역이 있다고 생각하는가? 그렇다면 사역과 거룩함은 어떤 관계에 있는가?

4. 어떠한 역사적 배경으로 인해, 많은 그리스도인들이 하나님께서 초자연적인 능력을 사용하셔서 세상사에 개입하시는 경우가 거의 없다고 믿게 되었는가? 오늘날의 경우는 어떠한가? 이 생각에 문제가 있다고 보는가?

5. 우리가 받은 은사를 활용하여 다른 사람을 도울 때, 어떻게 오만이란 죄가 지장을 주는가? 그렇게 되지 않으려면 어떤 진리를 명심해야 하는가?

6. 이 장에서 '능력 있는 만남'과 관련하여 그것이 지닌 장단점을 고찰하는데, 여기에 동의하는가?

7. 어떤 면에서 보면, 진지하게 살아가려는 그리스도인들이 한편으로 좌절하면서 다른 한편으로 갈망할 수밖에 없는데, 그 이유는 무엇인가?

8. 하나님의 능력이 개인 안에서 작용하고 있다는 것을 가장 확실하게 보여주는 표지는 무엇인가?

9. 우주를 창조하신 하나님의 능력이 교회 공동체와 그리스도인의 삶을 주관하신다. 이 진리가 암시하는 내용은 무엇인가?

10. 우주를 움직이고 우리의 삶을 주관하는 능력이 비인격적인 힘이 아니라 살아 있는 인격, 즉 성령 하나님이라는 사실을 깨달을 때, 우리의

태도가 어떻게 달라져야 하는가?

11. 하나님께서 능력과 약속을 통해 결국 이루어 가시는 큰 목적은 무엇인가? 우리의 간구가 어떻게 우리로 하여금 그분의 마음과 목적을 깨닫게 하는가?

12. "하나님의 능력을 받아 그리스도 안에서 더욱 강건하게 자란다는 것은 자신이 약하다는 점을 알고 느끼는 것과 직결된다." 어떤 점에서 바울의 경험이 이 진리를 입증하는가?

● 적용

- 이 장에서 배운 내용을 고려할 때, 능력에 대한 당신의 관점을 점검할 필요가 있다고 생각하는가? 당신은 초자연적인 하나님의 역사에 대해 건전하면서도 열린 마음을 가지고 있는가?

- "그리스도인은 실제로 삶을 통해 하나님의 능력이 인간의 삶을 변화시킨다는 진리를 입증한다." 당신의 경우는 어떠한가? 거룩하게 살기 위해 당신의 열망이 능력을 받을 필요가 있다고 보는가? 은혜의 수단을 사용하는 데 더 부지런해지기 위해 능력을 받을 필요가 있다고 보는가?

- 성령님과의 관계는 어떠한가? 활기 있게 잘 진행되고 있는가? 로마서

8장 4-16절을 읽고, 성령님의 사역을 통해 당신이 활용할 수 있는 은사의 범위를 생각해보라. 당신이 사역을 감당할 때 성령님께서 어떻게 도움을 주신다고 생각하는가?

- "내 은혜가 네게 족하도다 이는 내 능력이 약한 데서 온전하여짐이라" 고후 12:9. 이 진리는 말로 표현하기는 쉽지만 실제 생활에서 적용하기는 아주 어렵다. 당신은 이렇게 기도할 준비가 되어 있는가? "하나님께서 그분의 위대하신 자비로 우리를 약하게 하시기를 원합니다." "하나님께서 그분의 위대하신 자비로 저를 약하게 하시기를 원합니다."

Chapter 8
인격 만들기 : 인내 훈련

● 목표

성화 과정에서 인내가 왜 중요한지를 이해한다.

● 점검과 묵상

1. 그리스도인의 인내란 무엇인가? 어떠한 경우에 인내가 가장 분명하게 드러나는가? 인내가 없으면 왜 성숙이 불가능한가?

2. 어떤 점에서 그리스도인의 삶이 장거리경주와 비슷한가? 장거리경주처럼 인내와 힘든 훈련을 요하는 경기가 있다고 생각하는가?

3. 히브리서의 저자는 우리에게 "믿음의 주요 또 온전하게 하시는 이인 예수를 바라보자"12:2고 촉구한다. 왜 이렇게 해야 하는가? 우리가 초점을 두고 응시해야 할 예수님의 두 측면은 무엇인가?

4. 금욕주의자들은 힘든 시기를 어떻게 견뎌내는가? 그리스도인의 경우는 어떠한가? 두 경우에서 자아를 보는 관점이 어떻게 다른가?

5. "소망이 있는 한, 생명이 있다." 이 말이 어떻게 심오한 진리를 드러내는가? 그리스도인에게 '살아 있는 소망'은 무엇인가? 이 용어가 왜 우리에게 소망을 주는가?

6. 고난을 어떻게 정의할 수 있는가? 단지 그리스도인이라는 이유 때문에 받는 고난은 무엇인가? 인간 누구에게나 닥쳐오는 고난은 무엇인가?

7. 이 장에서는 그리스도인이 고난을 가치 있게 여겨야 할 세 이유를 제시한다. 만약 당신이 성경공부 모임에 가서 첫 번째 이유를 설명해야 한다고 가정한다면, 어떻게 하겠는가?

8. 로마서 5장 3-4절에서는 환난이 인내를, 인내가 연단을, 연단이 소망을 이룬다고 말한다. 이러한 과정을 생각해본 적이 있는가? 어떻게 연단이 소망을 이룬다고 생각하는가?

9. 고난을 가치 있게 여겨야 하는 두 번째 이유는, 그것이 하나님을 영화롭게 하기 때문이다. 어떤 점에서 그렇다고 생각하는가? 바울의 고난을 통해 하나님께서 어떻게 영광을 받으셨는가? 시편 저자들과 청교도 리처드 백스터의 경우는 어떠한가?

10. 그리스도인이 고난을 소중히 여겨야 하는 세 번째 이유는, '수확의 법칙' 때문이다. 이 법칙의 내용이 무엇인가? 성경 어디에 이 법칙이

언급되어 있는가? 예수님의 삶에서 이 법칙이 어떻게 적용되는가? "하필이면 왜, 이런 일이 나에게 일어났는가?"라며 탄식하는 그리스도인에게 어떻게 실제적인 도움을 줄 수 있는가?

11. 불굴의 용기란 무엇인가? 어떻게 이 정신이 믿음에 의해 자라는가? 그 두 측면은 무엇인가?

● 적용

- 영적 경주에 참가하는 당신의 자세를 점검해보라. 진지한 자세로 참가하는가? 마지못해 참가하는가? 아니면 구경꾼인가? 예수님께 당신의 시선을 고정시키기 위해 오늘 해야 할 일은 무엇인가?

- 예수님의 재림을 얼마나 자주 생각하는가? 하나님께서 인내하는 자에게 주실 영원한 상급을 고대하며 기다리는가, 아니면 별 가치가 없다고 여기는가? 당신은 소망 가운데 성장하는가?

- 고난의 가치에 대해 설명하는 대목을 다시 한 번 살펴보라. 이 내용이 고난을 참아내는 데 도움을 준다고 생각하는가? 당신의 인격이 그리스도를 닮아갈 때나 찬양하는 삶을 살아갈 때 도움을 준다고 생각하는가? 성부 하나님의 영광과 다른 사람의 유익을 위해 기꺼이 고난을 감수할 때 도움을 준다고 생각하는가?

- 히브리서, 특히 이 장에서 언급한 성경구절을 기도하는 마음으로 묵상하며 그리스도인의 인내 훈련에 대해 생각해보라.

- 시간을 내어, 이 책을 공부하며 새롭게 깨달은 점들을 묵상해보라. 실제적으로 실천할 수 있는 다짐을 적어보라. 내용을 묵상하며 기도의 세계에 빠져보라.

"오직 너희를 부르신 거룩한 이처럼

너희도 모든 행실에 거룩한 자가 되라 기록되었으되

내가 거룩하니 너희도 거룩할지어다 하셨느니라"

벧전 1:15-16

역자 후기

도서출판 토기장이로부터 제임스 패커의 「Rediscovering Holiness」의 번역 부탁을 받고 사실 처음에는 기대 반 우려 반이었다. 한편으로 패커 교수의 명성을 익히 알고 있었을 뿐 아니라 책의 내용이 '거룩함'에 관한 것이라는 말을 듣고 나의 삶을 되돌아보며 미숙한 점들을 바로잡을 수 있는 좋은 기회가 되겠다는 점에서 매우 기뻤고, 다른 한편으로 영어 원문이 약간 어렵다는 설명을 들으며 우려하기도 했다. 책을 받고 처음 몇 주 동안은 저자의 사상을 대략적으로 파악하기 위해 그가 쓴 다른 책들을 몇 권 구입하여 읽고, 신앙월간지에 실린 그에 관한 논평과 그의 사상을 다룬 신학논문을 샅샅이 찾아 읽었다. 이 책에 담긴 그의 관점을 분명하게 이해하여 최대한 오역을 방지하기 위해서였다.

지난 여름은 참으로 행복했다. 무더운 여름날, 영어사전을 뒤지고 영어·우리말 문장과 씨름하며 땀을 흘렸기에 몸은 매우 피곤했지만, 패커 교수와 마주 앉아 거룩함에 대한 강의를 듣는 것처럼 소박한 기쁨을 누렸고 거룩함에 관한 나의 관점을 확실하게 정립할 수 있어서 무엇보다 좋았다. 책을 읽어가며 한국 교회와 성도들에게 내가 꼭 들려주고 싶었던 내용이 나올 경우에는 정말 속이 후련하였고, 이 책을 통해 모든 그리스도인들이 균형 잡힌 신앙관을 소유했으면 좋겠다는 강렬한 열망에 사로잡히기도 하였다.

　책을 번역할 때 어려움도 있었다. 조직신학자인 저자가 책에서 밝히고 있듯이, 그는 어느 한쪽으로 치우치지 않는 성경적 교훈을 제시하기 위해 개신교를 비롯하여 영국 국교회, 로마 가톨릭, 동방정교회를 넘나들고 이미 검증된 확실한 근거를 제시하며 논지를 전개한다. 따라서 개신교도에게 생소한 고유명사나 용어가 나올 때에는 인터넷을 통해 확인하거나 관련 단체에 전화를 걸어 물어보았다. 영어 문장으로 인해 애를 먹기도 하였다. 한 문장이 무려 10행에 가까운 긴 문장들이 간혹 눈에 띄었고, 문장 중간에 삽입되는 부분이나 괄호로 첨가된 표현들이 아주 많아 문장 구조를 파악하는 데 힘든 때도 있었다. 그래서 가급적 독자들이 쉽게 이해할 수 있도록 자연스러운 우리말로 다듬으며 설명이 약간 장황한 곳은 다소 축소시켜 가독성을 높였다.

　오늘날 한국 교회와 그리스도인들은 사회에 큰 영향력을 행사하지 못한다. 하지만 삼일운동 당시에는 기독교가 사회에 엄청난 영향력을 미쳤다. 불과 전체 인구의 1.3%에 불과했던 기독교인들이 사회를 변화시켰다. 그러면 그 원인은 어디에 있는가? 이와 관련하여 패커 교수는 "거룩함은 '영성'과 '도덕성'이란 두 개의 기둥에 놓인 아치와 같아서, 두 기둥 중 어느 하나가 가라앉으면 반드시 무너지게 되어 있다"라고 경고한다. 현대 교회는 대체로 영성만을 강조하며 도덕성은 개인의 문제로 취급하여 거의 관심을 갖지 않는다. 게다가 긍정적 사고방식, 성공주의, 우리를 위로하시는 하나님만을 강조하다 보니 한쪽으로 치우친 기형적인 신자들을 양산하고 있다. 그러기에 "위로 성장하기 위해서는 먼저 회개를 통해 아래로 자라야 한다"는 제임스 패커의 예리한 지적을 새겨들을 필요가 있다.

영적 거장의 어깨 위에 올라서서 거룩함의 파노라마를 바라보며 흥분에 사로잡혀 하루하루를 힘 있게 살아갈 그리스도인들을 간절히 고대한다.

장인식

제임스 패커
거룩의 재발견

1판1쇄	2011년 1월 5일
1판2쇄	2011년 10월 5일
2판3쇄	2023년 10월 25일

지은이	제임스 패커
옮긴이	장인식
발행인	조애신
편집	이소연
디자인	임은미
마케팅	전필영, 권희정
경영지원	전두표

발행처	도서출판 토기장이
주소	서울시 마포구 동교로 71-1 신광빌딩 2F
출판등록	1998년 5월 29일 제1998-000070호
전화	02-3143-0400
팩스	0505-300-0646
이메일	tletter77@naver.com
인스타그램	togijangi_books_

ISBN   978-89-7782-348-8

• 이 책은 저작권 법에 따라 보호를 받는 저작물이므로 무단 전재와 무단 복제를 금합니다.
• 이 책의 전부 또는 일부를 이용하려면 반드시 저자와 도서출판 토기장이의 동의를 받아야 합니다.

도서출판 토기장이는 생명 있는 책만 만듭니다.
"우리는 진흙이요 주는 토기장이시니 우리는 다 주의 손으로 지으신 것이니이다" (이사야 64:8)